"十二五"职业教育国家规划教材修订版

应用文写作（第四版）

王首程 编著

高等教育出版社·北京

内容简介

本书是"十二五"职业教育国家规划教材修订版，全书共九章，分为应用文概说、社交书信、报告类文书、公务文书、会务文书、新闻宣传稿、网文、微博和微信，除概说外，文种写作各章的内容均由相关文体的案例开篇，并按照"案例启示""范文举例""写作知识""例文评析""知识拓展""写作练习"六个模块依次展开。其中"写作练习"设计了"阅读分析""病文诊断""情境写作"几种练习方式。本次修订，对第三版教材做了较大幅度调整，多数章节都是重新编写；并重点更新了新媒体写作文书相关知识，做到了应用文写作的与时俱进；书中的理论阐述简明扼要，例证内容贴近学生的实际需要。

本书适用于各类高职高专院校公共基础课的教材，也可作为普通本科院校有关专业的教材。

图书在版编目（CIP）数据

应用文写作/王首程编著.--4版.--北京：高等教育出版社，2019.8（2021.12重印）

ISBN 978-7-04-052157-3

Ⅰ.①应… Ⅱ.①王… Ⅲ.①汉语-应用文-写作-高等职业教育-教材 Ⅳ.①H152.3

中国版本图书馆CIP数据核字（2019）第126335号

策划编辑 方 雷　责任编辑 方 雷　封面设计 赵 阳　版式设计 张 杰
插图绘制 于 博　责任校对 刘娟娟　责任印制 刘思涵

出版发行 高等教育出版社
社 址 北京市西城区德外大街4号
邮政编码 100120
印 刷 三河市华润印刷有限公司
开 本 787mm×1092mm 1/16
印 张 18
字 数 440千字
购书热线 010-58581118
咨询电话 400-810-0598
网 址 http://www.hep.edu.cn
http://www.hep.com.cn
网上订购 http://www.hepmall.com.cn
http://www.hepmall.com
http://www.hepmall.cn
版 次 2008年4月第1版
2019年8月第4版
印 次 2021年12月第5次印刷
定 价 42.20元

物 料 号 52157-00

第四版前言

我是1982年开始教写作课的，记得那时讨论最多、时常犯愁的就是写作课究竟应该教些什么。如今38个年头过去了，写作课教学内容的困惑都解决了吗？怕是仍然没有。

但是我们一直在努力，一直在变革！

我们坚守着不宜变动的，去追逐瞬息多变的，用持续的创新去适应新的生态。我主编的第一本教材《财经写作教程》于1989年由安徽教育出版社出版，第二本教材《现代应用文》于1993年由中国商业出版社出版。现在对比一下，高等教育出版社这本《应用文写作》和上述两本教材内容的重合度已经不足两成。时代的变化在加速，知识的承载方式、素材的采集方式、内容的传播渠道、读者的阅读路径以及文本的形态、文面的符号都变得让我们措手不及，写作课的教学内容不加速变革，怎么能行？

变革不易，不易也得变革。

2012年12月，高等教育出版社和中国职教学会在南京举办了公共课改革论坛，我应邀做了题为《写作课教学要有新思维》的专题发言，呼吁加快教学内容的数字化转型。2013年10月，高等教育出版社在广州举办论坛，我应邀做了题为《数媒时代的写作教学创新》的专题发言，呼吁抢占风口，迎接手机写作时代的到来。2014年7月8日，我应教师培训机构邀请，在湖南大学和来自全国几十所高校的写作课教师就写作教学内容如何创新进行专题互动。本教材中个性较为突出的内容，多半是在上述思考和探索的过程中逐渐积累、形成的。

本教材此次修订，做了大幅度调整及更新，对第三版教材的章节设置进行了调整，以适应时代的需要。本教材第一章“应用文概说”以不变的内容为主，但也增加了应该变革的成分，例如“应用文的多媒体文本布局”。把“社交书信”列为第二章，有传承优秀礼仪文化的设计意图，同时又融入了电子书信的现代内容。第三章、第四章是应用文写作教学的传统保留项目，本教材在数字技术的视阈下，压缩了篇幅，留下了有用、能用的精华。第五章则在大量实操案例的基础上，对应会前、会间和会后三个阶段的实际需求，对会务文书做了新的架构。第六章“新闻宣传稿”以当代机关、团体、企事业单位新闻宣传工作的真实需求为取舍依据，并为企业新媒体写作埋下了伏笔。第七章、第八章、第九章分别是“网文写作”“微博写作”“微信写作”内容，这三章的内容设置价值远大于技能学习价值。把“网帖写作”“头条写作”“微博写作”“微信写作”“电子邮件写作”以及“新媒体文本”等引入教材、带进课堂，从换平台入手，实现传统写作课程教学内容的创新，是本教材最大的心愿，也是笔者希望本教材能够承载的使命。本版整体架构由王首程教授设计，书中各章节也均由王首程执笔，在此感谢为本教材做出贡献的老师，尤其是孔宪峰老师、樊楚老师。我的学生胡涛、王小平、姚群、黄秋瑜、谭璇璇以及赖燕婷、蔡雄斌、杨伊凤、罗颖对本教材的出版亦有贡献。本教材在编写过程中参考的图书、网上资料、图片,在此一并表示感谢。

给学生多一点自信,让老师多一份从容,为课堂多创设一些交流的机会,写作课教学和教材或将因此而变得生动、可亲、可爱。

王首程
2019 年 5 月于
中山大学新华学院

第一版前言

当代社会，工业产品中技术、信息和知识的含量日益提高，社会消费品更新换代的速度日益加快，科学技术综合化趋势日益增强。与此同时，社会成员所面对的不确定因素越来越多，职业更替的现象也越来越频繁。在这样的背景下，职业“能力”系统中的“学习能力”，即“生成能力的能力”就变得更加宝贵。怎样才能让未来的职业人获得学习能力，成为能够不断更新、不断进步的智能型应用人才和适应环境、宽专多能的复合型人才呢？方法之一就是提高学生的思维品质，让他们获得更为理想的写作技能。因此，我们编写了这本作为普通高等教育“十一五”国家级规划教材的《应用文写作》。

应用文写作类的教材已经出版了很多，想要编写出新意来，真的很难，但是我们还是做了努力。

本书选择的突破口如下：

一、不求体系完整，但求职业性强

当代和未来一段时期，高技能职业岗位对从业人员“写”的技能需求如何，是本书集中关注的话题。在分析上述需求的基础上，本书确立了努力培养、提升未来职业人职业素质的编写思想。全书框架设计、文种选择，都不再囿于应用文写作的学科体系，阐释的重点也集中指向了未来职业人的文化素质以及职业岗位对应用文写作能力的实际需要。编者希望书中的案例选择、习题设计，都能够有助于培养学生积极向上的人生态度、开拓进取的职业精神、沉着应变的处事能力、乐于助人的团队意识和爱岗敬业的职业品质。这些态度、精神、能力、意识、品质对学生获得良好的职业素养是至关重要的。

二、不求博大精深，但求学了有用

本书着力体现职业教育“求用”的功能与特征。全书的框架设计虽仍然以基本知识的传授为基础，但坚决告别了以往求博贪大的编著心理，转而在理论阐释上严格遵循“必需、够用”的原则，以腾出更多的篇幅介绍和分析应用写作案例，以期更有效地培养学生的动笔能力。书中特别注意了从日常的生活和交际中归纳写作知识，积累写作案例，也特别注重了结合学生日常的生活需要和未来的职业岗位需要，展开写作练习。这一切的目的就是为了让学生学后真的有用，并且，让学生在学习的过程中就能够感受到学后真的有用。

三、既求先生好教，更求学生易学

教材是为谁编写的？道理看似简单，操作起来却非常不易。本书编写者在深入研究当前高等职业教育应用写作课程功能、定位以及教学设计理念的基础上，更加系统地分析、研究了高职院校学生的智能特征及学习、认知特点，防止内容过于高深，让学生感到难学进而厌学。既好教，又易学，当然最为理想，也是编者不懈追求的目标。为此，本书从选文、选例到选择表达方式，都做了一些努力。

此外，在本书编写过程中，编者还时时提醒自己努力追求以下几个“一点”：

(1) 让书再薄一点；

(2) 让内容再精一点；

(3) 让理论再少一点；

(4) 让例子再新一点；

(5) 让知识离学生再近一点。

从现在的书稿来看，我们的上述设计思想有些得到了很好的体现，有些体现得还不是很好。不过我们会继续努力的。在自我完善的过程中，我们也特别希望听取读者的意见，特别需要得到您的帮助。

本书由中国职业教育学会教学工作委员会常务理事兼秘书与公共关系专业委员会主任王首程教授主编，孔宪峰、樊慧、陈岗林为副主编。全书的框架以及各章、节、款的具体内容由主编统一设计，随后由各位参编人员分头执笔编写。各章执笔人如下：王首程执笔第一章，樊慧执笔第二章、第六章，彭玉玲执笔第三章，陈岗林执笔第四章和第七章第三节，孔宪峰执笔第五章和第七章第一、二节。全书最后由主编统稿、改定。广州大学新闻与传播学院戴剑平教授负责书稿的审定工作，并提出了许多非常有价值的意见和建议，在此表示衷心感谢。

本书的编者都有着多年的应用文写作教学经验，其中的多数编者至今还坚守在高等职业院校应用文写作的教学一线。这本《应用文写作》的出版，是编者献给高等职业教育的一份薄礼。

编　者

2008 年 1 月

目 录

第一章
应用文概说

第一节　应用文的功能

应用文是实用性文章的总称。此类文章或有工具之能，或有凭证之用，是人们生活和工作中的常用文体。

一、应用文是工具

（一）应用文是传播工具

人类的传播活动大体分为大众传播、组织传播、人际传播、自我传播等几种类型，应用文在各种类型的传播中都扮演着十分重要的角色。

1. 应用文是大众传播的工具

大众传播是专业化的媒介组织运用先进的传播技术和手段，以一般社会大众为消费对象的大规模的信息生产和传播活动。显然，这样的传播必须借助"文章"才能进行，这些"文章"包括广告文案、新闻消息、新闻通讯、新闻评论和新闻专题稿等。另外，电视节目里口播的内容也算是应用文——口播、口述的"背后"都有文稿。就连不用解说的卡通片，其实也是按照"脚本"设计制作的。可以说，离开了应用文，大众传播就难以进行了。

2. 应用文是组织传播的工具

组织传播是最能够体现人的社会属性以及人的职业角色的传播活动。组织传播是在组织系统内，依据组织明文规定的原则进行的信息传递与交流。其具体的传递与交流方式，主要依赖于公函往来、文件传达、信息情报交换和各类会议活动。显而易见，前三项都离不开应用文。稍微正规一点的会议活动也离不开应用文，如会议通知、会议简报、会议讲话稿或发言稿等。所以说，应用文是组织传播的工具，离开了这一工具，现代组织传播几乎无法进行。

3. 应用文是人际传播的工具

人际传播是个人与个人之间的信息传播活动，也是由两个个体系统连接而成的新的信息传播系统。人类自从群居以来，就有了相互交往的欲望。发展到今天，人际交往的空间日益广泛、多向。不同的交往目的、不同的交往对象、不同的交流内容促进了不同文体的产生。尽管文章并非人类交往的唯一媒介，但在许多类型的交往中，文章却是最佳媒介，并具有不可替代性。

4. 应用文是自我传播的工具

自我传播是个人接受外部信息并在人体内部进行信息处理的活动。自我传播是“I”和“Me”的对话，比如我们平时的自我反思过程、自言自语都属于自我传播。既然是个体内部进行的信息传播，应该不需要应用文了吧？也不是。如今，写日记的人似乎少了，但利用计算机记录并存储感言、逸事留作日后自娱、自乐、自思的却大大增多了。利用电子信箱给自己发邮件，记录下生活中的某个瞬间，也是一个很不错的选择，并且很多人都已经做了这样的选择。瞧，他们借助电子手段记录和存储的、自发自收的，不都是应用文吗？

（二）应用文是表达情感的工具

写作目的大致可分为两类，一类是为了怡情，另一类是为了应用。怡情之文，其基本功能是表达某种情感；应用之文，其基本功能就是要充当人类传播的工具。

既然如此，应用文怎么又可以用来表达情感呢？

我们知道，人的情感是比较复杂的，表达情感的方式也多种多样。那些抽象的、含蓄的、莫名的、个性化的情感，适宜用怡情文来表达，而那些具体的、直白的、清晰的、具有社会共性和价值认同的情感，就比较适合用应用文来表达。如：

同意！

赞成！

绝不允许。

务必做到。

分别以来，日思夜想……

以上都是常见于应用文中的语词，都表达了鲜明的情感。

应用文的笔端能够寄托高尚的情怀，也能够包藏龌龊的用心。诬告信、诽谤材料、低俗广告、虚假新闻、欺诈性宣传所表达的“情怀”，至今还在扰乱着社会的安宁。

（三）应用文是成就大业的工具

文章是成就千秋伟业、实现个人理想的工具——古代人早就发现了这一“秘诀”。从隋唐的诗赋到宋代的制义，再到元代的八比，又到明清的八股——中国的科举考试经历了几个发展阶段，造就了多种特殊的文体。各代王朝通过比试文章，录取了十万计的进士，百万计的举人。历史上千千万万的考生迷恋诗赋、痴情八股、精于策论，所为者，理想与大业也。如今呢，聘任考试有作文，晋升职称看论文，公务员考试更要考应用文写作。一些企业通过新闻媒体悬赏征集广告文案，每每引得应征者跃跃欲试。熟通应用文，能写出一手应用性的好文章，就多了很多发展机会，工作中就多了很多选择，实现人生理想就多了一份保证。

环顾左右，在现实世界里，生活就是这样的真实：两人竞争一个职位，胜任者的优势可能只有一项——比较会写；两人同时就职于一家机构，一段时间后，一位得到提升，另一位仍原地踏步，这有时也和两人的写作能力强弱有关。由于会写，有些人成了报界的著名记者，有些人成了广告界的文案“大师”，有人以此博得上司的信赖，拓展了自己的空间……

当代人已经不再讳言应用写作在某些方面的功利取向了。一名广告文案创作者曾抱怨说：“我知道这份文案得不到市场的回应，但是没有办法，客户要求我这样写。”功利取向甚至已经成了一些职业写作的主要特征。很难说这名广告撰稿人的处置有什么不妥之处,也许他是对的。

二、应用文是凭证

(一)应用文是事实凭证

有些应用文能够证明一个事实的客观存在。例如,一份结婚证书可以证明一桩婚姻事实的存在,一份学历证明能够证实一段学习经历的存在,一张借条证明的是拆借事实的存在,一张收据证实的是一个相应的偿还事实。

那么一份会议记录呢,至少可以证明谁参加了会议,谁在会上说了什么。会议记录还可以证明会议布置了什么、要求了什么、作出了什么决议。作为参加了会议的人,你不可以在对自己不利的时候就推诿说对布置的内容,对要求的事项,对作出的决议不知道、不清楚,否则你可能会很被动,因为有会议记录为证。

应用文家族成员中具有凭证作用的文种还有很多很多,譬如委托书、公证书以及委任状、遗嘱,等等。

(二)应用文是交往凭证

具有交往凭证功用的应用文集中在“官文书”中的外交文书和“私文书”中的酬酢文书中。典型的酬酢文书有书信、题词、赠言、柬帖和备忘录等文种。

此外,一些公私往来函电、启事公告等文书,也具有交往凭证的功用。

具有交往凭证功用的文章记录了国家之间、省市之间以及企事业单位、家庭、个人之间交往的过程。其中的一些文章则转化成了档案,成为历史的记录。

(三)应用文是承诺凭证

“一诺千金”“白纸黑字”。前者是说作出承诺就一定要兑现,后者强调的是一般的小事情可以口头承诺,大的事情还是要“立字为据”,还要靠合同、协议等“应用文”来解决问题。

文字广告也经常对产品或服务作出承诺。作了承诺,就有个凭证放在那里,不予兑现就要承担违约责任。2007 年 8 月 23 日,中央电视台经济频道《经济与法》栏目播出了一个案例,名称是“被调包的银行卡”。说的是 2005 年 12 月 29 日晚上 8∶00 左右,广东省中山市的刘先生在一台自动柜员机上取款时,银行卡被骗子调了包。刘先生马上拨打了银行的客户服务电话办理挂失,但连续拨打了 30 分钟才打通银行的电话,办理了柜员卡挂失。可是,由于前后耽搁了 40 多分钟,银行卡上的26 000元钱已经入了骗子的腰包。

刘先生出示了联通公司提供的手机通话清单,而且有民警证明他拨打了银行的服务电话。刘先生认为,被骗子调包自己有责任,但打不通银行的热线电话是造成26 000元损失的直接原因。2006 年 2 月 8 日,刘先生向中山市人民法院提起诉讼,请求法院判令银行赔偿自己的损失。诉讼依据是银行宣传服务热线功能的广告上清楚地写着:“热线电话,一拨就通,24 小时为你热线服务,有专业的理财专家,为你热情地提供服务。”法院审理后支持了原告的请求。2006 年 11 月,中山市中级人民法院作出判决,最终银行赔偿了刘先生的损失。

此判例证实了应用文中所作的承诺都是凭证。承诺了却不兑现，就要承担相应的违约责任。

第二节 应用文的文体特点

一、具有实用性

实用，是应用文存在的第一理由。应用文的实用性集中体现在行文目的明确、行文要求具体上。

（一）行文目的明确

应用文的行文目的通常都在文中直截了当地表达，让对方清晰可知。下面是一份会议接待方案中的一段内容：

由中国教育部和日本电通公司主办、深圳大学承办的“第二届中国广告人才培养研讨会”将于××月××日至××日在深圳大学如期举行，经贵校推荐，您将作为贵校代表参加本次研讨会。

本次研讨会的全体代表将住在深圳明华国际会议中心（四星级酒店），会议的住宿和餐饮费用由主办方支付，不收会务费。您只需支付自己的往返交通费用。会议为您安排了从××月××日到××日共×个晚上的住宿，××日中午 12：00 前退房。会议进行×天，将有×位嘉宾讲授广告前沿的案例和理论。

××月××日晚 6：30，将在明华国际会议中心举行欢迎酒会，教育部、电通公司和深圳大学领导将欢迎各位的到来。

上述文字，句句务实，绝无冗余。字里行间，作者的行文目的清晰可见。

（二）行文要求具体

应用文不仅行文目的明确，文中的要求一般也很具体，别人读了就知道应该怎样去行动。下面再看另一份会议接待方案中的一段内容：

……为了发展我市对外交流合作，拟本着热情友好的态度，做好接待工作。具体安排如下：

一、接送、陪同

外宾抵离时，由市外办×××主任出面迎送，市外办一位领导全程陪同。

二、会见、宴请

拟请×××市长于××月××日（星期×）17：40 出席在×××聚贤殿举行的《×××与××加强交流合作备忘录》签字仪式，并于 18：00 在×××聚贤殿宴请代表团。拟请×××副市长出席签字和宴请，市外办、市侨办、市旅游局及有关方面的领导陪同出席。

拟请×××副市长于××月××日（星期×）9：30 在市政府东厅会见代表团，并出席××月××日（星期×）19：30 在×××宾馆宏图府举行的答谢宴会。市外办、市侨办、市旅游局领导陪同会见并出席答谢宴会。

三、主要活动

拟请市旅游局于××月××日 10：10 在市政府东厅与××观光局会谈，探讨两地旅游合作的可能性。

四、参观游览

拟安排代表团参观×××、×××、×××、×××等。

五、礼宾礼遇

代表团抵离时备贵宾室。请××机场边检给予方便,海关给予免验,卫检给予方便。

六、安全保卫

请市公安局××处统一负责,派先导车。

七、住宿、交通

安排代表团下榻×××宾馆,备标准客房××间;在××期间,安排奔驰轿车一辆,大巴一辆。有关费用由市外办负责。

八、新闻报道

请《××日报》、××电视台发布综合消息。请市档案局安排摄影。

……

和以上安排相配套的,还有实施细则。相关人员按照这样的安排和细则,就可以各司其职了。接待工作的质量和效率,也就因此有了基本的保证。

二、注重规范性

应用文的规范性是通过行文关系规范、行文程序规范、文稿内容规范以及行文格式规范来体现的。

(一)行文关系规范

行文者与受文者可构成几种关系,最为常见的有以下几种关系类型:

1. 公私关系

例如代拟机关书函,受文者为个人,或代机关领导个人向有关组织行文。

2. 上下关系

如代拟机关送上级组织或下级组织的公文。

3. 往复关系

"往"指主动向受文者行文,"复"是回应对方的来文。

在公务应用文写作中经常需要面对的行文关系还有以下几方面:

1. 党政关系

中国共产党各级组织与国家各级行政机关之间分别由各自的秘书人员代行文。譬如党委机关发文,内容如果不涉及政府工作,不一定非要把政府机关列为收文对象。政府机关就属于自身职责范围内的事项发文,也不提倡拖着党委机关联合行文。至于上级行政机关向下级党的组织发指示,下级党的组织向上级行政机关汇报工作,都是关系不顺的表现。

2. 组织与个人的关系

我国行政公文管理法规规定:无论公民个人还是领导者,都不应以个人的名义向组织发公文;以组织的名义起草的公文也不可以发给个人。把个人名字与组织并列,把收文者确定为"局党委、某书记"等,也都属于行文关系混乱。

3. 领导机关和部门的关系

“党委”与“党委部门”“政府”和“政府部门”均为不同层级的机构。党委部门与政府部门可以在职权范围内向各自下一级机关的有关业务部门行文，但是，未经授权，不应该向下一级党委、政府行文，更不能用部门的名义批转同级部门或下一级领导机关的报告。“××省政府办公厅批转××市政府的××报告”“中共××县委组织部给中共××市委的报告”之类的行文，均属于没有理顺关系。

上述关系并非出自逻辑划分，其目的也不是要从外延上去认识“行文关系”这一概念。公私、上下、党政、往复关系的描述，旨在提醒拟文者在涉及这些关系时，有一些既定的规则一定要遵行。例如，个人不得向组织发送“通知”；下级行政组织向业务主管上级部门请示问题应该以“函”行文；行政机关不得向党的机关发指示；没有“请示”来文，就不应该有“批复”之类的复文，等等。在日常工作中，经常能见到上级组织对下级组织用“意见”这一文种承载一些指示性、要求下属遵行的内容，而《党政机关公文处理工作条例》规定：意见“适用于对重要问题提出见解和处理办法”。所以一些下级组织也经常向上级组织用“意见”行文，以表达自己的主张、要求，希望获得上级的支持。来自上级的“意见”需要贯彻执行，那么来自下级的“意见”呢？同一文种是否还具有同样的法定权威，这在认识上就出现了分歧。这样的分歧也反映出明确行文关系规则的必要性。

行文关系不仅直接制约文种的选择，还派生出相应的结构、用语规则。“以上请遵照执行”反映的显然是上级与下级的行文关系；“以上当否，请予批复”反映的不仅是上下关系，还有往复关系。

（二）行文程序规范

自我传播、人际传播的行文过程或可随兴而致，组织传播中的行文过程则必须遵守规则。主要包括以下几方面：

1. 行文主体合法

组织传播中的应用文行文需要获得相应的授权，不能凭爱好和热情而为。凡属于本部门以及自己工作职责范围以内的事务，按照惯例应该由自己来拟稿的，任务一经下达，则应毫不推诿，全力快速完成。按照惯例不属于自己职责范围内的事务，自己则不必主动申请承担行文任务。例如，许多基层单位的党委办公室和行政办公室是合一的，但是党委与行政秘书工作却相对有所分工。分工负责行政秘书工作的，未经授权，不应主动起草关于党务工作的文字材料。否则不仅会因为情况不熟导致政策的把握出现偏差，给工作带来被动，还容易在客观上打乱日常的工作秩序，为人际关系增加不和谐因素。

写好了初稿是否就可以发送出去呢？这也要视情况、文种和工作职责分工而定。总之，组织传播和大众传播中的应用文行文有很多规矩，必须加以遵守。

2. 文种选择恰当

文种有别，始于《尚书》。《尚书》分《虞书》《夏书》《商书》《周书》四个部分，其中《商书》《周书》中的誓辞、诏令、诰言、训辞等，是迄今发现的我国最早的几类文种。到了魏晋南北朝，刘勰在《文心雕龙》中论及的文种已有59类之多，被后世称作应用文的，约占3/4。罗列如下：

祝、盟、铭、箴、诔、碑、哀、吊、诏、策、檄、移、
封禅、章、表、奏、启、对、书、记、谱、籍、簿、录、
方、术、占、式、律、令、法、制、符、契、券、疏、
关、刺、解、牒、状、列、辞、谚。

上述文种,各自职能早有划分。《文心雕龙·章表》曰:“章以谢恩,奏以按劾,表以陈请,议以执异。”意思说,“章”是用作谢恩的;“奏”用于弹劾,即检举揭发他人的;“表”用于陈述事由;“议”用来发表不同的意见。文种的职能既已约定俗成,承载不同的内容,在不同的场合使用,就要按照文种职能的规则,去选择相应的文种。否则,用“批复”答复“报告”,用“意见”代替“指示”或者代替“报告”,用“通知”答复“请示”,用“函”代替“通知”,均属于混淆文种关系,不仅公文的作用难以发挥,而且还会捅娄子,添乱子。若用“通知”代替“请柬”来邀约友人,很可能不但请不来朋友,还会丢面子。

3. 行文规则清楚

应用文文体繁杂,行文规则也有种种不同。其中尤以党政机关公文的行文规则最为繁复,主要包括以下几方面:

(1) 行文应当确有必要,注重实效,坚持少而精。无论是各级党的机关还是各级行政机关,其行文均应务实。可发可不发的公文则不发,可长可短的公文就应尽量简短。

(2) 凡向上级机关行文请示问题,一般只主送一个上级机关。如果需要其他机关的上级机关知道,可以用抄送形式,但不得同时抄送下级机关。

不得越级向上级机关行文,尤其不得越级请示问题。因特殊情况必须越级行文请示事项时,应当同时抄送被越过的上级机关。

党委各部门在各自的职权范围内可以向下级党委的相关部门行文。党委办公厅(室)根据党委授权,可以向下级党委行文;党委的其他部门,不得对下级党委发布指示性公文。部门之间对有关问题未经协商一致,不得各自向下行文。

(3) 政府各部门在本部门职权范围内,可以互相行文,可以向下一级政府的有关业务部门行文,只有在获得本级政府授权后,才可以在自身的职权范围内,向下一级政府行文。向下级机关的重要行文,应当同时抄送直接上级机关。同级党的机关、党的机关与其他同级机关之间必要时可以联合行文。

(4) 同级政府、同级政府各部门、上级政府部门与下一级政府可以联合行文;政府及其部门与同级党委、军队机关及其部门可以联合行文;政府部门与同级人民团体和行使行政职能的事业单位也可以联合行文。联合行文应当确有必要,单位不宜过多。

(5) 不相隶属机关之间一般用“函”行文。受双重领导的机关向上级机关行文,应当写明主送机关和抄送机关,由主送机关负责答复其请示事项。上级机关向受双重领导的下级机关行文,应当抄送其另一个上级机关。

(6) 向上级机关请示问题,应当一文一事,不应当在非请示公文中夹带请示事项。请示事项涉及其他部门业务范围时,应当经过协商并取得一致意见后上报;经过协商未能取得一致意见时,应当在请示中写明。除特殊情况外,请示应当送上级机关的办公厅(室)按规定程序处理,不应直接送领导者个人。

(7) 党委各部门应当向本级党委请示问题,未经本级党委同意或授权,不得越过本级党委向

上级党委主管部门请示重大问题。

(8) 对不符合行文规则的上报公文，上级机关的秘书部门可退回下级呈报机关。

经批准在报刊上全文发布的行政法规和规章，应当视为正式公文依据执行，可不再行文。同时，由发文机关印制少量文本，存档备查。

行文者对上述规则务必清楚，然后照章行事，各类文种才能各司其职，充分发挥出各自的功能。

（三）文稿内容规范

内容规范主要是指公务应用文中的内容要遵纪守法，顾全大局。公务应用文中凡涉及以下内容的，尤其要增强文稿内容的规范意识。

1. 执行纪律规范

以金融形势、行业景气度、产业政策、环境质量、治安事态、机构改革乃至国家招生考试制度调整为例，这些方面的动态莫不和社会稳定密切相关，行文时凡需要涉及此类素材的，均应着眼大局，慎重筛选。国家在一定时期对有关方面的工作会有统一部署，例如，为了维护社会的稳定，有关部门在特定时期会针对敏感事态提前进行防范，并会做出具体规定，行文时要自觉遵守相应的规定。文中需要涉及对外活动、重大历史事件、重要历史人物以及敏感事件和中心工作的，更要着重增强纪律观念。

此外，一些会议记录、会谈备忘录、统计数据、行动方案、决策草案、工作计划等，往往涉及组织的机密。国家对机密材料的使用有严格的规定。凡文稿中需要引用上述涉密材料的，必须要按照制度和纪律的要求，该请示的要事先请示，需要做技术性处理的则应做相应的处理，以确保行文内容符合制度和纪律的要求。

2. 政策尺度规范

政策是用于调控生产关系的重要手段，也是企事业单位决策的依据之一。当根据惯例执笔行文答复某些询问，或是在将有关组织的、领导人的意见形成文字，用于处理某些事项时，需要对所依据政策的连续性保持足够的敏感。处理相同的人事问题，所持政策不一，容易授人以柄，陷己于被动。保持政策一贯性的前提是要掌握相关的背景知识，了解处理同类事项以往所持的政策及其掌握的尺度。并应将所了解和掌握的背景材料及时提供给上级部门，力争在决策阶段就能解决政策的一贯性问题，以减轻具体成文阶段的压力。

当文稿清晰地表达了“可”或“不可”、“一定要”或“决不允许”的时候，应当问问自己要不要留点余地？如果有非常特殊的情况怎么办？在任何时候，科学的政策都要既坚持一贯性，又要有变通性；如果将两者完全对立起来，在思想方法上容易造成形而上学，在工作中也容易经常处于被动状态。

3. 语言分寸规范

对外活动中的行文，凡涉及敏感内容的，表述均应和国家外交、外贸以及对外宣传部门的口径一致，谨慎地判断该不该写，如何遣词造句。譬如，2018—2019 年，中美两国之间究竟是发生了“贸易战”，还是发生了“贸易摩擦”“贸易争端”，公务文书中都应该采用权威部门的提法，不宜把学术性话语或社交媒体上的热议直接照搬进公文。

社交媒体上出现的一些夸张的“网语”（网络语言），往往是出于搏眼球的需要，反映的是网络信息过剩的传播生态，如果不发展到“恶搞”的程度，都应该给网语留下一定的生存空间。但是，许多会对民族团结带来不良影响的网语词却不应该直接出现在公务性的应用文本上。新华社明令禁用的网语词，也不宜在公务性的应用文文本中出现。

还有，在重大事件、重大活动中，关键信息的表述也要务求规范。例如，宣传工作有一致性的要求。在 2018 年，全国宣传工作的重大活动安排之一是“庆祝改革开放 40 周年”。国内新闻媒体从 2017 年初就启动了造势宣传，但当时的提法是“明年，我们将迎来改革开放 40 周年”。到了下半年，中央主流媒体使用的是“明年，我们将庆祝改革开放 40 周年”的提法，随后，国家机关、企事业单位的各类文稿都将“迎来”改成了“庆祝”，营造了更加强大的“庆祝改革开放 40 周年”的舆论氛围。

（四）行文格式规范

应用文的格式选择也不允许信马由缰。进入“Web 2.0”时代之后，应用文对格式规范性的要求更严格了。计算机只认程序不认人。应用文的作者不遵守格式规范，可能会受到计算机的刁难和处罚。

经历了漫长的历史演进，汉语交际文体形成了一整套相对固定的书面表达格式，其具体含义已经成为中华民族传统文化的重要组成部分。例如，关于顶格、空格、提行的习惯，关于直行、横行书写顺序以及版式、留边的习惯，关于独字不成行、独行不成篇的约定，关于字体、字形、字号区别的象征意义，关于亲笔签署的习惯，关于书写（或打印）纸质、纸型、纸色的一般规定。

此外，对旧式酬酢文书的特殊格式以及港澳台和海外华人群体中目前流行的兼具古今中外特点的行文格式，也应有必要的了解和尊重。遵守这些约定俗成的格式规范，有利于研究成果的交流、储存；有利于有效地引导、约束研究活动在严格的程序下，按照周密的逻辑思维依次进行；也有利于培养行文者科学、严谨的文风。

三、追求形式美

文面是文章的脸面。人们在认识事物时往往是从形式入手的，如同了解一个人首先要看其外表一样。有些文章让人一眼看去便有良好的印象，其原因可能首先在于文章的文面，而不是由于其内容出色。

应用文追求形式美，就必然重视文稿的选材用料，重视文稿稿面的修饰，重视文稿篇章句式的布置排列。

（一）选材用料

应用文行文用何种稿纸、何种笔墨，取何种字体，机打还是手写，均有考究。若用原稿纸行文，则须纸质优良、线格色彩柔和、字格数统一规范。用打印机打印行文，一般选择符合公文行文用纸技术标准的 A4 纸。选用质地优良的稿纸，是对阅稿人的尊重。同样，应用文行文倘若随意选笔，随便用墨，或致笔迹不清，墨色不匀，可能会造成意想不到的不良后果。一般情况下，机打文与手写文的传意效果和象征意义并不完全相同，需要在认真斟酌之后精心选用。

（二）稿面设计

令人满意的稿面的共同特征如下：

(1) 纸张之“白”与字迹之“黑”对比度适宜,字迹清晰易辨。

(2) 稿面天头地脚要留足边白,有整体美感。

(3) 大小标题对称、醒目,防止失重。

(4) 正文一般宜用三号或四号宋体字。

(5) 文稿数字、图表、公式、符号使用准确。

一份结构布局合理的稿面有可能让人获得和谐的美感体验,进而对文稿的评价产生积极的影响。对称、对比、和谐是稿面结构布局所应遵循的三大原则。在防止页面失重的基础上,适当添加一些装饰字符,将会使文稿锦上添花。

(三)布篇谋句

应用文有“无三不成篇”之说,又有“独字成行”“独行成页”等忌讳。这些约定与忌讳成就了应用文篇章的匀称之美。在不致因辞害意的前提下,行文者一般都会注意避免独字行与独行页的出现,也都会视实际需要,决定是否“集三而成篇”。

有些应用文体习用工句,有些则形成了特有的句式,如提前句、重后句、省略句、简缩句,等等。加上分条、列项、撮要等表达习惯,集合成了应用文句式形体的疏落之美。在法规性文体中,篇章句式的疏落简洁更为常见。

第三节 应用文的写作要求

应用文必须严格按照以下要求成文。

一、吃透意图

为什么要写这篇文章呢?“这篇文章”或许是一份公文,譬如是一份报告;或许是一篇私文,譬如是一封书信。无论是撰写公文还是私文,在下笔之前都要先吃透意图,想清楚为什么写,谁让自己写的,然后再下笔成文。普通写作中的“选择理论”认为,写作是一系列的选择行为,而在所有选择中,“意图”的选择是最主要的,而且是第一位的。美国《哈布雷斯学院手册》中把一般文章的写作训练内容和过程规范化为:一目的、二题目、三中心思想、四结构(句子、段落提纲)、五起草。“目的”也是其所强调的首要因素。

写私文还需要吃透意图吗?当然需要。人们都不希望进行漫无目的的写作,那些目的不明的文章多数是在不自觉的状态下产生的——思路打开之后,目的不知不觉发生了偏移。譬如我们写一份申请,向单位领导提出外出进修的请求,本来应该陈述自己需要进修的理由,表达自己对进修的渴望,恳切地请求领导给予支持,结果却在申请书里质问领导:“为什么安排了别人去进修而迟迟不安排我去进修?”这就不知不觉地偏离了自己本来的写作意图。

至于公务应用文的写作,一般都需要先吃透领导人的意图。为什么要写呢?因为领导要我写,写作是我的工作。因此,就必须清楚地理解领导的意图,按照领导交代的意图来写,按照工作内容的客观需要来写。在管理层次多、领导人员多的情况下,一般应按照直接上级的意图来写,除非发现其决策有重大原则失误,否则都应该坚决遵照其交代的意图行文。

二、摸清背景

背景，即事情发生的时代和社会的大环境，以及和事情的发生、发展过程直接相关的条件、因素，等等。一名住校学生写信回家索要一笔钱——这是现实状态。该同学在信中告诉家长索要这笔钱的目的是暑期外出旅游，并且班上大多数同学都将参加这次旅游——这是背景。交代了上述背景，有助于如数从家中索得经费，而且也会让家长感到放心。某公司总经理秘书要撰写公司全年工作总结，该公司全年实现利税1 000万元，全体员工兴高采烈——这是现实状态。该公司年初制订的全年利税计划为800万元，年终实现了计划利税额的125%，为历史最高水平——这是公司员工兴高采烈的背景。

文章往往由背景材料显示出差异，体现其价值，从而获得可读性。没有背景材料或背景材料不足是许多文章内容雷同、读来乏味的关键原因。

背景自身还有背景。发现了产生背景的背景，文章由平面展示转换为立体渗透就有了可能。正是这种立体渗透才使文章的内容表现出层次和深度。再如前例：完成计划利税额的125%的宏观背景和微观背景如何呢？如果是写总结，将其一一挖掘出来，必要时再对其中某些背景的背景继续深挖，就有可能写得血肉丰满——概括出实实在在的可以用来指导日后工作的经验。

三、准备材料

吃透意图、摸清背景之后，写作过程就进入了材料准备阶段。该阶段一般需要经历汇集材料、分析材料、补充材料三个环节。

（一）汇集材料

首先是要汇集材料——从你的电脑硬盘或U盘里，把相关的材料拷贝出来；借助搜索引擎和相关检索系统，把有用的材料保存下来；从文件柜中，把可能用到的数据、资料拿出来。更重要的是，要通过回顾、思考，把深藏在自己大脑中的相关线索挖出来。上述汇聚完成后，我们就有了一个关于某篇文稿的材料库。搭建这样的一个材料库大约要耗费多长时间呢？这就要因人、因文而异了。但是我们确信，对一个有阅历的文字秘书而言，完成上述材料库建设工作大约需要一个小时。更确切说，不是只需要一个小时，而是只能给出一个小时的时间。

（二）分析材料

分析材料环节需要依次完成三项任务：

1. 辨别材料的真伪

无论公务应用文还是私务应用文，确保材料的真实性都是最基本的要求。在数字技术带来的资讯多到爆炸的生态里，虚假、冗杂的材料很容易混进我们的电脑桌面，必须迅速将其剔除出去。如果是关键材料，其真实性即便有一点点拿不准，也还是要舍得将其打入另册。

2. 区分材料的品质

在甄别真伪的基础上，接下来就需要给被保留下来的材料分分类了。最好是给它们都打上一个应有的标签——典型材料、非典型材料，关键材料、一般材料，新的材料、稍显旧的材料，完整的材料、残缺的材料……如果有独家材料，最好将其专门归为一类，因为它们可能是最宝贵的材料。

3. 决定材料的取舍

标签清晰的材料，取舍起来就比较容易了。应用文写作一定是要求围绕主旨取舍材料。那些独家材料、典型材料、关键材料、新的材料无疑都应该首先考虑选用。在材料富足的时候，那些一般的、非典型的、不完整的、稍显旧的自然就失去了机会。

（三）补充材料

可取的材料不够富足怎么办？那就得补。可以从性质和类型两个方面确定最终需要补充的材料。在条件允许的情况下，要尽可能地注意补充以下几类材料：

1. 数字和数据材料

无论是自己计算生成的数字数据，还是从其他渠道获得的数字数据，都有可能成为支撑主旨的最有说服力的材料。

2. 动态性材料

动态性材料一般都是新的材料，甚至有可能成为独家材料。而且，动态性材料中往往会有故事，有助于增强文章的可读性。有了动态材料的加入，文稿或许就有机会进入创新文本的行列。

3. 多媒体材料

单纯从文本形态来看，有曲线的、有图示的文本就比单一的文字文本要显得生动。有时候仅仅是由于插入了一张图片，文章的主题就变得鲜明起来。

四、选准格式

文章的结构、格式反映文体的特征，又反映书面表达的社会习惯。公务文书从古至今均重格式，有些人正是因为过于轻视格式，结果在公务往来或者在有关的考试中屡屡吃亏。譬如公文标题，要写好其事由部分，恐怕不会像顺手拈来那么容易。小小一份柬帖，格式够简单了吧，但是如果你过于轻视它，它同样也会刁难你。至于章程、条例中的分条列项表达的格式以及各章之内的条数连排的写法，等等，既是习惯，又经“法定”，必须遵守。书信的格式，古有古的习惯，今有今的约定，因时变异，方能得其要领。港台与内地一些同类文体，格式又不尽一致，对此需要“因地制宜”“入乡随俗”，遵守各地的不同规则。至于新闻写作的“倒金字塔”结构，总结写作的先成绩经验、再问题教训、最后努力方向之类的结构模式，虽然未经“法定”，但却历时已久，写熟了，看惯了，要想改变，会冒风险，没有足够的理由与把握，不可轻易“推陈出新”。已故著名语言学家、北京大学王力教授20世纪80年代初曾介绍说，常有青年写信向他求教，但有些信封上收信人栏写的是：“王力（教授）收”。王力先生批评说，这对人是没有礼貌的。本来是想向大学者求教，反而让老先生生气，结果也不拆你的信。这时就看得出格式的重要了。

五、用好语言

应用文的语言应当力求准确、简朴、庄重。除了讲话稿等少数文种外，应用文一般不使用口语。书面语和口语，其雅俗程度有别。交际文书求雅，故行文当以书面语为主。譬如宴请宾客，就不宜在柬帖上用口语“请你吃个便饭”来表达。再如在商请、介绍之类的文书中求人接待，若以口语要求对方“接待他们一下”，其效果可能会大打折扣。应用文的语言还要谦敬适度。谦敬均为有礼，但过分的谦敬就变成了不恭。廉价的颂扬和莫名的指责都会令人感到尴尬与厌烦。

用好应用文的语言，尤应注意以下几个方面：

（一）语句

句子符合语法才通，符合逻辑才对，追求修辞才好。“通”“对”“好”是对句子的要求。应用文的构句，首要的是明确概念、准确用词，然后在清楚地表达思想的基础上，尽可能地追求语句的生动。

1. 用词准确

词是句子基本的构造材料。用词准确包括词义用得准确，词的感情色彩把握得当，词与词之间的搭配合理。例如“大厦”一词，指的是“高层或大型楼宇”。什么是“高层或大型楼宇”呢？广东省国土资源厅曾经明确规定：大城市（市区非农人口在 50 万以上），高度达到 18 层以上，或占地面积1 000平方米以上，或总建筑面积 1 万平方米以上；中、小城市（市区非农人口在 50 万以下），高度达到 12 层以上，或占地面积 600 平方米以上，或总建筑面积6 000平方米以上。符合上述条件的高层或大型楼宇，才可以被称作“大厦”。可见词义是有规定性的，不符合词义的规定，就会导致用词不准。

下面三个句子都有用词不当的问题：

① 在县长的一再压力下，银行无奈，最后只得给他们贷款 30 万元。

② 锐意改革，是关系到能不能实现翻两番的大问题。

③ 我们公司已经扭转了售鲜果出手慢、腐烂多的状况。

句①中的“压力”表意欠准，和前后又都难以协调，所以用得不当。句②中的主谓语不能搭配。句③中的谓语和宾语搭配得也不好。

做到用词恰当，要注意以下几方面：

（1）分清词类。汉语的词类不同，也就决定了它们在句子中的作用是不一样的。比如实词包括名词、动词、形容词、数词、量词和代词，它们能充当句子成分。而各类虚词，包括副词、连词、介词、助词、语气词和叹词，不能单独充当句子成分。再比如，形容词一般不充当宾语，而名词一般不能做谓语。上面例①中“压力”的错用，就是写作者没有分清词类造成的。

（2）辨析词义。汉语有丰富的同义词，如果不注意辨析这些同义词之间的细微差别，应用文是很难做到表意准确的。同义词之间有语体色彩、感情色彩、语义轻重、表意范围大小等的差异。“吃饭”与“赴宴”是语体色彩不同，“成果”与“后果”是感情色彩有异，“毛病、缺点、错误”则是在语义轻重方面不同。

除此之外，汉语的语词还有约定俗成的搭配习惯。比如，“交流”习惯于跟“思想、经验”等抽象的词语搭配，而“交换”则习惯和“礼物、座位”等表示实体的词语搭配。这也是用词恰当应该注意的问题。上面例③中“扭转”与“状况”就不符合搭配习惯，可以把“状况”改为“局面”。

2. 句子完整

句子成分完整，读起来语感才会顺畅，思想表达才会比较清晰。下面两个句子由于成分不完整，导致了意思的不清晰。

① 在他们的辛勤工作下，使这些外商消除了思想顾虑，积极投资于当地的开发建设。

② 这个集团目前已成为拥有 11 个专业公司、2 个研究所、3 个生产厂，现有固定资产

6 500万元。

句①中不仅“积极投资于当地的开发建设”语感不顺，而且“使”取消了“外商”的主语地位，导致该句子主语残缺。句②中“成为”的宾语呢？显然是遗漏了。

3. 句子干净

句子成分不全会导致思想表达的模糊。句子中出现了多余的成分，或者是两个乃至多个句式搅在一起了，同样会妨碍清晰地表达思想。干净的句子没有多余的枝蔓，没有产生歧义的空间。下面两个句子就算不上干净了。

① 当经理的不懂业务，那会产生怎样的后果，是不堪设想的。

② 我看了这份简报，揭露了官僚主义，很深刻。

句①杂糅了两种句式，重复累赘。句②将几个分句杂糅在一起，造成全句臃肿，表达的意思模糊。

4. 句子生动

毛泽东曾经强调：“文章和文件都应当具有这样三种性质：准确性、鲜明性、生动性。”否则，“看这种文件是一场大灾难，耗费精力又少有所得”。毛泽东还呼吁：“做经济工作的同志在起草文件的时候，不但要注意准确性，还要注意鲜明性和生动性。不要以为这只是语言教师的事情，大老爷用不着去管。”毛泽东的这些论述，本身就是生动的句子，是拟写文章和文件所要追求的“三性”的范例。

（二）语境

语境是指写作的具体环境，是词汇、语法的表意系统。能够因境而变，灵活调度语言，善于借助语境，使句子表达更简练、更有效，是语言富于功力的更高要求。

例如，我们强调文章要真实，但是在一些语境下，却不宜如实陈述；我们强调表述要清楚，而很多语境又都迫使我们采用委婉、曲说和模糊的表达方式。

① 眼睛不能太近视。

② 人事科的总结没写好。

③ 北京多少钱？

上述句子孤立地看都是病句——或于事理不通，或明显包含歧义。但是在具体的语境中，它们却可能都是最通俗、最有效的表达。世界上最好的语言，一定是最简练的语言。“打长途”“读马列”“喝茅台”“乘大巴”“女的都是高跟鞋”——善用语境者可以让此类“残缺不全”的表达变成最精美的表达。

（三）语感

语感标志一个人的语言悟性。语感强才有可能落笔生辉，语感弱则笔下容易迟钝、平淡。语言的顺、畅、美是语感强的突出特征。

1. 顺

起码要文从字顺，不能让人读起来疙疙瘩瘩。书面语最终也是供人“读”的，死守书面语的清规戒律，硬要保持语句的结构完整，结果导致“口感”不佳，是造成语感不顺的一大原因。

“顺”的更高要求是文气通达。即不仅单个的句子通顺，句间的衔接也要不受阻隔，能让人读来一气呵成。

2. 畅

“畅”含有痛快、尽情之意。仅靠文从字顺或文气通达，还不能获得令人畅快的感觉。没有阻塞，能够向着同一个方向自然移动，就算是顺了。而“畅”有节奏的要求，有速度的变化。如同水流之畅需要有落差一样，语感的畅快，需要积起厚势，然后才能倾泻而下。

3. 美

由词汇构筑的美，是表象的美；由语感构筑的美，是神韵的美。语感的美源自疏淡的笔法，源自对语词音韵的精心调配，源自长期蓄积的语言功力。

六、快速成文

应用文写作一般是限时写作。

想一想，如果不能快速成文，面对以下写作环境该是多么难堪。

1. 会议文书

会议即将开始，领导人就要登台讲话，而讲话稿仍在秘书笔下慢腾腾地写着。讲话稿之外的其他会议文书同样容不得半点的磨蹭——无论是会议通知、会议记录，还是会议简报、纪要。

2. 赠言、题词

庆典聚会、亲友相别，人家舒卷把墨请你题词留言，你能以时间不足为由相拒，或者以草稿尚需修改之后才能相赠为由来推托吗？无论社会角色如何，我们都不应无视自身的公众形象。

3. 动态新闻

谁也不会满足老是接收昨日新闻。负责报道的人若有多次未能在报社截稿之前发回当日新闻的记录，可能就会面临丢失饭碗的危险。在竞争日趋激烈的今天，国内许多新闻机构均已将每日完成的有效文字数量和记者的工作绩效直接挂上了钩。有效文字达不到数量要求，记者同样面临“下岗”的威胁。

4. 计划与总结

写此类文章，有人觉得可以松一口气——大不了就笨鸟先飞，提前动笔。但是别忽视一点：和调查报告以及多数公务文书的写作环境一样，写作素材是难以提前获得的，写作时机也难以提前预知。而写作任务一经下达，留给执笔者支配的时间又总是那么有限。

5. 学术论文

学术论文的写作时间弹性较大。然而，由你支配的绝对时间一多，相对时间有可能反而更少。因为撰写论文比写其他文章难度更大。倘若是写毕业论文或学位论文，不知不觉交稿的时间已到，而你却未能拿出初稿，可能要误了大事。会议论文的截稿时间一般也无弹性。如果是一篇科技研究报告，或者是写公开基础理论、应用技术方面研究成果的学术性文章，即使只比对手迟一天成文，也可能因此而丧失发明权或专利权。出现这种情况，怎能不让人痛心疾首！

生活要求我们一蹴而就，工作希望我们挥笔成文。古老的“冷处理”观念应该从应用文写作的园地中逐步退出了。但是，若以为此后仅凭思维的敏捷和写作的技巧即可实现快速成文，则又是一个误会。快速成文首先是一种写作观念。在此观念的引导下，撰文者的学术素养需要更扎实，学识储备需要更丰富。快速成文甚至要求职业“写手”改变传统的成文方式，譬如借助计算机将相应的文章背景知识编制成一个个相对独立的模块，变沿用已久的字词构文为段群构文。当我们有能力将传统的积词生句、积句为篇、积篇成章的写作过程转换成通过若干个文章段群结构模块的不同组合，从而构成相应的文章主体框架时，应用文的快速成文便不再是一个奢望。

倚马可待，立等可取，这是情势对写作速度的共同期望。譬如某些会议，上午发言，下午讨论，晚上要将当日的会议简报发到与会者手中，其对时效性的要求并不弱于新闻写作。再如很多时候，秘书反映情况、提供依据、解决问题，如果赢得了时间，也就争取了主动。未能抢在重要的时间之前，有时候仅仅因为迟了一天、几个小时甚至几分钟，就有可能失去良机，陷于被动。不少秘书曾有类似的经历：某次陪上司出席一个仪式（或参加一个会议），驱车上路之后，上司突然发话：“会上我要不要说两句？说什么呢？你给写上两条……”真正的考验来临了。在飞驰的车内，在以分钟为计算单位的短暂时间里，要拟就一份讲话要点，或者稿件，听起来不可思议，但许多训练有素的秘书却真的能做到。

提高写作速度，需要经历一个过程，在此过程中，下述努力与配合是不可缺少的：

首先，相信自己一定能一气呵成圆满完成一次写作任务，一定能写出既无须自己多加修改，又令他人感到满意的文章。

其次，告诫自己一定要一步成文。可以设想这样一种情境：再也没有退路了，既没有改的时间，没有改的机会，也没有真正可以依靠的人帮着修改，但又必须在规定的时间内拿出像样的东西来，否则可能会招致一些不良后果。

最后，要求自己养成一步到位的习惯。一步到位和多步成文是两种不同的写作习惯——两种在不同写作观念的暗示下形成的不同习惯。多步成文的习惯可能让不少人吃过苦头。譬如在考场上由于按照先列提纲，接着写草稿，然后做修改，最后再誊抄的习惯对付作文题，可能未及誊抄就听到了交卷的铃声，而草稿并不能当作成文交出。如果养成一步到位的习惯，此类尴尬就很容易避免了。不仅如此，也许仅仅因为能够一步到位，你的写作能力就有可能让别人刮目相看。

第四节 应用文的格式规范

一定的格式表达一定的思想，反映行文者的素养与品位。格式又是标准化的重要组成部分，而标准化是行文走上科学化、数字化、网络化的钥匙。

从格式的产生背景来看，文章的格式有法定与约定两类。本书在法定的格式与约定的格式之外，又列出“变通的格式”一类，从而将应用文的格式分为三类。分述如下。

一、法定的格式

（一）党政机关公文格式

党的机关和国家行政机关的公文有其特定的格式。这些“特定的格式”是用法规性文件明确规定并颁布施行的，因此，我们称之为法定的格式。例如，国家标准《党政机关公文格式》（GB/T 9704—2012）根据《党政机关公文处理工作条例》的有关规定，结合长期以来党政机关公文格式的实际应用情况，对公文用纸主要技术指标、公文用纸幅面尺寸、公文印刷装订要求、公文格式各要素编排规则等，都作出了具体规定。严格、具体的格式规定，凸显出党政机关公文处理工作的严肃性，也强化了公文文本的庄重与权威。在日后的公务活动中，凡遇党政公文行文，均应严格遵行上述格式要求。企事业单位的公文行文，也应当参照上述格式要求。

（二）科学技术报告、论文的格式

科学事业是全人类的事业，科研成果是全世界共同的财富。为了便于科研成果在全世界范围内的传播、交流和享用，国际社会相继制定了《文献工作——书写文献的章节编号方法》（ISO 2145—1978）、《文献工作——科学技术报告编写格式》（ISO 5966—1982）等标准化文件，这些文件的内容已经得到我国和世界上许多国家的广泛承认。

《文献工作——书写文献的章节编号方法》是一项关于章节统一编号法的国际标准，适用于手稿、书刊、使用说明书以及技术标准等文献。它和我国传统的文章格式的显著区别是，该标准规定章节序码统一用阿拉伯数字标注，章节层次可分为若干级，第一级为章号，第二级为节号，节下可进一步细分为第三级和第四级，各级号码之间加一个英文句点。例如：

第一级	第二级	第三级
1	1.1	1.1.1
2	2.1	2.1.1

这样规定的好处是可以使各章节的次序、重要性及其相互关系一目了然，且便于检索和引用。

《文献工作——科学技术报告编写格式》还将一份科技报告的章节构成分为前置材料、报告正文和结尾材料三个部分。

参照ISO国际标准和技术报告编写指南，我国制定了自己的关于章节编排的国家标准——《标准化工作导则 · 编写标准的一般规定》（GB 1.1—1981）。以这个“一般规定”为依据，我国又出台了论文、科技报告格式的国家标准——《科学技术报告、学位论文和学术论文的编写格式》（GB 7713—1987）。现行的标准化工作导则第一部分：标准的结构和编写（GB/T 1.1—2009）中第5章“结构”中，对于“章、条、段、列项，附录”中的有关规定，采用阿拉伯数字分级编号。

对上述格式规定，有些科技工作者和研究人员不清楚，或者明知有格式规范却未能予以足够的重视，因而在论文、报告的撰写中没有严守格式规范，结果直接影响了研究成果的社会评价。更让人痛心的是，有时候，一些论文、报告失去了参加学术交流的机会，或者未能被权威刊物收编，或者未能获得专家的充分肯定，并非是由于成果的理论价值或应用价值没有达到相应的水平，而是由于成果的格式不符合规范。

综合上述国际标准和国家标准以及欧美国家的流行格式，我国的学位论文和高等院校学生毕业论文典型的构成项目及其排列顺序依次如下：

1. 前置材料

封面

空白页

题名页

序

摘要

关键词

目录

2. 主文

绪论(或引言)

本论(或正文)

图表系统

注释

结论

3. 文尾材料

附录

参考书目

索引

现以论文前置部分的封面格式为例,说明如下。

封面是报告、论文的“外壳”,负责提供有关的信息,并对内页起保护作用。

封面虽然不是必不可少的,学术论文如作为期刊、书或其他出版物的一部分,可以不加封面,但学位论文、毕业论文以及其他作为单行本印制的论文,最好加装封面。论文封面上究竟应该标明哪些内容,并无统一的规定,撰写学位论文或毕业论文时需要先了解接受论文的校方的具体要求,然后再确定封面上的项目及其位置。不过,就其共性来看,论文封面一般包括下列内容:

(1) 分类号。在左上角注明分类号,便于信息交换和处理。一般应注明《中国图书资料分类法》的分类号,同时应尽可能注明《国际十进分类法 UDC》的类号。

(2) 密级。报告、论文的内容,按国家规定的保密条例,在右上角注明密级。如系公开发行,则不必注密级。

(3) 责任者姓名。责任者包括论文作者、学位论文的指导教师、论文评阅人、论文答辩委员会主席以及学位授予单位等。必要时可注明个人责任者的职务、职称、学位、所在单位名称及地址。如责任者系单位、团体或小组,应写明全称和地址。

在封面和题名页上,或者是在学术论文的正文前署名的个人作者,只限于那些对于选定研究课题和制订研究方案、直接参加全部或主要部分研究工作并作出主要贡献,以及参加撰写论文并能对内容负责的人,按其贡献大小排列名次。至于参加部分工作的合作者、按研究计划分工负责具体小项的工作者、某一项测试的承担者以及接受委托进行分析检验和观察的辅助人员等,可以作为参加工作的人员一一列入致谢部分,或排于脚注。

如责任者姓名有必要附注汉语拼音时,应该姓在名前,名连成一词,不加连字符,不缩写。

(4) 申请学位级别。应按《中华人民共和国学位条例暂行实施办法》所规定的名称标注“硕士学位论文”“学士学位论文”字样。仅作为毕业论文而不用作申请学位的,则不用标注。

(5) 专业名称。即论文作者主修专业的名称。

(6) 工作完成日期。包括论文提交日期,学位论文的答辩日期。

科学技术报告、学位论文和学术论文编写格式的规范、统一，进一步强化了科技论文的务实精神，方便了科技文献的存储与引用。但是，由于论述对象不同、研究方法不同和研究视角的不尽一致，为求规范而采用同一种结构模式承载不同的研究内容及其成果，则可能束缚研究者的创造精神。所以有人批评上述模式为“科技八股”。迄今，一些著名学者的研究论文仍不愿接受上述模式的约束，使得科学论文多种结构模式并存的状况延至今日。

二、约定的格式

除了以上法定的格式之外，像受文者顶格书写、段首空格、提行、直行书写、侧写等则是一些实用文体约定俗成的格式，本书简称为约定的格式。现以书信为例，对其部分“约定的格式”说明如下。

（一）提行

旧体书信讲究提行，新体书信也没完全抛弃提行，如“敬礼”就不是接在“此致”后面写，而是要另起一行写。

提行有平提与挪提的区分。平提是另起一行，起笔顶格。挪提是在原来的一行之内“挪”一个字位，即空一个字格，然后再接在空格之后往下写。挪提与平提的意义和称谓必须顶格写的意义相同，都是在涉及收信方名称时，为了向其表示尊敬而做的一种格式处理。有些旧体信在挪提的同时还加大空格后面名称的字号（在涉及自称时则缩小字号），以进一步突出对方的尊姓大名。这些处理与书信的文体特征显然是一致的。

今人写信依然保留着使用提行的习俗。尤其是信尾敬辞，普遍要求使用平提行，否则是不礼貌的。

（二）信纸

公务书信应该选用纸质优良的标准稿纸。许多机构、组织的形象意识都已明显增强，对公务书信稿纸的平面均有精心的设计，电话、传真、网址、电子信箱地址以及办公楼的形象图片一应俱全。这样的稿纸也成了相应机构、组织的“名片”。稿纸的字格线条也有讲究，大凡内容带有喜庆色彩的，以选用红线格稿纸为好。在我国和日本，白色象征肃穆，写吊唁信最好用纯白无线格的稿纸。

如果是竖行信纸，则必须从右向左写。此外，还应避免在一行之内仅写一字、一页之内仅写一行的情况，行文者要善于随时调剂文字的疏密。

写好了信，不可随意折叠，有人爱将书信折成棱形或一个图案，似乎存心要难为收信人，这是很大的失礼。倘是竖行稿纸第一次应左右折叠，横格信纸第一次则应上下折叠。

（三）信封

写公务书信要用印有机关、单位名称的信封。信封的选用以典雅、大方，色彩与信的内容和谐一致为原则。

信封的字迹切不可潦草。不能工整地写对方的姓名就是对收信人的不敬。信封上也不得随意添加符号（例如在敬辞或收信人职衔上加个括号），随意添加符号属于失礼行为。

三、变通的格式

所谓变通是指对法定、俗定格式规定的局部微调。

形式是服从、服务于内容的。制定严格的格式标准，是为了准确、有效地传播文章内容。反过来看，当看准了通过格式的变通能够更有效地传播文章的内容时，要敢于尝试新的“约定俗成”，即探索格式的创新。遇到以下几种情形，应用文格式经常酝酿变通。

（一）内外有别

机关内部行文与机关对外行文、组织传播行文与人际传播行文，文章的格式允许发生一些变通。例如公文标题的结构程式比较固定、规范，但机关内部的公文流转却可以使用更简洁一些的标题。其意义不仅有便捷之效，也减少了八股味，增加了亲切感，对推进和谐机关建设有利。再如“印章是公文生效的标志。一般情况下，除了会议纪要以外，不加盖印章的公文应视为无效”。隔墙办公的两个机关之间动辄公文往来，公章相向，也容易导致形式主义和文本主义，进而影响工作效率。因此，时下许多机关内部往来能不行文的就尽量不行文，一定要留下文字的也不一定每次都得盖章。

下面是某市政府办公部门内部流转公文的格式样本（见图 1-1、图 1-2），看上去都不够正规，如标题制作粗糙，没有发文字号，错写主送者等，而且落款和日期的书写格式也不规范。但是此类格式文本机关内部随处可见，并且都在有效地充当着机关日常运转工具的工具。与其把这些公文当作病文看待，不如说他们坚持了内外有别。

××市人民政府办公厅

关于××××的请示

厅领导：

××。

办公厅秘书处
××月××日

图 1-1 内部流转公文格式样本一

××市人民政府办公厅

通知

办公厅各处室：

××。

××月××日

图 1-2 内部流转公文格式样本二

再如，亲友之间的书信往来，动辄提行侧写，中规中矩，恐给人留下不近人情、保持距离的感受，难免影响情感的沟通。相反，采用变通的格式，随意了，轻松了，相互间的距离可能就会拉近了。

（二）异地通变

香港特别行政区行政公文结构上分八个部分，依次为标题、主旨、说明、建议、承办人、日期、编号和副本收受者，但并不要求各类公文都有完整的结构。例如，人事令、行政法令就不需要建议、承办人、副本收受者等内容，公告和法律事务文件不必包括建议事项，令类以及签注、公告、其他公文也不必写副本收受者。

在书写格式上，香港公文通常是按传统的中文书写格式，即从上到下、由右至左竖写连排。需要中英文对照的则分页并列，从左至右横写。香港公文的正文内容还要求分段表述，段首空出两格，并用汉字数字标明各段次序。

上述结构形式和结构内容的写作要求与台湾地区行政公文的相应规定有共性。台湾公文正文比较模式化，通常分主旨、说明、办法三段，且开宗明义，在各段的开头写清段名。开始是主旨段，用以说明行文目的与期望。写作时既要具体务实，又要简洁扼要，一般在一个自然段内写完。如需要对事实、来源或理由作详细说明，就要写第二段说明段。说明段通常列条陈述，段名可根据公文内容加以变通。当向受文机关提出的具体要求无法在主旨段内简述时，可以单列第三段办法段，段名如改为建议、请求等亦可。如果正文内容非常简单，则可仅列“主旨”一段。台湾目前规定，除有关数表或附件译文之外，公文一般均从右到左直行书写。港台公文也有差异，例如台湾公文行文时段首不要求空格。

现在要讨论的是，我们在和港台的公私往来中，行文的格式是否需要通变。一定要变。和港台的文书往来，格式上应当坚持以“我”为主，适当变异，例如和香港的文书往来要尽可能地接纳其文本的西化格式。而和台湾的公私事务书电往来，就需要更积极、更谨慎地对待文本的尊卑谦敬色彩，多考究文本格式的文化内涵和象征意义。

（三）特例求变

在特殊情况下，为了增强书面传意的效果，我们对应用文的法定格式和约定格式都可以积极主动地求变。

例如，批转和转发类的公文使用频率很高，草拟此类公文，写好标题是关键。譬如，下级某部门送来一份报告，上级觉得有价值，于是批转给各有关单位，要求贯彻执行。此时上级单位就要发一份关于批转某报告的通知。如果“上级的上级”觉得这份被批转的报告涉及的内容带有普遍性，有必要在更大的范围内进行传播，就可以再批转或转发这份通知，从而有可能形成关于批转或者“关于转发某下级单位关于批转某报告的通知的通知”。显然，上述标题层次太多，读起来颇费脑力。怎么办呢？在不影响标题传意清晰度和准确度的前提下，批转、转发此类通知的标题就可以简化处理。譬如通过事由的简化来避免“通知的通知”之类表达的出现。

再如我国党政机关公文管理的法规规定，无论公民个人还是领导者，都不得以个人的名义向组织发公文，以组织的名义起草的公文也不可以发给个人。但是，碰上办理人大代表建议和政协委员的提案复文时，行文格式规定中的问题就来了。

办理人大代表建议和政协委员的提案是政府部门的重要工作。政府的办公部门通常会设一个专职的建议提案办理机构，专门处理人大代表的建议以及政协委员的提案。其处理基本程序是：登记→审阅→办理→答复→存档。其中“答复”这一复函主送谁呢？提案是党派或团体提出的，受函人写相应的党派或团体名称就可以了。但如果是人大代表或政协委员个人提交的，答复的主送者显然就不能是机关，而应该是提案者个人。

以下是某省、市有关建议及提案的复文格式。

例一:办理省政协提案复文格式

(单位名称)

A(或 B 或 C 或 D)类

(办文编号)

对省政协×届×次会议提案第×号的答复(标题)

×××委员:

您(你们)提出的关于“××”的提案收悉,现答复如下:

……………………………………………………………………………………………………

……………………………………………………………………………………………………

……………………………………………………………………………………………………

……………………………………。

(单位印章)

××××年××月××日

主题词:文秘工作 提案 函

抄送:省政府办公厅,省政协办公厅,市政府办公厅(会办单位)。

联系人:

电话:

例二:办理市人大代表议案复文格式

(单位名称)

A(或 B 或 C 或 D)类

(办文编号)

对×市×届人大×次会议代表建议第×号的答复(标题)

×××代表:

您提出的关于“×××”的建议收悉,现答复如下:

……………………………………………………………………………………………………

……………………………………………………………………………………………………

……………………………………………………………………………………………………

……………………………………。

(单位印章)

××××年××月××日

主题词:文秘工作 建议 函

抄送:市人大常委会办公厅,市政府办公厅(会办单位)。

联系人:

电话:

上述格式就发生了变通。这样的变通是面对具体的特殊的情况积极、主动进行的,体现了应用文格式的活力。

第五节 应用文的文面布局

文章写出来总要给人看,要有人愿意看,还要让人看得懂。如果人家不想看,看了不舒服,或者看也看不懂,无论文章的内容多么重要、多么精彩,其功能仍然无法实现,“意”还是无法传达。写文章不讲文面,就像一个人经常邋邋遢遢、不修边幅,会令人扫兴、失望一样。正是从这个意义上讲,没有文面,也就没有了文心;不讲文面,也不是真的会写文章。

反过来看,有些文章让人一眼看去便有一个良好的印象,其原因并不一定是由于内容出色,其魅力可能首先来自它的文面。认识事物往往是从形式入手的,如同了解一个人首先看的是外表一样。

一、应用文格式与文面的和谐

文面是文章的脸面。应用文格式与文面的和谐有赖于文面布局的设计。一份结构布局合理的稿面有可能让人获得和谐的美感体验,进而对文稿的全面评价产生积极的影响。

文面布局设计一般遵循对称、对比、和谐三大原则。

对称,重点关注的是稿面“天头地脚”边白的空间距离对称以及居中标题的对称,也兼顾文章自然段和逻辑段的整体对称。

对比,主要指文面“实”与“空”的对比,字体与字形变换的对比以及图文的对比。

和谐,包括题文和谐、图文和谐、字形搭配和谐、篇幅和谐等。

在防止页面失重,避免独字行与独行页的基础上,适当添加一些装饰字符,利用计算机设置合理的边距,创建页眉、页脚,插入、编辑图片,设置环绕效果、制作水印效果、添加艺术字,设置边框、底纹,设置首字下沉,设置段落格式等,文稿的页面有可能因此而锦上添花。

文面布局的和谐还和书写印刷材料以及文本包装、装订直接相关。例如,论文的中文稿必须用白色稿纸单面书写或打印,外文稿则必须打印。可以用不褪色的复制本。报告、论文宜用标准 A4(210 mm×297 mm)大小的白纸印制,便于阅读、复制和拍摄缩微制品。报告、论文在书写、打字或印刷时,要求纸的四周留足空白边缘,以便装订、复制和进行批注。每页的上方(天头)和左侧(订口)应分别留边 25 mm 以上,下方(地脚)和右侧(切口)应分别留边 20 mm以上。

二、应用文的封面布局

必要时,应用文应该加装封面。最宜加装封面的应用文有公证书、招投标书、策划书、讲话稿、会议简报、毕业论文或学位论文等。学位论文的封面布局如图 1-3 所示。毕业论文的封面布局如图 1-4 所示。

分类号	密级
UDC	编号

学位论文

(题名和副题名)

(作者姓名)

指导教师姓名:(职务、职称、单位名称)

申请学位级别: 专业名称:

论文提交日期: 论文答辩日期:

学位授予单位:

答辩委员会主席:

论文评阅人:

年 月 日

图 1-3 学位论文的封面

××大学(学院)××专业××××届

毕业论文

(题名和副题名)

(作者姓名)

指导教师姓名:(职务、职称)

论文提交日期:

论文评阅人:

答辩委员会主席:

图 1-4 毕业论文的封面

三、应用文的标题布局

应用文的标题布局涉及以下具体选择事项。

（一）选字

包括选择字体,确定字号的大小。

（二）标题排列

标题排列以对称、和谐为准则。具体排列过程涉及字间距的确定以及字体、字号的调整。

（三）标题修饰

标题修饰重点从页面整体匀称、主副标题搭配和谐的角度对标题加以美化。必要时可以对主标题和副标题的字数、字体、字号加以调整。

四、应用文的图表布局

“图文并茂”是应用文的表达趋势。调查报告、总结、情况说明等文章,应尽量多用图表来表达相应的内容。

应用文中常用的图包括曲线图、构造图、示意图、框图、流程图、记录图、布置图等。应用文中常用的表有数字表和文字表。

文中图表和文字之间应具有互补性,两者的比例应力求恰当。文中图表的布局在整体上追求大气、和谐。

图表制作还应满足以下具体要求:

1. 图表应具有自明性

即要让读者只看图、图题和图例,不阅读文字说明,就能够理解图意;只读表,读者便能一目了然。

2. 图表名称确切

图应有简短确切的题名,并应编排序号,一同置于图的下方居中排列;表也需要有简短确切的题名、编号,并于表的上方居中或左起排列。

3. 图表说明清楚

必要时,应将图上的符号、标记、代码以及实验条件等,用最简练的文字,横排于图题下方,作为图例说明。必要时,也应将表中的符号、标记、代码以及需要说明的事项,以最简练的文字,横排于表题下,作为表注。

表 1-1 是某职业学院三年的招生情况。此类表的自明性很强,即使不加文字,也能让读者一目了然。该表布局疏密得当,显得清新俊秀,为文面增添了装饰美。

表 1-1 ××职业学院招生情况 2004—2006 年统计表 单位：人

学年	招生专业数/个	招生计划数	录取新生数	报到率/%	在校生数
2004	37	3 100	3 452	75.6	8 049
2005	41	4 000	4 158	77.2	8 842
2006	50	4 950	5 056	85.3	10 127

图 1-5 所示为某高校在校生的规模，这样的图自明性也很强，适宜用在多种应用性文章中。

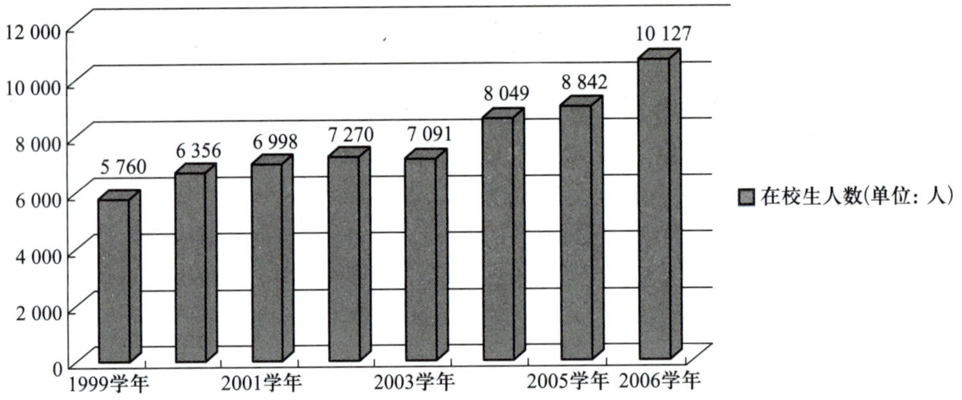

图 1-5 某高校全日制在校生的规模

图 1-6 所示为 2009 年度各月百度搜索网站用户和新闻媒体对广州亚运会的关注度变动曲线。

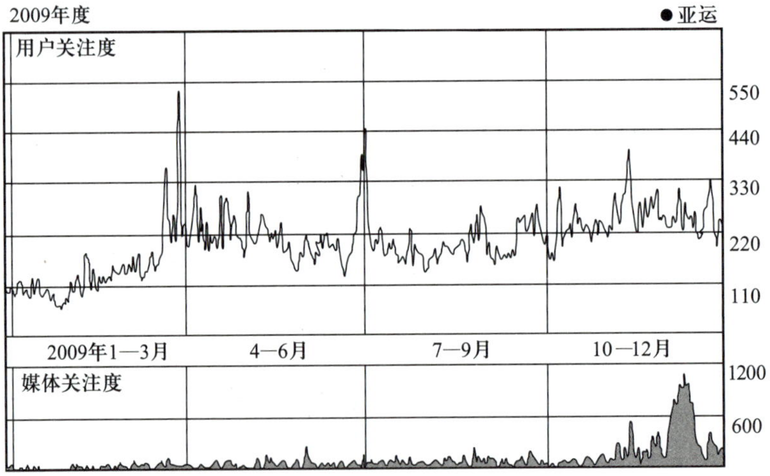

图 1-6 2009 年度各月用户和媒体对广州亚运会的关注度曲线

图 1-6 显示，2009 年度各月亚运会的用户关注度比较均衡。2009 年 3 月，广州亚运会组委会启动了一系列宣传活动，如发布亚运火炬传递消息、开幕式构想，以及启动“亚洲之路”“亚运

广州行”等大型主题活动，吸引了舆论的注意，从而使亚运用户关注度在3月29日达到年度峰值。用户关注度的另外两个高点分别出现在6月30日和11月12日，原因是6月诸多娱乐明星加入亚运推广，“亚运天使”“亚运拉拉队”的相关活动在全国多个城市启动，都引起了社会的广泛关注。11月亚运倒计时一周年的多项活动也吸引了公众的目光，并收到了良好的传播效果。而全年媒体的关注度则从年初到年尾呈逐步提升的趋势，到12月中旬达到本年度的峰值，走出了一条理想的逐级上扬的曲线。

——这样的曲线图直观性、自明性就很强。

五、应用文的多媒体文本布局

进入21世纪以来，多媒体文本用得越来越多、越来越广。如今，在纸质的文字文本中就可以直接插入图片，还可以插入二维码，传送声音、图像内容。至于电子文本，更是可以随心所欲地进行多媒体布局。

这里所说的多媒体布局是指借助多媒体符号进行的文本表达，目的是谋求既定的传播意图得到更充分的实现。将应用文的多媒体布局置于当代应用文的文面布局之下进行思考，就不难梳理出应用文多媒体布局的基本路径：在具体的写作行为中明确赋予不同的介质相应的文本功能；准确确定各介质的权重和比例，处理好文字、图片、声音、视频之间的关系；围绕主题、突出主体，以创新的姿态实现多媒体文本的建构。

（一）明确各介质的文本功能

对文字、图片、声音、视频进行赋能，清晰地定位各介质在文本表达中的功能，是应用文的多媒体布局首先要完成的任务。

我们把各介质的文本功能分为三类，即主体表达功能、辅助表达功能和文本装饰功能。在不同的文本中，文字、图片、声音、视频等不同的介质往往被赋予不同的功能。以图片为例，在某些文本中，它仅仅被用来装饰文面，而在另一些文本中，图片可能被赋予了辅助表达功能甚至是主体表达功能。

应用文文本中表达功能最为强大的介质还应该是文字。文字相对比较理性，适合用来传送清晰的信息和表达复杂的、抽象的内容。在很多情况下，文字甚至可以独自完成所要表达的内容。而且，数字技术也打开了文字图片化的空间，经过放大、变形等手法处理后，理性的文字同样也会具有直观、感性的画面功能。

图片比较直观，又具有实证功能，因此才有了“有图有真相”“上图才是硬道理”之说。一些反映事件现场状态的图片因为具有强大的视觉冲击力，往往成为舆论动员的工具。在多数情况下，图片都被用来当作配角，即所谓“配图”。但在某些情况下，图片也可以成为主体表达介质。而在具体的文本中，图片一旦被明确赋予主体表达功能后，文字的功能在同一篇文本中就被降到了辅助的地位。

数字技术引领声音和视频进入了应用文文本，开启了应用文文本的动感范式。今天，在手机端已经不难见到以声音或视频作为主体表达介质的文本，尽管其中的绝大多数都还需要文字的引领，尽管很多人还是习惯把声音文本当作文字文本来理解，甚至持续关切如何将语音转换成文字，却都不影响声音和图像在应用文文本表达中的功能日益强大的趋势。跟上声音和图像介质发展演变的步伐,在应用文的文本布局中对各类介质给予合理的赋能,就能够共享多媒体带给应用文文本的改变。

（二）确定各介质的比例关系

如果你决定要建构多媒体文本,并已明确了各介质的文本功能,接下来就需要考虑各类介质在所要建构的多媒体文本中的比重。譬如,当确定了以文字作为主体表达介质之后,其余介质的功能定位就被降到了辅助表达、文本装饰的角色。但是,再具体一点,假定现在要建构的是以文字为主体、图片为辅助的文本,那么最好是放多少张图片呢?

在应用文多媒体文本建构中,对文字、图片、声音、图像的配置比例作出具体规定是不明智的。在以声音作为主体介质的文本中,声音占据 70%的比重是不是足够?要不要上升到 80%或 90%?这还真的不好回答。更何况单纯从文本结构上看,声音、图像都只能被看作“图片”。我们只能够强调,具体的比例要因文而定,并要接受传送内容、阅读对象、对不同介质材料的占有情况以及文本类型的制约,而在一般情况下,被赋予主体表达功能的介质占据 70%的比重也许是可行的。如果要探讨哪些是不可行的,那么我们会说,既然赋予了图片文面装饰功能,却又把图片的比重提升到 20%以上,这显然就不合适了,被赋予装饰功能的介质,其比重不宜跨越 10%的红线。如果是赋予图片辅助表达功能呢?那么图片占篇幅的比重若是达到了 40%,可能已有了喧宾夺主的危险,更别说图片、文字各占 50%了。

（三）以创新的姿态实现建构

功能明确、关系既定的介质分别在哪里出现,又应该怎样出现呢?这首先要设定一个编排原则:一般情况下,多媒体文本的具体建构要围绕着文本主题进行,要突出主体介质,并在围绕主题、突出主体的基础上追求题材整合的有机性。

围绕主题,就是要根据文本主题表达的需要对全部材料进行甄别、取舍。突出主体是说要根据所明确的介质功能使用材料,让承担主体表达功能的介质发挥主导作用。有机整合则是强调在任何场景中,同一种介质材料鱼贯而出都是很危险的。不同的介质应该均匀地依次出现,图片与图片之间需要有文字的提示,从一个场景进入另一个场景,需要有不同的介质发挥承上启下的作用。而在全部过程中始终保持一个创新的姿态,又是至关重要的。为此,特别提出以下建议:

1. 让文字更具有表现力

打算选用怎样的字来建构文本呢?是采用粗体大字还是清秀的小字?有时候在标题和提示语中使用大号字、特大号字,显然更能达到过目难忘的表达效果。如果是把文字当图片使用,那么在文字的内部以及文字的周围还可以配上点线条、图案,让文字更具有表现力。

2. 让规则有一点灵活性

按照什么规则建构文本呢?是按照传统文本的规则吗?但敬畏传统并非就不可以越雷池半步。譬如以往的写作要求文字简洁,避免重复,而多媒体文本却经常把重复当作文本建构和内容表达的强大武器,公开号召“重要的事情说三遍”,这其中的思想就值得借鉴。由单一文字文本转向多媒体文本,本身就是一场变革,推进变革需要有“法无禁止即可为”的思维,完成最后的建构活动依然有赖这样的思维,依然需要对传统的文本规则既敬畏,又能有一点灵活。

3. 让文本多一份温暖

谁会阅读我们建构的多媒体文本呢？他们可能会在何种终端上接触到我们的文本？会是智能手机端口吗？

如果是智能手机端，那就不能不考虑用户体验了。对中老年用户而言，为了让其眼睛和端口之间的距离保持在“绿色”的水平区间，加大文本的字号往往是必要的选项。手机界面可能还会有闪光，在强光下阅读细小的字体难免对眼睛构成伤害，而选用更粗实的字形，并加大字间距，或许能使阅读体验得到改善。如果阅读者是儿童，那么最好还是尽快修改方案，尽量改为提供纸质文本，或是声音文本，而不是直接在手机端提供文字文本。文本载体格式多一份温暖，对读者就多了一份关怀。

【写作练习】

1. 阅读分析

题一：扫描下面的二维码，阅读《大学生写作短板亟须补齐》一文。

问题

2018 年 5 月 21 日的《光明日报》在教科新闻版刊登了一篇题为《大学生写作短板亟须补齐》的文章，人民日报等多家媒体的客户端随后进行了转载。请在课后扫描题下的二维码，下载这篇文章，或通过网络搜索到这篇文章，认真读一读，读后议一议自己所在的学校开设应用文写作课程有哪些意义。

扫一扫

阅读全文

题二：读下面一份公文

国务院办公厅
关于实施《国家行政机关公文处理办法》
涉及的几个具体问题的处理意见

国办函〔2001〕1 号

各省、自治区、直辖市人民政府，国务院各部委、各直属机构：

为确保国务院发布的《国家行政机关公文处理办法》(国发〔2000〕23 号)的贯彻施行，现就所涉及的几个具体问题提出如下处理意见：

1. 关于“意见”文种的使用。“意见”可以用于上行文、下行文和平行文。作为上行文，应按请示性公文的程序和要求办理。所提意见如涉及其他部门职权范围内的事项，主办部门应当主动与有关部门协商，取得一致意见后方可行文；如有分歧，主办部门的主要负责人应当出面协调，仍不能取得一致时，主办部门可以列明各方理据，提出建设性意见，并与有关部门会签后报请上级机关决定。上级机关应当对下级机关报送的“意见”作出处理或给予答复。作为下行文，文中对贯彻执行有明确要求的，下级机关应遵照执行；无明确要求的，下级机关可参照执行。作为平行文，提出的意见供对方参考。

2. 关于“函”的效力。“函”作为主要文种之一，与其他主要文种同样具有由制发机关权限决定的法定效力。

3. 关于“命令”“决定”和“通报”三个文种用于奖励时如何区分的问题。各级行政机关应当依据法律的规定和职权,根据奖励的性质、种类、级别、公示范围等具体情况,选择使用相应的文种。

4. 关于部门及其内设机构行文问题。政府各部门(包括议事协调机构)除以函的形式商洽工作、询问和答复问题、审批事项外,一般不得向下一级政府正式行文;如需行文,应报请本级政府批转或由本级政府办公厅(室)转发。因特殊情况确需向下一级政府正式行文的,应当报经本级政府批准,并在文中注明经政府同意。

部门内设机构除办公厅(室)外,不得对外正式行文的含义是:部门内设机构不得向本部门机关以外的其他机关(包括本系统)制发政策性和规范性文件,不得代替部门审批下达应当由部门审批下达的事项;与相应的其他机关进行工作联系确需行文时,只能以函的形式行文。

“函的形式”是指公文格式中区别于“文件格式”的“信函格式”。以“函的形式”行文应注意选择使用与行文方向一致、与公文内容相符的文种。

5. 关于联合行文时发文机关的排列顺序和发文字号。行政机关联合行文,主办机关排列在前。行政机关与同级或相应的党的机关、军队机关、人民团体联合行文,按照党、政、军、群的顺序排列。

行政机关之间联合行文,标注主办机关的发文字号;与其他机关联合行文原则上应使用排列在前机关的发文字号,也可以协商确定,但只能标注一个机关的发文字号。

6. 关于联合行文的会签。联合行文一般由主办机关首先签署意见,协办单位依次会签。一般不使用复印件会签。

7. 关于联合行文的用印。行政机关联合向上行文,为简化手续和提高效率,由主办单位加盖印章即可。

8. 关于保密期限的标注问题。涉及国家秘密的公文如有具体保密期限应当明确标注,否则按照《国家秘密保密期限的规定》(国家保密局 1990 年第 2 号令)第九条执行,即“凡未标明或者未通知保密期限的国家秘密事项,其保密期限按照绝密级事项三十年、机密级事项二十年、秘密级事项十年认定”。

9. 关于“附注”的位置。“附注”的位置在成文日期和印章之下,版记之上。

10. 关于“主要负责人”的含义。“主要负责人”指各级行政机关的正职或主持工作的负责人。

11. 关于公文用纸采用国际标准 A4 型问题。各省(区、市)人民政府和国务院各部门已做好准备的,公文用纸可于 2001 年 1 月 1 日起采用国际标准 A4 型;尚未做好准备的,要积极创造条件尽快采用国际标准 A4 型。省级以下人民政府及其所属机关和国务院各部门所属单位何时采用国际标准 A4 型,由各省(区、市)人民政府和国务院各部门自行确定。

国务院办公厅

2001 年 1 月 1 日

问题

《党政机关公文处理工作条例》已于 2012 年 7 月 1 日施行,《国家行政机关公文处理办法》同时停止执行。尽管如此,这份“处理意见”对于我们深入认识应用文的文体特点和使用规范依然具有现实意义。请概括上述“处理意见”的主要内容,说说自己读后有哪些收获。

2. 病文诊断

某小学毕业考试中有一道数学题全文如下:

用绳子测一棵树的周长,把绳四折来量,余 12 米;把绳五折来量,余 0 米;求树干的周长和绳长?(要用三种方法解答)

问题

该题的命题语言在社会上引起了争执。教学环节中的一个用语竟然演变成了社会事件。请你评一评,以上命题语言究竟存在什么问题?应该怎样纠正?

3. 情境写作

时常见一些应用文出现“笔误”,例如“的”“地”“得”不分、“象”“像”“相”混用,该写“启事”的写成了“启示”,该写“订金”的写成了“定金”。有的领导也时常出现一些“口误”,例如把“兢兢业业(jīngjingyèyè)”读成了“kèkèyèyè”,把“驰骋”(chíchěng)读成了“chípìn”。出现这样的失误,有损单位的形象,有伤领导的面子。有些不规范的用语还直接贻误工作,影响生活,麻烦不断。

现在就请以“‘笔误’贻误工作”为题,写一篇 600 字左右的短文。

第二章
社交书信

谏逐客书

李 斯

秦宗室大臣皆言秦王曰:“诸侯人来事秦者,大抵为其主游间于秦耳,请一切逐客。”李斯议亦在逐中。斯乃上书曰:

“臣闻吏议逐客,窃以为过矣!

“昔穆公求士,西取由余于戎,东得百里奚于宛,迎蹇叔于宋,求丕豹、公孙支于晋,此五子者,不产于秦,而穆公用之,并国二十,遂霸西戎。孝公用商鞅之法,移风易俗,民以殷盛,国以富强,百姓乐用,诸侯亲服,获楚、魏之师,举地千里,至今治强。惠王用张仪之计,拔三川之地,西并巴、蜀,北收上郡,南取汉中,包九夷,制鄢、郢,东据成皋之险,割膏腴之壤,遂散六国之从,使之西面事秦,功施到今。昭王得范雎,废穰侯,逐华阳,强公室,杜私门,蚕食诸侯,使秦成帝业。此四君者,皆以客之功。由此观之,客何负于秦哉!向使四君却客而不内,疏士而不用,是使国无富利之实,而秦无强大之名也。

“今陛下致昆山之玉,有随和之宝,垂明月之珠,服太阿之剑,乘纤离之马,建翠凤之旗,树灵鼍之鼓。此数宝者,秦不生一焉,而陛下说之,何也?必秦国之所生而然后可,则是夜光之璧不饰朝廷,犀象之器不为玩好,郑、卫之女不充后宫,而骏良駃騠不实外厩,江南金锡不为用,西蜀丹青不为采。所以饰后宫、充下陈、娱心意、说耳目者,必出于秦然后可,则是宛珠之簪、傅玑之珥、阿缟之衣、锦绣之饰不进于前,而随俗雅化、佳冶窈窕赵女不立于侧也。夫击瓮叩缶、弹筝搏髀而歌呼呜呜快耳者,真秦之声也。郑卫桑间,韶虞武象者,异国之乐也。今弃击瓮而就郑、卫,退弹筝而取韶虞,若是者何也?快意当前,适观而已矣。今取人则不然,不问可否,不论曲直,非秦者去,为客者逐。然则是所重者在乎色乐珠玉,而所轻者在乎人民也。此非所以跨海内、制诸侯之术也。

“臣闻地广者粟多,国大者人众,兵强则士勇。是以泰山不让土壤,故能成其大;河海不择细流,故能就其深;王者不却众庶,故能明其德。是以地无四方,民无异国,四时充美,鬼神降福,此五帝、三王之所以无敌也。今乃弃黔首以资敌国,却宾客以业诸侯,使天下之士,退而不敢西向,裹足不入秦,此所谓藉寇兵而赍盗粮者也。

“夫物不产于秦,可宝者多;士不产于秦,而愿忠者众。今逐客以资敌国,损民以益仇,内自虚而外树怨于诸侯,求国之无危,不可得也。”

秦王乃除逐客之令,复李斯官。

【案例启示】

李斯一封《谏逐客书》,能让身有“逆鳞”、听不得批评意见的君王收回成命,除逐客之令,复李斯官,书信功能威力之大,可见一斑。至于信中逻辑严密、气势宏大、语言精美、文气流畅,更堪为书信行文之经典。

此信带给我们诸多启示:其一,书信并非只有酬酢之用,还可以承载历史、文化,传播知识、学问,即所谓书信里面有文章。其二,在书信中陈述一个观点容易,能让对方接受你的观点并不容易,所谓“说服”,你“说”的能让人家“服”,那才是真的会“说”。其三,一封书信能退十万大军,能促成千万元的项目签约,其奥妙真是无穷。

交际文书的种类很多,书信只是交际文书中的一种。除书信外,本章还重点介绍启事、请柬等常用的交际文书。

第一节 书 信

【范文举例一】

××惠鉴:

新年不说遗憾。无论公私,××老师和您都是我们尊贵的客人和值得信赖的朋友,期盼您二位择日还能成行。我本人希望能拍一首电视歌曲,记录我们这个“专班”的历程。还想和××老师一起对两岸新闻教育的模式做深入的学术探讨,并希望能在更广阔的领域有进一步的合作。希望我们所有的理想都能实现。

敬颂

年安!

××鞠躬

××××年××月××日

【范文举例二】

××老师、××老师、××老师:

大家新年好!

非常抱歉跟各位老师们报告,××老师因为工作的关系,××月××日不能去××了。

先前这段时间的劳师动众,麻烦了大家,真是不好意思!

××老师在年前上班最后一天晚上的董事会里,被推举出来暂代××的总经理,所以她现在是公共电视的董事长兼××的董事长和总经理。××是××公广集团中唯一商业营运的电视台,目前的营运状况比较特殊,这样的情况其实不适合××老师出远门,但因为香港盲人辅导会的华语电影口述影像研讨会,当初是为配合她才挑选时间的,她是大会的主旨发言人(keynote speaker),还要带2天的工作坊，她若不到，研讨会就完全开天窗，所以4、5、6日那几天还是必须到香港。

但现在的状况，并不容许她离开办公室太长的时间，延长行程去××看大家，变得有些太过奢侈……××老师是有强烈责任感的人，这几天即使过年，她还是千头万绪忙得不得了，因此，虽然很想念大家，但顾全大局，她只能做这个不得不做的决定，这个年，就不去打扰你们了。

内地过年比台湾讲究传统，我们知道老师们在年假期间其实是很忙的，所以，若按原定年假期间去××，其实是打扰大家过年！现在这样，或许也能让大家安心把这个年假过完！目前我们已经取消了××旅馆的订房，我现在正试着帮她延后到香港的班机。明天开始我们就有一连串的会议！

谢谢各位师长对我们一直是念兹在兹，一再关心我们造访××的心愿和行程安排，先前烦劳出具邀请函，还听说老师们已帮我们安排了接待饭局，情况如此，若造成任何的不方便，真是非常遗憾与抱歉，也还请大家海涵！若连带影响其他领导长官们的行程，也还烦请各位老师代为转达我们衷心的歉意！同学那边，我们会另外跟他们联络说明。

感谢各位的真心诚意，有机会时，我们一定会再去拜访你们。听说××即将开放到台湾自由行，若老师们不嫌弃，也欢迎你们再来台湾！你们来台湾时，也请务必要让我知道，让我有机会再接待你们。

祝愿大家

新的一年万事如意，合家吉祥平安！

××敬上

以上是两封信的原文，前一封是回信，后一封是来信。来信主要告知计划中的旅行因故不能成行，友人之间的约期有变。回信中虽然流露了怅惋之情，但又表达了理解以及对延续友情的心愿。这样的书信交往显然有助于增进彼此的了解和友情。

【写作知识】

一、书信的含义

书信本只称书、尺牍等，魏晋之后，才出现“书信”一词。《晋书·陆机传》载：“机有骏犬，名曰黄耳，甚爱之。既而羁寓京师，久无家问，笑语犬曰：‘我家绝无书信，汝能赍书取消息不？’犬摇尾作声，机乃为书以竹筒盛之而系其颈，犬寻路南走，遂至其家，得报还洛。其后因以为常。”《北史·宇文护传》亦载：“二国分隔，理无书信。”但是，上述“书信”并不同于今天所说的“书信”之意，而是指传书的使者。以“信”名“书”，大约是近代开始的。

今天的书信多是指以个人名义撰写的用于沟通感情、交流信息、表达意见的格式固定、篇幅长短自由的一种文章。书信通常由写信人执笔撰写，在计算机写作普及的今天，机器打印的书信已经成为书信的常态表达形式，但写信人至少还应该在书信的落款处亲自签名确认。

互联网时代是重视社交的时代，书信、启事、请柬等传统交际、应酬文书理应肩负起礼仪传承和文化自信的使命，在当代社交活动中焕发应有的光彩。

二、书信格式的写作要求

书信的格式具有规范性，共有四个方面的要求。

（一）信首的格式要求

完整的书信信首格式包括称谓、问候语、提称语、信首应酬语等内容。

1. 称谓

现代书信中的称谓比较简单，一般是在姓名后面加上职衔，例如称“××教授”“××经理”，称“××先生”“××女士”的也很常见。随着社会交往的增多和交往内容的丰富，在书信中使用尊称、爱称的情况也在逐渐增多。

一般说来，称谓一是为了明确关系，二是为了在信的开头即向对方表示亲近与尊重。如果直呼其名，是很不礼貌的。

带有文言色彩的书信多使用敬辞，例如对自己的上级称“钧座”，对同事相好称“仁兄”“贤弟”等，像廖承志致蒋经国先生的信，用的称谓就是“经国吾弟”。有亲属关系的可按辈分称。

2. 问候语、提称语

当代人写信，一般是在称谓下面另起一行空两格写“您好”二字，这在日常书信中极为普遍，“您好”就是问候语。这一类问候语还有“见信好”“近好”“见信如晤”等。还有些书信不写问候语，但在称谓之后接着写“有道”之类的词语，这叫作提称语。“有道”含有颂扬对方学识高深之意。文言书信一般都有提称语，由“鉴”构成的提称语使用频率较高。例如对父母、长辈、老师，均可称“尊鉴”，平辈同事、同学可称“台鉴”“雅鉴”，对女子可称“妆鉴”“慧鉴”“芳鉴”等。

3. 信首应酬语

少数书信在提称语之后还习惯写上“敬启者”“敬肃者”“叩禀者”之类的发语敬辞。公务书信目前很少用发语敬辞，称谓之后就直接进入正文写作，但正文开头一般要有应酬语。常见的信首应酬语有“来信已阅，内情敬悉”“前日去信，谅已收览”“许久不见，十分想念”等。也有一些书信仍习惯使用文言文应酬语。文言文应酬语的分类较细，有叙别的，有思慕的，有颂扬的，有一般表示礼貌的。例如“不亲雅范，倏忽经年”“久未晤教，渴念良殷”“运筹有策，货殖多能”“久疏音问，怀念为劳，伏惟骏业日隆，百务顺遂为颂”等。

（二）信中的格式要求

信中的内容应该有话则长，无话则短，书写格式也并无硬性的规定，唯在涉及收信方的名称时，需要注意格式的处理。旧时的书信要求使用提行，即要求信文在涉及对方的名称时，用空出一格或另起一行的格式书写，以示敬重。今人写信也没有完全抛弃提行，例如“敬礼”就不是接在“此致”后面写，而是要另起一行顶格写，否则就是不够礼貌。

今天在书信中使用提行，除了表示敬重、礼貌之外，有时是为了突出某些内容，使其更加醒目。此时选用挪提则可，若频繁使用平提，有可能使文面显得支离破碎。

（三）信尾的格式要求

书信的信尾一般由信尾应酬语、信尾敬辞、信尾署名三部分构成。

无论是白话文书信还是文言文书信，信尾应酬语都有省略的时候，但多数书信还是有信尾应酬语的。信尾应酬语的书写格式一般可紧随主体文之后，所表达的意思一般是和写信目的相互呼应：或希望回信，例如“谨肃寸笺，伫候还翰”“敬希赐复，不胜切盼”；或表示谦虚，如“心余力绌，甚为不安”；或表示感谢，如“东海恩深，非可言喻”；或求教，如“若蒙不弃，乞赐教言”；或表示一般的礼貌，如“临笔匆匆，未可尽言”；等等。有些信尾应酬语还带有较强的抒情色彩，热情、真挚，富有感染力。如廖承志致蒋经国先生信的信尾应酬语：“遥望南天，不禁神驰，书不尽言，诸希珍重，伫候复音。”白话文和文言书信中均经常使用的信尾敬辞还有：“此颂　编安”（对编辑人员），“此祝　教安”（对教师），“顺祝　俪安”（对朋辈夫妇），“顺颂　秋祺”（用于秋季），“恭请铎安”（对师长），“顺颂　时安”（对商界朋友），等等。

典型的信尾敬辞本来是由敬语和问候语两部分组成的，例如“专此奉达，并颂　年禧”。这样的敬辞呼应了时间，比单调的“此致　敬礼”要显得贴切。其中，“专此奉达”是敬语，“并颂年禧”是问候语。敬语含有总括信中的内容，进一步请求收信人明察之意，实际拟信时经常省去不写，而仅以问候语充当敬辞。

有的书信在写信者署名之后加上了“谨启”二字，进一步表明对受信人的尊敬，“谨启”就是署名敬辞。常用的署名敬辞还有“敬启”“敬叩”“谨上”“拜上”“再拜”“叩拜”“顿首”“鞠躬”等，至于是否要用，如何用，可视不同的情况而定。另需注意信尾署名和信首称谓的呼应，例如，既在信首称了“仁兄”，就应在署名时写上“弟××”。

日期要另起一行，写在署名的下面。中文书信的信尾日期应该用汉字，不宜用阿拉伯数字。

（四）信封的格式要求

信封的书写内容包括收信人邮政编码、收信人地址、收信人姓名、寄信人地址和姓名、寄信人邮政编码五部分。

写信封要注意以下四件事：

（1）不宜只写收信人的姓名，有职衔的可加上职衔，无职衔的可在姓名后面加上通行的尊称，写成“××先生”“××女士”“××同学”等。

（2）收信人名称后面可以用“收”，也可以用“启”，有时候用“启”比用“收”更为贴切，而且“启”字前面可适当加上敬辞，写成“大启”“惠启”“钧启”等。

（3）要注意信封上的收信人姓名是邮递过程的用语，是写给邮递员或送信人看的，千万不能写上写信人对收信人的特殊称呼，如“×××妻子收”“×××儿子收”“×××爸爸收”等。

（4）要注意直行信封的书写格式，以免书信周游了一圈又寄回了原处。

信封的字迹切不可潦草。不能工整地写对方的姓名就是对收信人的不敬。收信人的邮政编码写在信封的左上角空格内，一格一个数字，要写得清楚端正。邮局的信函分拣机，平均每日分拣信函上万封，但经常有信函被无情地“拒之门外”。原因是有的信封上邮政编码是空白的；有的邮政编码数字连写超出方格导致机器无法读取；有的信封书写潦草；还有的在信封上随意添加符号（例如在敬辞或收信人职衔上加个括号），这些均属于失礼行为。

三、书信内容的写作要求

书信内容的写作要求，归纳如下：

（一）意图要明确

提笔写信，总有一定的意图，具体意图是什么，要想清楚了再写，并应始终如一地紧扣自己的意图来写。意图不明，不知道信的内容究竟要表达什么，或者有多个意图，不分主次地一股脑写了出来，都是写信的大忌。

有时候写信的意图是有求于人，或有情感需要诉诸他人，但是碍于情面，不便直接表达，就采用了委婉曲说的方式，结果导致意图不明。出现这样的情况，可能表明自己的诉求本身就不合理，不应该在信中提出。譬如我们一般说“救急不救穷”，而你想的是希望人家既救穷又救急，当然就有点儿“不好意思”提出。如果不是这样，自己清楚地认为“没有什么不好意思的”，那就大大方方地把自己的诉求表达出来。至于有些书信本无具体事宜相求，只是为了达到一定的公关目的，那么，在信中把敬意和尊重的感情表达出来了，信的意图也就明确了。

（二）态度要谦敬

在文明社会的人际交往中，人与人之间的相互尊重是最重要的，何况与人通信时常也是觉得有和对方保持联系的需要。既然如此，让对方感到你在信中谦敬有礼就很有必要。1989 年 3 月 26 日的《光明日报》曾刊登过一封夏衍先生生前写给作家吴有恒的信，全文如下：

有恒大兄：

读《故人小记》，凄然泪下，阁下之故人，也都是我的故人也。写朱光之倔，彰风之诚，林平之老实，均跃然纸上，寓真情于平淡之中，甚佩笔力！善人不得善终，而奸佞之徒如康生等，瓜得之后竟无人敢于笔伐，太不公道了！岁末遥祝健康如意，多写雄文！

夏衍　十二、十八

百余字的短笺，信首有“大兄”“阁下”，信末有“遥祝”“雄文”，信中又有“跃然纸上，寓真情于平淡之中，甚佩笔力”等，非这样的语词不能体现书信谦敬有礼的特征。单是称谓，名称后面着以“大兄”，就加重了对收信方亲近尊重的情感表达。此类称谓敬辞用于信首的还有“贤弟”“爱妻”“钧座”“尊师”等。而在信中，称人则可着一“令”或“贵”字，例如称对方的父母为“令尊”“令堂”，称对方的儿女为“令郎”“令爱”，称对方的单位为“贵方”“贵公司”。自称则可着一“家”“小”或“本”字，例如向对方称自己的双亲为“家父”“家母”，称自己的子女为“小女”“小儿”，称自己的单位为“本公司”或“本处”等。由此可见书信感情谦敬之一斑。

在一封交际书信中，谦敬有礼主要体现在信的内容、信的格式和书信术语上。不真实的内容，不得入信。令人难堪的或者容易引起收信人不愉快的事情，信中要慎重提及，最好不提。即便是质问、批评、催讨、拒绝之类的信，有关内容也应婉转写明。不给人留点儿面子，得理不饶人的处事行为是不值得提倡的。

还有，不该问的事情信中一般不宜开口询问。“您那套房子多少钱买的”“你年终有多少奖金”“贵公司全年纳了多少税”之类的话都是应该慎问的。如果在信中直指对方的隐私，有时甚至会被认为是挑衅行为。此外，西方人不喜欢“13”“星期五”等数字，日本人不喜欢“4”和“9”，香港、广东等地在某些场合也忌讳“4”。出于谐音、词意、形状、吉利与否的考虑而被列为禁忌的语词，各地都有一些，书信的内容在需要涉及上述数字和有关词语的时候，可以考虑做些技术处理，例如将“4”说成“两双”，使之和书信的文体特征以及写信的目的和谐地统一起来。

最后要注意，所用的信纸也和谦敬有关系。不仅公务书信应该选用纸质优良的标准稿纸，私人书信也应该尽量选用标准稿纸书写，除非情况特殊，否则不可从练习本上撕下一张纸，或随便抓过一张纸就给人家写信。

（三）表达要得体

书信表达要力求得体。

首先，要简洁。繁词冗句，无端浪费他人的时间，就是对他人的不尊重。所以，一般的书信都应力求简短，要尽可能用最少量的文字，表达丰富的内容。为此，不仅要坚决避免那些空话大话和不必要的客套话，而且凡是删去后不影响内容表达的词句都应坚决删除。例如，“欢迎前来惠顾”，显然，“前来”两字应当删去。

其次，要贴切。例如，邀请某人参加公司的晚会，信尾写上“恭候　光临”或者是“恭请　惠临指教”，就显得谦恭有礼。如果写成“请务必出席，不得有误”，口气则过于生硬。用语不当，好意邀请，也会让人生厌。再如下面一段文字：

新的一年是更加光辉灿烂的一年。全国各条战线一定会出现更加喜人的形势。希望你们努力“拼搏”，为公司的发展、建设，继续发出你们的光和热。

这是某公司总经理春节前夕给本公司退休职工发出的慰问信中的一段话。春节慰问退休职工本是一件好事，但是，信中的人情味儿不浓，结尾还要求那些为本公司辛勤奉献了大半生的退休老人努力拼搏，似乎官话大于常情。这样的表达就不够贴切。

最后，要把握分寸。社会心理学认为，人群接触 120~360 cm 为社交距离，45~120 cm为个人距离，45 cm 以内则为亲密距离。书信也要有距离感。突破距离“禁区”，内容硬套近乎，就不是礼貌，而成了失礼。再如给欧洲人写信说：“这东西不太好，送你做个纪念。”对方可能会想：“不好的东西为什么送给我？”送本书给美国人，信中“谦虚”地说：“我这本书刚出版，书中肯定有许多问题……”对方会大惑不解：“知道有问题为什么不改正？”所以，敬要有度，谦也要有分寸。

【例文评析】

有些书信的附件比正文还重要。下面就是一封求职信的附件：

基本信息（略）

教育背景

2009 年 9 月— 2012 年 7 月	××大学新闻与传播学院 新闻学，研究方向为新闻业务	文学硕士
2005 年 9 月— 2009 年 7 月	××大学政治与公共管理学院 政治学专业	法学学士
2006 年 9 月— 2008 年 7 月	××大学文学与新闻学院	新闻学（辅修专业）

社会实习经历		
2011年9月中旬至今	《南方日报》机动记者部(在线、广州新闻及南方调查版) • 参与“报网互动”栏目新闻报道 • 参与突发新闻、广东范围内调查新闻报道	见习记者
2011年4月—2011年7月	《广州日报》机动记者部(新闻蓝页与网闻版) • 深入现场参与广西贺州地税局长灭门案、台北《富春山居图》合璧展览等重要采访,完成20余篇深度报道	见习记者
2010年6月—2010年12月	广州亚运会(亚残会)组委会广电部 • 广州大学击剑场馆媒体中心服务中外记者 • 工作间制作《记者留言册》收集6国42位记者留言赢好评 • 场馆亚运(亚残)特别报道小组负责人 • 采访央视名嘴白岩松及著名击剑运动员谭雪、轮椅击剑运动员胡道亮等 • 参与策划制作《广州大学击剑场馆媒体指南手册》受好评	文字记者工作间主管
2010年9月—2011年9月	《广州日报》大学生报纸《Unews》“个性”版 • 作为指导与学生记者团队完成部分版面的专题策划、采编	版面责编
2010年7月—2010年8月	广州亚运“汕尾行”大型新闻采风 • 深入汕尾亚运赛区各区县采访调研,完成3项调研报告 • 负责采风专题网站统筹,随队编辑 • 采风专辑《足迹——亚运汕尾行》策划、编委 • 新闻采风项目获2010年度全国高校校园文化优秀成果评选三等奖	调研组组长
2011年7月—2011年8月	广东电视台、《羊城晚报》“寻访孙中山革命足迹”大型采风活动 • 赴台寻访孙中山革命足迹及粤台学子友谊活动 • 专访台北故宫博物院周功鑫院长、书画处何传馨处长	学校代表团长
2011年2月至今	广东省天津商会、广州老领导书法协会会刊 • 采访广州市老干部郭向阳、将军书法家黄万荣及企业精英等	兼职记者、编辑

校园专业实践		
2009 年 9 月—2011 年 3 月	广州大学党委宣传部、新闻中心	助理记者、助理编辑
	• 《广州大学报》三版“深度报道”“广大人”版面责编	
	• 参与《广州大学报》改版工作	策划
	• 广大新闻网日常新闻采编，发稿 200 余篇	
	• 参编新中国成立 60 周年专辑《祖国颂广大情》	编委
	• 学校十周年宣传第一季：《第三只眼看广大》（暨大出版社出版）	编委
	• 学校十周年宣传第二季：官方宣传片《风华正茂 活力广大》	撰稿
2010 年 6 月—2011 年 7 月	广州大学研究生新闻中心、研究生校媒“广研网”、《研究生视窗》	主任、主编

学术研究素养		
2010 年 6 月—2010 年 9 月	广州亚运舆情研究与监控	助研
2010 年 9 月—2011 年 5 月	• 发表论文《从境外媒体报道导向看广州亚运外宣对策》	
2011 年 3 月—2011 年 5 月	• 发表论文《以“消息源”管窥调查性记者的职业意识》	
2011 年 3 月—2011 年 7 月	“报网互动情境下报纸新闻生产”研究 • 深入《广州日报》参与式调查、深度访谈	

奖励及荣誉	
2010 年	• 文字作品《温家宝亲笔批示指出其意见“值得重视”》获“广东高校校报好新闻奖”消息类一等奖，标题作品《新闻主持：世界乱了，你必须镇定》获标题类一等奖

……

【简评】求职信的格式与一般书信相似，一般应有称呼、问候语、正文、致敬语、信尾及附件几部分，书写要注意规范。

求职信的正文包括连接语、主体文和结束语三部分。其中连接语用于说明写信的缘由。譬如自己是看到报上的招聘广告后产生求职念头的，可以开门见山写“看到××报××××年××月××日刊登的招聘广告，本人很感兴趣，特前来应聘”。也可客气而礼貌地表明自己“久仰贵公司的实力和经营方式，希望贵公司给我这次竞争的机会，若能如愿，将不胜荣幸。现将本人情况介绍如下……”

求职信主体可分三个层次来写:先概括介绍自己的姓名、性别、出生年月、所学专业、最高学历、工作简历、性格特点等,再重点介绍自己在求学和实习、实践过程中获得的能力或取得的突出成绩,尤其是与招聘单位对口岗位有关的专业成绩。若是已参加了工作,就应重点介绍自己的工作经验、在工作岗位上取得的成绩,例如自己参加过什么项目的研究,研制过什么产品,解决过什么难题。还可以简单介绍一下个人的业余爱好,例如自己酷爱体育运动,篮球、排球、乒乓球等项目都能参加比赛;或擅长演讲、写作,喜欢书画艺术,策划过大型活动等。最后是表达自己对本工作的喜爱和迫切心情,再谈谈被录用后的想法、打算或计划,增强主管人员的录用信心。求职信常用的结束语有"如蒙赐复,不甚感谢""恭候佳音""若被录用,将十分荣幸"等。有时候为了突出自己的实力,也可以将自己的"亮点"集中起来,以"附件"的形式集中展示。

例文是一封求职信的附件,是求职者"实力"的集中展示。该求职信略写正文,详写附件,把自己的受教育背景、实习经历、校园实践、学术研究成果和获得的荣誉分门别类,以表格的形式一一呈现出来,让人看了眼睛一亮。这样的求职信,附件写好了,写信的意图也就达到了。

【知识拓展】

一、书信的由来

远古时代没有文字,无法写信,遇有大事,便用结绳的办法打个结儿,称为"结绳记事"。公元前 2697 年前后,相传由史官仓颉创造了文字,从此,也就有了书信。但这只是传说,没有实物证明。古籍中记载的书信,是殷商时代的事。当时,因为没有纸,便用刀把字刻在竹片上,称作"竹简";刻在木片上的称作"木简",个头小一些的叫"札"。这种竹简、木简用于书写小事,文字简要。大事著于连编的简上,叫作"策"。

到了汉代,有了丝织品,人们除了使用竹简、木简写信外,还使用素帛书写,这样的书信被称作"帛书""尺素"等。"素"即生绢,为一种丝织品。"尺素"则是使用约一尺长的绢帛写的信,故称"尺素"。古诗有"尺素传情",指的就是书信。在汉代,还有一种"尺牍",其实是写在一尺一寸长的竹(木)板上的诏书。司马迁《史记·匈奴列传》有"汉遗单于书牍,以尺一寸",指的就是"尺牍"。其实,不管是"尺素"也罢,"尺牍"也好,它们都是古人写在生绢、竹(木)板上的书信。古人不但把书信称作"尺素""尺牍",而且也把书信叫作"尺翰""尺简""尺牒"等。到了东汉,桂阳人中常侍蔡伦利用树皮、麻头、破布等原料造纸,这是人类文明的一个质的飞跃。纸的出现,使写信不再那么艰苦和昂贵,既方便又经济,大大地推动了书信的应用、普及和发展。从此,书信逐渐成为人们广泛使用的一种应用文。20 世纪 90 年代,信息技术革命时代的到来,网络科技的突飞猛进,改变了人们的生活和工作方式,也给书信带来了有别于传统书写和传递方式的变革,借助于互联网,电子信函正以其超乎想象的方便和快捷给我们以经济、美观的享受。

"书信"是现代的名称,简称"信"。古代的人们把"书"和"信"看成两个不同的概念,书为书札,信指送信的人。唐代以后,"书"和"信"逐步融为一个概念,渐渐演变成现代含义的书信。在我国历史上记载较早的一封信,是春秋时代郑国的大夫郑子家给晋国(正卿)赵宣子(即赵盾)的信。

二、笑谈称谓

中国是“礼仪之邦”，最重称谓。离退休人员聚会，“老局长”“老书记”之类的招呼声不绝于耳，极少听到直呼其名。我们的前辈，还以使用古称为尊敬，为风雅。林纾写信给蔡元培反对北大改革，本来该称蔡校长，偏要称“鹤卿先生太史足下”。蔡元培字鹤卿，不直呼其名还算当时的通例，但因为蔡元培是前清翰林，有修史之职，便用汉以前的官衔“太史”来称呼他，这就有点儿可笑了。而当时的风气确是如此，不如此反而要被认为失礼。

现在电视屏幕上多演“历史剧”，模拟古人口吻尤其是称谓常常出错，甚至错得十分可笑。如乾隆皇帝叫太监“给和大人搬把椅子”，曾国藩夫人喊丈夫“国藩呀”……当然，笑过之后，又觉得不必计较这些，反正鲁迅《故事新编》亦是这样编的，人家学鲁迅难道可以指责吗？索性也来讲个笑话罢。

且说汉朝太子太傅的属官中，有太子先马十六人。古时“先”“洗”相通，读音亦同，有时便写成太子洗马。《后汉书·百官志》旧注：“（洗马）职如谒者，太子出，当值者在前导威仪。”“在前”就是在太子马前，也就是“太子先（洗）马”。当时这十六人的地位并不高，曹魏时仅定为七品。从晋代起，人数减少，职责变为“司经”（管理书籍），得用文人，梁、陈时“尤为精选，皆取甲族有才名者为之”，品级于是逐渐提高。到明朝已为从五品，比知县高三品，比状元特授的翰林院修撰还高两品，算是高级文化官员了。清康熙后不设太子，仍于詹事府设司经局洗马，以备翰林升转，属于士大夫心目中的“清华之职”。

笑话发生在明朝弘治年间，杨守陈已经做到了吏部右侍郎，却请求解除部务，到詹事府当洗马来修史书。耿定向《先进遗风》说，杨守陈有一次请假回乡省亲，途中以“洗马”身份入住驿馆。驿丞无知，以为“洗马”是在宫中洗御马的芝麻绿豆官，便大大咧咧地问杨守陈：“你负责洗马，一天要洗多少匹？”

听了驿丞的话，杨守陈并不生气，反而想开开玩笑，回答道：“这没有规定，想洗就多洗几匹，不想洗就少洗几匹。”

这时又听说有一位御史要来住驿馆，驿丞对七品御史奉若神明，马上叫杨守陈让房间。杨守陈说：“让是理所当然，但等御史老爷来时再让，岂不更加显得恭敬。”驿丞也表示同意。结果御史进门，见了杨守陈立即行礼，因为既是他过去的学生，又做过他的下属。驿丞也顾不得向御史老爷请安了，慌忙跪下磕头如捣蒜，求杨大人原谅。

关于洗马的笑话，还有陆釴《病逸漫记》所云：“兵部尚书陈公汝言退朝，遇太子洗马刘公定之，戏曰：‘君职在洗马，所洗几何？’刘公应声曰：‘厩马皆洗过矣，独大司马（兵部尚书古称大司马）洗不得也。’闻者为之绝倒。”这是两位大人彼此寻开心，与驿丞无知而又势利的表演不属于同一层次。至于今之编剧、导演和演员属于什么层次，那就不好说了。

昨夜枯坐无聊，偶看《云南铜案》，一心想嫁给“左都御史”（一品）钱沣做小老婆的丫头片子，也在大庭广众中一口一个“钱沣”。这位钱大人写的字，是60多年前当小学生时临过的，听来不免另有一番感觉，想笑也笑不起来了。

（摘自：《南方都市报》，2006年6月29日，作者：钟叔河，有改动。）

【写作练习】

1. 阅读分析

××处长：

您好！为了创造外商在××基建项目上的合作机会和进一步加强世界建筑界与××市业内人士的交流，我局组织了一个“北美高级基建代表团”于××××年××月××日抵达××考察访问。拟邀请××市建委领导和有关单位介绍××的基建情况并参观地铁建设。

我局曾和××市建委联络过，得知需要经过贵单位正式批准，市建委才能接待外国来宾。我局特此提出申请，希望能得到贵单位的大力协助。

随函附上北美高级基建代表团名单及行程。

如蒙垂询，请随时致电××××××××与本人或我办事处行政助理××、××联系。

有劳之处，不胜感激！

专此。顺祝

钧安！

××贸易发展局
××办事处首席代表
×××谨启
××××年××月××日

问题

(1) 这封信格式和语言各有什么特点？

(2) 这封信对你以后写信有哪些启示？

2. 病文诊断

下面一封求职信的称呼、问候、致敬语、署名、日期、附注都符合书信的规范。求职者简明扼要地写明了自己的简历、学业、特长，能给人留下年轻、好学、热情活泼、动手能力强、参与意识强的印象。全信详写自己的特长、爱好和自己在校学习的科目及成绩，突出介绍自学的科目和技术能力，显得求职者既有理论水平又有较高的思想境界，且动手能力强。但是，这封信仍然有需要进一步完善的地方。你看哪些地方需要完善？

求 职 信

××公司总经理：

您好！

从《××日报》招聘启事上看到贵公司急需几名通信工程方面的人员，非常高兴，诚心希望能成为贵公司的一员，尽自己的微薄之力。

我叫×××，男，××××年××月××日出生，是××邮电学院电信工程系××××级毕业生。我学习的专业是“通信工程”，与贵公司专业对口。附表是我所学的课程及成绩，希望贵公司满意。

为了拓宽自身的知识面，弥补专业的局限性，我自学了邻近专业和相关学科的一些课程。主要有“数学信号处理(二)”“随机过程”“数值分析(一)(二)”“纠错码”等课程,并广泛涉猎了“编码调制理论”“综合业务网”“卫星通信”“统计无线电技术”等多方面的知识,使自己能够适应现代技术的发展,为从事不同方面的工作打下一个良好的基础。

在技术实践方面,除了圆满完成学校所规定的实习和设计课程外,还参加了学校科技协会。作为一名科技协会的会员和负责人,我组织和参加了协会各项科技活动,如电子小制作竞赛,校外无线电义务维修等。曾经亲自设计和制作过数字报时钟、抢答器、电子门锁、无线对讲机等多种电路,在实践中积累了较多的经验。在参加“全国第一届电子设计大赛”的活动中,我光荣地获得了“××省赛区三等奖”的证书。我的业余爱好比较广泛,尤其喜好体育运动及书法艺术。踢足球和打篮球是我的特长。自上高中起我便多次获得校、市书法大赛的一等奖和特等奖,作品曾在市展览馆展出。大学期间曾任电信系《电信绿鸽》的责任编辑,该报在校内受到广大师生的好评。

希望以上资料能引起贵单位的兴趣并得到回复,祈盼佳音。

谨祝

顺达

×××

××××年××月××日

联系地址:××邮电学院男生公寓×××室

邮编:××××××

电话:××××-×××××××××

附表:在校四年学科及成绩一览表(略)

3. 情境写作

教师节快到了,请给自己中学时的某位老师写一封信,向老师汇报自己的现状,并向他(她)致以节日的问候。

第二节 启　事

【范文举例】

中国联通声明

自国家发展和改革委员会对中国联通ISP互联网专线接入业务启动调查工作以来,公司高度重视并积极主动配合,进一步深入学习了《中华人民共和国反垄断法》等相关的法律法规,对向互联网服务提供商提供专线接入业务的价格行为进行了全面自查。自查中发现公司在向互联网服务提供商提供专线接入业务方面,价格管理不到位、价格差异较大。此外,公司与其他骨干网运营商之间的互联网互联互通质量也需进一步改善。

根据相关法律的规定,中国联通向国家发展和改革委员会提交了整改方案和中止调查的申请。中国联通将认真对有关问题进行整改，不断地完善互联网专线资费管理制度，积极配合其他骨干网运营商进一步提升互联网互联互通质量。

“十二五”期间，中国联通将持续加大宽带网络建设投入，深入推进宽带网络“升级提速”工程，大幅提升光纤接入普及率和宽带接入速率。同时，公司将进一步下调公众用户上网单位带宽资费水平，并尽快组织实施，为广大消费者提供优质服务。

中国联合网络通信集团有限公司

二〇一一年十二月二日

（来源：中国广播网，2011 年 12 月 2 日）

【写作知识】

一、启事的特点

启事是单位或个人因有事需要提请公众予以关注而撰写的公告性交际文书。其内容或告知某些情况，或说明、澄清某些事实，或希望获得某些帮助，是社会交往中使用广泛的应用性文书。

启事的主要特点如下：

（一）目的鲜明

启事总是指向一定的人群，是为具体的事情而发布的，有很强的针对性。启事还要求通过告知得到相应的回应，以实现自己的意图，具有鲜明的目的性。

（二）内容广泛

启事可以用于告知招生、招聘、开业、庆典、征稿、征订、单位成立、商标的使用与更换等多种事宜，也可以用于寻人、寻物、求租、声明等个人的交际和交流需要。

（三）使用方便

启事内容可以写得简明扼要，写成后可以通过报纸、广播、电视等新闻媒体公开传播，也可以张贴在公共场所，或通过电子邮箱、手机短信、社交媒体平台群发。此外，启事的内容不具有强制性和约束力，可以随公众自由选择是否参与应答，这也是它的便捷之处。

二、启事的写作要求

（一）启事的写作原则

1. 真实

启事所“启”之“事”必须是真实、客观的，不允许夸大，也不允许缩小，更不允许虚构。

2. 清楚

启事一定要把所“启”之“事”说清楚。为此，任何可能导致内容歧义的表达都应该禁用，比喻、曲说、委婉等修辞手法也应当慎用。

3. 简洁

启事无话则短，有话也不宜写长。

（二）启事的结构特征

启事一般由标题、正文和尾部组成。

1. 标题

标题应居中写，字号比正文要大一些，旨在醒目。启事的标题构成形式比较灵活，可以只写“启事”，也可以由事由和文种构成，如写成“招领启事”“寻物启事”“征婚启事”“迁移启事”“遗失启事”等，还可以由启事机关单位的名称和事由组成，如“××公司计算机培训班即日起开始报名”。

2. 正文

启事的正文主要说明启事事项。具体包括发出启事的目的、意义，办理启事事项的方式、方法，以及具体的要求等。

正文部分的写法比较灵活，可以分段说明，也可以在一段内完成；可以标序列述，也可以分层次列小标题分述。此外，还要注意以下三点：

（1）不同的启事，写法不尽相同，形式应该为内容服务。

（2）表述宜简洁、明确、直截了当。

（3）要恰当使用礼貌用语。

正文写完后，应另起一行空两格写上“特此启事”。

3. 尾部

尾部一般包括署名、时间等内容，写在正文的右下方。有些启事在尾部还有附项，所附的主要是联系地址、邮政编码、联系电话及联系人等内容，可以写在正文的左下方。

（三）常用启事写作示例

1. 招聘启事

招聘启事是用人单位为了招揽人才而撰写，并面向社会发布或在一定的范围内传播的应用文书。

招聘项目助理启事

发布时间：××××年××月××日

- 招聘单位：××创意文化传播有限公司
- 公司简介：××创意文化传播有限公司是一家以经营演出策划、舞台设备和表演节目资源为主的公司，是××省极具实力的专业演出资源提供推广机构，为×江三角洲数百家公司提供优良的服务。服务包括组织专家进行文学台本创作，音乐创作、制作；组织专业编导人员进行各类节目编排、导演；组织演员演出；舞美、灯光的设计、制作等。公司地址、网址：（略）
- 招聘职位描述：

○ 工作职责：

(1) 公司公文及宣传、公司文化构建材料撰写工作。

(2) 配合开展人员招聘、绩效考核等人力资源工作。

○ 岗位要求：

(1) 男女不限，本科以上学历（在校生）。中文、社会学、人力资源、行政管理等相关专业。学生会干部、中共党员优先考虑。

(2) 具有良好的沟通协调能力和团队合作精神，有较强的理解及执行能力。

(3) 具有较强的文笔功底，气质佳，语言表达能力强。熟练掌握公文写作技能，擅长材料撰写，曾在学生会宣传部任职的优先考虑。

(4) 熟练操作各种办公软件，了解办公网络系统的简单维护。

○ 薪酬待遇：面议。

● 联系方式（略）

招聘启事可以在报纸杂志上刊登，也可以利用电视、广播、网络等媒体传播，或印成单张在一定的范围内张贴、散发。

招聘启事由标题、正文和结尾三部分组成。

标题可以直接写《招聘启事》或《招聘》，也可以写成“××单位”招聘某类人员启事，例如《××信息公司招聘业务人员启事》，或直接写招聘某类人员启事。

招聘启事的正文一般要求招聘者首先作自我介绍，这既是应聘者需要了解的重要内容，也是招聘者应有的礼貌。接着要详细说明招聘岗位的工作内容、薪酬待遇、对应聘人员的具体要求（譬如年龄、性别、学历、能力要求以及岗位职责、工作经验等方面的要求），还应考虑是否应该公布招聘名额。招聘启事在介绍本单位情况和应聘待遇等事项时，一定要实事求是，不能模棱两可，不得言过其实，更不可恶意夸大或隐瞒某些重要的信息。

招聘启事的尾部应于正文下方依次写明招聘单位名称、联系人姓名、联系电话、邮政编码以及招聘启事发出的具体日期等内容。

2. 招生启事

招生启事是面向社会公开刊发的或面向组织内部发布、在特定的范围内传播的应用文书。下面的招生启事就是在学校内部发布、传播的。

广播电视新闻创新实验区××××精英班招生

××大学新闻与传播学院“2+2”新闻人才培养模式创新实验区是教育部高等学校本科教学质量与教学改革工程项目。2008年以北京奥运和广州亚运作为契机，开办体育新闻报道班，对原有的教学模式进行改革，教学思想、教学手段锐意创新，取得了宝贵的经验。今年，实验区基于主流媒体对高层次人才的需求，计划开设“××××精英班”，培养高精尖创新型拔尖人才。

一、培养目标

本专业培养具有广播电视节目采、编、播综合能力的高精尖创新型拔尖人才。学生完成学业后达到以下规格：

1. 知识化。具有丰厚的人文素养，通晓中西方文史精华。

2. 专业化。具有某一专业领域的知识背景，能够从事与此领域相关的新闻传播工作。

3. 本土化。在珠三角地区的电视台有一线实践体验，熟悉珠三角、台港澳地区的节目样态和节目风格。

4. 国际化。通过国际化的培养方式，使毕业生掌握世界最先进的广播电视制作、新媒体视觉传播的理念和技术，具有宽广的国际性专业视野。

二、招生名额与培养方式

计划招生××名。选拔范围以××大学在校二年级学生为主，适当招收省内二本以上院校各专业二年级条件出众、有报读本专业意愿的学生。

毕业及授予学位：学生毕业时颁发播音与主持艺术专业毕业证书，授予文学学士学位。

主要课程：电视节目编辑与制作、电视新节目、手机电视传播、融合媒体记者实务、××电视研究、台港澳电视节目样态、语言表达技巧、节目主持与现场报道、中国文学经典、西方经典导读、时尚礼仪。

培养方式：本项目与英国和中国台湾××大学签订合作协议，新闻类专业课程的学习直接到英国或中国台湾××大学完成，充分利用境外或海外先进的教学模式和资源；本土电视研究的课程学习则打破课堂教学的传统模式，采用全新的教与学的方式，以实践为中心，以珠三角电视节目制作的生动现场为课堂，将实践与理论融为一体，在实践中完成教学。

三、报考条件

1. 考生必须为本省二本以上院校二年级在读生。前两年各科学习成绩无不及格（或补考）记录，无其他不良记录。

2. 热爱广播电视新闻专业，品质好，身体健康，吃苦耐劳。

3. 外形条件良好，五官端正，气质大方，性格开朗。女生身高 1.62 m 以上，男生身高 1.70 m 以上。

4. 口齿清晰，普通话（或粤语）语音标准（双语者优先），表达流畅。

5. 英语较好，听说读写流畅。

6. 有一定的经济支付能力，能支付半年的境外或国外学习费用。

四、报名时间、地点和报名方法

1. 报名时间：××××年××月××日—××月××日。

2. 报名地点：（略）

3. 联系电话：（略）　联系人：（略）

4. 报名办法：（略）

五、专业考试内容与形式

1. 考查新闻综合素质，对新闻的敏感度，对新近发生的事实的关注度及反应能力。

- 关注中国改革开放进程中的热点难点。
- 关注正常状态下的突发事件。
- 关注历史人物和历史事件。
- 关注常态下的边缘人群。

2. 考查策划能力和文化素质。

3. 考查语音、气质条件和表达能力。

初试时间：××××年××月××日（周×）全天

复试时间:××××年××月××日(周×)下午

初试和复试都安排在××大学新闻与传播学院进行。

六、成绩公布及录取方式

1. 初试结束第二天(即××月××日)上午在考试现场张榜公布进入复试名单,并同时在网页 http://xw.××××.edu.cn/xwjy/index.htm 上公布。

2. 复试成绩将通过 http://xw.××××.edu.cn/xwjy/index.htm 网上公布,复试通过者将电话通知考生本人领取录取通知书,办理相关的手续。

××××年××月××日

招生启事要将关键事项交代清楚,主要是谁在招生,谁有条件被招生,就读有什么意义,录取后要学习什么课程,怎样报考,等等。上述招生启事将招生背景、培养目标、招生名额、报考条件、报名时间、报名地点和报名方法、专业考试内容与形式、成绩公布及录取方式等一一交代得清清楚楚,让人一目了然。

能将上述关键事项交代清楚,不仅为有意向报考者提供了具体信息,也为社会公众观察、判断具体招生活动的合法性、安全性提供了一个重要的窗口。

3. 征文启事

征文启事是为了纪念重大节日、重要活动、重要事件,或者为了探讨学术问题面向社会或面向一定范围的人群征稿时所使用的一种启事。

关于举办“广播电视与文化大发展大繁荣”有奖征文的启事

《中共中央关于深化文化体制改革,推动社会主义文化大发展大繁荣若干重大问题的决定》(以下简称《决定》)从中国特色社会主义总体布局的高度,对深化文化体制改革、推动文化大发展大繁荣做了全面部署,对推动文化大发展、大繁荣的时代背景、发展道路、目标任务、社会主义核心价值体系建设、事业产业、体制改革、队伍建设、党的领导等问题做了全面深刻的阐述。《决定》是今后一个时期我国文化建设的纲领性文献。宣传、贯彻、落实好《决定》精神,对于做好广播电视工作,推动文化大发展大繁荣具有十分重要的意义。为此,中国广播电视协会与××广播电视集团决定联合举办“‘××广电杯’广播电视与文化大发展大繁荣”有奖征文活动。欢迎全国广播电视系统和大专院校、科研机构的同志踊跃参加。现将有关事项通知如下:

一、征文内容

本次征文活动的主题涉及广播电视工作的方方面面,内容包括以下几个方面:

1. 广播电视如何贯彻落实科学发展观,坚持以人为本,实现健康协调可持续发展。

2. 如何搞好六中全会精神宣传,为贯彻《决定》精神营造良好的社会舆论环境。

3. 广播电视在文化大发展大繁荣中的地位和作用。

4. 如何全面贯彻“二为”方向、“双百”方针、“三贴近”原则,不断地进行节目创新,创作生产更多的精品力作,繁荣声屏。

5. 如何始终坚持正确的舆论导向,自觉抵制低俗之风,反对过度娱乐化,净化声屏。

6. 如何深化广播电视体制机制改革,为大发展、大繁荣注入新的活力。

7. 如何进一步加强广播电视队伍建设,为大发展大繁荣提供人才保障。

8. 如何准确理解和把握广播电视的双重属性、双重效益、双重规律、双重任务。

9. 如何发展现代传播体系，积极推进三网融合，提高广播电视媒体的辐射力和影响力。

10. 如何进一步加强新媒体建设，努力占领科技制高点。

11. 如何进一步加强广播电视公共服务体系建设，包括"村村通工程"建设、"西新工程"建设和国家应急广播体系建设。

12. 如何进一步加大广播电视"走出去"的步伐，融入"一带一路"历史机遇，加强国际传播能力建设，积极弘扬中华文化。

来稿要紧紧围绕征文主题，紧密结合我国当前广播电视工作的实际，从不同的角度进行分析研究。可参照上述题目选题，也可另拟题目。

二、时间安排

征文活动从××××年××月开始，××××年××月结束，截稿时间为××××年××月××日。征文活动期间，《中国广播电视学刊》将设专栏刊登优秀征文稿件。征文结束后，将组织专家对参赛作品进行评选，其中获一、二、三等奖的作品将结集出版，并在适当的时候举行颁奖研讨会。

三、奖励办法

本次征文活动将评选出一等奖5篇，奖金各1 000元；二等奖10篇，奖金各500元；三等奖15篇，奖金各300元；还将根据来稿情况评选出一定数量的优秀奖论文。

四、征文要求

征文字数以不超过6 000字为宜。请一律使用打印稿，一式10份，并同时加发电子邮件。来稿请寄中国广播电视协会《中国广播电视学刊》编辑部，请注明"××广电杯征文"字样。地址：××市×××大街×号；邮编：××××××；联系电话：××××××××，××××××××；电子信箱：××××××××@163.com。通知将全文刊登在中国广播电视协会网站（广电通）上。

中国广播电视协会

××××年××月××日

征文启事由标题、正文和尾部三部分组成。

常见的征文标题有两种形式：一种只写《征文启事》《征稿启事》；另一种是由征稿报刊或专辑名称、事由和文种构成，如《"××广电杯"征文启事》等。

正文部分要写明征稿理由、对象、用途、内容、范围，投稿方法和征稿起止日期等内容。如有必要，还应写明对稿件的具体要求，如题材、体裁、字数等。上面的例文首先介绍了征文的目的是"宣传、贯彻、落实好《决定》精神"，并说明这样的征文活动对于做好广播电视工作，推动文化大发展大繁荣具有十分重要的意义。在介绍了征文的目的、意义之后，接着说明征文的体裁和内容、评选办法、征文截止日期、注意事项等内容，对重要的事项都清楚地作了交代。

尾部包括署名、时间等内容。

4. 征订启事

征订启事是新闻出版、发行单位征求用户刊登广告或订阅刊物、书籍时所写的应用文书。

《新闻战线》优惠征订

《新闻战线》由人民日报社主办，1957年创刊，属于综合性新闻业务学术期刊，在国内外发行。

《新闻战线》以体现权威性、追求前沿性、注重实践性、加强服务性为宗旨；以宣传党的新闻路线，传递新闻改革信息，交流新闻实践经验，培养优秀新闻人才为己任；以刊登业界、学术界的理论和业务研究文章为主打产品。

《新闻战线》陪伴读者走过了半个多世纪的历程，成为我国最具有影响力的综合性新闻业务期刊，是唯一入选并蝉联国家期刊奖百种重点期刊的综合类新闻学术期刊。在历届新闻奖评选中，获奖总数居全国新闻专业期刊首位。在今年进行的第二十一届中国新闻奖评选中，《新闻战线》刊发的8篇作品获得一、二、三等奖，占新闻论文获奖总数的近半数。

为了进一步提高在高校的覆盖面，《新闻战线》拟在高校中实施免费赠阅和优惠订阅套餐。具体如下：（略）

欢迎各院校师生订阅，联系方式如下：（略）

人民日报《新闻战线》杂志社

××××年××月××日

征订启事由标题、正文和尾部三部分组成。

标题由报纸、杂志、书籍的名称、事由和文种构成，如《〈读者〉杂志征订启事》。有的标题只有“征订启事”四个大字，这样表达不够清晰。

正文内容要写明广告或报纸、杂志、书籍、资料的名称、内容提要、性质、特色、读者对象、有关评价、价格等内容。最后一定要具体写明订购办法。

结尾要写明征订单位名称和征订启事的具体发布日期。有关账户或样刊等内容，也可以作为附件处理。

5. 房屋租赁启事

房屋租赁启事是机关、团体、企事业单位和公民个人作为求租方或出租方向社会公开申明租赁事宜时使用的一种应用文书。

招租启事

本市××路××号有门面房一间，26 m^2，一楼，临街，适合经营饭店、商店。有意者请来人或来电联系。

电话：××××××××；×××××××××××

联系人：×××

××××年××月××日

房屋租赁启事由标题、正文和尾部组成。

标题由启事的性质和文种组成，如《房屋出租启事》《求租铺面房》等。

正文根据启事的缘由来写，一般要求写明所要租赁房屋的地理位置、周围交通状况、房屋结构、面积大小、配套设施等，最后还要注明联系电话、联系人等。

求租启事则要求写清需要房屋的式样、面积、地理位置及求租者的联系方法等，尾部可写上求租房屋的机关单位或个人的名称与时间，个人名称也可省略。

【例文评析】

停刊启事

根据上级指示精神，××杂志社出版的《××周刊》（原《××》杂志）于××××年××月××日停刊，停刊期间，本刊终止全部采编、发行、广告、经营等一切活动。××月××日前本刊将提前出完××××年全年××期杂志。《××周刊》及其前身《××》杂志从未开展任何与本刊业务无关的活动，特此声明。

值此，向我们的广大读者、作者以及所有关心、支持过《××周刊》（原《××》杂志）的人士，致以最深的谢意。

××杂志社

《××周刊》编辑部

××××年××月××日

（摘自人民网，有改动）

【简评】本启事篇幅虽短，但为何停刊、何时停刊、停刊之后的事务以及权责关系等，都交代得清清楚楚。最后还不忘向读者、作者、关心支持者致谢。这样的启事篇幅不长，信息量却很大。

【知识拓展】

“启事”和“启示”

吕 峻

在报刊、网络媒体上和日常生活中，我们经常会看到“招聘启示”“征订启示”“招生启示”“遗失启示”等写法。例如，近期海南大学网站上，该校三亚学院的“招聘启事”，就写成了“招聘启示”。将“招聘启事”写成“招聘启示”，将“招生启事”写成“招生启示”的，远不止海南大学网站这一家。一些名牌大学、国家级报刊，甚至于某些头衔很大的单位，也不分“启事”和“启示”，将其写错，这就十分令人震惊。如今年 8 月中国作家网头条位置“公告栏”上就出现了“中国作协关于纪念抗战的重要启示”这样的写法。又如不久前新华社《环球》杂志在新浪网上发的“招聘启事”也写成了“招聘启示”。看来，包括大学学者、作协文人、报刊、网络编辑等文字工作者在内的某些同志，似乎都有必要重新了解一下“启事”与“启示”的区别。

弄清“启事”与“启示”的区别，其实并不难。我顺手翻了翻新版《辞海》，其中对“启事”的解释只有两个字：陈述；而对“启示”的解释也只有四个字：开导，启发。字虽不多，但两者意义之截然不同，是一目了然的。再查新版《现代汉语词典》，对“启事”“启示”的释义也完全两样。其实，“启”是一个多义字，既指开启、启发，也指陈述、表白。例如人们常用到的“启示录”中的“启”，是开导、启发之意；而“启告十方”中的“启”，则是陈述、告白之意。简单地从字面上来理解，“启示”，就是“启发指示”的意思；而“启事”，则是“启告事情”的意思。如果把“招聘启事”写成了“招聘启示”，虽然只有一字之差，其含义却从“启告招聘事宜”，变成了“通过招聘工作得到的启发(或启迪)”,两者意义迥异,岂不贻笑大方?

本来只需查查词典便可分清楚的两个字,缘何仍会有这么多人用错呢?我们从中又能得到怎样的启示呢?我想,一些同志在思想上对国家语言文字的规范不够重视,懒得动脑筋,人云亦云,麻痹大意,应当是发生此类错误的主因。由此说开去,类似于将“启事”写成“启示”等种种错误,在一些媒体上,我们难道见得还少吗?一些街头广告乱改成语,一些企业在营销活动中乱造生词,一些店铺的牌匾广告乱写错别字,一些流行歌曲词不达意,网络、电视上一些语言毫不讲究语法,书籍、报刊上屡屡出现错别字等,不一而足。在信息全球化的今天,我国语言文字的应用与社会的发展相比,仍然存在某些滞后现象。而语言文字应用的混乱,无疑会影响到国家政治、经济文化的发展。如果连高等学府、机关团体、媒体都会用错常用字或词,则不仅会闹出笑话,而且会谬误流传,误人子弟,有损国家形象。试想,如果有外国人前来我国某大学应聘,面对“招聘启示”的说法,他们会怎么想?他们又会怎样看待我国高校的教学质量呢?

(摘自:《江西日报》,2005 年 9 月 29 日)

【写作练习】

1. 阅读分析

招生启事

××××年,××市委党校继续与××师范大学联合招收公共管理硕士,与××理工大学联合招收农业推广硕士,分别由××师范大学和××理工大学知名教授授课,授课和考试地点设在市委党校,毕业颁发国家学位办统一的硕士学位证书,报考者请于××月××日至××月××日期间到党校×号楼××××房间报名。咨询电话:××××××××。

中共××市委党校

××××年××月××日

问题

(1) 分析该例文的结构特征(标题、正文、落款)。

(2) 这篇例文对你拟写招生启事有何启示?

2. 病文诊断

仔细阅读下面的征文启事,看看在哪些地方还需要加以修改:

《××战线》编辑部和××电视台联合举办
“频道发展中的特色栏目建设”××电视台杯征文启事

频道由栏目组成,一个有影响力的特色栏目,可以提升整个频道的品牌价值。特色栏目如何打造?为了深入广泛的探讨这一话题,《××战线》编辑部与××电视台联合开展“频道发展中的特色栏目建设”主题征文活动。

征文时间自××××年××月至××××年××月。征文设一等奖 1 名、二等奖 2 名、三等奖 3 名。奖金分别为 1 000 元、800 元、500 元。获奖作品颁发证书。

请广大读者踊跃投稿，献计献策！来稿请寄：××市××区××路×号《××战线》编辑部收，邮编××××××。请在信封上注明："'频道发展中的特色栏目建设'××电视台杯征文"字样。

联系方式：(略)

××电视台

《××战线》编辑部

××××年××月

3. 情境写作

小静上午把 iPad 落在了图书馆第三阅览室，等她傍晚发现再去寻找，iPad 已不见了踪影。现在请你为小静代拟一份寻物启事(可虚拟相关的要素)。

第三节 柬 帖

【范文举例】

××先生：

为庆祝××公司成立×周年，谨于××××年××月××日(星期×)下午×时，在××宾馆举行庆祝宴会。恭请光临！

顺致

敬礼

××公司 敬约

××××年××月××日

【写作知识】

一、柬帖的文体特点

柬帖是对简短的信札、请柬、名帖的统称，是一种程式固定、文字简短、谦敬色彩浓郁的酬酢应用文书。柬帖一般用于单位或个人在节庆、奠基、落成、开业、娱乐、宴会、婚丧、仪式、展览、舞会、演出、新闻发布等活动前送达有关人员，向其告知相关的信息，表达对被邀请对象的尊敬、重视和礼遇，并希望对方能够赏光出席的简明书信。

作为一种交际礼仪应用文，柬帖要求文面精致、美观、大方。

柬帖的特点归纳如下：

(一) 外观精美

柬帖的样式要设计得美观、大方、精致、庄重。柬帖不能用通常的书写纸或单位的公务信函纸书写，而应多用精美的彩色纸印制，并加上图案予以装饰，以示喜庆和对被邀请者的尊敬。那些构思新颖、设计精美、图文并茂、语言得体的柬帖，能使人感受到扑面而来的热情和备受关注的敬重。

（二）程式固定

自制的柬帖一定要精心设计，力求达到格式规范。购置的柬帖，填写要让人一看即清楚明了，邀请者的姓名、身份，邀请的事由，应注意的事项等内容要确保不出差错。特别要注意时间、地点和人物等内容，要做到清晰、明了、准确，否则就可能会让受邀请者感到不快。

（三）风格谦敬

柬帖的文字应既通顺明白，又典雅优美，使被邀请者感到愉快和温馨。

（四）语言精练

务必做到文从字顺，自然流畅，短小简练，要让被邀请的对象明了为什么被邀请，被邀请做什么、怎么做。

二、柬帖的结构

一封完整的柬帖由标题、称谓、正文、请语、致敬语、附启、落款、日期八个部分组成。

（一）标题

柬帖的标题只需标注文种“请柬”或“请帖”，不需在文种前加活动名称。标题可置于正文之上，也可以写在封面上。柬帖的封面一般要做艺术加工，力求雅致，如加图案装饰，采用美术字体，烫金加彩等。

（二）称谓

称谓即被邀请者的名称。称谓的位置是另起一行或一页，顶格写。为了体现文种的雅致，要在人名后加尊称，如一般的称“先生”“女士”“小姐”；有职称、学衔、职务的可称“教授”“博士”“董事长”“经理”“主任”“院长”“处长”等；亦可将职务学衔冠于姓名前，姓名后再加尊称，如“××系主任××教授”“××处处长××女士”“××公司董事长××先生”。假如邀请的对象是一个组织单位，不是某一特定的个人，可只写职务加尊称，如“院长先生”；如果是请对方自行确定具体的出席人，则只要求写组织名称，如“××大学”。在这两种情况下，称谓都不写具体的人名。

（三）正文

柬帖的正文比较简单，写明邀请对方参加的活动名称（形式或性质）及时间、地点即可。另外，柬帖虽是一种简单的书信形式，但又不同于一般书信，正文无须加问候语。

（四）请语

请语的位置在正文的末尾。常用的请语有“敬请光临”“恭请光临”“恭请莅临指导”等，使用这些带有文言色彩的请语，应达雅兼备，谦敬得体。

（五）致敬语

用法与书信的致敬语相同。常用的致敬语有“此致　敬礼”“顺祝　快乐”等。致敬语后不加标点符号。

（六）附启

附启是柬帖附加的陈述。这部分并非每份柬帖都有，应根据不同的情况决定是否需要。附启的内容有时是交代具体的时间安排，如“开馆时间：9∶00—18∶00”“演出一周”；有时是活动场所的地址、乘车路线、入场口、座席位置、座位号等；有时是提醒一些值得注意的事项，如“凭柬入场”等。附启书写于落款的上一行，在致敬语之下，空两格书写，并用括号将附启内容括上。

（七）落款

落款可以标示组织名称，也可标示领导人的姓名，或者二者兼用。如果是结婚请柬，要并排写上新婚夫妇二人的姓名，其后加上“敬启”或“谨上”之类的谦辞。位置在右下角（竖式的在左下角）。

（八）日期

在落款下面，写上具体的年月日。一般要求柬帖发出的日期距活动正式举办的日期不应少于3天，以便被邀请者做好准备，这也是对被邀请者的尊重。

柬帖的形式分卡式和折叠式两种。卡式柬帖可以单面书写，将全部柬文都写在正面，背面空白（见图2-1）。也可以双面书写，正面只写“请柬”二字，背面写柬帖内容。

折叠式请柬（见图2-2）由相同的纸对折起来，形成封面、内芯和封底。封面上写“请柬”二字，内芯写柬文内容，封底空白。

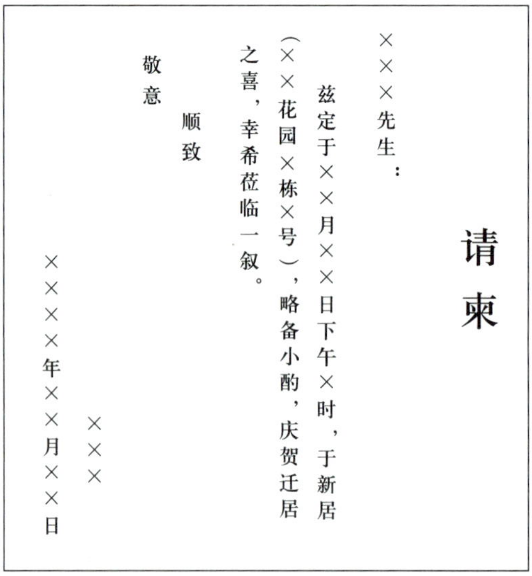
请柬

×××先生：

兹定于××月××日下午×时，于新居（××花园×栋×号），略备小酌，庆贺迁居之喜，幸希莅临一叙。

顺致

敬意

×××

××××年××月××日

图2-1 卡式单面竖写请柬

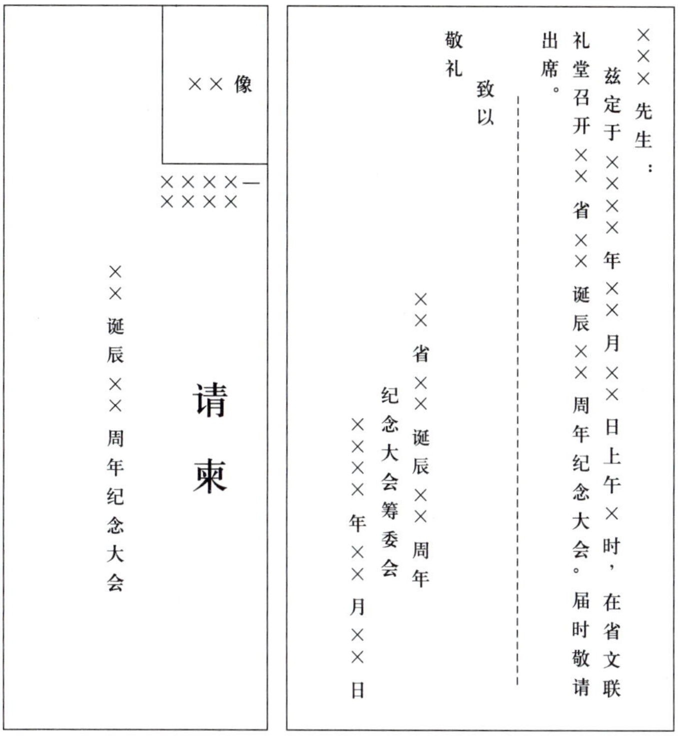

图 2-2 折叠式竖写请柬

【例文评析】

请 柬

××先生：

作为武昌起义的参加者，您为民族的解放事业作出了不可磨灭的贡献。敬请您出席××月××日晚×时在省政协礼堂举行的茶话会，以缅怀先驱，纪念辛亥革命胜利×××周年。如能赴会，与会者当不胜欣悦。恭候您的光临！

顺致

崇高敬意

××市人民政府

××××年××月××日

1. 标题位于正文之上。

2. 称谓即被邀请者的名称，另起一行顶格写。

3. 正文写明邀请收受请柬一方所参加活动的名称（形式或性质）及时间、地点。

4. 请语在正文的末尾："恭候您的光临！"

5. 致敬语："顺致　崇高敬意"。致敬语后不加标点符号。

6. 落款为组织名称，位置在右下角。

7. 日期写在落款下面。

【简评】此请柬格式符合要求，内容清楚明确。先点明被邀请人是武昌起义的参加者，让他觉得自己备受敬重与爱戴。加上"敬请您"三字，不仅礼到了，而且心到了，情也到了。"如能赴会，与会者当不胜欣悦！"又进一步代所有与会者对被邀请人的光临表达了由衷喜悦的真情。"顺致　崇高敬意"表达了对一位革命前辈的敬重。通篇文字简洁优美，要言不烦，真情实意跃然纸上。该请柬在遵守请柬基本格式和写作规范的前提下，又根据活动内容与被邀请者的实际情况，打破先写活动时间、地点，再写活动内容的惯例，采用先点明被邀请人的身份，再写活动的时间、地点，最后写活动的内容和目的的写法，让被邀请人倍感亲切。

【知识拓展】

柬帖的格式与术语

一、柬帖的格式

柬帖是书信的一种特定形式。古时书于竹者谓之简（又作柬），书于帛者谓之帖。前者多用于私务，后者常用于公务。近世柬、帖合流的趋势明显，今天所说的“柬帖”通常指篇幅短小，结构、格式和用语极富特色的交际文书。

按其用途，柬帖被分成婚嫁庆贺、应酬吊丧等类型。其结构体式虽无严格的统一标准，但其大要，均有约定俗成。

（1）柬帖要选质地优良的厚纸，喜柬宜选用红色、金色或带有花纹的有光彩纸。红色纸则辅以烫金字，其他纸可书之以红字。丧事柬帖用素纸素色书写，但纸质同样要好。现行婚嫁喜帖多为四开对折，喜帖封面印有“喜”字，封底印有“永结同心”之类的喜庆字，并装饰有图案。

（2）柬帖以采用上下竖写，自右向左竖排的居多。具体书写格式无统一规定，但必须遵循礼貌的原则。也有些柬帖采用横格书写，版面排列的难度较竖写的要大。

（3）许多柬帖字号大小不一，其用心一是为了突出重点内容，二是出于礼貌的习惯，三是为了便于容纳全部内容。几种常见柬帖的式样如图 2-3、图 2-4、图 2-5、图 2-6 所示。

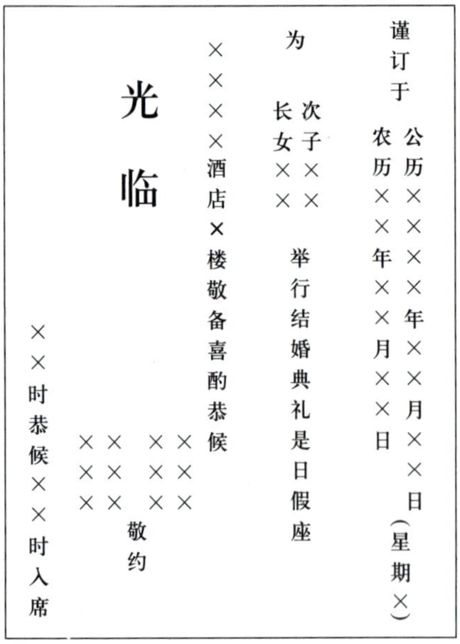
谨订于公历××××年××月××日（星期×）
农历××年××月××日
为次子××
长女××举行结婚典礼是日假座
××××酒店×楼敬备喜酌恭候
光临
××× ××× ××× ×××
敬约
××时恭候××时入席

图 2-3 双方家长具名的婚嫁请柬

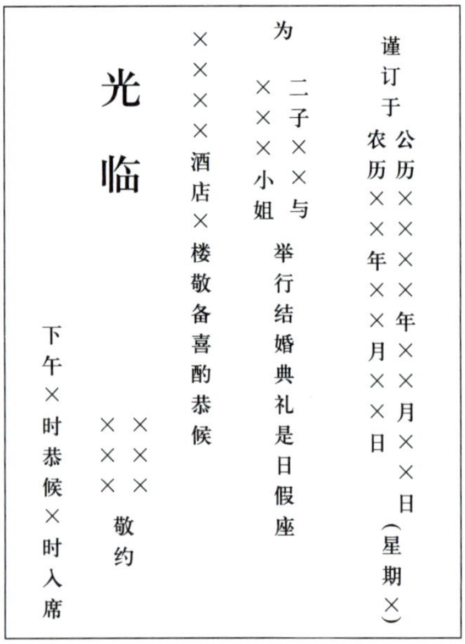
谨订于公历××××年××月××日（星期×）
农历××年××月××日
为二子××与×××小姐举行结婚典礼是日假座
××××酒店×楼敬备喜酌恭候
光临
××× ×××
敬约
下午×时恭候×时入席

图 2-4 一方家长具名的婚嫁请柬

玉速

恕乏价催

图 2-5 婚嫁请柬内首页

谨订于×年×月×日上午×时正在×城×
×路×号举行××发展银行×
×分行开业仪式
恭候
光临
××发展银行××分行敬约

图 2-6 银行开业请柬

二、柬帖常用术语

柬帖用语务求礼貌。因求礼貌，故语言多用敬辞，风格含蓄，讲究避讳，富含典故。兹列部分常用术语如下：

谨：慎重小心。《论语 · 学而》："谨而信。"柬帖中多用以表示郑重与恭敬。

奉告：敬告。

敬约：约，邀请。敬约，诚挚、郑重地邀请。

恭请：恭，敬肃。恭请，端庄而有礼貌地邀请。

喜酌：酌，饮酒。李白《月下独酌》："花间一壶酒，独酌无相亲。"酌，也泛称酒席。喜酌即喜酒，为趋雅避俗。

假座：假，借，租赁。假座为租借座席的雅语。

志庆：志，记。志庆：为纪念而庆贺。

恕乏价催：意思是到时候不再专门派人去催了，敬请原谅。

曷胜荣藉：曷，通"何"；藉，借。意思是客人的到来使主人得到了何等盛大的荣耀。

阖第光临：阖，全；第，上等大屋，引为家。意思是敬请客人全家光临。

吉夕：结婚的雅称。

文定：文，意为礼，即聘金。文定为订婚的雅语。

福证：请人证婚的敬语。

桃觞：桃，取西王母蟠桃会之意，引为祝寿。桃觞，雅称祝寿之酒席。

弥月之庆：婴儿满月宴客。弥，满。

饯行：意思是以酒食为远行之人送行。

洗尘：备酒席迎接远来的宾客。俗称接风，雅称洗尘。

台光：台，星名，与官名的三公相应，取其吉意作敬语。光，即光临。

光陪：意思是光临作陪。请人陪客的敬语。

踵谢：意思是亲自登门道谢。

贺仪：仪，礼物。因他人婚嫁或其他喜事所送的礼物。花仪，送给青年女性的礼物；薄仪，谦言礼物之轻；弥仪，送他人婴儿满月的礼物；桃仪，送他人的寿礼。

【写作练习】

1. 阅读分析

请阅读图 2-7、图 2-8。

图 2-7 结婚请柬正面

婚礼贵宾宴会须知

1.请按照票面的日期，在有效期内到达票面指定站。
2.宾客在宴会现场不得大声喧哗，影响婚礼次序。
3.请宾客在现场保管好自己的手机、现金等贵重物品，以防丢失。
4.请宾客不要让自己的小孩在婚礼进行时追逐打闹，不影响婚礼的端庄气氛。
5.在适当的时候，望各位宾客用您的掌声祝福新人。
6.望您能成为婚礼现场的给力嘉宾。

图 2-8 结婚请柬背面

问题

（1）这份请柬有哪些创意？

（2）分析该请柬的结构特征。

（3）读了这份请柬，你获得了哪些启示？

2. 病文诊断

下面的请柬有多处不符合规范，请一一指出。

请　　柬

兹定于××××年××月××日星期×下午×时在学院教学楼×××室举行英语晚会，恭请×××先生大驾光临。

英语系学生会

3. 情境写作

校团委活动部主办的“阳光五四演讲大赛”决赛即将开始。现在请你以校团委的名义制作一份请柬，邀请本校的 5 名资深教授届时前来观赛指导。

附：名片

一、名片的来历

名片是印有个人姓名及其有关信息资料的卡片，相当于个人身份的“ID”，是社交活动中使用最广的一种自我介绍性“媒介”。

交往之初，呈上一张自己的名片，用主动介绍自己的方式，传送出对他人尊重的情谊，为进一步的交往营造气氛——这一礼俗在我国至少已有 2 000 多年的历史。古人最初是将自己的姓名、籍贯、官爵和要禀告的事项刻在木简或竹简上，以便进见时用，所以叫“谒”。名片也叫“刺”。《史记·郦食其传》有“使者惧而失谒，跪拾谒”，这是从它的作用方面命名的。《后汉书·祢衡传》中有“阴怀一刺”，意思是私下悄悄带上一张“名片”。王充在《论衡·骨相》中说：“通刺倪宽。”意思是送“名片”给一个叫倪宽的人。看来称“刺”又是从它的外形上命名的。后来，随着纸的发明，纸张代替了木简、竹简，“谒”“刺”也随之改称为“名纸”“名帖”。如明代散文家宗臣在写给他的老前辈的一封信《报刘一丈书》中，讲到自己与那些当朝权贵们的关系时说：“前所谓权门者，自岁时伏腊，一刺之外，即经年不往也。”意思是说，前面提到的当权者那儿，我除了伏（夏祭谓伏）腊（冬祭谓腊）等节日时送一张帖之外，整年也不去一趟。至清代，才有了“名片”之称。

从“谒”“刺”到“纸帖”，再从“纸帖”“名帖”到“名片”，经历了一个漫长的历史演变过程。但是，变化的只是名称和形式，内容和作用却基本一样，只是名片的应用越来越普及，在社会生活和人际交往中的功用越来越大。

二、名片的作用

名片的用途广泛，兹举例如下：

（1）向新见面的人士提供个人信息，如姓名、任职单位、职务职称、社会兼职、通信地址、联系电话等，便于对方了解自己，为日后的进一步交往留下联系办法。

（2）在交际场合，用赠送名片作自我介绍，显得庄重礼貌，从容优雅，又介绍得准确详细、快速便捷，避免了口头介绍时容易出现的疏漏和尴尬。

（3）将名片作为请柬或礼品的附件一并送达，能表示诚恳，显得郑重。

（4）遇到亲友婚、寿、升、迁等喜庆事，或生病、遭灾、丧亲等事宜，将名片随贺信、慰问信、吊唁信一同发出，可令对方感到亲切和欣慰。

（5）求见名人、要人，需要通过秘书代为通报联系时，先送上名片，有利于被求见者了解自己，及时安排会见。

（6）探视朋友未遇时，留下一张名片，可以让对方知晓自己曾来过。

（7）失去亲友的具体地址和联系方法，托认识的人捎去一张自己的名片，可以重新建立关系。

（8）在名片的空白处写上不同的话语，还可以大大增加名片的功用。例如，写上“介绍×××

前来”，可作私人介绍信；写上“恭祝……”，可以表示祝贺；写上“……敬请光临”，可作为邀请函件；写上“祝早日康复”，可表示对病人的关切；写上“请节哀”，可表示对丧家的安慰等。

赠送名片，首先要分清对象。一般说来，名片应赠给较亲密的朋友，便于经常的联络；赠给有业务往来的人，利于开展工作；赠给初次见面、觉得有必要让对方记住自己的人，以便今后再联系。

名片不宜滥赠，且赠送名片时还要见机行事，进退有度。对不熟悉的人，最好是在对方赠送名片后再向对方回赠自己的名片。向任何人赠送名片，都应该在握手、寒暄之后开始，并应双手奉上。收名片也要双手接收，并应先认真地阅读，再回赠自己的名片。如果未带名片，不能回赠对方要说明并表示歉意。

三、名片的格式

名片的正面可分为头、腹、尾三部分。

名片“头”用来介绍自己的任职单位，以及自己所担任的职务等信息。名片的“腹”部用于书写自己的姓名，并可在姓名之后对“头”部信息进行补充，如在姓名后加“教授”“研究员”“博士”“工程师”“主治医师”“编审”“编辑”“记者”“董事长”“总经理”“局长”“处长”“业务主管”“部门经理”等。名片的“尾”部用于刊载通信地址、邮政编码、联系电话、电子信箱、微信账号等自己愿意公开的联系方式。

用于个人之间交往的普通名片有了以上信息就足够了，背面不需要再写什么。用于涉外社交或涉外经济活动的名片，为了方便与外国人打交道，背面常常印上和正面完全对应的外文，要求译文准确、规范，符合外文书写格式。单位领导、公司法人、营销人员、公关人员等的名片，其主要用途是公务往来与业务联系，这种名片背面，就是一块可以利用的广告牌。如有的用来说明本公司的经营范围，有的介绍自己的产品，有的宣传自己的图书、报纸、杂志，有的介绍当地旅游资源，有的用来介绍本地土特产品，有的用来介绍自己的服务项目。文化人士多喜欢在名片背面写上自己的人生感悟、人生格言或兴趣、爱好，从深层次向新老朋友展示自己的内心世界和精神追求，以求贴近老朋友，结识新朋友。但是，把名片背面的空间都占满了，当需要备注、留言的时候，就找不到空间了。所以，名片的背面不一定要有内容，背面留白的空间，也不一定没有用处。

四、名片的设计制作

名片既有提供个人信息资料、便于交际的作用，又有艺术价值和收藏价值，规格小而作用大。普通的名片，设计得大方、得体即可。这样的名片在设计上就应力求新颖、独特，以期让人过目不忘。还有些人已经把自己的名片当作展示自我形象的使者。下面的二维码名片（见图 2-9）、创意名片（见图 2-10）就极有个性。

名片上的内容必须绝对真实、准确，尤其是职务、职称，不能胡编乱造、弄虚作假。名片的篇幅有限，内容一定要突出重点。有些人社会兼职多，学会、协会会员、理事一长串，不分主次，一一罗列，使名片有限的版面拥挤不堪，既喧宾夺主，影响效果，又失之于浅薄。所以，名片的“头”一定要选在交际活动中最主要也最重要的职务来写。

图 2-9　二维码名片

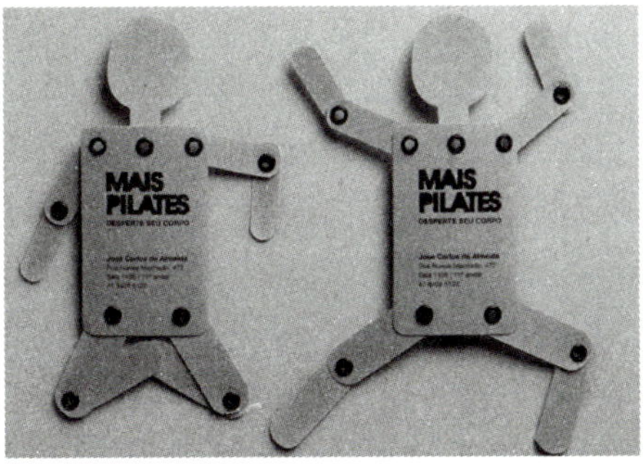

图 2-10　创意名片

五、名片的写作要求

前往看望友人、师长而不遇，或友人、师长正在休息，不便打扰，这时留下一张名片，并在名片的背面留言告诉对方自己前来看望，没敢擅自打扰休息，决定改日再来看望，这就很得体。此时就需要擅长名片写作，即在名片的背面留言。在名片的背面写作，字体要工整、端庄，语言要简洁得体，还要善于利用语境实现书信结构程式的省略，使小小的名片空间能够承载更多的实际内容。

第四节　电子邮件

【范文举例】

广发证券(香港)-中国民生银行香港分行银证转账服务通知

发件人：GF Securities (HK) Brokerage Limited<seccs@ gfgroup. com. hk>

时　间：2018 年 9 月 5 日(星期三)晚上 6：23

收件人：品茶<834690002@ qq. com>

亲爱的客户：

有关：中国民生银行香港分行银证转账服务通知

多谢　阁下选用本公司账户服务。

广发证券(香港)经纪有限公司将于 2018 年 9 月 10 日(星期一)推出中国民生银行香港分行[下称(民行香港)]银证转账服务。透过民行香港网银开通银证转账服务，提交《银转证》或《证转银》指令，可从阁下之银行账户转入港元及美元至证券账户或从阁下的证券账户转出港元及美元，阁下将能够更有效管理资金。

银证转账服务概要(以民行香港银证转账服务具体条款为准)：

- 阁下须通过民行香港网银开通银证转账服务；

- 通过民行香港网银银证转账服务，提交《银转证》或《证转银》指令，可转账港元及美元；
- 每日转出资金上限为一百万港元或等值之货币总额；
- 《证转银》转账接受时间为港交所交易日上午9：00至下午4：00；
- 《证转银》提款前，请确保阁下的证券账户有足够可取金额；

如阁下有任何疑问，欢迎与我司客服联络。

注：在适用法律许可的最大范围内，广发证券(香港)经纪有限公司、其关联企业及其各自的雇员、代理人和代表("广发代表")谨此声明，该等广发代表将免除所有因民行香港银证转账服务而产生或与此相关之任何性质的损失、赔偿、费用或支出的全部或任何责任。

此为系统发出的电子邮件，请勿直接回复至此寄件信箱。

如欲与我司客服联络，请电邮至我司客服邮箱 seccs@gfgroup.com.hk 或致电我司客服热线(大陆)400 869 5575 /(香港)3719 1288。

(为阅读方便，已将原文中繁体字改为简体字，特此说明)

【写作知识】

1971年，美国工程师雷·汤姆林森(Ray Tomlinson)最先提出了以电子方式从一个网络向另一个网络发送信息的设想，并获得了成功。他还开创了在电子邮箱地址中使用@符号的先河。此后不久，电子邮件就迅速普及开来，成为当今世界信息传递交流的重要工具。

一、电子邮件的使用原则

(一)选对工具

你确信选择电子邮件向对方传送信息，和对方进行交流沟通是恰当的吗？如果是，那么是不是最佳选择呢？

如果你在电子邮件中所说的事情有具体的时间要求，并且要求得很急，那就要考虑如果用电子邮件来沟通会不会耽误了事情？你能肯定对方有及时打开电脑接收电子邮件的习惯？如果你所发送的是一份会议通知，或是酒店需要顾客确认的交易协议，打个电话直接说可能更保险、更方便。电子邮件总的来说是我们的好帮手，但它有时候是最佳好帮手，而有时候却不是。电子邮件不能代替电话，不能代替微信，更不能代替面对面的交流。

(二)斟酌时机

当确信使用电子邮件进行交流、沟通是最佳选择后，还要问一个问题：现在就发出这封邮件真的明智吗？要不要等一等再发？

电子邮件是只读文件，一经发出并被对方收取后，其内容一般就无法再删改。同样，收到的邮件也不能删改。如果有专业人员运用技术手段删改了邮件，有关部门也能够通过源文件予以查证。电子邮件正是凭借其内容不可删改的特性，才具有了可以作为证据使用的价值。目前，我国相关法律已经明确规定商务或公务邮件可以作为证据使用。因此，在商务活动或其他公务活动中使用电子邮件时，还需要增强凭证意识，对自己所写的、所发的邮件内容负责。为慎重起见，无论是在商务活动或其他公务活动中使用电子邮件，还是向私人发送电子邮件，都需要斟酌时机。有下列任意一种情况的，都应该停一停，而不是要匆忙拟写和发送电子邮件：

（1）对相关背景还不是很清楚，即使只有一个细节不清楚，也应该先了解清楚，在了解清楚之后，再发送电子邮件。

（2）如果没有获得充分的授权，或还有应该请示的事项没有请示，宁可放一放，也不要抢发电子邮件。

（3）怒不可遏，或不良情绪一时还难以平息，不要急着写邮件、发邮件。

（4）对刚读到的电子邮件的内容感到费解、惊愕、无法接受，最好先静一静，不要即刻就给对方回信。

（三）把握基调

使用电子邮件需要把握两个基调：一是简略，二是礼貌。

对用户而言，电子邮件最大的价值是快速便捷，而与电子邮件快速便捷的特性相对应的用户原则便是简略，包括邮件的篇幅尽量简短，结构程式尽量简单，文面格式尽量简便。

电子邮件传送的是信息，信息两端连接的是人，信息交流也就是人与人之间的交流。人与人之间的交流应该遵循既定的规则，彼此以诚相待、相互尊重、平等对话。如果有了矛盾，也应以积极的态度寻求解决矛盾的方案。虽然表明立场时提倡直截了当，但是态度却要始终保持理性，在任何情况下都不应放任自己一时的冲动而在电子邮件中用粗鲁的语言冒犯他人。

二、电子邮件的格式

电子邮件既具有传统书信结构的基本要素，又具有随电子化、网络化伴生而来的格式特性。一封完整的电子邮件，一般包括收件人信息、邮件主题、邮件正文、邮件附件（文档、PDF、照片）几个部分（见图 2-11）。

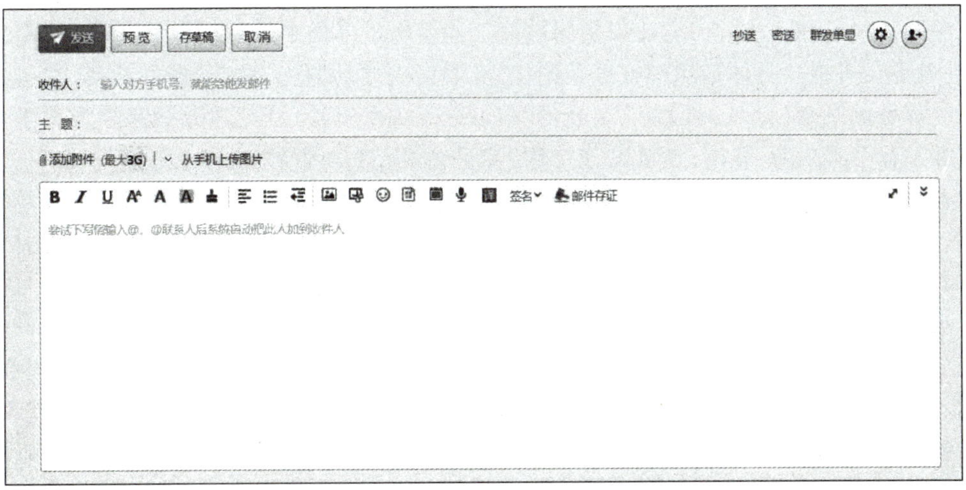

图 2-11　常用电子邮件的页面截图

（一）收件人信息

收件人实际上是接收邮件的电子信箱的地址，该地址是收件人在某个网络服务器上开设的用户账号，由用户方代码+@+邮件服务器地址三部分组成，例如 shchgz@163.com。用户方代码通常为一组数字或字母，或数字与字母的组合，例如用户的手机号、QQ 号等。@可以理解为是一个介词，表示某用户在某个服务器。电子信箱的地址一定要完整，其中的用户方代码必须具有唯一性。

（二）邮件主题

电子邮件主题在形式上是一个标题句，内容则或概括邮件的核心内容，或提示所发邮件的事由，或声明发邮件的目的、要求。至于其用途，除了陈述主题、提示事由、声明目的外，还有便于自己和收信方日后检索这封邮件的功用。因此，只有在标题中对所要表达的主旨进行最准确的概括，提炼出最核心的关键词来，而不是千篇一律地使用“关于”“回函”之类的缺乏个性的术语，标题句的功能才能充分得以实现。

（三）邮件正文

正文包括称谓、问候语、事项、结尾句、签名等几部分内容。

电子邮件一般也应该有称谓，但在具体运用上有两种情况，一种情况是和内部同事通信、和熟人朋友之间一对一的通信，尤其是回复内部同事、熟人朋友的来信，称谓往往就省略了。省略称谓符合网络社交追求便捷高效的原则，应该予以认同。而另一种情况是写公务电子邮件，或是写比较正式的私人电子邮件，或是准备发给多人的内部电子邮件，这时都应该使用称谓。

使用了称谓，就要考虑是否要用敬辞。时下有一些服务机构发给服务对象的电子邮件仅直呼全名，不用敬辞，这是不可取的。在公务类、服务类、比较正规的电子邮件中，对接收邮件者，尤其对资深的、有名望的收件人，均建议使用敬辞。普通电子邮件中的称谓敬辞选择“亲爱的”“尊敬的”一般不会有错。具体运用中按照荣衔优先、职衔次之的原则，称“亲爱的某某（全名）博士”“亲爱的/尊敬的某某（全名）教授”“亲爱的/尊敬的某某（全名）总经理”，如果对方没有或我们不知道对方有没有荣衔、职衔，也可以直接称“亲爱的/尊敬的某某（全名）先生/小姐”。如果不清楚对方性别，或对究竟是应该称小姐还是称女士没有把握，则可以直接称“亲爱的/尊敬的某某（全名）”。淘宝网上店主对客户言必称“亲”，此时的“亲”既有敬辞的效果，又是临时赋予客户的一个代号。将名称和敬辞合一，拉近买卖双方的距离，是淘宝网的一个营销策略。如果离开了淘宝网的交流语境，在日常的电子邮件中也仿效淘宝称对方为“亲”，就大可不必了。

电子邮件是否需要使用问候语，不宜一概而论。一般情况下，写电子邮件应该有问候语，说一声“您好”，既表达了对收件人的尊重，也能展示自己文明礼貌的形象。否则一上来就说事情，有时会显得生硬、不够礼貌，有时甚至会有兴师问责的嫌疑。在“您好”之后，最好还写上一两句寒暄的文字，内容可以是吉言祝颂，表达仰慕、感谢之类，也可以乘机做个自我介绍。其目的无非是为接下来的交流营造一个比较自然、轻松的氛围。

什么情况下可以不使用问候语呢？第一，是在持续的邮件往来中，当第一封邮件已经使用了问候语后，接下来的往来邮件可以省略问候语，否则双方你来我往问候不停，不仅影响信息交流的效率，甚至会显得关系虚假。第二，长者写给晚辈、上级写给下属、老师写给学生的电子邮件，如果担心用了问候语可能会给对方造成心理压力，就可以考虑不用问候语。第三种情况是闺蜜之间以及亲如兄弟的好友之间，其邮件往来往往连称谓也没有，自然也就不用写问候语了。

电子邮件通常用致谢语、祝福语结尾。如果希望对方回你的邮件，则可以采用提问的方式，如："您看这样可以吗？"或者采用直接表达期待的方式，再如："期待您的答复，收到您的答复后我们将立即办理。"

既然一些内部通信以及熟人朋友之间一对一的私人电子邮件允许省略称谓，同类电子邮件也应该允许不写落款。根据同样的原则，正式场合的电子邮件应该有签名，而且应该有规范的签名。一些公务电子邮件不仅需要有签名，单位办公室、公司前台、企业销售部门，以及其他窗口单位含有对外交流性质的电子邮件，还应当考虑设置签名档，为对方及时、准确地回应电子邮件提供便利。

签名档没有固定的格式，其内容一般包括个人姓名、机构名称、部门或项目组名称、电话号码、微信号等信息。当然，如果仅仅是内部同事之间的日常交流，则无须设置签名档。

如果有附件，应该在正文的尾部标注附件名称，有多个附件的还应标上序号，随后一定要记得添加上附件。

三、电子邮件正文写作

一些规模较大的组织机构发电子邮件，尤其是发比较重要的电子邮件，一般会先由秘书或相关业务人员在稿纸上拟出初稿，或在无网的环境下写出初稿，经过审核流程后，再交由秘书人员打印发出。这样的电子邮件在行文上与传统书面信件的行文相似。而日常的事务性交流，或单纯的私人电子邮件，则多选择在线写作，本教材所讨论的电子邮件写作，是指电子邮件的在线写作。

在线撰写电子邮件正文，其要领提示如下：

（一）语言

1. 使用通行的语言

"通行的语言"是指在具体的交流环境中大家普遍使用的语言。凡国内的公私事务，应使用规范的中文行文。譬如发往广州的电子邮件不必刻意添加粤语语词，发往台湾的电子邮件不必转换成繁体汉字，发往香港的电子邮件也不必在正文中刻意夹带英文。涉外的情况要具体分析。譬如你在广州的一家日资公司工作，公司日常的工作语言是日语，那么公司内部交流的电子邮件可以用日语撰写，即使公司里有许多中国籍员工，也仍然可以用日文行文。同理，和派驻在国外的本土公司员工之间进行电子邮件往来，也均应该用通行的中文行文。

2. 使用彼此都容易理解的语言

写邮件前必须清楚这封邮件是要给谁看的，必须要清楚自己写的东西对方能不能看得懂。如果是一家计算机软件开发技术公司，双方又都是计算机技术人员，那么双方往来的电子邮件含有大量的专业技术术语、代码是完全没有问题的。但是，如果是该公司销售部门发给客户特别是发给普通用户的电子邮件，内容中包含了大量的专业技术术语，显然就不合适了。

3. 采用适当的语气

语气有正式语气与非正式语气之分。正式语气是规范的书面语，非正式语气则以口语为主，并伴随有夸张的短句、不规则的停连，并经常穿插一些表情符号。如果是私人之间的酬酢性电子信函，采用非正式语气，来上一句“哇塞”“美美哒”，或能更有利于情感的交流，而所有公务或商务电子邮件，均应该使用书面语，即便是“亲”之类的网语，也最好不要滥用。

（二）内容主旨

电子邮件以简略为原则，必然要求正文内容相对单一。为此，一般在一封电子邮件中最好只说一件事。如果有两个和两个以上的问题需要交流，可以考虑发两封邮件。除非两件事情之间具有内在的联系，有必要在同一封邮件中叙述。即便如此，在叙述中依然要注意突出两件事情之间的联系，进而把它们当作一件事情去讲述。

确定了所要说的事项后，接着就要把说这件事情的意图归纳出来，并用一个标题句子将所归纳的意图清晰地表达出来。这个被“清晰地表达出来”的意图，也就是这一封电子邮件的内容主旨。

（三）叙述事项

叙述事项才是邮件正文中的核心。由于已有敬辞问候寒暄在前，到了叙述事项阶段，就可以开门见山直接说事。叙述事项可以使用“倒金字塔”结构，把最主要的内容浓缩在第一个自然段里叙述，在一个自然段中，把最重要的内容浓缩在第一句话里叙述。如果有几个要点需要用数字一条条列举出来分别叙述，那么也别忘了应该把最重要的内容放在第一条叙述。其目的既是为了防止自己遗漏了主要事项，更是为了让对方一眼就能读到邮件的核心内容，并能即刻了解眼前这封电子邮件的主要意图。在叙述的过程中遇有表格、图表、链接等需要表达的内容，都应该尽量放进附件中去，以使电子邮件正文的篇幅尽量简短。

内部邮件在叙述事项时不需要刻意回避技术术语，而发往外部的，包括发往管理层、销售部门、服务对象的电子邮件，技术术语能少用的要尽量少用。

还应注意，并不是所有内容都可以在商务或公务电子邮件中叙述的，包括那些涉及第三方公司的内容以及新闻媒体感兴趣的某些内容，究竟能不能在邮件中叙述，应该如何去叙述，都需要认真斟酌。

正文写好之后一定要检查一遍，包括检查语法、拼写、大写字母、标点符号、表达语气等。在邮件发送之前，还应该至少将邮件的正文再读一遍。

（四）标点符号

正文之后才讲到标点，是因为标点符号不仅仅在正文中出现，在标题、敬辞、问候语中也经常会出现。

写公务或商务电子邮件时应该遵守标点符号的使用规范。下列不规范的现象应当避免：

（1）在标题中使用标号或点号。标题中尽量不要使用标号或点号。有些行文者为了增强某种情感，甚至在标题和标题句的后面连续用上三个感叹号（！！！），这是不可取的。

（2）中英文标点混用。譬如有时候在半角状态下写作，顾不上去转换全角，就直接录入了一个点号当作句号，导致中英文标点混用。

（3）问号、感叹号、句号滥用。例如为了表达感情，或者为了加重某种语气而习惯重复使用多个符号，除了接连用三个感叹号外，常见的滥用还有接连用三个句号（。。。）表示无语了，不想再说了；接连用两个或三个问号（???）表示强烈的质疑等。

（4）特殊符号使用随便。电子邮件中有时还会用到一些特殊符号，例如需要在方框里面打个勾，有些拟文者一时不清楚去哪里能够找这样的符号，结果就紧跟在方框后面加了个钩，结果有可能导致邮件内容的误读。

最后，邮件要发送了，但发到哪个邮箱呢？对方是否有多个电子邮箱，不同的邮箱是否还有各自侧重的用途？公司邮箱和私人邮箱是否有严格的区分？还有，和对方多久没有电子邮件往来了，他会不会换了邮箱？当这些都清楚之后，就可以点击“发送”按钮发出邮件了。

【例文评析】

国际驾照翻译认证件激活提醒
发件人：×××〈booking@ email. zuzuche. com〉
时　间：2018 年 12 月 11 日（星期二）上午 9：06
收件人：品茶〈83469××××@ qq. com〉

邮件主题是“国际驾照翻译认证件激活提醒”，置顶排列，格外醒目。发件人信息、收件人信息、发信时间一应俱全，十分清楚。

亲爱的×××，您好！

称谓用了敬辞，开头用了应酬语。

感谢您使用×××车国际租车预订服务。

您办理的国际驾照翻译认证件尚未激活，为了不影响正常使用，建议您尽快激活。激活后有效期与中国驾照一致。且享受免费续办、补办、升级等服务。

扫一扫下方二维码，立即激活！

如二维码无法正常显示，请直接关注×××车公众号（××××××），在公众号中回复“驾照激活”，并按指引操作。

（二维码　略）

邮件正文简明扼要。正文提示配发了二维码，展示了电子邮件的强大功能。

感谢您的关注与支持，祝您生活愉快！

用祝福语结尾。

下载×××App
享更多优惠

关注企业微信
得出行资讯

中国大陆拨打：1010-1020
其他地区拨打：+86-10-6064-××××
客服邮箱：booking@ zuzuche. com

联系在线客服

若您仍有疑问，请您直接回复本邮件咨询，或者您可以联系电话客服和在线客服获取帮助！

租租车为您提供 7×24 小时客服服务！

签名档别具一格，内容丰富，不仅方便了收信人（用户），公司也不失时机地做了自我推广。

【知识拓展】

电子邮件的编发

编发电子邮件，要处理好下面几个问题：

一、文件格式设置

需要为邮件设置html(超文本链接标示语言)格式，还是设置为txt(文本文件)格式呢？html格式是在浏览器中显示的超文本视觉格式，可以用来说明文字、图形、动画、声音、表格、链接等，消除了不同计算机之间信息交流的障碍。而txt格式则是微软操作系统附带的一种最常见的纯文本格式，所显示的信件除了文字不具有其他视觉形象。再如docx格式与doc格式也都是word文本格式，但两者的体积差别很大。docx能节省很多的空间，响应速度也更快。那么，究竟是使用html格式还是txt格式呢？正确的选择是融入你所在的网络社区，遵守社区的习惯以及与你通信往来的对方的习惯。

选择格式的时候还要尽量预估接收电子邮件的对方处在怎样的阅读环境中。现在越来越多的人在手机端阅读电子邮件，所以就要考虑像表格之类的内容是否方便在手机屏幕上浏览，以及在手机上是否方便阅读比较大的附件。

二、空格与行距

电子邮件正文段落的开头要不要空两格呢？主张应该空两格的理由是要和纸质书信保持一致。还有人主张应该空四格，因为一个英文空格是1/4个汉字长度。这些观点听起来似乎都有道理。但现在讨论的是电子邮件，相对于传统书信，其本身就已经是创新的产物，又何故处处拘泥于纸质书信空格的规则？

决定开头不空格了，那么段前或段后就需要设置稍许的行距，以使不同的自然段能够得到显著的区分。

三、回车换行

要妥善地使用手动回车换行，尤其要注意避免随意强制手动换行。在表达了一个完整的意思后，应该另起一段，讲述新的内容，此时就需要用手动回车的方式换行。其目的一是提示对方一个完整的意思已经表达完了；二是要给文面留下一点空白，有利于改善阅读体验。但需要注意，一定要在“表达完一个完整的意思后”再手动回车换行，而不是每一行或每几行就手动回车。否则你在自己的屏幕上看起来还挺美观的文面，到了别人的阅读终端上就可能杂乱无章了。

四、重要度

在电子邮件发送之前，要不要标注邮件的重要度？如果邮件内容很重要，而对方却忽略了，没有及时收看到重要的邮件，或者没有及时回信，那该怎么办呢？那就为邮件加上一个重要度吧，或许就能避免邮件被延误了。

【写作练习】

1. 阅读分析

请阅读下面的例文，回答相关的问题：

尊敬的×××教授：

教育部学位与研究生教育发展中心（以下简称学位中心）于20××年×月底启动了第四轮学科评估工作。按照指标体系，评估采用“客观数据统计与专家主观评价相结合”的方式进行，其中学科声誉是主观评价的重要内容。

学位中心经认真研究，现聘请您作为第四轮学科评估专家，以个人身份参与“0503 新闻传播学”学科的声誉调查工作。请您按照邀请函（见邮件附件）的相关要求，于20××年×月××日前完成调查工作。

请点击以下链接，确认能否参加调查工作。

参加（点击进入系统）　或　不参加

若您对本邮件真实性存疑，请从学位中心官方网站查询评估处对外联系电话（010-8237××××）咨询。

衷心感谢您在百忙之中对学位中心工作的大力支持！

如有问题，请联系：×××、×××。联系电话（略），电子邮箱（略）。

教育部学位与研究生教育中心

20××年×月×日

1. 本例中的邮件主题被我们省略了，请尝试着把被省去的主题写出来，加上去。

2. 本例应归为政务邮件，前例《国际驾照翻译认证件激活提醒》是商务邮件，他们也都属于公务邮件，而我们平时通过个人电子信箱发出的电子邮件则是“私务”邮件。请您简要分析政务、商务、私务电子邮件的行文风格究竟有哪些不同。

2. 情境写作

你此前是否认为写电子邮件很简单？学了本节的内容之后，是不是觉得怎么写、如何发电子邮件其实也有学问？请给您的某位高中同学发一封电子邮件，把现在对写电子邮件和发电子邮件的认识和老同学交流一下。

第三章
报告类文书

"肯沉下心去了解中国"的大学生

李强是清华大学新闻传播学院二年级本科生，这个稚嫩的大学生，因一篇暑假调查报告《乡村八记》，一时成为新闻人物。清华大学新闻传播学院院长、资深报人范敬宜激动地称赞李强是和著名社会学家、人类学家费孝通一样"肯沉下心去了解中国"的人，评点《乡村八记》是一部让人"惊异"之作。同时，范院长还向温家宝总理做了推介。温总理看了报告后，也高兴地说作者能"用心观察、用心思考、用心讲话、用心做文章"。那么，李强的报告为何能得到如此高的评价呢？

那是因为李强把他最为深沉的感情投注在中国最广阔的土地和最广大的农民身上。改革大潮下的中国，发生着翻天覆地的变化。那么，中国农村在工业化的进程当中到底和以前有些什么不同？我们的农民在想些什么？他们的生活状况怎样？……李强和他的《乡村八记》则真切地告诉我们：应该有更多的人"沉下心去了解中国"，去调查、去研究、去报告。只有这样，"三农问题"、城乡差别等问题的彻底解决才能充满希望。

（选自人民网，2005年，有改动）

【案例启示】

"沉下心去了解中国"，去调查、去研究、去报告，这本身就是一种社会责任，是写作者的一种素质。发现了新的情况和新的问题，工作中有了新经验和新成就，要报告；有了新动作、新举措，要报告；取得了新业绩、新突破，要报告；科学实验有了新成果，要报告；在实习、实验过程中有了新体会和新收获，也要报告……

撰写"报告"需要经历一个记录、调查、研究的过程，"报告"是记录某项活动过程的文书，是传播调查、研究活动所发现的情况和所取得的成就的文书。

第一节 调查报告

【范文举例】

乡村八记（缩写）

第1记 一户农家的年收支明细账

我去采点的这个村，大部分人家以农业为主。有一家种着13亩地，种植作物主要为玉米和黄豆，种的小杂粮和菜主要用于自食，还有半亩万寿菊。家有农用机械车一辆，平时跑跑运输，做些买卖。从一笔笔明细账中，可以清楚地看到：这个农户的收入来自农业、副业和工商业，支出主要是税费支出、家庭吃用支出、教育医疗费用支出和农机支出。这个农户在村里算是情况比较好的，可是辛劳一年竟然入不敷出！究其原因，主要在于教育支出过于庞大。供养三人同时上学，对于一户农家显然压力过大。高中教育的花销对于农民家庭来说，仍然是一笔相当大的开支，更不必说大学教育。教育成本之高，已使一部分农家子弟望而却步，使大部分农家不堪重负。

第2记 村里的明白人

几经周折，我找到了退下来的村支书，了解了村民的生活状况、村里的集体公益事务、村里的教育和村领导机构的情况。

老支书说，改革开放以来，村民的生活水平确实有提高，每天两顿白面是没问题的，家家有电视，60%有电话，1/3有摩托车或是农用车。温饱解决了，基本生活可以保证，但仍然穷，缺钱花。以农业为主，无矿产资源，与有煤的地方相差太远。打工的人也比较少。农民的个人实力有限，很难进行大规模的市场活动，也很难应对市场的变化。

村集体事务主要有农田水利基本建设、植树造林和修路修桥这几项。问题比较大的是水利事业。村子紧靠一条河，但村里没有任何水利灌溉设施，耕地全为旱地。以前的水利设施因为疏于管理荒废掉了。如何充分调动村集体的力量，为整个村子服务，是政府和村民需要考虑的问题。

当地人极其重视教育，不惜一切代价供子女读书。20多年来，已经出了十多位大学生（含大专），年轻人普遍读完初中。但代价也是很重的。据老支书估计，教育支出普遍占到家庭总支出的70%以上！国家免除了乡统筹款和村提留款以后，村干部的工资实行“转移支付”，相当于给一个村免去了上万元的负担。总的来说，这几年国家的税费改革政策的确针对性很强，解决了很多农村迫切需要解决的问题。

第3记 日益衰落的美丽山村

这个村子三面环山，依山而建。优美的景色给人以极大的愉悦之时，也凸显出一个问题：建立在崇山峻岭之间的山村，其赖以生存的农业如何发展？层峦叠嶂给人以美景，但是也表明此处几乎没有平地，那么耕地从何而来？沿途看到不少所谓的耕地，大都是在山岭上较为平坦的地方用镢头开垦出来的坡梁地，这种耕地遍布于山中，东一块西一块，且每块地都很小，大的不足两亩，小的仅有几分。其中不少已经荒芜。

现实的耕地状况直接导致一个严重的现实问题：当地的农业尚处于非常落后的阶段。

其原因有二：第一，这种开垦于山岭之上的坡梁地，有着一个致命的问题，就是跑水、跑土、跑肥，因此称“三跑田”。在这种土地上种植作物，产量大都很低，一般不及平地的一半；第二，坡梁地在山上，这就进一步加大了平时种植养护的难度，因此，当地人在春季播种之后，就很少再对作物进行悉心维护，故而产量进一步降低。据说，当地玉米亩产只有三四百斤，而在过去没有使用良种的时候，仅有一二百斤！这样的农业，能够维持一家温饱已属不易，何谈增收？

第 4 记　走进县城（略）

第 5 记　访“青椒之乡”（略）

第 6 记　乡党委书记谈乡政（略）

第 7 记　县志上的县情（略）

第 8 记　归途（略）

后记：写这篇调查报告时，我总是带着一种极其饱满的感情，一种不吐不快的感觉始终占据着我的大脑，而眼前也总是呈现着一幅画面：一个处于社会转型期的乡村世界的形象——它太需要人们去关注了，因为它始终是中国社会的主体，事实上、物质上的主体。没有它的现代化，我们所谓的现代化将永远是观念上的现代化，一种局部的现代化。

（原载《人民日报》2005 年 6 月 16 日第一版，有改动）

【写作知识】

一、调查报告的文体特点

调查报告是在对调查对象进行了深入、细致的观察、询问、研究、查证，并形成清晰的认识之后写成的反映调查成果的书面材料。调查报告的写作流程应当从启动调查的时候开始，没有调查就无所谓报告。一个调查活动的启动，通常是始于一个业已存在的事实。这个事实既可能是令人鼓舞的人物、事态，也可能是让人沮丧不安的局面、现象。上述人物、事态、局面、现象经传播引起了政府管理部门、新闻媒体、社会组织、学者和社会活动人士的注意，就有可能引发一个相应的调查活动。其结果，由令人鼓舞的人物、事态引发的调查很可能就形成了宣传先进、推广典型的调查报告；由让人沮丧不安的现象引发的调查，很可能就产生了一份澄清事实，揭示、揭露问题的调查报告。常见的调查报告，大致就分为这样的两类。至于主动发现问题、反映问题的报告，往往因并不需要经历复杂的调查即可直接报告，本教材将其归为情况报告一类。

在全面、深入的调查和认真、科学的研究后写成的报告，一般会有以下四个特征：

（一）针对性强

调查报告的作用，一是为了解剖典型、概括经验，为指导面上的工作提供借鉴，或为表彰先进提供依据。二是为了解事实、发现问题，揭示和揭露真相，为解决矛盾提供思路，或为查处事件提供证据。因此，无论是调查、研究阶段还是写作阶段，都始终具有很强的针对性——针对具体存在的事实、现象、问题进行调查，调查活动才务实、有效，针对调查获得的全部材料进行科学的研究,研究活动才会具体、深入,针对调查意图、根据调查和研究阶段的发现整合相应的题材,提出分析问题、解决问题的方案或建议,回答人们相应的关切,提交的调查报告才真有价值。

(二)时效性强

调查报告的时效性是由调查报告的针对性决定的。一篇没有针对性的调查报告,早一点完成迟一点完成差别不大。但是,针对具体事件、人物、现象、动态而进行的调查,为了表彰先进、指导面上的工作、解决矛盾和纠纷、查处所反映的问题、回答社会舆论关切的调查报告,时效性一弱,价值就小了。没有了时效性,也就可能会失去了价值。一篇调查报告从调查研究到写出报告的各个环节,都要追求时效,只要有一个环节拖了后腿,就有可能导致整个调查报告失去时效性。正是从鲜明的新闻时效这个角度,一些教科书上才把调查报告看作是新闻作品的一个品种,而事实上有些调查报告本身就是一篇通讯。

(三)真实性

调查报告的真实性是对形成调查报告的全过程的各个环节提出的要求,也是一切优秀的、规范的调查报告共同具有的基本特征。首先,引发调查行为的事件、事态、事项、事迹都要真实,否则调查活动就失去了由头,甚至会失去合法性。其次,调查过程中获得的各类材料都必须是真实的——不是个别材料的真实,也不是部分材料的真实,而是所有的材料都必须真实,确保所有亲眼所见、亲耳所听的“事实”都没有受到操控,确保所有数据的处理都没有出现失误,确保所有引证材料都查有所据。并且,对调查活动所经历的环节以及各个环节所采用的调查方法的描述,也必须是真实可信的。

(四)典型性

一篇优秀的调查报告,仅确保了材料的真实性依然是不够的。优秀的调查报告还应该具有典型性的品质。首先,调查对象要有典型性。如果调查对象是真实的、调查选题是有针对性的,但在同类事态中不是很突出,没有很大的影响,又并非是舆论强烈关注的事态、对象,可能就不够典型。调查对象的典型性直接决定着调查报告的意义和价值。《乡村八记》正是由于选取了“三农”问题这一全社会高度关注的热点、焦点事项进行调查,才产生了较大的影响力。其次,所获得的材料全都是真实的,没有受到操控,所有引证材料都有根有据,但是,这些真实的材料在全部材料中占据的比重有多大?仅仅是一个例证,还是归纳之后形成的占据很大比例的事实?如果是后者,那么所获得的材料就有了典型性,有典型材料支撑的调查报告就比较容易成为有典型性的调查报告。

二、调查报告的基本格式

无论何种调查报告,通常都是按照标题、正文和落款的基本格式依次展开全文的。

(一)标题

调查报告的标题制作比较灵活,常见的标题形式有两种:

1. 公文式标题

一般由调查对象、调查事项、文种三部分组成。常冠以“关于”“对”等字样，如《关于我省林木种苗建设情况的调查报告》。也有的省略调查对象，只写调查内容、文种两项。

2. 新闻式标题

既然一些教科书上经常把调查报告看作是新闻的一个品种，新闻式标题在调查报告中经常被采用就很容易理解了。新闻式标题或概括调查的内容，或突出报告的主题，或点明调查的结论，或提出调查中发现的问题。如《家庭饲养前途广阔》突出了报告的主题，《旅客运输市场谁主沉浮》就提出了在调查中发现的问题。采用新闻式标题的，有很多喜欢选用双行标题。双行标题中一般正题突出调查报告的主题，副题补充交代调查的对象、范围、性质、特点等，如《大自然的警钟——关于宁阳地区地下水下降的调查》。

（二）正文

调查报告的正文由前言、主体和结尾三部分组成。

1. 前言

调查报告中的前言又可以称作导语，是调查报告的开头部分。前言通常可以有以下六种写法：

（1）概述调查对象的基本情况、历史背景等，为报告主体做铺垫。

（2）说明启动调查的缘由和展开调查的基本情况，如调查的依据、目的、时间、地点、范围、所采用的方法以及简单经过等。

（3）以议论的笔调揭示全文主题，把调查结论或主要内容抢先表达出来。

（4）用提问的方法引出结果或下文。

（5）把成绩和问题摆在一起做对比，其间用“但是”进行承转，形成强烈反差，为主体部分的深入剖析做指引。

（6）用一两句话做引导，开门见山，直接进入调查内容。

以上写法应根据调查报告的类别和调查目的来灵活选用，不必苛求。

2. 主体

主体是调查报告的核心，是对调查情况、调查结果全面真实的反映。调查报告主体文中需要对具体的调查过程以及在各调查过程中发现的问题做出具体的陈述，对被调查人物、事件、事项的发生、发展过程做出分析评价。从结构上看，调查报告的主体一般包括以下三个部分：

（1）陈述通过调查所掌握的整体情况。包括基本事实、主要做法、所具有的意义，或事件、事态发生的前因后果、发展阶段、关键因素、产生的影响等。

（2）展开分析研究。通过陈述分析、研究过程，展示分析研究获得的认识、成果，对事物的本质和关键作出评价。

（3）提出措施、建议。可以是具体的措施建议，也可以是原则性的措施和建议。

正文主体部分要有事实、有分析、有结论。行文时既可以先提出观点，再叙述材料，也可以在叙述材料过程中引出观点。写作主体部分常用的结构框架主要有两种：

（1）纵式结构。即按照调查的时间顺序或调查的深入过程，分阶段进行叙述。其特点是内容连贯，容易展开，也有利于引导阅读，适合表达线索单一、内容相对集中的报告。

（2）横式结构。即根据调查材料的性质和逻辑关系进行归类，从不同侧面、不同角度，分别展开调查材料。其特点是论述比较全面、透彻，适合表述问题比较复杂、内容层次较多的报告。写作时应注意安排好各部分材料之间的逻辑关系，分清并列、从属、主次。

3. 结尾

调查报告结尾的方法多样，可以用简要的文字概括全文，进一步点明或深化主题；可以展示前景，提出希望；可以补充说明有关事项；可以提出问题，引发进一步的思考；也可自然收束，不专门写一段结尾。

（三）落款

为了对调查的内容负责，最后要在正文的右下角写上作者名称及成文时间。如果已经在标题下方写明了作者名称及成文时间，此处可以不再重复。

三、调查报告的写作要求

撰写一篇优秀的调查报告，一定要注意以下三个方面的要求：

1. 在调查上下功夫

没有调查就没有发言权，没有调查也没有调查报告的写作权。调查报告必须以科学的方法为指导，在认真、全面、周密地观察、调查的基础上，掌握大量的材料，包括正面的、反面的、现实的、历史的、上级领导提供的、下级群众反映的各种材料，并通过认真的甄别，确保材料的真实性、可靠性，才能为后续的研究和写作奠定基础。

2. 在研究上做文章

"研究"是对调查获得的材料进行梳理、辨别、分析、判断的过程，也是写好调查报告的关键环节。要注意研究全部材料，从中进行"去粗取精、去伪存真、由此及彼、由表及里"的观察分析，而不是只研究部分材料。要注意采用比较的方法展开研究，通过历史与当下、内部与外部、正面与反面材料的反复对比，力争发现苗头。还要注意既重视定性研究，也重视定量研究。定性研究可以把握研究的方向，定量研究能够为研究结论提供强大的事实、数据的支持，让其更加可靠，更具有说服力。

3. 在写作上动脑筋

优秀的调查报告是具有感染力的文章。希望增强文章感染力就要在写作上动脑筋。

调查报告的感染力通常来自两个方面：一是来自故事，二是来自逻辑。调查报告不是法定公文，因而可以不必拘泥于语体风格、文章格式和叙述语言。调查报告像新闻但毕竟还不是新闻，因而可以适当调动描写、抒情的手法展开故事叙事。这都为我们努力写出富有感染力的作品提供了方便。

在写作上更自由、更灵活的是，调查报告的内容可专可全，允许写全景也允许做特写。在报告的表达上可叙可议，叙是基础，是主要手法，议是升华，是对主题的深化。报告的文风也可庄可谐，有的可采用公文体、政论体来写，有的可采用新闻体来写，文中的标题设计、结构安排、语言运用，都允许发挥个性。总之，只要生动就好，只要有利于主题表达就好，不必拘于成规。

【例文评析】

中国农村环境污染调查

苏 杨

农村环境作为城市生态系统的支持者一直是城市污染的消纳方。近年来,我国在城市环境日益改善的同时,农村污染问题却越来越严重,在工业化、城镇化程度较高的东部发达地区的农村尤为突出。各种污染不仅威胁到了数亿农村人口的健康,甚至通过水、大气污染和食品污染等渠道最终影响到城市人口。

1. 现代化农业生产造成的各类污染

我国人多地少,土地资源的开发已接近极限,化肥、农药的施用成为提高土地产出水平的重要途径,加之化肥、农药使用量大的蔬菜生产发展迅猛,使得我国已成为世界上使用化肥、农药数量最大的国家。

化肥年使用量 4 637 万吨,按播种面积计算,化肥使用量达 40 t/km^2,远远超过发达国家为防止化肥对土壤和水体造成危害而设置的 22.5 t/km^2 的安全上限。而且,在化肥施用中还存在各种肥之间结构不合理等现象。化肥利用率低、流失率高,不仅导致农田土壤污染,还通过农田径流造成了对水体的有机污染、富营养化污染甚至地下水污染和空气污染。目前,东部已有许多地区面源污染占污染负荷比例超过工业污染。

农药年使用量约 130 万吨,只有约 1/3 能被作物吸收利用,大部分进入了水体、土壤及农产品中,使全国 9.3 万 km^2 耕地遭受了不同程度的污染,并直接威胁到人群健康。2002 年对 16 个省会城市蔬菜批发市场的监测表明,农药总检出率为 20%~60%,总超标率为 20%~45%,远远超出发达国家的相应检出率。这两类污染在很多地区还直接破坏农业伴随型生态系统,对鱼类、两栖类、水禽、兽类的生存造成巨大的威胁。化肥和农药已经使我国东部地区的水环境污染从常规的点源污染物转向面源与点源结合的复合污染。

由于大棚农业的普及,地膜污染也在加剧。近 20 年来,我国的地膜用量和覆盖面积已居世界首位。2003 年地膜用量超过 60 万吨,在发达地区尤甚。据浙江省环保局的调查,被调查区地膜平均残留量为 3.78 t/km^2,造成减产损失达到产值的 1/5 左右。

2. 由于小城镇和农村聚居点的基础设施建设和环境管理滞后产生的生活污染

小城镇和农村聚居点的生活污染物因为基础设施和管制的缺失一般直接排入周边环境中,造成严重的“脏乱差”现象:每年产生的约为 1.2 亿吨的农村

标题是单行标题,由调查内容和文种构成。

导语部分简洁介绍了我国农村环境的现状。

本文作者重点调查东部发达地区,从三个方面分析现代化进程中的典型污染问题。条理清晰,结构严谨,层次感强。

生活垃圾几乎全部露天堆放；每年产生的超过 2 500 万吨的农村生活污水几乎全部直排，使农村聚居点周围的环境质量严重恶化。

尤其值得注意的是，在我国农村现代化进程较快的地区，这种基础设施建设和环境管理落后于经济和城镇化发展水平的现象并没有随着经济水平的提高而改善，其对人群健康的威胁在与日俱增。

3. 乡镇企业布局不当、治理不够产生的工业污染

受乡村自然经济的深刻影响，农村工业化实际上是一种以低技术含量的粗放经营为特征、以牺牲环境为代价的反积聚效应的工业化，村村点火、户户冒烟，不仅造成污染治理困难，还导致污染危害直接。目前，我国乡镇企业废水 COD 和固体废物等主要污染物排放量已占工业污染物排放总量的 50% 以上，而且乡镇企业布局不合理，污染物处理率也显著低于工业污染物平均处理率。

近些年来，在人口密集地区尤其是发达地区，集约化畜禽养殖蓬勃发展。这些地区可资利用的环境容量小（没有足够的耕地消纳畜禽粪便，生产地点离人的聚居点近或者处于同一个水资源循环体系中），加之其规模和布局没有得到有效控制，没有注意避开人口聚居区和生态功能区，造成畜禽粪便还田的比例低、危害直接。同时，在污染排放强度上并不低于工业企业的集约化养殖场，其污染危害更加严重：不仅会带来地表水的有机污染和富营养化污染以及大气的恶臭污染甚至地下水污染，畜禽粪便中所含病原体也对人群健康造成了极大威胁。

此外，由于污水灌溉、堆置固体废弃物、承受了大量工业污染的转移，农村土壤的重金属污染已经延伸到了食品污染。我国污灌面积由 1978 年的约 4 000 km^2 增加到 2003 年的 30 000 km^2，约占全国总灌溉面积的 10%。全国因固体废弃物堆存被占用或毁损的农田为 1 300 km^2。

由于我国农村污染治理体系尚未建立，环境污染不仅将迅速“小污”变“大污”，而且已经“小污”成“大害”，给作为弱势产业的农业和弱势群体的农民带来了显著的负面影响：中国农村有 3 亿多人喝不上干净的水，其中超过 60% 是由于非自然因素导致的饮用水源水质不达标；中国农村人口中与环境污染密切相关的恶性肿瘤死亡率逐步上升，从 1988 年的 0.095 2‰ 上升到 2000 年的 0.112 6‰。对于基本排除在医疗保障制度之外的农民，这是极大的威胁。

（作者单位：国务院发展研究中心社会发展部，《经济参考报》2006 年 1 月 15 日）

结尾简洁明快，点明了农村环境污染的直接危害，振聋发聩，发人深省。

【简评】这是一篇揭示社会问题的调查报告。文章以大量材料，揭示出农村环境污染的情况，有很强的现实意义。此文观点突出，材料翔实，数据可靠，结构完整，是一篇比较规范的调查报告。

【知识拓展】

调查研究常用的方法

搞好调查研究，是写好调查报告的前提。因此，掌握科学的调查方法，将有助于调研工作的顺利进行，使调查报告写得更好。

根据调查研究的目的、对象、内容、范围等不同，方法也有所不同。一般性的调查方法主要有实地观察法、文献调查法、问卷调查法、访谈调查法等。

一、实地观察法

实地观察法是指调查者有目的、有计划地运用自己的感觉器官或者借助科学的工具和手段实地调查，直接考察调查对象。实地观察法的主要优点是调查者能够在实地直接感知客观对象，所获取的是直接的、生动的、具体的感性认识，能掌握大量的第一手资料。但实地观察法所观察到的往往是事物的表面现象或外部联系，带有一定的偶然性。

二、文献调查法

文献调查法是指通过对文献的搜集和摘取，以获得关于调查对象的信息。文献是指记录知识的信息资料，是调查资料的重要来源。在研究社会现象的历史演变及发展趋势时，文献资料就可能成为首要的资料来源。选用文献调查法的目的，在于充分了解事物的背景与概貌，以探求事物发展变化的规律。文献调查法往往是一种先行的调查方法。一般只能作为调查的先导，而不能作为调查结论的现实依据。

三、问卷调查法

问卷调查法是指调查者运用统一设计的问卷并选定一定数量的调查对象了解情况或征询意见的方法。根据发送范围的不同，可分为邮寄问卷、发送问卷、自填问卷、代填问卷、访问问卷等。这种方法能突破时空的限制，同时进行大范围的调查，调查资料便于汇总整理和分析，资料较为可靠，能够用较小的人力物力消耗收到比较大的效果。

四、访谈调查法

访谈调查法是指调查者与被访者通过口头交谈的方式了解相关情况的方法。访谈调查法要求访谈者不仅要做访谈前的各项准备工作，而且要善于进行人际交往，能够与被访谈者建立起基本的信任和一定的感情，还要能熟练地掌握访谈中的提问、引导等技巧，并能根据具体情况采取适当的方式进行面谈。

定量分析与定性分析

一、定量分析与定性分析的概念

定量分析是依据统计数据，建立数学模型，并用数学模型计算出分析对象的各项指标及其数值的一种方法。

定性分析是主要凭分析者的直觉、经验，凭分析对象过去和现在的延续状况及最新的信息资料，对分析对象的性质、特点、发展变化规律作出判断的一种方法。

定性分析与定量分析是人们认识事物时用到的两种分析方式。定性分析的理念早在古希腊时代就得到了很好的展开，那个时候的一批著名学者，在自己的研究之中都是对自己所研究的自然世界给以物理解释。例如，亚里士多德研究过许多的自然现象，但在他厚厚的著作之中，却没有一个数学公式。他对每一个现象的解释都是描述性质的，对发现的每一个自然定理都是性质定义。虽然这种认识对人们认识感官世界功不可没，但却缺乏深入思考的基础，因为从事物的一种性质延伸到另一种性质，往往是超出了人类的认识能力。因而，定量分析作为一种古已有之但是没有被准确定位的思维方式，其优势相对于定性分析是很明显的，它把事物定义在了人类能理解的范围，由量而定性。把定量分析法作为一种分析问题的基础思维方式始于伽利略，作为近代科学的奠基者，伽利略第一次把定量分析法全面展开在自己的研究之中，从动力学到天文学，伽利略抛弃了以前人们只对事物原因和结果进行主观臆测成分居多的分析，而代之以实验、数学符号、公式。“伽利略追求描述的决定是关于科学方法论的最深刻最有成效的变革。它的重要性，就在于把科学置于科学的保护之下。”而数学是关于量的科学。可以这样说，一门科学只有在成功运用了数学的时候，才能称得上是一门科学。从理性的发展过程来看，伽利略提出的以定量代替定性的科学方法使人类认识对象由模糊变得清晰起来，由抽象变得具体，使得人类的理性在定性之上又增加了定量的特征，而且由于这种替代，那些与定量无关的概念，如本质、起源、性质等概念在一定的领域内和一定的范围内被空间、时间、重量、速度、加速度、能量等全新的概念所替代。

二、定性分析与定量分析的关系

定性分析与定量分析应该是统一的，相互补充的；定性分析是定量分析的基本前提，没有定性的定量是一种盲目的、毫无价值的定量；定量分析使定性更加科学、准确，它可以促使定性分析得出广泛而深入的结论。

相比而言，定量分析更加科学，但需要较高深的数学知识，而定性分析虽然较为粗糙，但在数据资料不够充分或分析者数学基础较为薄弱时比较适用，更适合于一般的投资者与经济工作者。但是必须指出，两种分析方法对数学知识的要求虽然有高有低，但并不能就此把定性分析与定量分析截然划分开来。事实上，现代定性分析方法同样要采用数学工具进行计算，而定量分析则必须建立在定性预测基础上，二者相辅相成，定性是定量的依据，定量是定性的具体化，二者结合起来灵活运用才能取得最佳效果。

（节选自《定量分析法》，搜搜百科，2019-03-28，有改动）

【写作练习】

1. 阅读分析

仔细阅读调查报告《乡村八记》（缩写），思考和回答以下问题：

（1）它属于哪种类别的调查报告？

（2）作者是按怎样的结构形式安排材料的？

（3）温家宝总理称赞《乡村八记》作者“用心观察、用心思考、用心讲话、用心做文章”，从哪些方面可以看出作者是如此“用心”的？这篇例文对你写作调查报告有何启示？

2. 病文诊断

大学生消费结构调查与分析

……

（二）大学生消费特点

通过以上调研结果可以看出，大学生的基本生活消费和心理整体上是现实的、合理的，但离散趋势明显，个体差异大。主要归纳为以下几个方面。

1. 大学生消费有其不理性的一面

大学生没有经济来源，经济独立性差，消费没有基础，经济的非独立性决定了大学生自主消费经验少，不能理性地对消费价值与成本进行衡量。大学生没有形成完整的、稳定的消费观念，自控能力不强，多数消费都是受媒体宣传诱导或是受身边同学影响而产生的随机消费、冲动消费。这也正是大学生消费示范效应的结果。拿手机产品来说，目前，有手机的大学生中，一部分有通信的需要，且家庭经济条件允许；另一部分有通信需要，但是家庭经济条件负担不起的情况下“超前”消费；还有一部分是既无通信需要又无家庭经济条件负担的“奢侈”消费。而“奢侈”消费则是由大学生消费的示范效应，攀比心理导致的。

2. 大学生对品牌的忠诚度很高

大学生消费在一定程度上会相信自己的真实体验，如果使用某种品牌产品产生好的体验，就会坚持使用，从而逐步形成固定偏好，最终形成使用习惯，保持对此产品良好的忠诚度。比如洗发水，感性认识上的气味清香，质量好，效果明显，都会促使他们继续使用下去。

3. 大学生更侧重时尚性消费

学生思想活跃，对新事物有强烈的求知欲，喜欢追求新潮，并敢于创新，消费的趋附性强，娱乐消费占全部消费额的比重很大。对企业而言，中国移动做得较好，他们借助流行时尚代言人周杰伦为“M-ZONE”加油助威，同时利用学生追求物美价廉的心理，推出学生卡，从而赢得不菲的业绩。

（三）给商家的一些建议

1. 为避免各大院校统一购书乱收费之嫌，国家 2001 年明文规定，不强制学生通过学校渠道来统一购书，因此，绝大多数学生通过班级集体在外书店订购，价格按 8.5 折。我认为这便为书商、网络书店提供了良机，如果在开学之际，书商能够去各大院校通过学生会主动联系采购，并且能够折价更低一些，势必会赢利不菲并能最终实现学生、商家互利互惠。同样，各大网络书店在这方面也尚需改进，其渠道不够透明，信息不够明确，这便严重阻碍销售。

2. 通过调查，可看出大学生对日用品的消费尤其是洗发水的消费比例很大。各大洗发水商家应注意大学生这一特殊消费群体，并更侧重于自身产品的差异化、特殊化，比如生产有利于清醒大脑、集中精神的洗发品牌等。

3. 在一个地区的各大院校周边开设连锁快餐店，提供专门针对学生的特色饭菜，并凭借良好快捷的服务，干净卫生的就餐条件来赢得广大学生的青睐。

总之,大学生群体消费市场在逐渐扩大,人们对其关注也逐渐提上日程。因此,大学生消费市场定将成为商家的必争之地,各企业、商家应深度拓展其消费市场,抢得先机。

(资料来源:中国营销传播网,有改动)

问题

(1) 通过阅读,你认为大学生的消费主要存在什么问题?

(2) 第一自然段画线部分的结论与作者下文所归纳的大学生消费特点"不理性""忠诚品牌""侧重时尚消费"是否存在矛盾? 应如何表述才比较恰当?

(3) 第三自然段画线句子是否通顺? 应该如何修改?

(4) 作者归纳的大学生消费情况的三个方面,其逻辑关系存在怎样的问题?

(5) 建议的第一段画线段落的句读是否正确? 如不正确,怎样修改?

(6) 最后一段画线句子的表达是否正确?

3. 情境写作

请根据下面的情境材料写一篇调查报告:

材料 1:上海市最近的一次 4 000 户入户调查显示,仅有 1%的人愿意做工人;人才就业意向从高到低依次为政府机关、事业单位、垄断性企业、金融保险和竞争性企业等。

材料 2:劳动和社会保障部一位副司长日前证实,各地不同程度的技工荒已经开始影响中国经济的发展。

请对你校毕业生的就业情况或学生的就业意向进行调查,确定一个主题,阐述你对问题的认识和看法。

第二节 情况反映报告

一、【范文举例】

2018 年全国农村贫困人口减少 1 386 万人

据国家统计局全国农村贫困监测调查,2018 年全国农村贫困人口继续大幅减少,贫困发生率显著下降,贫困地区农村居民收入增长幅度高于全国农村平均水平。

一、 2018 年全国农村贫困人口减少 1 386 万人

据国家统计局全国农村贫困监测调查,按现行国家农村贫困标准测算,2018 年末,全国农村贫困人口 1 660 万人,比上年末减少 1 386 万人;贫困发生率 1.7%,比上年下降 1.4 个百分点。

分三大区域看,2018 年东、中、西部地区农村贫困人口全面减少。东部地区农村贫困人口 147 万人,比上年减少 153 万人;中部地区农村贫困人口 597 万人,比上年减少 515 万人;西部地区农村贫困人口 916 万人,比上年减少 718 万人。

分省看,2018 年各省农村贫困发生率普遍下降至 6%以下。其中,农村贫困发生率降至 3%及以下的省份有 23 个。

党的十八大以来,全国农村贫困人口累计减少 8 239 万人。截至 2018 年末,全国农村贫困人口从 2012 年末的 9 899 万人减少至 1 660 万人，累计减少 8 239 万人；贫困发生率从 2012 年的 10.2%下降至 1.7%，累计下降 8.5 个百分点。

二、2018 年贫困地区农村居民人均可支配收入增速继续高于全国农村

2018 年，贫困地区农村居民人均可支配收入 10 371 元，比上年增加 994 元，名义增长 10.6%，扣除价格因素，实际增长 8.3%，实际增速高于全国农村增速 1.7 个百分点，圆满完成增长幅度高于全国增速的年度目标任务。

深度贫困地区农村居民人均可支配收入增速高于贫困地区增速 0.1 个百分点。深度贫困地区农村居民人均可支配收入 9 668 元，比上年增加 935 元，名义增长 10.7%，比贫困地区增速高 0.1 个百分点。其中，“三区三州”农村居民人均可支配收入 9 796 元，比上年增加 938 元，增长 10.6%，增速与贫困地区增速持平。

8 个集中连片特困地区农村居民人均可支配收入增速快于上年。集中连片特困地区农村居民人均可支配收入 10 260 元，比上年增加 996 元，名义增长 10.7%，比全国农村增速快 1.9 个百分点，14 个集中连片特困地区农村居民人均可支配收入增速均快于全国农村增速。8 个片区增速快于上一年，分别是：四省藏区、燕山-太行山区、大兴安岭南麓山区、六盘山区、大别山区、吕梁山区、武陵山区、乌蒙山区。

工资性和转移性收入是贫困地区农村居民增收主要来源。从收入来源来看，2018 年贫困地区农村居民人均工资性收入 3 627 元，比上年增加 417 元，增长 13.0%，增速比全国农村高 3.9 个百分点，对贫困地区农村居民收入增长的贡献率为 42.0%，比上年提高 4.0 个百分点；人均转移净收入 2 719 元，比上年增加 394 元，增长 17.0%，增速比全国农村高 4.8 个百分点，对贫困地区农村居民增收贡献率为 39.7%，比上年提高 6.1 个百分点；人均经营净收入 3 888 元，比上年增加 165 元，增长 4.4%；人均财产净收入 137 元，比上年增加 18 元，增长 14.8%。

党的十八大以来，我国贫困地区农村居民收入年均实际增长 10.0%。2013—2018 年，贫困地区农村居民人均可支配收入年均名义增长 12.1%，扣除价格因素，年均实际增长 10.0%，实际增速比全国农村平均水平高 2.3 个百分点。2018 年贫困地区农村居民人均可支配收入相当于全国农村平均水平的 71.0%，比 2012 年提高 8.9 个百分点，与全国农村平均水平的差距进一步缩小。

（来源：国家统计局发布时间：2019-02-15）

【写作知识】

一、情况反映报告的文体特点

情况反映报告是对客观上已经发生了的事实，或已经发现的问题进行简要梳理后形成的报告性文书，主要分为向上级部门报告、向社会公众报告两类。

送交上级部门的报告，或是为了回答上级部门的询问，或是为了履行向上级监管部门报告的义务，或是主动向上级部门反映重要的事态、事项。面向社会公众发布的情况反映报告，有的是为了满足社会公众知情的需要，有的则是为了吸引社会公众关注公共事务，积极参与社会治理。

情况反映报告的文体特点如下：

（一）有知悉意义

无论是向上级部门反映情况还是向社会公众报告情况，报告的内容都必须有知悉意义——送交上级部门的情况反映报告对上级主管部门而言，所报告的内容有知悉意义；面向社会公开发布的情况反映报告，对社会公众而言，其内容也一定要有知悉意义。否则，无关的事项随意报告、胡乱报告，报告内容不具有知悉意义，就是对接收报告一方的打扰。

（二）真实可靠

反映情况不是告状，更不是告黑状，也不是打小报告。有知悉意义的情况反映报告所反映的事件、事项、事态一定是真实的、客观的、可靠的。无论是个人向组织报告、下级向上级报告，还是政府部门向社会公众报告，都要实事求是、理性客观，报告所列举的具体事例和数字、数据必须件件有根有据，个个来路清楚，务求真实可靠。这既是对情况反映报告的文体要求，也是情况反映报告自身的价值所在。

追求真实、客观、可靠，就意味着情况反映报告不能挑着报，拣着报，而是要力求该报的就如实报、如期报，有什么就报什么。也即不可以只报喜不报忧，只说成就不提问题。

能否做到客观报、如实报，和报告的报送机制、写作流程有关系。写情况反映报告之前是否广泛、全面地了解了真实情况，报告初稿完成后有没有走审核、签批流程，都直接关系到报告内容的真实性、可靠性是否有所保障。

（三）翔实具体

报告给上级部门的情况反映报告，以领导者和领导机关为主送对象，以反映工作情况、回应上级的相关询问为主要内容，如一个重要的决策或政策出台后，基层和群众都有哪些反映、评价，执行的情况如何，存在什么问题，是否需要修订和完善；人民群众来信来访反映的情况是否属实，提出的要求是否合理，投诉或举报的问题是否存在等。报告上述情况，要求要有数字、有具体事实，数字要来源清楚、计算精确，并应尽量用确数；事实则要求有背景、有过程、有关键内容。提交的报告内容翔实具体，才能满足领导部门了解情况、制定政策、科学决策的需要。

报告给社会公众的情况反映报告，以反映社会公众需要知悉的公共事务和社会动态为主要内容，如反映企业职工下岗、失业或再就业情况的报告，反映企业负担、农民负担、学生学习负担情况的报告，反映社会治安、社会犯罪情况的报告，反映环境卫生、食品卫生、职业卫生、空气质量情况的报告等。这些报告的内容也需要扎实、具体，也需要用数字说话，文风要更朴实，否则社会公众就不愿意读，也不容易读得懂。如果报告的内容有过多的虚话、大话、空话，报告单位的文风和工作作风还可能受到质疑。

二、情况反映报告的基本格式

向上级部门报送的情况反映报告，有的需要走公文的办文流程，按照公文的写作要求行文；有的需要走简报的流程，按照简报的编写要求行文；面向社会公众的情况反映报告，通常走新闻采写流程，通过新闻媒体或政府网站发送。情况反映报告在行文格式上也因此会或多或少受到公文格式、简报格式、消息稿格式的影响。但是其基本的格式要求也还是具体的、清晰的。

情况反映报告的基本格式如下：

（一）标题

情况反映报告的标题有公文标题和新闻标题两种写法。《关于我县农村留守儿童问题的报告》就采用了省略式的公文标题的写法。采用新闻标题写法的，可以用单行题，也可以用多行题，《真诚化坚冰 真功赢人心——企业军转干部解困维稳工作情况报告》用的是正题和副题组合而成的双行标题。

（二）正文

正文一般由导语、主体和结尾三部分组成。

1. 导语

情况反映报告的导语应简要叙述报告内容的概括。一般多采用直接陈述的写法，集中说明反映情况的目的，所反映情况的性质，情况发生的时间、地点，情况涉及的对象、范围等。此外，结论式的导语、提问式的导语也可以采用直接陈述的写法。

2. 主体

主体是情况反映报告的核心部分。通常分为以下三个部分：

（1）情况部分。主体部分首先介绍所要报告的基本情况，叙述具体事实时，能提供数字的，尽量用数字说话；有统计数据的可以列出统计数据；已制作图表的可以直接插入图表。情况部分的文字陈述应简明、准确，只客观叙述，不描绘，不议论。内容复杂的可以分条列项，依次陈述。

（2）分析部分。重点分析所报告事物、事项或现象产生的背景、原因以及可能的发展趋势、影响等。分析要条分缕析、简洁有力，分析过程中也要尽可能地用数字说话。

（3）建议部分。在分析之后，可以根据分析的情况，简要地提出解决问题的建议，供阅读者参考。

3. 结尾

结尾可以总结全文、深化主体，也可以在写完建议之后自然结尾，然后署上报告者名称和行文时间。

三、情况反映报告的写作要求

（一）抓准选题

写情况反映报告，首先要抓住、抓准选题。所谓“抓住”，有时效的考虑。即需要报、应该报的事项出现了以后，要能够及时发现，及时报告。所谓“抓准”，是说所要报告的具体内容应当确有价值。当报则报，不漏报，也不乱报。否则，分散注意，打扰上级，或导致文本主义、助长了形式主义作风，就适得其反了。

（二）服从载体

服从载体，即具体写报告时，不仅要考虑报告是给谁看的，有没有知悉意义，还要考虑报告是借助怎样的平台流转、发布的。报给上级部门的情况反映报告，走公文行文、办理通道的，要按照公文行文的要求撰写；走专题报告通道的，以简报或报告为主要载体的，要按照本节介绍的结构程式和写作要求来写。报告给社会公众的情况反映报告，通常以网站、报纸、杂志为主要载体，通过媒体向社会发布，报告的行文过程可以参考新闻采写流程，按照新闻的结构来写。

（三）简明扼要

情况反映报告的行文既要尽可能地用数字、数据说话，反映的情况要具体、准确，又要求突出中心，简明扼要。情况反映报告正文篇幅不宜长，复杂的背景材料、表格数据，可以作为附件处理。情况反映报告的结构也不宜复杂，提倡分条叙述。情况反映报告的语言提倡直接叙述，有一说一，有二说二，不兜圈子，不绕弯子，不用或少用形容词、副词。

【例文评析】

江西省开展关爱女孩行动试点工作情况报告

我省“关爱女孩行动”试点工作于2003年5月正式启动。按照国家的要求，全省除国家试点县外，还确定了12个试点县市。一年来，在各级党委政府的高度重视及相关部门的大力支持配合下，关爱女孩行动试点工作得到了社会各界与群众的广泛响应，取得了明显成效。

一、精心组织，周密部署

省人口计生委党组认真学习国家人口计生委有关开展关爱女孩行动试点的文件，深刻领会开展关爱女孩行动试点工作的现实意义和深远意义，并结合我省实际，对关爱女孩行动试点工作进行精心组织和周密部署。

（一）成立机构

2003年5月，我省成立了以省人口计生委主任文红莲为组长的关爱女孩行动指导小组，确定了12个出生性别比偏高的县市为省、市试点单位，出台了《江西省关爱女孩行动试点工作的意见》。同年6月，省计生领导小组召开了全省综合治理出生性别比专题会议，统一布置全省清理整顿出生性别比工作。10月，召开全省试点县专题会议，听取试点县工作启动情况，传达贯彻国家的“武汉会议”精神，对试点县市工作进一步进行了部署。与此同时，全省其他非试点县也立即行动起来，广泛开展关爱女孩活动。

（二）抓好试点启动工作

关爱女孩试点工作能否开好局，起好步，启动工作十分重要。我们侧重在处理好“三个关系”，做好“四动”上下工夫。

处理好“三个关系”，就是处理好国家试点县与省市试点县的关系，以国家试点县为重点，指导带动省市试点县的试点工作，使各试点县的试点工作与国家试点要求同步；处理好试点县与非试点县的关系，试点县重点按照国家试点工作要求抓好试点工作，非试点县积极开展关爱女孩活动，为关爱女孩行动营造良好的环境和氛围；处理好关爱女孩行动与综合治理的关系，把关爱女孩行动与综合治理出生性别比融为一体，充分运用关爱女孩行动这个载体，促进出生性别比的综合治理。

标题直接点明事项。

叙述性导语，清楚地归纳了概况，给出了结论。

正文部分先总括关爱女童工作开展的情况，进而从五个方面详细叙述了这项工作开展的过程。

前三部分主要介绍了组织和部署的过程，措施具体，目标明确；材料真实、全面、系统，颇具说服力和参考价值。

"四动":一是高位推动。(具体内容略)

二是宣传发动。(具体内容略)

三是部门互动。(具体内容略)

四是城乡联动。(具体内容略)

(三)抓好调研

抓好调查研究工作,掌握最新的第一手资料,是搞好关爱女孩行动试点工作的基础。2003年6—8月,李晓琼副主任带队深入到鹰潭、上饶、抚州等市县就关爱女孩行动开展专项调研。2004年4月,根据党组安排,李晓琼副主任、熊振国助理巡视员带队,深入到3个市4个试点县的农村,县医院、乡镇卫生院及中小学校开展调研,并与基层干部、村民代表、小学教师召开座谈会,对这些地方在"五普"以来出生性别比、B超分布及管理使用、人流引产的管理程序及引产性别比、出生婴儿死亡性别、孕前管理等情况做了比较详细的了解,为试点工作出台政策措施、规章制度和管理机制的建立提供了比较充分的依据。

二、加强指导,稳步推进(略)

三、加强领导,部门协调(略)

四、存在的问题

一是B超管理存在漏洞。特别是一些已转制的医院、已转包的乡镇卫生院以及私人诊所,受利益驱动,为孕妇做胎儿性别鉴定提供方便。

二是选择性堕胎控制不严。特别是对终止妊娠药物的管理不严,以致此类药物流向社会,在市面上仍然可以买到。

三是孕前管理存在薄弱环节,孕期跟踪服务不到位,给钻生育管理空子的群众提供了机会。

四是打击缺乏硬措施。目前,《中华人民共和国刑法》只有第三百三十六条规定了未取得医生执业资格非法行医或未取得医生执业资格擅自为他人进行终止妊娠的可以追究刑事责任。但确定非法为他人进行B超鉴定是否属于非法行医,以及已取得医生执业资格的人非法为他人进行终止妊娠手术等问题如何追究刑事责任不明确。此外,对非法进行胎儿性别鉴定和性别选择性终止妊娠行为取证更是不易,以致给管理带来很大困难。

第四部分叙述了活动开展过程中发现的主要问题,针对性强。

五、下一步打算

一是2004年7月底,省计生领导小组在临川区召开综合治理性别比与"关爱女孩行动"试点经验交流现场会,交流经验、研究问题,进一步部署专项整治与试点工作。

二是2004年8—9月,组织对试点工作开展督查,将试点工作进一步引向深入。

江西省人口计生委

2004年7月5日

第五部分则针对以上问题,从两方面提出了今后的具体做法,自然收束全文。

【简评】这是一篇反映社会关爱女童情况的报告，内容切合社会实际，文章结构严谨，有具体做法，有指出存在问题，也有解决方案。整篇文章层次分明，逻辑严密。

【知识拓展】

情况反映报告和消息、报告、调查报告的异同

情况反映报告注重时效性，要求快写、快发，这一点和消息的写作有相似之处，但消息的时效性更强，篇幅更加短小精悍。作为报告，情况反映报告还应和法定公文中的“报告”文种加以区分，法定公文中的“报告”无论是写作格式还是办理过程，都有严格的规定，而情况反映报告则无特定的严格要求。情况反映报告和调查报告的主要区别在于，前者重在报告，后者重在调查。情况反映报告所反映的“情况”是已经发生并且已经被发现了的，因此在撰写报告时不一定再去进行专门的调查，即便需要调查，也主要是为了对有关情况进行核实，而撰写调查报告则必须首先展开深入、细致的调查研究。

【写作练习】

1. 阅读分析

仔细阅读《2018 年全国农村贫困人口减少 1 386 万人》，回答下列问题：

（1）例文标题属于哪种形式？

（2）例文是怎样表现文章主旨的？

2. 情境写作

当今社会，网络已深入我们的现实生活，几乎 100% 的学生都接触过电脑，但为什么使用电脑，则有很多差异。请就你校学生使用电脑的不同情况，确立一个主旨，写一篇情况反映报告。

第三节 实验报告

【范文举例】

XCZ-101 型动圈式仪表的校验和试验

课程名称：热工测量及仪表

一、实验目的和内容

1. 熟悉 XCZ-101 型动圈式仪表的结构及外部接线方法；

2. 校验一只 XCZ-101 型动圈式仪表；

3. 试验测取被校仪表的分辨力(灵敏度);

4. 试验被校仪表因外接电阻短路时对仪表示值的影响。

二、实验仪器设备

1. XCZ-101 型动圈式仪表	1 块
2. UJ33a 型便携式直流式电位差计	1 台
3. 锰铜电阻(15 Ω)或电阻箱	1 只
4. DFX-01A 信号发生器	1 台
5. 单臂电桥	1 台

三、实验方式

(一)XCZ-101 型动圈式仪表的校验(确定仪表的基本误差)

1. 用示值比较法校验仪表,即以毫伏发生器作为输出电压可调的信号源,以携式直流式电位差计为标准仪表校验动圈式仪表。由于被校表是按温度刻度的,所以应从相应的热电偶分度表上查得与温度示值对应的热电势值与电位差计的读数进行比较,计算被校仪表的基本误差。

2. 按下图所示接线时,仪表设备上的开关应置于“断开”位置。

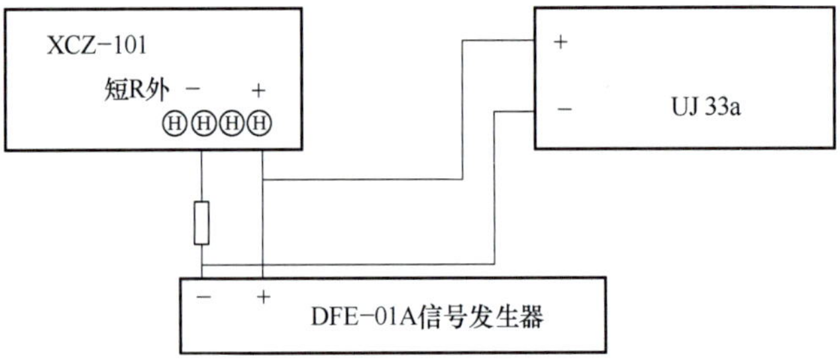

3. 线路调整电阻采用锰铜鼓定点组或电阻箱。用单臂电桥测量被校仪表电位差计的连接线路(包括调整电阻),使总电阻值等于被校仪表所要求的数值15。

4. 将被校仪表放置水平后,调整其机械零点。

5. 连通毫伏发生器,按被校仪表的刻度数值选择 5~6 个校验点进行校验。即调整毫伏发生器的输出,使被校仪表的指针由起始刻度点逐一上升(或下降),至被校刻度点上,分别从直流电位差计上读取各点的电势值并做好记录。在进行上行程和下行程校验时,都应均匀缓慢地调整毫伏发生器的输出电势,使仪表指针逐渐接近被校刻度线。若指针超越被校刻度线时,不能直接返回刻度线,而应退回该行程的起点或刻度线以内一段距离,然后再重新进行该点的校验。

6. 在进行上述试验,调整毫伏发生器的开关时,应断开直流电位差计,即将其极键开关 K 置于中间位置。

7. 上下行程校验完毕后,关闭毫伏发生器的开关,观察被校仪表指针是否正常返零。

8. 计算被校仪表的基本误差,分析原因,判断仪表是否合格。

(二)其他实验项目

1. 确定被校仪表分辨力(灵敏度)(略)

2. 试验外接线路电阻短路时的影响(略)

四、实验记录

(一)XCZ-101 型动圈式仪表校验记录(略)

(二)额外误差实验记录

被校仪表外接线路电阻不符合要求时的示值及其误差:

R 外 = 15	增至 25 时	减小至 5 时	外接电阻短路时
示值(。C)	示值/误差(。C)	示值/误差(。C)	示值/误差(。C)
400	390	410	420

结论:

R 外 = 15　　正常(指示值不变)

R 外<15　　指示值偏高

R 外>15　　指示值偏低

校验人:×××

校验日期:××××年×月×日

【写作知识】

一、实验报告的文体特点

实验报告是记录、描述某项科学实验过程和结果的书面报告。科学实验通常分为检验型实验和探索型实验两类,前者是对已有的成果进行重复实验,或通过移植同类实验,对某些结论进行科学验证;后者是对未知的世界所做的初次实验,或者是用新的方法,对已有的结果重新进行验证的实验。实验类型不同,所形成的实验报告也就有了检验型实验报告和探索型实验报告的区别。

实验报告具有以下特点:

(一)科学性

实验内容的科学性决定了实验报告的科学性。科学性是科学研究成果的生命所在,也是实验报告的价值所在。做实验时,要仔细观察发生的各种现象,认真分析相关现象发生的原因。写报告时,要如实地记录所观察到的全部现象,包括记录下实验对象的变化特点、变化规律。记录实验中观察到的内容时,不允许有夸大或缩小。

(二)规范性

实验活动的规范性决定了实验报告的规范性。实验报告是科学实验的记录、归纳和总结,规范的实验报告通常则是这些记录、归纳和总结的文本形态。许多实验,尤其是检验型实验,一般都规定了严格的实验程序,并设计了主要观察对象、观察方式以及需要记录的观察指标,而这一切程序要求、观察对象要求、记录指标要求通常都已事先标注在专用的实验记录纸上,做实验报告时要遵守实验报告的格式要求,按照已经列出的指标认真填写。当需要做文字描述时,要按照严格的逻辑顺序依次描述。

（三）可读性

实验报告的语言必须精准、清晰，以增强报告的可读性。为此，在不损害规范性的前提下，实验报告可以选择简略的格式，使用通俗、简洁的语言表达。至于能否使用专业术语，关键是看实验报告是给谁看的。如果是学生做的实验报告，提交给老师看，当然可以使用专业术语；若是准备在专业性的期刊上发表的，也可以使用规范的专业术语。如果要在大众媒体上发表，就需要对专业性的术语进行大众化的语码转换。但是要注意无论给谁看，都要防止使用生涩的语言，也不宜采用比喻、拟人、夸张等修辞。实验报告的可读性是基于实验活动的规范和报告表达的精准、清晰、简洁，而不是仅仅靠文字技巧。

二、实验报告的格式

实验报告的格式依次如下：

（一）实验名称

实验名称也是实验报告的标题，要求能够集中反映实验的内容。实验名称应简练、概括地反映出实验的对象、领域，如《XCZ——101 型动圈式仪表的校验和试验》。实验报告的标题有单一式和复合式两种。单一式标题直接点题，如《中学语文比较教学实验报告》。复合式标题由正题和副题组成，如《电工电子实验报告——EWB 虚拟电子实验平台》。

（二）前言

前言部分通常简要说明实验的研究对象、目的和意义以及要求等，语言要求有概括性。

（三）正文

包括实验的原理、实验设备、方法和步骤以及实验结果和讨论部分等。

1. 实验原理

实验原理通常用来简要说明进行实验的理论依据，包括涉及的重要概念、实验依据的主要定律、公理、公式等。

2. 实验设备、方法和步骤

这是实验报告的主题部分，通常要求详细说明以下内容：

（1）实验设备的原理、名称、性能和型号等；

（2）实验所需要的原材料的名称、性质、特征和产地；

（3）实验所采用的方法；

（4）实验进行的步骤、程序。

操作过程要简单易行、清晰明了，一般要对各个步骤标注序号。

3. 实验结果

实验结果是实验活动价值的记录和体现，要求如实记录实验获得的所有结果，包括实验中出现的各种现象、各项数据和各方面的问题。实验结果必须真实、准确、可靠。

4. 误差分析

由于实验条件、测量仪器、测量方法以及测量技术等因素的影响，一般实验获得的测量值与已有的客观值之间会存在某些差值，这个差值叫误差。实验报告要对测量值与真值进行误差分析。具体分析可从两方面入手：

（1）系统误差。其特点是在相同实验条件下，对同一量进行反复多次测量时，误差总保持不变，或测量条件改变时，误差可按一定规律变化。产生变化的原因包括仪器缺陷或没按照规定条件使用，实验者对相关情况估计不够准确等。消除系统误差，可用等精度测量，或多次测量。

（2）随机误差。其特点是在相同条件下，对同一量进行多次测量时，在极力消除或者改正一切明显误差后，每次测量的误差以不可预知的方式变化着，这就是随机误差。

5. 分析和讨论

实验者的见解可以在分析和讨论部分提出，分析和讨论也是实验由感性认识上升到理性认识的必由之路。分析和讨论部分一般应写明影响实验的各种因素，实验中观察到的各种现象的分析和解释，实验结果与预测或已知推论的结果比较，实验中发现的规律性的内容等。讨论应围绕相关理论和实验结果进行，切忌就事论事偏题跑题。

（四）结论

根据实验过程观察到的现象和测得的数据，对实验发现、实验价值做出符合实际的精准判断。

（五）备注和说明

说明实验成功和失败的原因，实验后的心得体会等。

（六）参考文献

在编写实验报告时，如果参考了他人的文章、论著或引用了他人的研究成果和结论等，应列出参考的文献资料名称。

三、实验报告的写作要求

编写实验报告时还应满足以下要求：

（一）从实验开始

编写实验报告从什么时候开始呢？应该从实验活动的准备阶段开始，等到实验结束了，实验报告的框架也就同步出来了。

实验报告是科学实验活动的记录，也是实验活动的一个有机环节。实验的价值决定了报告的价值，实验工作准备充分，实验前对相关实验原理、涉及的相关前沿理论能够掌握牢固，实验中对仪器设备的操作熟练、规范，相应的流程步骤执行到位，尤其是实验中的各个环节、获取的各项数据都能记录准确，那么接下来的报告编制环节就比较轻松了。否则，等实验结束了才想起编制报告，就来不及了。

（二）多环节把关

编写实验报告的主要题材来自实验记录，因此，实验记录的质量对报告的质量具有决定性影响。为了确保实验记录的质量，需要有多个环节对实验记录的真实、完整、准确加以保证。譬如，实验过程全程录像，便于必要时提取录像资料进行核对，实验记录多人同时分别记录，实验项目组负责人或安排专人在实验过程中随时检查记录情况等。在实验报告编写完成后，实验项目组成员还应该集体对实验记录和实验报告的真实性、完整性和准确性进行确认。

（三）文本追求实效

实验报告的文本不同于普通文章的写作文本，有些实验报告的编写需要回到电脑前，像撰写普通文章一样地写作、打印，也有一些报告允许在事先打印好的实验专用记录纸上直接编写。即便有图表需要处理，只要事先做了相应的准备，同样可以在专用的记录纸上处理图表。此外，如果实验过程允许使用电脑，或者允许使用移动网络，还可以一边实验，一边记录。等实验一结束，就能很快打印出一份有数字、有表格、有图形的实验报告了。总之，如何编写实验报告，要不拘形式，重视实效。

【例文评析】

验证欧姆定律

题目准确点明了实验内容。

［实验目的］通过实验加深对欧姆定律的理解，熟悉电流表、电压表、变阻器的使用方法。

实验目的明确。

［知识准备］学习有关理论（略）

［实验器材和装置］器材：电流表、电压表、电池组、定值电阻滑动变阻器、导线、开关装置（略）

实验材料包括实验器材和装置，完整详细。

［实验步骤］

1. 按图示连接电路（略）

2. 保持定值电阻 R 不变，移动滑动变阻器的铜片，改变加在 R 两端的电压，将电流表、电压表所测得的电流强度、电压的数值依次填入表 3-1。

3. 改变定值电阻并同时调节变阻器，使加在 R 两端的电压保持不变，将电阻 R 的数值与电流表测得的电流强度的数值依次填入表中。

4. 通过实验分析：当 R 一定时，I 和 V 的关系及 V 一定时，I 与 R 的关系。

实验步骤清晰，表述具体。

表 3-1

R＝（欧姆）	V（伏特）	0.4 V	0.8 V	1.2 V
4	I（安培）	0.1 A	0.2 A	0.3 A
V＝（伏特）	R（欧姆）	1 Ω	2 Ω	3 Ω
0.6	I（安培）	0.6 A	0.3 A	0.15 A

用表格记录实验数据结果，一目了然。

［实验记录］

1. 调节滑动变阻器，观察电压表和电流表，可以看出，电阻 R 两端的电压增大到几倍，通过它的电流强度也增加到几倍。这表明，在电阻一定时，通过导体的电流强度同这段导体上的电压成正比。

实验结果的记录简洁、完整。

2. 更换不同的定值电阻，调节滑动变阻器，保持 R 的电压不变，可以看出，定值电阻 R 的数值增大到几倍，通过它的电流强度就缩小到几分之一。这表明在电压不变时，通过导体的电流强度跟这段导体的电阻成反比。

［实验小结］

导体中的电流强度 I，跟这段导体两端电压 V 成正比，跟这段导体的电阻 R 成反比。用公式表示为：$I=V/R$

小结简洁、明确。

【简评】这是一篇物理学的实验报告。实验名称清楚，实验目的明确，实验材料具体，实验步骤规范，实验结果的陈述富有逻辑，实验结论也归纳得较有条理。整个报告结构完整，格式规范，步骤清晰，分析科学、文字也比较简洁。

【知识拓展】

科学实验过程中的“五要”与“五不要”

第一，要主动，不要被动。就是要主动自学，主动质疑、提问，主动求学，主动求助，主动去发现。

第二，要合作，不要封闭。与老师合作会使你学会尊重，与同学合作会使你学会互补，与家长合作，会获得更多的支持。

第三，要坚持，不要放弃。坚持是一种习惯，做一件事从头到尾，不在于这件事做得怎么样，在于你形成了一个习惯，事情我要做完，相反，如果只是经历了一半感受就换一个，时间一长，你就会养成一个很坏的习惯。进入社会会涉足很多陌生的事情，一旦养成了放弃的习惯，你将来对什么事情都可能放弃，越复杂的事情越会放弃，最终将一事无成。所以坚持是一种习惯。

第四，要享受，不要怕失败。失败，在科学实验中，尤其是探索型实验中是十分正常的事情，如果经历了几次失败后，就气馁，甚至放弃，那就什么事也干不成。许多事情的成功，恰恰是在无数的失败后获得的。所以，要学会把失败当成一种财富，享受这个走向成功的过程。

第五，要反思，不要草率结尾。反思实际上就是体验，是理性升华的过程，它会为你将来的发展打下良好的基础。要学会在反思中精心地获得体验，好的结果也会水到渠成。

【写作练习】

1. 阅读分析

阅读例文《XCZ-101 型动圈式仪表的校验和试验》，回答下列问题：

(1) 这个例文是什么类型的实验报告？

(2) 例文中的图示有何作用?

(3) 这篇实验报告的科学性体现在哪些地方?

2. 情境写作

请根据你的一次实验过程和体会,写一份实验报告,要求格式规范,用语得当。

第四节 实习报告

【范文举例】

"审计学"课程实习报告

一、实习的目的和意义

课程实习是大学本科教育中的一个极其重要的环节,对我们会计专业的学生而言更是如此,它是对我们学生的专业知识进行综合培养和检阅的教学形式。通过"审计学"课程实习,能够熟悉审计实务的整个流程,包括……(略)通过此次课程实习,不仅了解了一些具体经济业务的处理方法,而且进一步巩固了审计的相关理论知识。除此之外,还让我们将书本所学专业知识与实际经济业务处理相结合,学会理论联系实际,提高分析问题和解决问题的能力。

二、实习的内容和过程

这次实习应用×××公司提供的"审计实务"软件,了解审计的整个基本流程,主要完成实质性测试中的货币资金审计、应收账款审计、固定资产审计、应付票据审计、实收资本审计、主营业务收入审计这几个内容。

(过程略)

三、实习总结

(一)实习让我收获甚多

1. 了解审计案例的各种情况,磨刀不误砍柴工

这点让我体会特别深,首先得先了解该案例的被审计单位,了解其基本业务,才不会在审计工作过程中眉毛胡子一把抓,没有重点。比如在查看其他资料的"实质性测试审计人员时间安排表"中可以知道审计程序的执行人员、审计时间、复核人、复核时间等。

2. 细节之处别忘了填写

在审计工作的自我学习中,经常以为把所有表和表头都填完了,到用答案检验时总是会看到自己不能得满分,那边缺了一些,这边又缺了一些,到处补缺补漏的。到后面总结出一个经验就是,一开始做的时候就填表头,不能在细节之处被扣分。

3. 填写审定表的注意点

首先明确审计是对报表项目审计,而不是会计科目。那么就会了解对货币资金的审计不是审计发生的每笔业务。

其次审定表不是在第一个审计程序——核对报表与总账、明细账金额时就一次性填完。左

边的报表期初数根据上年已审会计报表过入,报表期末数根据未审会计报表过入,明细账未审数根据明细分类账过入,右边的审定数一列是根据审计证据得出的。举个例子说,现金和银行存款等审定数分别根据库存现金盘点表和银行存款余额明细表过入。最后莫忘了审计结论和复核结论的选择。

4. 各个项目的审计工作是有联系的

审计工作是有钩稽关系的,对××机电公司的应收账款做调整分录不对应是因为其主营业务收入经过审计不能被确认。对固定资产净额做调整分录不对应是因为非正常使用的机器多计提的累计折旧应冲减管理费用,不过新准则要求冲减资产减值损失科目。

5. 了解虚假痕迹

若是造假,总会出现纰漏,应收账款是某些上市公司最方便快捷的造假途径,不过“应收账款”毕竟是货款,需要实物,实物销售单据被发现造假的可能性比较大。在查账时应侧重在原始凭证上面下功夫。比如本例中审计人员发现的该公司对××机电公司的应收账款属于虚构业务就是没有相关的原始凭证。

(二)实习让我知道自身的不足与需要提高的地方

1. 准备不充分,对案例了解不够深

没仔细研究该审计软件的工作流程直接就填写,导致细节部分不知如何填写。直接就把一个报表项目审定表填完,没有根据其他资料的一些询证函等去填写审定数。本位币余额为 0.00 的却还在账龄分析的时间下打钩,犯了低级的错误。因为没去看其他资料的审计标志,不懂 n/a 是什么意思,也不知道是用在哪个地方,只是稀里糊涂地跟着答案选择。在坏账准备的提取比例上纠结很久,就是没去看该公司本身的会计制度已规定了未到期的应收账款只要提 0.5%,到期 1 年以内的提 1%等比例。特别是本例中坏账准备情况检查表的填写已经规定是由大到小的顺序排列,我当时还在想可以有两种答案。真是太忽视细节了!

2. 课本知识掌握不牢固

记得课本有一个知识点就是对应收账款进行实质性测试时,要特别注意是否有贷方余额,如有,要及时进行重分类调整。虽然在实习中我也明白这一点,不过我只是单纯地认为在应收账款贷方应该分类到其他应收款,完全忽视了预收账款这一科目了。看来知识点的巩固还是要到实践中去磨炼才扎实。

另外,以前上课对调整分录了解不够深刻,现在算是弄明白了:把预收账款放入应收账款科目中去,会直接减少应收账款金额,调整分录在增加应收账款金额的同时还增加预收账款的金额,当然坏账准备也要作相应比例的增加。

3. 未分清坏账冲回、坏账冲销、坏账计提、坏账收回

在填写坏账准备情况检查表时发现自己以前并未分清坏账冲回、坏账冲销、坏账计提、坏账收回这四个有关坏账准备的问题。起先的填列真是漏洞百出,发生接二连三的错误,甚至连负号都区分不清。

通过此次实习,我明白坏账准备本年减少的包括坏账冲销(确认发生)和坏账冲回,引起坏账准备增加的有坏账收回(已经确认发生坏账损失,但后面又收回)和坏账计提(使用备抵法比例计提)。

【写作知识】

一、实习报告的文体特点

实习报告是实习者根据自己的实习经历,并按照教学计划的具体要求撰写的文字材料,是用简洁的文字记载的关于实习目的、时间、地点以及实习过程、体会、收获等方面情况的书面报告。

实习是教学过程中理论联系实际的重要环节,是培养应用型人才的必要手段,也是从业者、创业者所需经历的适应相关专业工作岗位的一个过程。撰写实习报告的目的,一是完成教学设计的训练要求;二是要检验课堂教学效果、专业设计水平和人才培养质量。因此,实习报告要重点反映实习者所掌握的专业基础理论能否适应专业工作岗位的实际需要,适应的程度如何,还存在哪些薄弱环节,并应对如何去补齐薄弱环节提出意见和建议。

二、实习报告的格式

实习报告的格式大致如下:

(一)前置部分

前置部分包括封面和目录。

封面应写明实习报告的题目、作者姓名、专业名称等信息。题目应该反映出实习的内容或实习单位,如《城市生态学实习报告》《××银行实习报告》。

目录是用以反映实习报告的结构和主要内容的,也可省略。

(二)主体部分

主体部分主要包括以下三项内容:

1. 引言

应主要介绍实习的概况,包括本次实习的目的、意义、要求、时间、地点、内容(属于什么专业、哪门课程)以及实习的主要收获和发现的问题。对自己在实习期间的表现也可以作简要的评价。

2. 正文

正文是实习报告的核心部分。正文包括的内容如下:

(1)实习目的。即回答为什么要实习,希望通过实习达到什么目的。这部分内容和实习大纲的要求通常是一致的,篇幅一般都不长。

(2)实习单位及岗位介绍。即介绍实习单位的情况,以及重点介绍自己的实习岗位情况。

(3)实习内容及过程。这是一份实习报告的重点,通常会占据实习报告一半以上的篇幅。写法上有的是以实习的流程为结构主线,有的是以实习中接触的不同项目为结构主线。

(4)实习总结及体会。这部分内容虽然篇幅不一定很长,但却是实习报告的精华部分。个体的体会、独特的感受、经验与教训,往往都在总结和体会里。

（三）附件部分

附件部分的主要内容是实习鉴定，需要由实习单位填写签署完成后，作为附件放到实习报告正文的后面。

三、实习报告的写作要求

（一）要素应完整

实习，有五个要素，即实习时间、实习地点、实习目的、实习内容和实习收获。在撰写实习报告时一定要把以上“五个要素”写清楚、写完整，而且要依次写，要等到写好了前面的四个要素，再谈自己的感受、体会、经验等收获，逻辑关系才清晰。在“五要素”中，实习地点要写明实习单位全称，实习目的要结合教学大纲上的相关要求来写，实习内容是实习报告的主体部分，应重点写好。

（二）重点要突出

具体的实习内容和实习过程是实习报告的重点，重点部分应该着力写。如何着力呢？首先，要聚焦实习大纲，围绕实习大纲的设计内容，一一回答完成了实习大纲的哪些要求，完成的质量如何。其次，要找出实习内容的重点、难点、突破点有哪些，实习中是如何应对的，把它们展开来论述，写作重点就有了。再次，回忆一两个细节，这个细节可以是一个令人难忘的事件，也可以是一个让人感动的故事，尤其是故事中有个性的人物更值得回忆。以上几个方面处理好了，一篇重点突出的实习报告就初步成型了。

（三）写好精华部分

所谓精华往往就是自己的独创内容——实习期间的切身感受、深刻体会、获得的经验、出现的教训等，这些都是支撑实习报告精华内容的宝贵素材。《“审计学”课程实习报告》的精华内容就是作者总结的两点体会，一个是“实习让我收获甚多”，另一个是“实习让我知道自身的不足与需要提高的地方”，这两点体会很具体、很深刻，也很感人。类似的精华素材往往潜伏在实习过程中，要通过实习过程的回忆，并在回忆的基础上进行理性的概括，才能把它们挖出来。

另外，有些实习报告是会进入学籍档案的，其文面的处理不应太随意。

【例文评析】

计算机软件技术专业实习报告

计算机将具备更多的智能成分，它将具有多种感知能力、一定的思考与判断能力及一定的自然语言能力。除了提供自然的输入手段（如语音输入、手写输入）外，让人能产生身临其境感觉的各种交互设备已经出现，虚拟现实技术是这一领域发展的集中体现。今天人们谈到计算机必然地和网络联系起来，一方面孤立的未加入网络的计算机越来越难以见到，另一方面计算机的概念也被

引言部分介绍计算机与现代生活的密切关系，从而引出实习的意义和价值，让读者

网络所扩展。20 世纪 90 年代兴起的 Internet 在过去如火如荼地发展，其影响之广、普及之快是前所未有的。从没有一种技术能像 Internet 一样，剧烈地改变着我们的学习、生活和习惯方式。全世界几乎所有国家都有计算机网络直接或间接地与 Internet 相连，使之成为一个全球范围的计算机互联网络。人们可以通过 Internet 与世界各地的其他用户自由地通信，可从 Internet 中获得各种信息。人们已充分领略到网络的魅力，Internet 大大缩小了时空界限。通过网络，人们可以共享计算机硬件资源、软件资源和信息资源。“网络就是计算机”的概念被事实一再证明，被世人逐步接受。

感受到计算机的重要性。但语言应简洁、概括，以免篇幅过长。

两年的学习实践和老师的精心指导，大量明晰的操作步骤和典型的应用实例，教会我们丰富、全面的软件技术和应用技巧，使我们真正对所学的知识融会贯通。

结合所学专业，我这次实习的内容是制作个人网页。

报告的正文部分，重点叙述实习的过程即如何制作网页：各种软件的使用，首页的制作等。同时介绍了制作过程中遭遇的种种问题，并进行了分析，提出了解决的方法。整个过程层次清晰，内容翔实、具体。

制作网页用的软件是 Dreamweaver、Fireworks、Flash。Dreamweaver 大大加速了网络时代电子交易应用中的项目交付。它提供了网页和表单的动态生成到企业级的解决方案，如电子商店、库存管理系统和企业内部局域网的数据库应用等功能。Fireworks 是目前最流行的网页图像制作软件。只要将 Dreamweaver 的默认图像编辑器设为 Fireworks，那么在 Fireworks 中制作完成网页图像后将其输出就会立即在 Dreamweaver 中更新。Fireworks 还可以安装使用所有的 Photoshop 滤镜，并且可以直接导入 PSD 格式图像。更方便的是它不仅结合了 Photoshop 位图功能以及 Coreldraw 矢量图的功能，而且提供了大量的网页图像模板供用户使用，例如，网页上很流行的阴影和立体按钮等效果，只需单击一下就可以制作完成。当然，其最方便之处是，它可以将图像切割、图像映射、悬停按钮、图像翻转等效果直接生成 HTML 代码，或者嵌入到现有的网页中，或者作为单独的网页出现。Flash 是目前最流行的矢量动画制作软件，与其他 Web 动画软件相比，它具很多优点。制作的是矢量图形。只要用少量矢量数据就可以描述一个复杂的对象，而占用的储存空间只是位图的几千分之一，非常适合在网格上使用。同时，矢量图像不会随浏览器窗口大小的改变而改变画面质量。使用插件方式工作。用户只需安装一次插件，以后就可以快速启动并观看动画，而不比像 Java 那样每次都要启动虚拟机。Flash 插件也不大，只有 170 KB 左右，很容易下载并安装。还提供其他一些增强功能。例如，支持位图、声音、渐变色和 Alpha 透明等。拥有了这些功能，用户就完全可以建立一个全部由 Flash 制作的站点。Flash 影片也是一种流式文件。这就是说，浏览者在观看一个大动画时，可以不必等到影片全部下载到本地再观看，而是可以随时观看，即使后面的内容还没有完全下载，也可以开始欣赏动画。主图是一个网页的门面，它能体现出这个网页的整体风格。网站名字为蓝晴驿站，蓝色的天空给人带来好的心情，给人带来轻松愉快的心情来浏览网页。

首页的地址为“http://××××.net”，内容精彩丰富，简洁明快，语言风趣，通俗易懂，页面可爱清爽。

首页主要是导航作用,上方共有六个导航条,用 Fireworks 编辑的悬停按钮。各分为六个内容,左侧的为“星座物语”“动感地带”“爱情感悟”。下面的六个字幕是衔接。右侧的为“五花八门”“心情留言”“海阔天空”。中间为一段笑话。下面的横幅是一个 Flash 动画,效果是色彩渐变。接着蓝色的一个横幅上的是 Flash 动画衔接。接下来是一个搜索菜单,方便快捷。其他的为 gif 动画。

单击“星座物语”,进入内容左侧的字体是 Fireworks 编辑的 gif 动画。左侧下方是篇有关星座的文章,右侧的星座专题有三个关于星座的内容可单击。《漂亮穿衣法则》内有广告条,鼠标放在上面时停止浮动,鼠标离开时继续浮动。这次实习,在制作时想使自己的网页更加丰富多彩,在网页中插入图像、动画、动态特效。可是总遇到这样那样的问题,例如 Flash 动画导入 Dreamweaver 里,开始不明白,后来才知道是在 Dreamweaver 里先插个层,这样就可以浏览出效果了。有时上传到网页上的图片不显示,原因是它们没有在一个文件夹内。但我还是在同学的帮助和自己的努力摸索下完成了这个实习任务。

由此,我深深地感觉到,我目前所学的知识是远远不够的。有时看到一些知名的网站开发出的网页,不仅栏目内容丰富,信息量大,而且页面图文并茂,五彩缤纷,使得网民赞叹不已,我也流连忘返。这也使我更加意识到,当前的软件功能日趋复杂,知识不学到一定的深度和广度是难以制作出精彩的网页的。所以,只有刻苦学习及钻研,不断开阔视野,增强自己的实践操作技能,才能在实际工作中应付自如的。

(来源:中国求职指南网,有改动)

最后是总结和体会,找到了自己所学的知识与实际的差距,并确定了今后努力的方向。整篇文章结构较为严谨,层次感较强。

【简评】这是一篇计算机软件技术专业的实习报告,内容切合学生实际,习作者从计算机的重要性自然过渡到如何使用计算机来制作网页,制作中可能会出现什么问题,怎么解决,需要具备什么知识。最后归结为要刻苦学习和钻研,增强知识和技能。整篇文章自然流畅。

【知识拓展】

实习报告的资料收集

从开始实习的那天起就要注意广泛收集资料,并以各种形式记录下来(如写工作日记等)。丰富的资料是写好实习报告的基础。主要应收集以下资料:

1. 有关的路线方针政策是如何在工作中贯彻执行的。比如实习单位组织的学习,内容是什么,采用什么学习方式,学习后的效果如何,自己和同学们有没有收获,等等。

2. 专业知识在工作中如何灵活运用。比如法律专业,要注意法官或法律工作者在工作过程中是如何灵活运用法律条款的,深入了解优秀法官如何运用法律以外的手段解决民事纠纷,提高结案率的。秘书专业的学生可以直接将秘书实务、应用写作等科目中的问题带到实践中去,在实践中寻求理论与实践的结合点,等等。

3. 观察周围同事是如何处理问题、解决矛盾的。实习是通过观察体验社会生活,将学习到的理论转化为实践技能的过程，所以既要体验还要观察，观察别人来启发自己也是实习的一种收获。从同事、前辈的言行中可以学到书本上没有的东西，观察别人的处事方式，可以取其精华作为自己行为的参照。

4. 实习单位的工作作风如何。实习单位的工作作风对实习者将来开展工作、发展自己、提高自己有什么启发；某些同事的工作作风、办事效率哪些值得自己学习，哪些要引以为戒，对工作对事业会有怎样的影响。

5. 实习单位的部门职能发挥如何。对不同职能部门的工作效率有什么评价，对各部门履行职能的情况有什么看法和认识，都应及时记录下来。

【写作练习】

1. 阅读分析

阅读前边的“范文举例”，回答问题：

例文作者在实习过程中最大的感受和体会是什么？作者是怎样表达这些感受的？

2. 病文诊断

实习报告——电子类

我来东莞这边的一家电子厂上班已经有一个月了，这是一家总公司在台湾的企业。这家电子厂主要是生产中小型液晶显示器 LCD，像手机之类的显示屏。刚开始是跟一个师傅（虽是师傅，还是比我小几个月的一个女孩呢！）学一个叫 DMS 测试软件，即显示测试软件，对样品进行测试。

对样品的光电特性、开关特性、视角特性进行测试并把测试报告打印出来。刚开始几天是看一些操作说明书和看师傅的操作，后来师傅让我边学边动手。首先我们要把样品安装点亮并进行调节，然后在系统里对一些参数进行设置，并对每项测试调出最佳波形并打印出来。刚开始的时候有点手忙脚乱，不是这边搞错就是那边忘了，都是师傅帮我纠正。由于后来心态的调整和熟练了，慢慢地学得差不多了，过了两个星期左右，由于原来只有我师傅一个人上白班忙不过来，就把我安排在夜班，从晚上八点到第二天八点，中间有停下来吃夜宵，哦不叫夜宵叫午饭了，这里可是 24 小时全天工作的哦！刚开始真有点受不了，把我的生物钟都给搞乱了，我是白天睡觉晚上工作黑白颠倒了，真累啊！没办法，只能撑着。整天穿着无尘衣在生产线上的无尘室里上班，独自待在一个房间里，有样品送过来就测没有就闲着，忙的时候一直忙，大部分时间都闲着。没事就对着天花板发呆或者看着手表倒计时，好无聊啊！真留恋学校生活啊！自由啊！

来这边虽然才短短一个月，收获挺多的，由对 LCD 一窍不通到现在对它的原理和生产流程都有所了解，也让我深深体会到了 DMS 测试的重要性，虽然这是一些简单的基本操作，但是只要我们的安装不正确和操作有疏忽都会影响到测试结果与预期的不符，由于有些正因为这一点误差而导致样品的不符合标准而返工或符合的变不符合了，出货给客户造成不利影响。所以我们每一步都要集中注意力，争取把每一步都做好。不好意思说的是有一次由于我的一次失误而导致机器出现异常，后来技术人员了才搞定，这可是上百万的机器哦！搞得我在主管面前没面子。这次就写到这吧！

（资料来源：酷影网）

问题

(1) 本文的标题是否有问题,为什么?

(2) 文中有些句子明显和上下文衔接不上,有些语言不够精练,请一一找出并予以修正。

(3) 本文内容的取舍恰当吗,为什么?

3. 情境写作

根据所学知识,联系本专业近期的实习任务,写一份规范的实习报告。

第四章 公务文书

望江：男子使用伪造公文办婚恋活动被拘

近日，望江县公安局雷阳所民警经多方调查取证，成功查处一起使用伪造公文案件，依法行政拘留违法人员1人。

2月7日14时28分，该所接县局110指令，称有人使用伪造的望江县妇联文件，以妇联、工会、团委的名义在望江国际大酒店三楼举办一个相亲活动，请查处。接到报警后，该所民警立即出警，依法对活动现场进行了检查，当场查获伪造的文号为“望妇字【2019】3号”，标题为《关于组织开展“牵手2019，情定望江”首届大型婚恋交友活动》的望江县妇联通知1份，以及活动宣传资料、各类代金卡优惠券若干，处警民警当即对现场证据进行了拍照固定和登记保全，并依法传唤活动举办方负责人周某（某婚介所法定代表人）到派出所接受进一步调查。

经查，2019年1月，违法嫌疑人周某通过互联网请人伪造了一份文号为“望妇字【2019】3号”，标题为《关于组织开展“牵手2019，情定望江”首届大型婚恋交友活动》的望江县妇联、望江县总工会、共青团望江县委员会三家联合发文的公文，然后用手机拍照，通过微信朋友圈将伪造的公文图片及活动相关宣传内容和举办地点等进行宣传推介，以此吸引更多的男女单身青年支持并报名参与此项活动。2月7日下午1时许，该项活动在望江国际大酒店三楼国宴厅如期举行。活动举办方向参加活动的男青年每人收取报名费200元，女性免费，同时向参加活动的人员发放某金店代金卡和婚纱摄影优惠券，活动以单身男女做游戏的方式进行。此次活动吸引了近百名男女青年和数家赞助商参加。活动现场，处警民警当场查获周某使用的伪造公文。在派出所里，违法嫌疑人周某对其使用伪造的望江县妇联公文举办活动的违法事实供认不讳。

3月1日上午，经报请县局审批，该所依法给予违法行为人周某行政拘留5日的处罚，并送安庆市拘留所执行。

（原载2019年3月12日《安徽法制报》03版，有改动）

【案例启示】

《中华人民共和国刑法》第二百八十条规定：伪造、变造、买卖或者盗窃、抢夺、毁灭国家机关的公文、证件、印章的，处三年以下有期徒刑、拘役、管制或者剥夺政治权利；情节严重的，处三年以上十年以下有期徒刑，并处罚金。伪造公司、企业、事业单位、人民团体的印章的，处三年以下有期徒刑、拘役、管制或者剥夺政治权利，并处罚金。伪造、变造、买卖居民身份证、护照、社会保障卡、驾驶证等依法可以用于证明身份的证件的，处三年以下有期徒刑、拘役、管制或者剥夺政治权利，并处罚金；情节严重的，处三年以上七年以下有期徒刑，并处罚金。

婚介所法人周某，为了一己之私，通过互联网请人伪造公文，触犯了伪造国家机关公文、印章罪，受到了应有的处罚。此案彰显了公文的不容侵犯性。党政机关公文具有法定的效力，是保障社会运转、维护国家稳定、推动各项事业发展的重要工具。公文写作是当代公务员入门考试的必考内容，熟悉党政机关公文知识、掌握日常公文的写作要领，也是当代公民素养的基本要求。

第一节 党政机关公文

【范文举例】

××省教育厅文件

×教策〔2016〕3号

××省教育厅关于印发
《全面推进依法治教实施意见》的通知

各地级市教育局，各高校，省属中职学校：

现将《全面推进依法治教实施意见》印发给你们，请结合本地区、本学校实际，认真组织学习宣传、贯彻落实，切实转变观念，以法治思维和法治方式推进教育综合改革，全面推进教育治理体系和治理能力现代化。

附件：全面推进依法治教实施意见

××省教育厅（公章）
2016年12月21日

××省教育厅办公室　　2016年12月21日印发

版头：

发文机关标志

发文字号

主体：

标题由发文机关名称、事由、文种组成

主送机关

正文：通知事项、通知要求

附件：在正文下空一行标注。

署名、印章

成文时间：用阿拉伯数字标注

版记：印发机关、印发日期

【写作知识】

一、党政机关公文分类

“公文”是公务文书的简称。公文有广义和狭义之分。广义的公文是指机关、团体、企事业单位在处理日常公务时正式形成的完整、有效的文书。狭义的公文特指党政机关公文。

2012年4月16日,中共中央办公厅和国务院办公厅联合下发了《党政机关公文处理工作条例》(以下简称《条例》),《条例》的第三条规定:“党政机关公文是党政机关实施领导、履行职能、处理公务的具有特定效力和规范体式的文书,是传达贯彻党和国家方针政策,公布法规和规章,指导、布置和商洽工作,请示和答复问题,报告、通报和交流情况等的重要工具。”《条例》的第八条规定,党政机关公文有15种:决议、决定、命令(令)、公报、公告、通告、意见、通知、通报、报告、请示、批复、议案、函、纪要。

2012年6月29日,国家质量监督检验检疫总局、国家标准化管理委员会发布了《党政机关公文格式》国家标准(GB/T 9704-2012)。根据该标准,党政机关公文格式分为两大类:第一类是常用格式,包括单一机关行文、联合行文时常用公文格式;第二类是特定格式,包括信函格式、命令(令)格式、纪要格式。

可登录国家标准化管理委员会网站,可查阅《党政机关公文处理工作条例》和《党政机关公文格式》两个文件。

二、党政机关公文行文规则

党政机关公文的行文规则是党政机关在公文行文过程中必须要遵守的相关规定。根据《条例》第四章规定的内容,可以把党政机关公文的行文规则归纳为如下五个要点:

(一)必要性

党政机关公文行文应当确有必要,讲求实效,注重针对性和可操作性。发文如果超过了实际需要的量度,将妨碍文件现行效用的发挥。

(二)行文关系

党政机关公文行文关系根据隶属关系和职权范围确定。下级机关向上级机关行文,一般要按照直接的隶属关系而不应越级。下级机关若遇有特殊情况需要越级行文时,也应抄送直接的上级机关。同样,上级机关或业务主管部门向下级行文,一般也不应越级。

(三)向上级机关行文

下级党政机关向上级机关行文,应当遵循以下规则:

(1)原则上仅主送一个上级机关,根据需要同时抄送其他相关上级机关和同级机关,不抄送下级机关。

(2)党委、政府的部门向上级主管部门请示、报告重大事项,应当经本级党委、政府同意或者授权,属于部门职权范围内的事项应直接报送上级主管部门。

(3) 下级机关的请示事项,如需以本机关名义向上级机关请示,应当提出倾向性意见后上报。不得原文转报上级机关。

(4) 请示应当一文一事,不得在报告等非请示性公文中夹带请示事项。

(5) 除上级机关负责人直接交办事项外,不得以本机关名义向上级机关负责人报送公文,也不得以本机关负责人名义向上级机关报送公文。

(6) 受双重领导的机关向一个上级机关行文,必要时应当抄送另一个上级机关。

不符合行文规则的上报公文,上级机关的文秘部门可退回下级呈报机关。

(四) 向下级机关行文

上级党政机关向下级机关行文,应当遵循以下规则:

(1) 主送受理机关,根据需要抄送相关机关。重要行文应当同时抄送发文机关的直接上级机关。

(2) 党委、政府的办公厅(室)根据本级党委、政府授权,可以向下级党委、政府行文,其他部门和单位不得向下级党委、政府发布指令性公文或者在公文中向下级党委、政府提出指令性要求。需经政府审批的具体事项,经政府同意可由政府职能部门行文,文中需注明已经政府同意。

(3) 党委、政府的部门在各自职权范围内可以向下级党委、政府的相关部门行文。

(4) 涉及多个部门职权范围内的事务,部门之间未协商一致的,不得向下行文;擅自行文的,上级机关应当责令其纠正或者撤销。

(5) 上级机关向受双重领导的下级机关行文,必要时抄送该下级机关的另一个上级机关。

(五) 同级机关行文

同级党政机关、党政机关与其他同级机关必要时可以联合行文。属于党委、政府各自职权范围内的工作,不得联合行文。党委、政府的部门依据职权可以相互行文。部门内设机构除办公厅(室)外不得对外正式行文。

平级机关或部门之间不仅可以通过公文加强联系,而且可以联合行文。

三、通知

通知适用于发布、传达要求下级机关执行和有关单位周知或者执行的事项,批转、转发公文。

(一) 通知的类别

1. 发布类通知

即发布要求下级机关执行和有关单位周知或者执行的事项。例如,用“通知”行文,发布行政法规、管理规章,要求下级机关执行,要求有关单位周知或者执行。

2. 布置类通知

即上级机关就某些事项、某项工作,用“通知”行文,布置、传达给下级机关和有关单位,要求受文的机关、单位贯彻执行。

3. 知照类通知

用“通知”行文,发布、传达要求有关单位周知的事项。如告知设立、变更或撤销机构、迁移办公地点、启用或更换印章、调整办公时间等,受文单位周知即可,此外并无需要额外办理的事项。

4. 批转、转发类通知

这类通知通常用来批转、转发有关公文。其中，上级机关转发下级机关的公文，用批转通知；下级机关转发上级机关的公文、同级机关或不相隶属机关之间的公文，用转发通知。

（二）通知的标题

通知的标题由发文机关名称、事由、文种组成，如《广东省教育厅关于做好2019年春季学期学校突发公共卫生事件防控工作的通知》。发布、批转、转发性通知的标题，由“发文机关、发布（批转、转发、印发）、被发布（转发、批转）的文件标题、文种”构成。如《市场监管总局关于印发2019年食品安全监督抽检计划的通知》。

（三）通知正文的写作要求

通知的正文一般由缘由、事项、要求三部分组成，不同类型的通知，正文的写法也有不同。

1. 发布类通知

正文一般仅包括批语和要求两项内容。如“现将《关于……的规定》印发给你们，请遵照执行”。

2. 布置类通知

正文开头先简明扼要地说明缘由，接着写明具体的通知内容。如果通知的内容比较复杂，宜分条列项陈述。正文结尾部分多用来提出贯彻执行的要求，如“请遵照执行”“请认真贯彻执行”等。

3. 知照类通知

这种通知行文的目的是让受文对象了解有关事项，因此在正文中把事项叙述清楚即可。

4. 批转、转发类通知

正文一般仅包括批语和要求两项内容，写清楚即可。

四、通报

通报是适用于表彰先进、批评错误、传达重要精神和告知重要情况的公文文种。一般用于通报具有普遍意义的典型事例、成功的经验和失败的教训，借以对人们起到示范、教育和警戒作用，同时还有沟通消息、互通情报的作用。

（一）通报的基本格式

1. 标题

通报的标题同样由发文机关名称、事由、文种组成。公文的标题按照规定一般都应该完整，不能缺项，通报亦不应除外。但有时候碰上了特殊情况需要标题简短一点、简略一点，也只能省略发文机关名称，保留事由、文种两项。

2. 主送机关

通常情况下，凡是发文机关级别较高并要求下级机关特别注意或贯彻执行的，都应注明主送机关。但也有一些通报不写主送机关，尤其是传达性通报。具体处理原则是：行文对象是专指的，应写明主送机关；普发性通报，可不写主送机关，只在正文或印发范围中注明即可，如“此件发至××（市地级）”。

3. 正文

通报的正文一般由导语、主要事实、分析评价、决定与要求等部分组成。

导语部分一般是用一两句话叙述通报的主要事实，表明发文机关的态度。

主要事实部分需要概括事实发生的时间、地点、涉及的人物、主要过程和结果，要写得准确无误、简明扼要。表彰性通报要求突出主要先进事迹，批评性通报要求抓住主要错误事实。

分析评价部分要求突出针对性。传达性通报要求针对所传达的精神或事项进行分析解剖，以引起人们的重视；表彰性通报要求从所表彰的先进事实中提炼出主要经验、重要意义和值得学习的精神；批评性通报要求针对被批评的事实，分析可能产生的危害，指出应吸取的教训。

决定与要求部分的写法也有不同的侧重。表彰性和批评性的通报，应写明组织结论与予以表彰或处理的决定，同时提出对表彰或批评对象以及对其他相关人员的希望、要求。情况通报一般是对受文机关提出一些希望和要求。

4. 落款

落款处包括发文机关署名和成文日期两项内容。发文机关署名要注意与发文机关标志和标题中的发文机关名称一致，成文日期要写全年、月、日。

（二）通报的写作要求

通报写作应特别注意以下要领：

1. 选材要真实、典型

通报中涉及的人或事都应是经过反复调查、核实后准确无误的，不能有半点虚假。通报所叙述的人或事必须具有典型性，能够让人感到确实值得学习，或确实需要引以为戒。

2. 观点、要求要明确

通报具有指导性，发文机关往往通过通报事件、情况等来表明其对一些普遍性、典型性、倾向性问题的看法、态度。因此，在通报中，发文机关究竟赞成什么、鼓励什么、批评什么、反对什么，都要观点鲜明，切忌似是而非、模棱两可。

3. 行文要及时

通报的指导性和通报的时效性密切相关。善于抓住苗头性事件，及时发现问题、分析倾向，所编发的通报才能在指导当前工作中发挥预期作用。

五、报告

报告适用于向上级机关汇报工作，反映情况，回复上级机关的询问。通过报告能够让上级机关及时了解下情，掌握下级机关的工作情况，听取下级机关对某些方面工作的意见或建议。下级机关经常向上级机关做定期的阶段性的工作汇报和不定期的重要工作汇报，让上级机关及时了解本单位、本部门工作的具体进度及情况，也有利于下级机关在遇到难题时取得上级机关的支持和帮助。

（一）报告的类别

1. 按内容分

按照报告内容的差别，可以把报告分为工作报告、情况报告、答复报告、报送报告。

工作报告是向上级机关汇报本单位、本部门、本地区有关工作的做法、进展、取得的成绩、积累的经验、存在的问题以及下一步工作计划等事项的报告。其目的是“下情上达”，以便上级机关掌握全局、指导工作。

情况报告是向上级机关汇报在正常工作运转中出现的新情况、新问题，特别是突发事件、特殊情况、意外事故、个别问题的处理情况的报告。

答复报告是对上级机关所询问的事项做出答复的公文。

报送报告是下级机关或部门为向上级机关报送文件或物件而写的报告。调查报告、总结等非法定性公文，一般不便直接行文，需用通过报送报告送达。

2. 按性质分

按报告性质的不同，可将报告分为综合性报告和专题性报告。

综合性报告是向上级机关汇报全面工作或多个方面工作情况的报告，其内容具有综合性。

专题性报告具有单一性、专项性的特点，适合用于向上级机关汇报某项工作、某个问题或某一方面的情况，要求迅速及时，一事一报。专题性报告有时也可用于答复上级机关的询问。

3. 按作用分

按照报告作用的不同，可将报告分为呈报性报告和呈转性报告。

呈报性报告用于向上级机关汇报工作、反映情况、答复上级机关询问，上级机关阅知即可，无须批转。其行文目的是供上级机关了解情况，接受上级机关的领导和监督，并为上级机关的决策提供依据。

呈转性报告用于向上级机关汇报对本单位、本部门、本地区有关工作的意见、计划等，报告的目的是建议上级机关把报告批转有关方面贯彻执行。

（二）报告的基本格式

1. 标题

报告最常用的标题是由发文机关、事由、文种构成，如《××市商业局关于百货大楼发生火灾事故的报告》。报告标题如果因为特殊情况省略了发文机关名称，落款处就一定要写明发文机关名称。

2. 主送机关

报告的主送机关是发文机关的直属上级领导机关或主管部门，报告通常只报送一个主送机关，如有必要报送其他上级机关，可用抄送的形式行文。报告不能直接报送给领导者个人。

3. 正文

报告的正文一般由报告缘由、报告事项、报告结束语三部分组成。其中，报告缘由是具体说明为什么要报告。报告事项是报告的具体内容，也是一份报告的主体。报告结束语可以用“特此报告”“以上报告请查收”，一般表达的意思是该报告的事项现在已经报告完毕。

4. 发文机关和成文日期

报告落款处应由发文机关署名，并写明成文日期。报告属于上行文，成文日期应以签发的日期为准。

（三）报告的写作要求

1. 追求实效与时效

凡报告，都应追求实际效果，注重时间效率。报告既不得无故而报，也不得无事乱报，更不得该报告的隐瞒不报。报告有时效的要求，尤其是情况报告、答复报告，报送一定要及时，不得延误。

2. 陈述简明扼要

陈述报告缘由一定要简明扼要。如果是答复报告，则在开头先引述来函文号及询问的问题，然后用“现将有关情况报告如下”等惯用语承启下文。

3. 叙事分条列项

报告事项，宜分条列项，一一陈述。其中，工作报告可以按“成绩—做法—经验—体会—打算—安排”的次序行文，情况报告可以按照“情况—原因—教训—措施”的次序行文，答复报告可以分条陈述答复意见。答复具体问题一定要诚实、慎重。如果不了解真实情况，就要先做深入的调查研究，然后再针对具体询问，一一予以答复。

记住，不要在报告事项中夹带请示内容，也不要在事项报告完毕后提出“请给予指示”的要求。

六、请示

请示适用于向上级机关请求指示、批准。凡遇到以下情况，通常需要用请示行文：对上级机关发布的文件有不明之处或有不同理解，需要请求上级机关予以解释说明；涉及方针、政策等方面的重大问题，需要请求上级机关给予明确指示；在本单位工作职权范围内无法解决或通常不应该由本单位解决的问题，需要请求上级机关如何处理；工作中发生的重大的、难以处理的问题，或此前没有先例、无章可循的问题，需要请求上级机关给予指导；因本单位情况特殊，执行统一规定时遇到需要变通处理的问题，需要请求上级机关给予授权；工作中遇到困难，需要上级机关帮助解决；同级机关之间或本单位内部意见分歧、无法执行的问题，需要请求上级机关予以裁决。

（一）请示的基本格式

1. 标题

请示的标题由发文机关、事由、文种构成，如无特殊理由标题中不应缺项。

2. 主送机关

请示应只送一个主送机关，且应为与发文机关有直接隶属关系的上级机关。

3. 正文

请示的正文包括请示缘由、请示事项、请示要求三项内容。

请示缘由部分的内容是解释为什么事情要送交请示。即在请示的开头陈述请示问题或事项的原因、背景、理由是什么，这些陈述是上级机关决定是否予以批复的重要依据。

请示事项部分承载的是希望上级机关给予指示、批准或批转的具体问题及事项，是请示的核心内容。

请示要求是请示的结语部分，通常是在请示事项之后，另起一段，使用诸如“特此请示”“是否妥当，请批示”“以上请求，请批复”“以上请示如无不妥，请批转有关部门执行”等作为结语，表达的意图是希望能够批准请示事项，或希望对本请示予以回复。

4. 落款

即在请示的正文之后署上发文机关名称和成文日期，具体的成文日期应以签发的日期为准。

（二）请示写作特别提示

1. 写对标题

请示的标题一定不要写错，例如不要写成《关于增加夜间巡逻岗位的请示报告》，请示就是请示，要写成《××××关于增加夜间巡逻岗位的请示》。

2. 一文一事

在一份请示里应只写一项请求批准的事项或请求解决的问题。试想，如果在一份请示里写了两三项请求批准的事项或请求解决的问题，其中有一项可以满足请示者的要求，而另外一项或几项不能满足请示者的要求，或目前暂时不能满足请示者的要求，那让上级机关怎么批复这份请示？

3. 主送机关

请示一定要把主送机关写对。其中尤其要注意三个问题：

（1）不向领导者个人行文请示问题。即请示的主送单位是上级机关。除领导者个人直接交办的事项外，请示都不得主送或报送领导者个人。

（2）不越级请示。请示的主送单位应该是直接的上级机关。遇到特殊情况需要越级时，必须将请示同时抄送给被越过的直接上级机关。

（3）不多头请示。请示只能主送一个上级机关，即行文单位直接的上级机关。不能主送多个机关。如果需要同时送其他机关，应当以抄送的形式送达。

4. 要有态度

请示的正文中应该表明两个态度：

（1）说理的态度。请示问题的态度既不能无所谓，也不能蛮横，更不能威胁上级机关，而是要诚恳、再诚恳地陈述理由。即在请示中把请示事项写清楚之后，接着要以很诚恳的态度强调请求事项很重要、很迫切，同时，请示要求也很合理、很可行。

（2）办事的态度。即在请示正文中请示者要写明自己对请示事项的态度、意见，借以表明本单位对请示事项的倾向，以便上级机关批复时参考。如果下级机关一碰上难题就请求上级给指示，自己却没有态度、倾向，而上级机关有时候并不了解下级的具体情况，结果对所请示的事项就没有依据批复。

七、函

函适用于不相隶属机关之间商洽工作、询问和答复问题、请求批准和答复审批事项。函是平行公文，具有适用范围广泛、使用灵活方便、行文方向具有多向性和单一性等特点。上级机关向下级机关询问情况而不是指示工作时，可以用函行文；下级机关答复上级机关的询问而不是向上级机关报告情况时，可以用函行文；向平级机关或不相隶属机关的主管部门请求批准时，也可以用函行文。

（一）函的基本格式

1. 标题

函的标题也是由发文机关名称、事由（主要内容）、文种（函或复函）组成，一般也不应缺项。如《四川省人民政府办公厅关于建设巴中至广安高速公路有关事宜的函》《四川省人民政府办公厅关于同意授权签署并履行巴中至广安高速公路特许权协议的复函》用的都是由发文机关名称、事由、文种组成的标题。

在实际行文中，由事由、文种组成的标题时常可见，如《关于同意成都动能体育文化传播有限公司申请体育行业职能技能培训基地的函》。从这个标题看，省略发文机关名称显然是出于控制文件标题长度的考虑，动机和效果可能都是好的，但是这样的省略却不符合党政机关公文标题的规范性要求，不宜提倡。

2. 发文字号

函的发文要求在机关代字后面加上一个“函”字，如“国办函〔2012〕33 号”。

3. 主送机关

函的主送机关就是受文办理来函事项的机关，在文首顶格写明全称或其规范化简称，其后用冒号。复函的主送机关与来函的发文机关是一致的。

4. 正文

函的正文主要由发函缘由、发函事项、结尾三部分内容组成。

（1）缘由。发函的缘由一般概括交代商洽、请求、询问或告知事项的目的、依据、背景、原因等。复函的缘由一般首先引述来函的日期、标题、发文字号等。

（2）事项。发函要写清楚商洽、请求、询问或告知事项的主要内容，并向对方提出希望或要求。例如：

本次调查将采取入户问卷调查方法，调查进行过程中需要地方相关政府部门的配合。希望省科技厅给予大力支持，并通知调查涉及的各县市科技部门（有关县市名单附后），配合我部战略研究院顺利完成此项任务。

复函要有针对性地写答复事项，即针对来函所提出的商洽、请求、询问等问题做出具体明确的答复。

（3）结尾。函的结尾或是以礼貌性语言向对方提出希望或请求，或是请对方合作、协调解决某一事项、问题，或是请对方给予支持和帮助，或是请对方提供情况，或是请对方及时复函，或是请主管部门批准等，可根据函的具体内容采用合适的结尾方式。

主动发函，按是否有回复的要求用不同的惯用语。如无须对方回复，一般用“专此函商，请予支持”“特此函达”“特此函告”等；如果需要对方回复，一般用“特此函询，请函复”“即请函复”“盼复”“敬请大力支持为盼”。复函的结束语一般用“此复”“特此函复”“特此回复”等。

5. 落款

函的落款同其他公文相似，一般是在正文之后标明发函机关和成文日期，并加盖公章。

（二）拟函的注意事项

1. 态度要认真

相对而言，函的内容简单，篇幅简短，一般也不涉及重大事件，有时又使用简略的格式，因而在行文中很容易产生轻视函的心理，而一旦在思想上不重视了，行文时就难免会马虎起来，结果想不到的低级错误往往就发生了，这方面的教训其实不少。因为篇幅简短，函中出现一点小的失误就容易被放大；由于内容简单，函中有一个不恰当的表达就可能被当成笑话。因此，特别要提醒拟函时一点也不能马虎。

2. 内容要简洁

无论哪种函，都要求内容单一、集中，一事一函，并应开门见山，直陈其事。行文时可以直接把问题的症结和本单位的意见告知对方，以便于对方复函。

3. 用语要得体

函有平易性的特点，行文中应注意谦敬有礼。拒绝他人，最好陈述一下拒绝的理由，不要太过生硬；请求批准，态度要真实、诚恳，不能心怀怨气。函中一般不要使用指令性、指挥性的语言，也要注意尽量少用祈使句。

【例文评析一】

××市环境保护局文件

××〔××××〕××号　　　　　　　　　　签发人：×××

××市环境保护局关于申报××××年度
××省绿色家庭的报告

省环保厅：

根据省环保厅与省妇联联合印发的《关于在全省开展绿色家庭评选表彰活动的通知》(×××〔××××〕××号)精神，经各区环保局与妇联推荐，市环保局与妇联审核，决定申报 26 个家庭为××××年度××省绿色家庭。

附件：××市区申报 2011 年度省级绿色家庭名单

××市环境保护局(印章)

××××年××月×日

抄送：省妇联

××市环保局　　　　　　　　　　××××年××月××日印发

版头：

发文机关标志：小标宋体字

发文字号、签发人

主体：

标题：由发文机关名称、事由和文种组成，2 号小标宋体字。

主送机关

正文：3 号仿宋体字

附件：正文下空一行左空二字编排

发文机关署名：下空一行右空二字成文日期

版记：抄送机关

印发机关、印发日期

【简评】这是一篇专题性的报送报告,属上行文,用规范的上行文格式印发,体现了该单位的管理水平。从版头上看,发文机关、发文字号、签发人要素齐全,体现了公文的庄重性和法定的权威性。主体部分的标题由发文机关名称、事由和文种组成,主送机关只有一个。正文以简洁的语言写明该报告的依据、基本情况、报告事项。正文之下有附件,是本报告具体要报送的文件资料。发文机关署名和成文日期标注规范,版记部分有抄送机关,印发机关左空一字,印发日期右空一字,标注也很规范。

【例文评析二】

农业部办公厅

农办外函〔2011〕47号

关于举办中欧农业农村对话机制第六次会议的函

贵州省农业委员会:

为推动中国欧盟农业合作进一步发展,经中欧双方协商,中国—欧盟农业农村对话机制第六次会议定于2011年12月1日至3日在贵阳市举行,我部国际合作司负责人及欧盟农业总司代表将分别率团与会(名单另告)。中欧双方将就农产品贸易政策、农产品加工、地理标识、有机农业等议题进行对话与磋商。

请你委依据黔农财〔2010〕106号文件做好相关会务、参观考察等工作,并本着热情友好,内外有别的精神做好外宾接待工作。(会议日程见附件)具体事项函告如下:

一、迎送、交通、安保

请你委安排好与会人员抵离贵阳的接待工作及会议期间的交通和安保工作。

二、会议和考察活动

请依照会议日程做好会议的各项组织筹备工作及考察参观活动的安排。

三、费用安排

欧盟农业总司代表团成员在会议期间的伙食及当地交通费用、中方代表团人员会议期间的食宿、交通等费用……均从国际交流与合作专项资金中支出。

附件:中国—欧盟农业农村对话机制第六次会议议程

二〇一一年十一月七日(印章)

(摘自农业农村部网站)

版头部分

发文机关(不加“文件”)

红色双线(上粗下细)

发文字号(右下方顶格)

主体部分

标题

主送机关

发函的缘由

发函的事项(要求)

附件

成文日期

红色双线

【简评】该文成文时间是2011年11月7日，发文机关与主送机关属平级关系，该函属于平行文。作为一份工作函，所用文件纸是专用的信函用纸，上下有红色双线，其间的结构要素各居其位，从当时来看都还比较规范。但是，根据2012年7月1日开始施行的《党政机关公文处理工作条例》（中办发〔2012〕14号），如果今天再拟这样的函，标题中就应该有发文机关名称，而且，作为工作商洽函，还应该留下联系人及联系电话，字体、字号及版心距离等亦应符合规范。

【知识拓展】

关于行文用语

一份文稿一般要写清四层意思：一是为什么事行文，二是根据什么行文，三是通过行文要达到什么目的，四是行文者的具体态度和要求如何。能否用规范化的语言将以上内容准确地表述清楚，是衡量一份文稿质量高低的重要指标。有些文稿好说大话、乱戴帽子，如“一代宗师”“时代精英”“激情难抑”等，结果导致语言的失准。语言失准的背后，多少反映出政策的失衡。

行文用语要求简洁、明晰、确切、严正、平实，而不是要用套话蒙人，用大话吓人。

一、简洁

凡能用一个字说清楚的就坚决不用两个字。语言不简洁不仅会给拟稿之后的公文制作环节添麻烦，浪费阅文者的宝贵时间，而且还很容易影响意思表达的准确性。

准确和简练本无矛盾，相反，简练是准确的基础。但是，求简一定要规范。否则对公文的准确表达就会构成威胁。例如词语的省略，如果省略后的词语不是明白晓畅，而是晦涩费解，不是约定俗成，而是别出心裁，省略的效果就适得其反了。譬如“商改”，谁能猜得出说的是“商事改革”？下面几种名称就不能随意求简：

1. 人名、地名

文稿上的姓名应该写全称，必要时还须在姓名之前加上职衔。文稿中的地名一般也不要用略称，例如“南京”“广州”“重庆”，不要写成“宁”“穗”“渝”。除非两个以上著名省市连写，让人一看就明白，不会产生歧义，才可用略称。如“京津唐地区”“川陕边界”“津沪线”等。

2. 单位名称

单位名称不写全也很容易引起歧义。如称广州大学为“广大”，把单位所在县、市的名称省去，仅称机构的名称，如“胜利化肥厂”，都可能会带来一些麻烦。把姓省去，或把名换成职务，称“正民同志”“杨书记”，在日常交际中或能感到几分亲切，但是在公文中既不庄重，又容易引起误会，不应该提倡。

3. 事物名称

事物名称一般不得用略称，尤其是标题中的事物名称更不得随意省略，否则可能会给公文的处理带来麻烦。例如不要将“企业管理”略称为“企管”，因为省略以后概念就不明确了。另外，公文中涉及的文物名称也不得随意求简。

二、明晰

拟文一定要避免使用夸张、隐语，以及不恰当地使用文言。该怎么说，就直截了当，干干脆脆。文中一旦出现“其禁有四”“名曰”“由是观之”“何以取信于民乎”等语词、句子，就会让人别别扭扭，满头雾水。

三、确切

就是语言确定，不含糊其词，不模棱两可，也不要用一些似是而非的语词，如“基本赞成”“原则上同意”“严肃处理”等等。对一个方案、一条建议，或是同意，或是不同意，或是同意什么、不同意什么，应该表达清楚、明确。一写成“原则上”不准请客送礼、“原则上”不准公款吃喝、“原则上”不准公车私用、“原则上”不许超标准购车等等就会产生歧义。于是，原则不允许的事，多了一个“上”字，便成了“特殊情况情有可原”。再如“欢迎指导”，多数是例行公事，“下不为例”就是这次的被默许了，“重要讲话”许多都是并无实际内容的空话、套话。此外还要特别注意防止由一词多义、一句多义所造成的语言不确定现象。

四、严正

即用语不可轻薄诙谐、游戏嬉闹，亦不可滥用方言、口语。文中一出现“老屯”“大刺花”“放亮儿”“头晌”“一摸黑”“不咋着”“乍起根”等，就怎么也严肃不起来了。在长期的公文行文实践中，已经逐渐积累了一批具有庄重严正色彩的公文专用语词，行文者应该力求掌握。

五、平实

平实不等于平淡，而是平易实在。无论撰写哪种公文，语言都应诚挚谦敬，即使是指示、批复之类的文稿，其语气也不应该居功自傲，更不应动辄训斥他人。同样，向上级请示问题、反映情况的上行文，用词卑微自然不可取，但言大气粗，语气生硬，以为“人民公仆本该为我服务”，也无可取之处。

【写作练习】

1. 阅读分析

扫一扫 阅读全文

深入研读《党政机关公文处理工作条例》和《党政机关公文格式》两份文件后，回答以下两个问题：

(1) 请概述《党政机关公文处理工作条例》第三章“公文格式”的内容。

(2) 请概述《党政机关公文格式》中“公文的特定格式”的内容。

2. 情境写作

扫一扫 阅读全文

下面是××市入汛以来面临的形势材料，零散无序，请加以归纳整理，以××市人民政府的名义，按照党政机关公文格式的要求，给省政府写一份《××市人民政府关于增拨防汛抢险救灾用油的请示》。

A. 我市入汛以来气候异常、旱涝交错，灾害的突发性、阶段性十分明显。

B. 为保护人民群众的生命财产安全，为战胜××江洪峰，我市已经出动几十万人次、几万辆机动车辆，耗油量是日常耗油量的 2 倍以上。

C. ××江两次大洪水，加重了灾害程度。

D. 为保证抢险救灾、保护和重建家园，请求省政府增拨汽油和柴油×××吨。

第二节　日常事务类公文

【范文举例】

××××年—××××年××市信息化实施计划

20 世纪 90 年代中期，市委、市政府提出了实现本市国民经济和社会信息化的战略目标，并于××××年启动××国际信息港工程建设。经过××××年—××××年第一个“三年”的发展，本市信息化建设已经取得阶段性的成果，具备了加快发展的良好条件。……根据今年 6 月市委常委会专题会议关于“要长计划、短安排，也要有三个‘三年’的打算”的要求，特制订如下实施计划：

一、指导思想

按照党的××届××全会以及市委×届×次全会的精神，根据国家信息化发展战略、总体部署以及本市国民经济和社会发展的实际需要，……以提高城市综合竞争能力和集聚辐射能力、提高生产力水平和人民生活质量、加速××市国际化现代化进程为根本目的，坚持以信息化带动工业化，坚持“勇于创新、先行一步，发挥优势、重点突破，精心组织、形成合力，服务社会、便利群众”的方针，大力加强……，加快……，创新发展信息产业，带动传统产业优化升级，完善信息化建设环境，从而使本市信息化建设实现第二轮“三年大变样”，为××市信息化的宏伟目标奠定基础。

二、建设目标

（一）总体目标

……

（二）具体目标

……

三、主要任务

……

四、主要措施

1. 广泛、深入、持久地开展信息化宣传教育，形成全社会的共识。

……

2. 加强信息化组织领导和政策法规建设，营造健康有序的市场环境。

……

3. 推动一批重大工程建设项目的实施，尽快形成较大的投入规模和产出效益。

……

4. 加快信息化人才的引进、培养和使用，提供充足的人力资源。

……

5. 扩大与国内外的信息化合作和交流，发挥上海的集聚辐射功能。

……

××××（单位名称）

××××（日期）

【写作知识】

一、日常事务类公文的特点

日常事务类公文是指国家机关、企事业单位、社会团体在日常工作中广泛使用的用以总结经验、研究问题、交流信息、安排事项、处理日常事务的法定公文之外的那些实用文书。强调“日常事务类公文”，是为了和2012年4月16日中共中央办公厅和国务院办公厅联合下发的《党政机关公文处理工作条例》中规定的15种公文相区别，也突出了法定公文之外的一些事务类文书和国家机关、企事业单位、社会团体日常工作不可分割的联系。

日常事务类公文的主要特点如下：

（一）普适性

日常事务类公文主要是指计划、总结、公示、报告类以及一些规章类的公文，它们虽然不包含在《党政机关公文处理工作条例》规定的15种文种之中，但是应用范围却极其广泛，普遍适用于各级、各类国家机关、企事业单位、社会团体。例如，几乎所有国家机关、企事业单位、社会团体都需要制订工作计划、活动计划，国家机关、企事业单位、社会团体日常工作的各个环节、各个方面，几乎都需要及时交流情况、反映问题、总结经验、吸取教训，此时都需要用到法定公文之外的事务类公文。

（二）务实性

日常事务类公文本身就是由于《党政机关公文处理工作条例》规定的文种不能满足处理日常事务性工作的需要，才被国家机关、企事业单位、社会团体广泛使用的，而且像计划、总结之类的日常事务类公文，一般不单独对外发送，如果需要发送只能作为公文的附件处理，这也进一步强化了其求实用、讲实效的特征。至于有些机关，制订的计划赶不上变化，写总结的目的只是为了满足上级的要求，按照八股程式写出后向上一交了事，这是对日常事务类公文功能、作用的曲解，也是公文处理工作中存在的官僚主义和形式主义，必须坚决反对。

（三）时限性

日常事务类公文多有时效性要求，例如年度工作计划，一定要在新的年度到来之前完成，工作总结也得在工作完成后及时着手进行，否则稍有拖延，新的工作又来了，先前工作中值得总结的经验教训就被掩盖了。还有，新闻媒体对机关、企事业单位、社会团体先进经验的宣传报道，其线索也主要来自日常事务类公文。例如现在需要向新闻媒体提交一份新闻通稿，写通稿的人员只有拿到了相关的总结，看到了其中的数字、数据和事实，才会心中有数，才能提笔行文。如果材料没有及时提交，机会可能就失去了。

二、日常事务类公文的类别

日常事务类公文有以下三种分类方法：

（一）按内容分

按内容分，日常事务类公文有计划总结类公文，如计划、总结、述职报告等；有情况反映类公文，如简报、调查报告、工作研究等；有规章制度类公文，如章程、规章、办法、制度等。

（二）按格式式样分

按格式式样分，日常事务类公文有文章型公文，如调查报告、总结等；有条款型公文，如规章制度；有表格型公文，如表格式计划等。

（三）按应用范围分

按应用范围分，日常事务类公文有日常办公类公文、告启类公文、会议类公文、研究类公文等。

本节重点介绍两种使用最为广泛的日常事务类公文：一种是计划，另一种是总结。

三、日常事务类公文的格式

和法定的党政公文相比，日常事务类公文虽然没有法定的文本格式规定，也没有严格的程式化要求，但是在具体行文时，一般也可以参照相应的法定公文的格式标准。不参照法定公文格式标准的，则可以采用约定俗成的惯用格式。

无论是参照法定公文格式还是采用约定俗成的惯用格式，日常事务类公文格式上一般也都要求按照标题、正文、落款三大部分依次展开。其中，正文部分均应要求程式符合逻辑，内容条理清晰，篇章层次分明，语言准确、简洁。

四、日常事务类公文的写作要求

（一）体现政策要求

日常事务类公文虽然不是法定的党政公文，但行文时依然需要认真领会相关的政策要求，准确把握政策尺度，严格遵守制度、纪律规定，自觉执行党和国家的各项方针政策的要求。不得在文稿中出现与现行政策不一致、相抵触的内容。

（二）密切联系实际

日常事务类公文行文，要善于密切联系机关工作的实际、基层工作的实际、地方工作的实际、行业工作的实际，在深入调查研究、争取一手资料的基础上，明情况、知变化、查问题、出主意、找办法、定方案、提要求。密切联系实际，针对具体情况的行文，才能发挥出应有的指导功能与务实作用。

（三）务求切实可行

日常事务类公文，或拟订计划，或制定规范，或调研总结，或撰写会议材料，都是为了解决工作中的实际问题，因此行文时必须要实事求是，不推诿、不扯皮、不说大话，提出的指标、方案、对策务求切实可行。

五、计划

计划是用来安排一段时间内的工作、学习或活动的日常事务类公文，是各机关、各单位、各类部门广泛、经常使用的一种应用文文种。计划有全面计划与单项计划两大类型。

（一）计划的特征

计划有三个重要的特征：

1. 预想性

计划是关于未来的预想。计划是对一定时期内要做的工作、或要采取的行动、或准备完成的任务写出的书面的、条理化的设计和安排，是对未来行动的目的、任务、要求、方法、步骤和完成期限所做的通盘考虑。但是所有的安排和考虑都是预想，是对指标实现的期望，对工作进程的预定，预想性是计划的本质特征。但是，计划的预想不是主观猜测，而是科学的预见。做计划要求依据对已往工作与活动规律的认识，依据总结出的经验、教训，预想新的目标。

2. 可行性

计划是关于未来的行动。制订计划的目的是为了指导、规范未来的实践，因此，制订计划必须以可行为前提，不可行的计划只是一种空想。计划的可行性是以客观条件为依据的。具备了最低限度的客观条件，加上主观的加倍努力，计划就有了实现的可能性。但计划毕竟只是一种预想，在实践中，新的情况、新的问题、新的因素随时可能出现，这就需要在制定计划时留有余地。有余地的计划才更具有可行性。

3. 约束力

计划不是法定公文，但在本组织内部，在计划制订者管辖的范围内，计划依然具有权威性和约束力，是相关单位、部门及人员必须执行的具体的行动纲领。计划中规定的目标、措施、要求等，是计划实施者做好工作的客观标准。计划范围内所涉及的每一个单位、部门和人员都要受计划的约束和督促，都要按照计划的规定努力完成各项工作。

（二）计划的结构

1. 计划的标题

计划的标题最常用的有三种：

（1）完整式标题。由计划单位名称、计划适用期限、计划内容范围、计划种类名称四部分组成。如《××市人民武装部 2000 年冬季征兵工作计划》《××公司研究发展部 2019—2020 年新产品开发设想》。

（2）简略式标题。由完整式标题省略而成。一般常省略计划单位名称或省略计划内容范围。如《2000 年第二季度京石高速公路设施改造安排》《××集团公司董事会 2000 年度工作要点》。

（3）文章式标题。采用文章式标题的计划文本通常都通过强化计划的核心目标而使计划文本获得了更大的可读性，其意图可能主要是基于公开发布、有效传播的考虑。常见的双行标题，如《降低成本，强化营销，实现年内股票上市目标——××公司2019年度工作要点》都应归入文章式标题。

如果计划还没有定稿，可以视其具体情况在标题的后面或另起一行标注此计划是“草稿”“征求意见稿”“讨论稿”“送审稿”等字样。

2. 计划的正文

计划的正文通常包含以下四个方面的内容：

（1）缘由与依据。计划的缘由是制订计划的背景说明。即要回答出于怎样的目的、基于怎样的理由制订本计划。制订计划最常见的缘由包括有关精神、指示、要求，以及所期望达到的目标等。计划的依据是与制订本计划相关的自身状况、社会资源，包括已有的基础、前期工作情况、客观形势的要求等。计划最重要的依据应该是计划制订者前期的工作基础和已获得的资源条件，这些基础和条件在此前形成的对前期状况的总结中应该有所反映。因此，总结是计划重要的依据之一。

计划的缘由与依据是制订计划的基础，但不是计划的主体，因此表述要尽量简明扼要。大多数计划是在前言中表述缘由与依据，如有些计划的前言常用“为了……”或“依照……”过渡到下文。长远性、全局性的计划如“规划”“纲要”等，前言表述得要相对详细一些，涉及的范围也更广泛一些。

（2）目标与任务。目标与任务通常称为“奋斗目标”“目的任务”“目的要求”“任务要求”等，它回答计划要做什么、做到什么程度。计划中的目标与任务有总目标、总任务和各项具体指标、具体任务的区别。任何一项较大的工作都是由若干具体工作组成的，制订计划首先要建立总目标、总任务，然后逐一列出各项具体任务的基本内容、计划指标，做到目标明确、任务具体。

（3）程序和要求。程序和要求是指对已经明确的任务，要进一步细分打算什么时候做，分几步做，每一步在什么时间做完。无论做什么工作都有一个先后顺序，即便是同时发生的事情、同时要做的工作，也有横向间如何配合的问题。因此，计划要安排好完成任务的时间顺序，使每项任务质与量的要求能够与时间要求相对应。

在文本表达上，一般是先把计划的全过程分为几个阶段，确定各阶段的起止时间，明确各阶段的目标任务，分析完成任务的人力、物力资源配置情况，然后将各阶段有机地连接起来。在此过程中，要胸怀全局、统筹兼顾、合理安排。

（4）措施和方法。计划的措施和方法是完成计划目标与任务的保障系统，用来回答“怎么做”才能实现计划的目标。措施和方法一要具体、二要明确、三要可行，包括动员哪些力量，创造哪些条件，通过哪些途径，采取哪些手段去排除困难、达致目标，都要做出预想。

（三）计划写作提示

1. 在总结的基础上写

计划是在工作开始之前制订的，目的是为将要开始的新的工作提供蓝图和指引；总结是在工作结束之后撰写的，目的是希望通过对工作过程的回顾、反思获得经验和教训，用来指导以后的工作。因此，计划要在前期工作总结的基础上写，在充分吸取以往的经验与教训的基础上进行新的设计。离开了前期工作的基础和条件，丢掉了已往工作的经验和认识去制订计划，其可靠性、先进性都没有保障。

计划以总结为基础,包括如下两方面的内容:

(1) 在总结的基础上提出计划的目标与任务。事物的发展是渐进的,工作目标的确定也必须与其相适应;既不能过低,也不能过高。过低的目标会使人失去压力与动力,过高的目标会使人丧失信心,计划的意义也就不复存在了。

(2) 在总结的基础上提出完成计划的措施与方法。完成计划目标的措施与方法有两类,一类是已经采用过并行之有效的措施与方法,另一类是未经实施需要新创的措施与方法。在计划中第一类措施方法往往是主体,因为它们已经得到了验证,使用起来驾轻就熟、稳妥可靠。所以制订计划时要尽可能借鉴成功的经验,充分利用总结中的丰富营养。一般而言,实现新的目标需要有新的措施,但是新的措施、方法的比率不宜过大,因为其有效性未经验证,新的措施与方法的比例过大,带来的风险概率也将同步增大。

2. 要留有余地

制订计划要在充分调查研究的基础上作出科学的预想,而预想毕竟是不确定的,也不可能与客观情况完全吻合。同时,预想的主要依据是已经发生了的情况,计划执行中总会有一些新的情况出现,也可能有超常情况突发。因此,撰写计划一定要留有余地。

(1) 提出目标任务要留有余地。要反对脱离实际,盲目冒进,防止不顾客观现实条件,一味追求高指标、高速度,也要克服安于现状、怕担风险的保守思想。计划目标好比是树上的果子,“跳一跳,够得着”,就可能是适当的目标,不须费力伸手就能摘下,就是过低的目标,而千方百计费尽周折也摘不到,可能就是脱离实际的过高目标。

(2) 程序要求要留有余地。同一项工作任务,对不同地区、不同部门、不同人员,在程序要求上也不能搞“一刀切”。

(3) 措施方法要留有余地。对于先进经验,不能简单照搬,也不能完全排斥。要给计划执行者选择、试验和改造的余地,为不同地区、不同部门依据自身情况采用不同的措施与方法实现目标留下空间。

留有余地的计划,既要积极,又要稳妥;既有确定的指标,又有一定的弹性;既要有统一的规定,又允许适当的变通。要求不清、步骤模糊、责任不明、无法检查的计划毫无意义;一刀切、绝对化的计划无法执行。原则性与灵活性相统一,概括性与具体性相统一,确定性与模糊性相结合,是计划文本表达应该遵循的原则。

3. 反映意图

计划是单位领导对工作的决策部署,撰写人员必须深入领会、准确把握领导意图,使计划能真正反映领导者的决策意见。如果领导者的意图是明确的,所提出的计划指标是具体的,那么,撰写者的任务就是将其意图与指标精确化、条理化、量化。如果领导的意图不明确,提出的指标不具体,或只提出了目标,其他都要秘书人员来写,那秘书人员就应先调查研究,查找问题,总结材料,理出思路后再去征求领导者的意见。

4. 要突出重点

每个单位的工作都不是很单一的,但每一时期每一阶段都有带动其他工作的中心工作。撰写计划时,要突出中心工作,在任务的确定、措施的部署、程序的安排上,都要以保证中心工作的完成为目的。计划的层次结构、详略安排、文字表述,也都应以有利于重点问题的表达为原则。

六、总结

总结是通过对前一阶段的工作、学习或相关活动进行回顾、检查、分析，以期从中发现成绩、提炼经验、查找不足，并期望在此基础上形成规律性的认识，以期能在以后的工作和活动中为自己、为他人提供借鉴而写成的一种日常事务类公文，是各机关、各单位、各类部门广泛使用、经常使用的一种应用文文种。一般来说，总结有全面总结与专题总结两大类型。

（一）总结的特征

1. 依赖实践过程

总结是实践活动结束或告一段落之后才进行的。总结从回顾已经发生的实践过程开始，通过回顾，把所经历的实践活动的背景、指导思想、主客观条件以及目标任务等基本情况、主要过程一一梳理出来，才有可能从成绩中总结出经验，从问题中归纳出教训。回顾既是总结写作的方法，也是总结文本的主要内容。

2. 需要抽象概括

总结通过对实践过程的回顾，能够获得了大量的案例、故事、数字等材料，但是这些材料都是具体的做法，仅具有个体特征。只有通过分析众多的材料，从中抽象出带有理性认识和普遍意义的经验来，才能为他人和自己日后所借鉴。从具体的实践中抽象出理论和经验，是总结的价值所在，也是总结的特点之一。总结对成绩和经验的肯定，对缺点和教训的归纳，对工作状况和性质的评价等，都属于理性认识。形成理性认识，是总结的重要任务。用经验证明某种理论的正确，或用理论来说明某种经验的科学性，是总结常用的方法。分析、归纳、概括，是进行总结的基本途径。

（二）总结的基本格式

1. 总结的标题

（1）公文式标题。公文式标题由总结者名称、总结的时限、总结的内容及总结的类型四部分构成，如《××厂 2018 年冬季防火工作总结》。全面性总结常省略总结内容，如《××公司 2018 年工作总结》。也有的省略总结单位，如《第三季度防疫工作总结》。有时可能省略更多，如《一年来的回顾》。公文式标题写法比较平实。

（2）文章式标题。文章式标题如同普通文章的标题形式，通常是用概括性短语表达某种认识，如《用经济的方法管理经济》《搞好成本管理是提高效益的可靠途径》。有时候也可以在标题中提出一个问题，如《我们是如何扭亏增盈的》。文章式标题适用于专题性、经验性工作总结，用于会议交流或公开发表的总结一般也都采用文章式标题。

（3）组合式标题。组合式标题是把公文式标题与文章式标题组合起来，用文章式标题做正题，公文式标题做副题。通过标题，既能了解总结的一般情况，又能了解总结的中心和重点。如《加大科技投入，促进企业发展——××经济开发区 2018 年工作总结》。

2. 总结正文

总结的正文可以分情况和过程、成绩和经验、问题和教训几部分来写。

（1）情况和过程。要写清在什么情况下，完成了什么工作，怎样做的，开始怎样，后来怎样，有什么变化，遇到过什么困难，遇到的难题是如何解决的，获得了哪些成果，必要时还要介绍有关背景。在这一部分要通过回顾过程，把主要情况清晰地叙述出来，叙述的详略，要根据总结的阅读者是谁而定。

（2）成绩和经验。成绩和经验是总结的重点。成绩的介绍要实事求是，典型具体。已取得的成绩要叙述清楚，有具体数字数据的尽量用数字数据表达。在介绍成绩时要注意概括取得成绩的主客观原因，努力从中概括出基本经验来。

（3）问题和教训。在肯定成绩、总结经验的基础上，还要把应当做而没有做，或应当做好而没有做好的工作，以及尚待解决的问题，如实反映出来，并对这些问题进行分析，找出导致问题发生的主客观原因，接着探讨今后有没有办法避免以及如何避免类似的问题再次发生。

3. 总结的结尾

在分析了问题和教训后，总结就应该结尾了。一般宜按照展望未来、表明态度、提出希望的程式结尾，也可以在表示吸取教训、再接再厉之后选择自然结尾。

（三）总结写作提示

写总结的基本思路一是要做回顾，二是要对实践活动进行评价，三是要通过归纳、分析从具体的实践活动中找出经验与教训，四是要就如何用总结出来的经验、教训指导今后的工作表明态度。此外，以下提示对写好总结也很重要：

1. 依据计划进行总结

总结与计划有密切的联系，二者都是做好工作的重要环节。总结的回顾性与计划的预想性相对。计划是对未来行动的安排，总结是对过去的回忆和反思；计划要回答做什么和怎么做，总结要回答做了什么和做得怎样；计划要参考上一阶段的总结来构想，总结要针对原定的计划来分析判断。总结的一个重要职能就是检验计划的执行情况，为制订下一阶段计划奠定基础，也为提高下一阶段计划的质量提供依据。写总结和做计划的过程实际上就是“计划—实践—总结—再计划—再实践—再总结”的循环往复、相互促进的过程。

此外，总结认定成绩的过程，也是检验计划所提出的目标任务是否完成的过程。只有达到或超过了计划规定的目标，才能认定为成绩，没有达到计划规定的目标，就表明工作中存在不足。所以，总结更要依据计划进行。离开了计划的总结，成绩评价和经验概括就缺少了依据；不能作为总结依据的计划，是缺乏指导性、可行性的计划。

2. 做总结不是写检讨

写总结的直接意义是用来指导今后的工作。通过总结，归纳了成绩和经验，借助积累的经验，就有可能取得更大的收获。对绝大多数单位来说，一个时期的工作，成绩应该是主要的。对已经取得的成绩，如果没有充分的肯定，势必会令人悲观失望，丧失信心，对今后工作产生不利影响。因此一份总结，既要回顾或反思过去，更要肯定成绩、找出经验。即便是查找问题，重点也应该是分析问题产生的原因，找出避免发生类似问题的办法。做总结不是写检讨，追究责任不是总结的本义。

3. 报喜也报忧

把总结写成了检讨不可取，但是总结中全是成绩，全是经验，也不可取。在总结中肯定成绩的同时，也要善于发现并找出存在的不足与问题，并应进一步对存在问题的原因展开分析，努力找出解决问题的办法；既报喜，也报忧。

4. 不要写成流水账

找出工作中带有规律性的东西，是写总结的重点和难点。如果只是把所搜集的材料一一堆积起来，或者只是原原本本地把工作的过程写出来，面面俱到，庞杂累赘，抓不到要领，就形成了一本“流水账”，别人读了找不到重点，就不能从中得到有益的启示。总结的本质是分析，总结的重点是在整个工作过程中起决定作用的步骤和方法，是具有典型意义的经验，所以，总结一定不能写成流水账。

【例文评析】

××市××幼儿园 创建区文明单位工作总结

（公文式标题，省略了“关于”。）

精神文明建设在高度发展的经济社会中是一项十分重要的工作。文幼教工始终以马克思列宁主义、毛泽东思想、邓小平理论和“三个代表”重要思想、科学发展观、习近平新时代中国特色社会主义思想为指导，在争创文明单位活动中，注重教职工的思想道德建设，开展群众性的创建活动，将精神文明创建工作和提高学校办学水平相结合，与班组文明竞赛活动相结合，与教师师德考核相结合，努力形成健康向上的舆论环境，文明和谐的校园氛围，丰富多彩的活动形式，使精神文明之花，在校园常开不谢。

由于精神文明工作的有力开展，我园近年来取得了一定的成绩，曾获市、区体育先进单位称号，连续两次获区先进集体，多年来获得区文明班组，巾帼示范岗等。曾有多名教职工获市区园丁奖、托幼先进个人、社区五好文明家庭、敬老爱老好领导、好教师等。还有多人获得教科研论文评选的各种奖项。今年的教师节我园又一名教师被黄浦区评为好教师的光荣称号，两名教职工被评为园先进，这一件件先进事迹标志着文幼教职工整体向上的良好氛围。

（前言部分介绍参与区文明单位创建的概况。）

一、坚持理论指导实践，努力学习邓小平理论，深刻领会习近平新时代中国特色社会主义思想，开展丰富多彩的群众精神文明创建活动

……

二、关爱学校，服务他人，奉献社会

……

三、积极参与社区活动，为建设学习型社区，提高社区文明水准做出我们的努力

……

四、围绕创建目标，不断创新，逐步形成办园特色

……

（主体部分从四个方面回顾参与创建的过程和取得的成绩，并从中归纳出几条经验。）

精神文明建设是一项长期而艰巨的工作，需要我们持之以恒，常抓不懈。我们要以习近平新时代中国特色社会主义思想指导我们的工作，努力实践，不断探索，善于总结经验，努力提高教职工的政治素养，不断提升学校的办学水平，扎扎实实的争创文明单位。以优异的成绩向党的××大献礼。

（结尾进一步表明态度。）

××幼儿园

××××年××月××日

（落款）

【简评】这是一份专项工作总结。开头概述了参与区文明单位创建取得的成绩，接着从四个方面回顾了参与区文明单位创建的过程和取得的成绩，并从中总结了几条文明单位创建的经验。全文思路清楚，结构安排比较合理。但文中还是有一些套话，这是不可取的。

【知识拓展】

述职报告

述职报告是向上级管理机关陈述自己某一时段履行相应的岗位工作职责情况的文书。述职报告通过对工作过程的回顾，检查岗位职责要求的履行情况和预定目标的实现情况，归纳值得借鉴的经验，分析还存在的问题，并对今后的打算进行承诺。做述职报告的过程是向上级管理部门汇报工作并接受其考核的重要形式，有些述职报告还在一定范围内公开，接受群众的监督。

述职报告没有固定的写作模式，根据不同类型和主旨，可灵活安排结构。一般由标题、正文、落款三部分组成。

1. 标题

述职报告标题常见的写法有三种：

（1）文种式标题。只写《述职报告》。

（2）公文式标题。包括姓名、时限、事由、文种，如《2010—2011 年试聘期述职报告》《2010—2011 年任商业局长职务的述职报告》。

（3）文章式标题。如《2011 年述职报告》《思想政治工作要和经济工作一起抓——××造纸厂厂长王××的述职报告》。

2. 正文

述职报告的正文由开头、主体、结尾三部分组成。

（1）开头。又叫引语，一般交代任职的自然情况，包括何时任何职，变动情况及背景；岗位职责和考核期内的目标任务情况及个人认识；对自己工作尽职的整体估价，确定述职范围和基调。这部分要写得简明扼要，给听者一个大体印象。

（2）主体。主体要概述自己对有关路线、方针、政策、法纪和指示的贯彻执行情况；对上级部署的执行情况；对分管工作任务的完成情况；在工作中出了哪些主意，采取了哪些措施，作出哪些决策，解决了哪些问题，纠正了哪些偏差，取得了哪些业绩等等；个人的思想作风、职业道德，廉洁从政和关心群众等情况；写出存在的主要问题，并分析问题产生的原因，提出今后改进的意见和措施。

主体部分要写得具体、充实、有理有据、条理清晰。由于内容涉及面广，所以宜分条列项写出。“条”“项”要注意符合内在的逻辑关系。

（3）结尾。一般用“以上报告，请审查”“以上报告，请领导、同志们批评指正”等词语作结尾。

结尾之后，述职人应写署名，并写下述职时间。

【写作练习】

1. 阅读分析

请阅读下面的例文，回答相关的问题：

××珠宝玉器协会2019年工作计划

过去的几年，珠宝玉器产能过剩，价跌量缩的行业寒冬尚未度过，全球流动性紧缩又接着降临，削弱资产价格，市场萧条依旧。因此，价升量增、产销两旺的行业春天，只是广大行业经营者心中的热切期盼。

一、继续做好协会日常会务工作，倡导会员、降低理想，放慢脚步，收缩产能。千方百计拓展、去产能的渠道，搭建施展才艺、延续生计的平台。为会员们提供优质、高效和贴心的服务。

二、继续组织会员参与省内外的玉雕作品评选活动，提升玉雕作品设计创意和雕刻工艺水平，力促玉雕产业优质发展。

三、不定期、选择性地组团参加全国各地珠宝展，挺进消费前沿，展示“平洲玉器”的岭南玉雕工艺和丰富的文化内涵，弘扬历史悠久的中华传统玉文化，力促玉雕文化艺术事业优质发展，实现经济效益和社会效益双丰收。

四、加大力度宣传“平洲玉器”源头产品、价廉物美的特色，宣传“平洲玉器”货真价实、诚信经营的理念和操守，提升“平洲玉器”的知名度、影响力和竞争力。

五、高质量完成2019年的各项会务工作和两个省级协会的选举换届工作。

××珠宝玉器协会

2019年1月4日

这份工作计划的问题比较明显，请归纳一下都有哪些方面的问题。

2. 情境写作

请回顾一下上个学期或前一阶段的校园学习和生活，写一篇个人的学习总结，要求一定要通过梳理成绩、寻找差距，总结出经验或教训来。

第五章
会务文书

四个“四两拨千斤”的开会方法

我们能采取什么措施来确保人们毫无保留地共享信息，高效地进行沟通呢？以下就是四个“四两拨千斤”的开会方法，在工作和生活中都适用。

第一，请参加会议的人在会议开始前提交信息。这或许听起来有点儿太简单，可极少有人真的付诸实践。这样做之后，大家提交的看法和意见就不大可能受到他人影响。

这个方法对那种希望得到创新想法的会议尤其管用。请大家事先提交想法，往往能让更多人的意见得到倾听，于是就能收集到更多新创想。培训课程和家庭会议也能使用类似的方法。

例如，如果你面临一个问题或一项挑战，需要每个组员都贡献智慧，那么，与其让每一个人都同时说出想法和建议，更高效的做法是请大家花几分钟静静地想一想自己的主意，然后写下来，提交给全组。

这样做能让那些比较安静的小组成员也能畅所欲言，免得他们的声音被大嗓门的组员淹没。除了一小段静悄悄的时刻之外，这个方法的成本几乎为零。

第二，组织会议的人最后一个发言。组织会议的人往往不知道自己的意见会影响大家，这个问题之普遍简直令人吃惊。

如果一个领导者、经理或家长先把看法说了出来，小组成员往往就会下意识地听从，其他的想法和意见就没有机会产生了。

避免这种潜在的不良影响的方式之一，就是让领导者先听完大家的看法，然后再表达自己的意见。

第三，做个任务清单会很有用。医生们确保自己做出准确诊断并采取正确措施的常用方法之一就是列一个简单的清单。就像阿图·葛文德（Atul Gawande）在他的著作《清单革命》（*The Checklist Manifesto*）中所说的，这些清单中包括一些简单得令人吃惊、可万一漏掉了就会要人命的条目。患者的名字跟真人对得上吗？我有他的病历吗？他对什么东西过敏吗？我知道他的血型吗？

就像飞行员在登机前会列一张清单一样，会议的组织者也需要仔细想想，准备清单上该有哪些必不可少的条目。参会的人选恰当吗？大家的经验是否平衡得当？有没有那种以积极正面的方式提出反对意见的角色？

第四，朱丽叶·朱(Juliet Zhu)和 J. J. 阿戈(J. J. Argo)近期的研究指出，对会议的座次安排做出微妙的调整，就能够影响人们的注意力重点。

例如，他们的研究发现，圆桌式的座位能够唤起人们的归属感。因此，参会者更容易重视小组的整体目标，也容易被强调全组利益的信息(而不是个别人的收益)和提议说服。

相反，当座次安排呈现出带角的形状(比如 L 形)或方形的时候，效果刚好相反。这种座次安排激发了人们对独特性的追求。因此，人们更容易响应那些以自我为中心的信息和提议，容易表现出个人主义。

研究人员总结说，如果会议目的是创造合作互助的气氛，那么圆桌式的排位更有利。因此，如果一个团队领导者想要说服员工齐心合力行动起来，那么他最好把大家的座位摆成圆桌式的。如果员工中有平素不大合群的人，这样做就愈发重要。

然而，如果团队领导者希望让团队成员为自己的行动负起责任，那么正方形或长方形的桌型会更好。

当然，某些会议既需要合作，也需要个人采取行动。因此，你或许需要在进程中调整桌型。例如，一名会议组织者发现会议初期需要大家团结合作，那么他就把这段时期的座位摆成圆桌式的，等到会议的重点转变成需要个人关注的议题时，如果必要的话，他就可以做出小小的调整，把座位摆成方形的。

会议组织者可以采用的另一个小调整是，开会之前就把座位分配好，而不是让大家自行找位子(要知道，物以类聚，人以群分)。任何一个婚礼策划人都会告诉你，当人们看到写着自己姓名的桌卡时，都会乖乖地坐下。

(节选自《细节：如何轻松影响他人》，中信出版社，2017 年出版)

【案例启示】

会议是有组织、有领导的商议事情的集会。在现代社会，会议是基本的管理工具，是交流信息、沟通思想、达到目标的基本手段。会议的组织，体现着相应的管理思想和领导艺术。

会务文书是围绕着会议筹备、会议进行和会后会务工作形成的各类系统的书面材料，对会议的顺利召开具有支持、保障、记录和服务作用。从各类会议的实践来看，广义的会议文书有两大类型：一类是会议事务性文书，另一类是会议主题性文书。两类文书同样因会议而产生，同时对会议发挥着支持、保障、服务作用。但两者在功能上的差别却很明显，前者直接服务于参加会议的人员，为会议的顺利召开和良好的会议秩序提供保障；后者直接服务于会议主题，集中承载着会议的意图、精神。两类文书的作者也不完全一样，前者的作者多出自会务部门，后者的作者则多出自发起会议的领导机关、业务部门及出席会议的相关人员。还有，两类文书的行文重点也是有差别的，前者偏重程式规范，后者偏重内容质量。本章重点讨论会议事务性文书，包括会前、会中和会后三类会务文书。

第一节 会前会务文书

【范文举例】

“主流媒体·公益广告”国际学术研讨会方案

一、会议名称

会议名称确定为“主流媒体·公益广告”。

从1986年贵阳电视台摄制的《节约用水》播出至今，我国的公益广告事业已经经历了22年的发展历程。但是，从整体来看，我国目前的公益广告发布量还是偏低，相当多的主流媒体对完成3%的公益广告刊播指标依旧信心不足，公益广告制作中存在的概念化、宣传腔、道德说教的痕迹依然比较明显。

针对存在的问题，广州市准备利用2010年承办亚洲运动会的时机，将广州市的公益广告建设提升到一个新的水平。能否实现战略目标，关键在于主流媒体如何发挥出应有的作用。为此，我们决定举办本次会议，重在探讨主流新闻媒体参与公益广告建设事业的途径、方法、条件等。

本次学术研讨会的主要议题包括如何更全面、准确地认识公益广告；主流媒体在公益广告建设中的责任；在社会发展及媒介创新的环境下，公益广告如何处理好与主流媒体的关系；在广州市筹备举办2010年亚运会期间，如何更好地发挥公益广告的作用；公益广告的新定位对广告人才培养提出的挑战；境外公益广告事业对广州的借鉴意义等。为丰富会议内容，拟邀请国内外相关领域的专家学者到会发表专题演讲。

二、会议主要议题

1. 主流媒体公益广告与品牌形象的构建；
2. 新闻媒体发布公益广告的动力支持系统；
3. 公益广告投资、创意、发布、协调主体系统建设；
4. 2010年亚运会与广州城市公益广告建设；
5. 公益广告的新定位对广告人才培养提出的挑战；
6. 公益广告的跨媒体传播；
7. 港澳台公益广告运营评析；
8. 新加坡、日本、澳大利亚以及欧美国家公益广告运营评介。

三、会议预期目标

1. 聚合公益广告传播精英人才和杰出成果，为广州市的公益广告建设事业服务；
2. 对××大学新闻与传播学科建设形成支持。

四、参加会议人员

约40人，分别为：

1. 港、澳、台、新加坡、日本、澳大利亚以及欧美国家专家、学者10人；

2. 中国内地高校学者 10 人；

3. 著名新闻媒体代表 10 人；

4. 主办方代表 10 人。

五、会议时间：2008 年 12 月 12—14 日

六、会议地点：××××学术交流中心

七、会议日程（略）

八、会议经费预算（略）

九、会议主办与承办单位（略）

【写作知识】

凡举办会议，先须明确其必要性和可行性，随后要考虑的是如何聚集相关人员前来赴会，为此，必须对与会者关切的问题一一做出解答。围绕上述环节就形成了相应的会前会务文书，即会议策划案、会议通知、会议手册等。

一、会议策划案

（一）会议策划案的用途

会议策划案是围绕会议策划活动形成的文书，也称会议方案。在大型工作会议、学术会议、体育赛会、节庆纪念会以及其他重要的会议、活动开始前，需要对举办这次会议的目的、如何筹备这次会议、会议计划安排哪些内容、会议涉及哪些人员、会议进程如何安排、会议需要多少经费以及如何筹措会议经费等事项，进行系统的设计和说明，会议策划案就是关于上述设计和说明的文本表达。

会议策划案主要有以下三种用途：

1. 用于会议报批

党政机关、企事业单位，凡举办跨部门、跨系统的会议，一般都需要履行会议报批程序，将举办会议的意图等相关事项，报送给有关部门和主管领导，供其了解情况、审议重要的议程内容，并就是否批准召开会议以及如何为会议提供支持作出决定。会议策划案可以直接作为会议报批文本，也可以作为请示的附件报送。

2. 用于经费筹措

会议经费预算是会议策划案的重要内容之一，策划案中不仅要对会议经费做出预算，还要就经费开支渠道作出说明，报送财务部门，供财务主管部门审核并以此为依据考虑，如何为计划中的会议提供财力和财务政策支持。如果会议经费尚有缺口，会议策划案还将成为进一步筹措会议经费的参考依据。

3. 用于规范会议进程

会议策划案是对会议的设计，既是会议筹备的蓝图，又是会议展开各项进程的依据，对会议具有直接的指引、指导和规范意义。

（二）会议策划案的格式

会议策划案的格式包括标题、正文、落款三部分。

1. 标题

标题应当写明会议的全称并加上文种，如《××啤酒节消夏晚会策划方案》。

2. 正文

正文部分应当逐项写明策划案的具体内容，每个项目宜列出小标题。正文的基本内容包括以下10项：

（1）会议目标和会议指导思想。即首先明确为什么要开会，通过本次会议希望取得哪些成果，计划实现哪些目标，贯穿会议全过程的指导思想是什么。

（2）召开会议的依据和会议名称。明确开会的依据意在宣示会议筹备、举办的合法性。通常要写明会议是由谁批准召开的，或是根据什么章程、什么规定召集的。会议名称一般要求应能揭示会议主题。

（3）会议的议题、议程或日程安排。会议的议题是需要会议来商讨的话题、内容，会议议程回答在什么时间、按照怎样的程序来商讨这些话题、内容，日程安排是会议每一天或每一个时段的安排内容。会议策划案中不需要把会议议题、议程、日程安排一一写明，写清楚主要议题以及会期时间安排则可。

（4）参加会议的人员。包括与会代表、会议拟邀请的嘉宾、到会领导以及会议服务人员。策划案中不需要一一列出参加会议的人员名单，仅列出人数及其来源即可。

（5）会议时间、地点。包括会议起止时间和会议报到时间、离会时间。会议地点主要陈述会议选址的理由，必要时要顺便交代会议选址是否符合有关廉政的政策要求。

（6）会议拟设立的机构。如是否设立主席团、组织委员会、执行委员会、学术委员会、秘书处、筹备组以及如何设立等。

（7）会议后勤保障措施以及辅助活动安排。如会议交通、会议参观、会议调研活动的组织安排等。

（8）会议的宣传。如是否召开新闻发布会、编写会议简报、邀请记者采访、发送新闻通稿等。

（9）会议经费预算以及经费筹集渠道、筹集方式。

（10）其他应当说明的事项。

以上内容可根据会议活动实际情况和需要，确定其详略程度。

3. 落款

文案最后应署上提交策划案的部门名称。如果文案是由具体承办人员拟写的，由拟写人员具名。具名之后要写明具体的年、月、日。

（三）会议策划案的写作要求

会议策划案的写作要特别注意以下三项要求：

1. 体现政策要求

举办一次会议可能会涉及多个方面的政策支持或约束，例如涉及政务公开、管理透明、党风廉政建设、经费使用等政策、纪律、制度的具体要求等，有些会议还会涉及会议代表如何产生、会议通知如何发送。因此,会议策划案的写作不仅需要会务人员有丰富的办会经验,还一定要吃透政策,在政策、制度的框架内设计整体方案。

2. 把必要性写充分

在少开会、开短会、控制会议规模的舆论环境下,会议策划案需要充分论证举办会议的必要性。要明确回答会议审核部门关切的如下五个问题:

(1) 为什么现在要举办这次会议,是临时动议,还是早已列入了工作计划。如果是临时动议,原因是什么?如果是早已列入了工作计划,那么现在的情况有没有变化,如果情况有了变化,原计划召开的会议可不可以不开?

(2) 为什么选这个地点开会,是路途较近、交通方便,还是可以节省会议经费。如果都是,那么是不是符合有关要求?譬如,许多地方明确规定不得在旅游度假区举办会议,即使那里交通方便、食宿便宜,也依然不可以把会址选在旅游度假区。

(3) 会议的主要议题是什么,还有没有其他议题。凭策划书上列出的议题有必要专门开会吗?对此,要事先给出解释。

(4) 为什么要通知(或邀请)所列出的人物与会,人数可不可以再减少一些,一定需要邀请领导人到会吗?

(5) 是否已经有了会议经费,是否还需要本单位提供经费资助?会议经费的筹措渠道合适吗?

开会的理由是否充分,关键是看上述问题是否都一一说清楚了。

3. 围绕主要意图布局谋篇

会议策划案的主要用途已如前述。而具体到一次会议,影响会议如期举行或影响有关部门、主管领导批准会议方案的,往往是其中一个或两个因素,例如会议经费的因素、担心会议达不到预期效果的因素。那么,会议策划案的主要意图如何确立就有了依据——或为了筹集经费,或为了获得批准,或为了保证会议圆满成功。那么,围绕着以上主要意图布局谋篇,就有可能形成一份成功的会议策划方案。

二、会议通知

(一)会议通知的类型

常见的会议通知有公文式会议通知、书信式会议通知和柬帖式会议通知等。

1. 公文式会议通知

党政机关、事业单位召开的跨系统、跨部门的综合性或专题性会议,多采用公文式通知。机关内部召开的常规性会议,需要事先发送书面通知的,则多采用格式更为简便的公文式通知,或采用表格式的会议通知单通知与会部门和人员。

有些会议,与会招请对象并不十分具体明确,譬如上市公司召开股东大会,并不清楚哪些股东会前来赴会,甚至不清楚谁是股东,除了发送纸本的会议通知外,往往选择在报纸、网络媒体上刊登公告式通知。一些理论研讨会、联谊会,希望有更多的志同道合者与会时,会选择发送启事而不是发公告,因为启事要比公告的社交性更好,更适合用于研讨会、联谊会邀请与会人员。公告式通知、启事式的通知,也都可以归入公文式会议通知之列。

2. 书信式会议通知

书信式会议通知即以书信、便函的形式拟发的会议通知。书信式通知通常是在小范围内，以及在主办者与受邀者之间有旧交的情况下采用。学术团体内部开会也经常拟发书信式通知。和公文式会议通知的“公事公办”特征相比，书信式会议通知多了一点“因私”的色彩，不仅便于详细传达会议诸多事项，也更凸显礼仪性。其缺点是不够简便，行文、发送的工作量大。

书信式会议通知多直接以“邀请函”名之，而不必再标注“会议通知”，例如《关于召开第四期报刊信息阅评会的邀请函》。

3. 柬帖式会议通知

柬帖式会议通知即印制成柬帖式样的会议通知。柬帖式会议通知不仅外表美观，格式、行文也更注重礼仪，内容更讲究谦敬，社交性更强。机关和企事业单位举行联谊会、董事会、股东会、座谈会，或者邀请某些具有社会名望的人物与会时，可以用柬帖式会议通知。柬帖式通知横行写、直行写都应该可以。

（二）会议通知的格式

1. 公文式会议通知的格式

公文式会议通知，一般采用规范的公文格式行文，但在具体行文时可以根据不同情况做一些简化。党政机关、事业单位召开的跨系统、跨部门的重要会议、大型会议以及需要报批同意才能举办的会议，应按照或参照《党政机关公文处理工作条例》要求的格式印发会议通知；而召开常规性的工作会议、机关内部召开会议，需要印发会议通知的，可以对公文格式做一些简化处理，以免因繁文缛节拖累工作效率。

2. 书信式会议通知的格式

最典型的书信式会议通知当属会议邀请书或会议邀请函。和普通书信的格式相比，书信式会议通知格式多了标题，落款处署名通常署机构名称，其他结构要素，尤其是书信特有的表达谦敬礼貌的格式，例如敬辞格式、首尾格式等，则和书信相同。

3. 柬帖式会议通知的格式

既然选择了柬帖式会议通知，就应该使用柬帖的格式。本书“第二章社交书信”关于柬帖的文体特点部分的内容，可以作为柬帖式会议通知格式的参考。

（三）会议通知的写作要求

1. 公文式通知的写作要求

公文式会议通知具有组织传播的特征。在党政机关公文中，“通知”属于下行文，通常用于上级机关向下级机关告知事项。公文式会议通知宜参照公文的行文风格，通知内容分条列项写明关键信息，让与会者明确议题、知道需要为会议做什么准备则可，此外无须文饰。

下面节选的是某市政府办公厅发出的一份会议通知正文部分的内容：

定于3月22日上午8:30—12:00在市政府一号楼1103会议室，由×××秘书长召集会议，研究有关加快九运场馆建设问题。会议分两段进行。

第一段会议时间:8:30—10:30

会议议题:

一、特事特办,加快竹料广东划船赛场、黄村广东奥林匹克中心有关申报手续审批问题。

二、控制流溪河水位标高,确保完成赛艇湖建设问题。

三、世界大观股份有限公司经广东奥林匹克中心场地的电缆、水管搬迁问题。

以上议题请九运会省级场馆建设指挥部、市建委、市规划局、水利局、世界大观股份有限公司主管负责同志参加。

第二段会议时间:10:30—12:00

会议议题:研究省人防办(省战备指挥所)用地红线问题。

请市规划局、白云山风景区管理局负责同志参加。

这份通知内容简洁、清晰,议题处理上富有创造性,体现了务实、高效的作风与会风。

2. 书信式通知的写作要求

会议邀请函是书信式通知的主要式样,具有突出的社交功能,写会议邀请函就是要把社交性写出来。如何使冰冷的文字具有社交性呢?获得社交性的原则大约就是两个:一是懂礼貌,二是会交流。下面一封邀请函就比较富有交流感。

“党报如何进一步提高影响力”——《广州日报》“新闻蓝页”开版一周年暨《深蓝》出版座谈会邀请函

×××教授:

由中共广州市委宣传部主办,广州日报社承办的“党报如何进一步提高影响力——‘新闻蓝页’开版一周年暨《深蓝》出版座谈会草案座谈会”定于2007年4月26日(星期四)下午2时30分至5时30分在广州日报采编大楼5楼会议室举行。会议的议题为“如何做好深度报道,进一步提高党报的影响力”。

2007年4月《广州日报》新作之一的深度报道板块《新闻蓝页》迎来了一周岁生日。而此时,正值《新闻蓝页》作品集《深蓝》刚刚出版发行。回首过去的一年,我们欣慰中略带遗憾。“做深度报道不容易,党报尤其如此”。我们拟借此机会举办一次座谈,深入探讨党报如何做好深度报道,以扩大党报的社会影响力。会议将围绕党报如何做好深度报道、提高党报社会影响力展开,以配合报社品牌宣传为目的,以总结《新闻蓝页》一年来的经验、教训为宗旨,力图吸收社会各界的意见和反映,开门办报,提高办报水平。

我们诚意邀请您出席座谈活动,恭候您的光临!

广州日报报业集团

二〇〇七年四月二十三日

如蒙出席,敬请赐复

联系人(略)

从称谓用了职衔，从“诚意邀请您出席座谈活动，恭候您的光临！”，从“如蒙出席，敬请赐复”，不难感受邀请者的礼貌与尊重。正文三百余字，用来“汇报”欣慰中略带遗憾的内容，用来讲述“做深度报道不容易”的感慨，用来表达力图吸收社会各界的意见和反映的期待。以上感受和期待体现的是尊重，正文由此获得了显著的交流感。

3. 柬帖式会议通知的写作要求

柬帖式会议通知通常在封面页直书“请柬”二字，内文可以横行书写，也应允许直行书写，并应允许使用浅近的文言，便于在有限的空间极简洁地表达更丰富的内容。书写柬帖时其余注意事项，亦可参考本书“第二章社交书信”的相关内容。

三、会议手册

（一）编制会议手册的时间

以下因素至少具备一个以上，才需要编制会议手册。如果具备全部因素，那就一定要编制会议手册了。

（1）正式与会人员规模达到 40 人以上；

（2）会议时间超过一天，且需要安排与会人员食宿；

（3）与会人员跨越了系统，来自不同的组织机构；

（4）会议地点远离日常办公场所且场地相对陌生；

（5）会议议程较多，内容复杂。

（二）会议手册的内容

1. 会议须知

会议须知用来提示与会人员需要周知、注意的相关事项，例如会议报到程序、住宿安排、餐饮地点、安全事项以及联络信息等。

2. 会议日程

会议日程是会议活动的整体时间安排，也是会议手册中的主体内容。

3. 人员名单

包括与会人员名单和临时机构成员名单、会议分组名单、召集人名单、会务人员名单。

4. 重要事项

被作为重要事项单独列出来的，通常是和会议某项议程关系密切，要求全体与会人员注意的事项。

5. 座位表

让与会人员按照事先编制的座位表迅速找到自己在主会场的座位，这既有助于提高会议效率，又对形成良好的会风具有规范意义。

6. 附录材料

包括会议发出的文件材料、需要会议讨论的材料以及会务活动的相关材料。

（三）会议手册的编制要点

1. 会议性质要写准

会议手册要准确反映会议性质，究竟是工作会、学习会、培训会、交流会，还是研讨会、观摩会、总结会、动员会等，会议手册上要写清楚、写准确。

2. 编入日程而不是议程

会议手册中一般应编入会议日程，而不是要编入会议议程。会议议程是会议需要遵循的程序。它包括两层含义：一是指会议的议事程序，二是指列入会议的各项议题的安排程序。会议议程在会议活动中起着维护会议的政治秩序、确立议题的合法性和法定讨论顺序的重要作用，一般不编入会议手册。

3. 校对要精心

会议手册内容庞杂，稍不注意就容易出错。尤其是与会人员姓名，有时会涉及人员名称和单位名称、电话号码、电子信箱等信息的对位，编制时要精心校对。

4. 印制要精美

会议手册不仅在会议期间陪伴着与会人员，在会议结束后还有可能转化为工作档案，一些与会人员可能也会有长期留存会议手册的需求，因此，一般应为会议手册加装封面，并应使用较高规格的纸张印制会议手册。

【例文评析】

会议日程有表格式和条文式两种。下面是××××年××月××大学承办的“第×届中国广告人才培养研讨会”的会议日程表。

表 5-1 会议日程表

<table>
<tr><th>日期</th><th>时间</th><th>内容</th><th>主讲人</th><th>主题</th><th>时长</th></tr>
<tr><td rowspan="5">8 月 6 日
上午</td><td>9:00-9:20</td><td>开幕式</td><td colspan="2">1. ××领导讲话
2. ××董事讲话
3. 主办方校领导讲话</td><td>20 分钟</td></tr>
<tr><td>9:20-9:50</td><td>集体照</td><td colspan="2"></td><td>30 分钟</td></tr>
<tr><td>9:50-10:10</td><td>茶叙</td><td colspan="3"></td></tr>
<tr><td>10:10-11:40</td><td>第一场讲座</td><td rowspan="2">×××教授</td><td rowspan="2">中国广告教育</td><td>90 分钟</td></tr>
<tr><td>11:40-12:00</td><td>提问与回答</td><td>20 分钟</td></tr>
</table>

续表

日期	时间	内容	主讲人	主题	时长
8月6日 下午	15:00-16:20	第二场讲座(上)	×××教授	中国广告市场	80分钟
	16:20-16:40	茶叙			20分钟
	16:40-17:40	第二场讲座(下)	×××教授	中国广告市场	60分钟
	17:40-18:00	提问与回答			20分钟
8月7日 上午	9:00-10:20	第三场讲座(上)	×××教授	中国消费者洞察	80分钟
	10:20-10:40	茶叙			20分钟
	10:40-11:40	第三场讲座(下)	×××教授	中国消费者洞察	60分钟
	11:40-12:00	提问与回答			20分钟
8月7日 下午	15:00-16:20	第四场讲座(上)	×××部长	消费者洞察案例	80分钟
	16:20-16:40	茶叙			20分钟
	16:40-17:40	第四场讲座(下)	×××部长	消费者洞察案例	70分钟
8月8日 上午	9:00-10:20	第五场讲座(上)	×××先生	跨媒体广告策略	80分钟
	10:20-10:40	茶叙			20分钟
	10:40-11:50	第五场讲座(下)	×××先生	跨媒体广告策略	70分钟
8月8日 下午	15:00-16:20	第六场讲座(上)	×××	广告创意	80分钟
	16:20-16:40	茶叙			20分钟
	16:40-17:40	第六场讲座(下)	×××	广告创意	70分钟
	17:40-18:00	结业式			20分钟

把会议日程做成表格式样，显得整齐、美观，方便阅读。相比之下，以条文的形式来叙述会议日程，则方便解释所安排的具体内容，能够做得更细。

【知识拓展】

会议准备工作流程

一个完整的会务工作可以分解为五个阶段，会议准备的具体工作内容也就分布在各个阶段之中。

一、会议通知阶段

本阶段工作主要有以下内容：

- 明确会议的组织机构；
- 确定会议的时间、地点和会期；
- 落实与会人员；
- 描述会议内容；
- 明确对与会者的要求；
- 发出会议通知；
- 提前与邀请参加会议的领导做好沟通工作；
- 若有媒体参加，要做好记者的接待工作，并要考虑撰写新闻通稿。

二、会议材料准备阶段

有以下文件材料需要准备：

- 代表证、选举证、会议工作人员胸卡等；
- 会议登记、签到表；
- 会议须知，有关活动注意事项；
- 讨论分组名单、分组讨论地点；
- 会场座位分区表、主席台座次表；
- 会议主题报告；
- 领导讲话稿；
- 开幕词、闭幕词；
- 会议主持人主持稿。

三、布置会场阶段

根据会议的具体情况，设计并安排会场的布局，细致周到地设计好所有的细节；根据需要，准备会议所需要的所有设备，并提前安放在指定位置；根据需要，提前调试好设备，并进行演练，确保会议顺利进行。

四、会议接待阶段

- 参会者的接送：根据参加会议者的具体情况以及人数多少安排相应的车辆。

• 设置迎宾区和来宾休息室，落实重点接待对象。

• 对要做大会讲话的领导人和将要做大会发言的与会代表，安排专人负责提醒其做好发言准备。

• 参会者的餐饮：根据参会人员的要求和有关规定，预定各种形式的餐会：西餐、中餐、自助餐、宴会等；根据参会人员的具体情况以及会场和下榻酒店的地点，选择不同的用餐地点和用餐标准。

• 参会者业余时间的安排：根据参会人员的喜好，选择不同的休闲方式。

五、散会阶段

• 检查会议代表的名单、会议简报、会议纪要是否已准备妥当。

• 完成在散会前需要做完的会议议定的有关事项。

• 确认后期要发的资料是否已送发。

• 确认会议的反馈信息是否收到。

【写作练习】

1. 阅读分析

××××年度××事务所年终总结会议议程

> 标题：由时间、会议名称、议程组成。
>
> 会议几个要素交代得简洁、清晰。

会　期：××××年1月8日—1月9日

会　址：事务所会议室

参加人：事务所全体工作人员

> 议程正文内容：分时段、分议题、分条列项陈述。

1. **1月8日上午**9:00-12:00

主持人：事务所负责人××主任

会议内容：

一、×××律师做××××年度事务所业务学习会议总结报告

二、××律师做××××年度事务所青年律师学习会议总结报告

三、××主任做××××年度事务所工作总结报告，并对××××年度成绩突出者进行表彰

2. **1月8日下午**14:30-17:30

主持人：×××、×××

会议内容：

四、总结事务所各项工作，并结合本年度业务工作开展的实际情况，查找律师工作中存在的问题，寻找解决问题的办法。

3. **1月9日上午**9:00-12:00

主持人：××、××

会议内容：

五、总结事务所各项工作及事务所律师业务工作中存在的问题，思考并畅谈如何开发律师工作、如何开拓律师业务。

4. 1月9日下午14:30-17:30

主持人：××主任

会议内容：

六、××主任做××××年度事务所业务工作分析，布置××××年度和春节前事务所各项工作，并做会议总结。

江苏××律师事务所
××××年元月5日

制定者、日期

【简评】这是某律师事务所年终总结会的议程安排，虽然比较简单，但各要素、各事项、各内容都还比较清晰。有几个地方还可以进一步改进，例如，安排了多人在会上做“总结报告”，听起来多少有点别扭，改成做“总结发言”，或直接说“做总结”，就清楚多了。还有，每个“总结报告”的长度，最好能有具体的规定。

2. 病文诊断

××学院迎新晚会策划案

一、活动主题：为我们的明天努力

二、活动目的：通过此次活动，丰富同学的课余生活，发掘文艺人才，给同学们创造一个锻炼自我的舞台，提高同学们的艺术欣赏水平。

三、举办单位：艺术学院团委、学生会

四、活动时间：××××年12月31日晚7:00—9:30

五、活动地点：××学院南院学术报告厅

六、活动形式：综艺性文艺演出(以相声、小品等语言类节目为主)

七、节目要求：(只针对相声、小品等语言类节目)

1. 内容健康，积极向上。
2. 鼓励自创和模仿。
3. 能反映一定的社会现实生活，特别是当代青少年生活。

八、参加对象：全院同学，系部为单位，以班级、组合或个人名义报名(原则上每个班一个节目)

九、活动安排(略)

十、经费预算(略)

附录1：票据和节目单(略)

附录2：邀请函(略)

附录3：工作人员安排(略)

艺术学院学生会
12月9日

问题

这份策划案列举的活动主题、活动目的还不够明确、准确，内容重点还不够突出，语言文字也需要进一步推敲，请加以修改。

3. 情境写作

表格式会议通知的显著特点是结构规范，格式统一，一次批量印刷，可供长期使用。机关、企事业单位和业务主管部门内部召开的各种会议，采用表格式会议通知有利于节约办事时间，提高工作效率。

但是有时候需要增加一些具体通知事项，就觉得还是条文式的会议通知文字可长可短，更加方便。下面是一份表格式会议通知单，请将其改写成条文式的会议通知。

××市××××局会议通知单

第××号　　20××年××月××日发出

送交单位 / 通知事项	计财处
会议名称	局长办公会扩大会议
会议主要议案	研究专项商品控购问题
开会时间	20××年××月××日上午××时至××时
开会地点	局小会议室
需要准备的事项	提出专项商品控购实施意见或建议
附件	专项商品控购通知及专项商品附表
参加会议单位或人员	××处、××处……
备注	

第二节　会间会务文书

【范文举例】

政协×× 市六届×次会议简报

（第 24 期）

大会秘书处　　20××年×月××日

今年政府应办几件实事

××委员说：建议市长要有相应的任期目标，要像×××那样一年办几件实事，年终总结，有哪些完成，有哪些没完成，为什么。

改“三公开一监督”为好

×××、×××委员说：报告在谈到廉政建设时，提出实行“两公开一监督”，我们认为应改为“三公开一监督”，即再增加公开市、县两级主要领导的经济收入，以便接受人民群众的监督。

不能再走大投入低效益之路

×××委员认为：1998年我市社会总产值为180亿元，国民收入为74亿元，而全市的财政收入只有9.15亿元，很明显，经济效益是很低的。而2000年的计划数字，基本上是按比例同步增长，经济效益无明显提高。这是我市多年来生产发展的一个关键性的问题，即大投入、低效益，致使财政拮据，入不敷出。市领导应着眼长远，从当前入手，立足于大力提高经济效益和增强生产后劲。

报：省政协

送：市政府

发：区政协　　　　　　　　　　　　　　　　　　　　　　　　共印30份

【写作知识】

会议开始后，其间的会务文书一般会有会议记录、会议简报和会议纪要，有些会议还需要有会议主持人串词。

一、会议记录

把会议的组织情况和会议讨论发言的内容如实地记录下来，就形成了会议记录。会议记录有“记”与“录”的区别。“记”又有详记与略记之分，略记是记会议的大要，记会议上重要的或主要的言论。详记则要求记录的项目完备，记录的言论详细完整。记下详细内容则要靠“录”。“录”有笔录、录音和录像三种，有录音和录像做后盾，详记也变得轻松了很多。

（一）会议记录的基本格式

会议记录具有独特的格式特征。一份完整的会议记录，格式上分为记录头、记录主体、审阅签名三部分。

1. 记录头

记录头记录会议的基本情况，一般包括以下项目：① 会议名称；② 会议主要议题；③ 会议时间；④ 会议地点；⑤ 会议主席（主持人）；⑥ 会议出席列席和缺席人员情况；⑦ 会议记录人签名。

凡作会议记录，必须首先填写好记录头上的全部内容。为了提高效率，上述记录头内容可以事先印制在会议记录簿的首页，或印在专用的记录纸上，其格式排列可以参考以下式样：

会议记录

会议名称		会议时间	20 年 月 日 午 时 分至 时 分
会议地点		会议主持人	
出席人与列席人			
缺席人			
记录人		审阅签名	
主要议题			
记录内容:			

2. 记录主体

会议内容是记录主体,通常需要记录三项内容:会议议题、会议发言、会议议定的事项。一般发言是详细记还是简略记,要根据会议的重要程度和主持人的意见来定。凡属重要发言,例如指示性讲话、权威意见和布置任务、总结工作的言论等,无论会议重要程度如何,均应尽可能地依实记录。对会议议定的事项更应翔实精确地依次记下,包括会议提出了哪些方案与动议、会议相关事项的表决结果,会议议定的下次会议时间,散会情况等。

3. 审阅签名

记录主体的后面是审阅签名。凡重要的会议,或涉及有关议定事项的会议,会议主席(主持人)均应在会议记录主体之后签名。签名时如果发现有疑问,或者有与会者对某记录内容提出疑问,应朗读或一一传阅有疑问的内容,待疑问消除后主持人再签名。遇有需要转发的会议讲话,应该在记录稿整理完毕之后送讲话人审阅。因故未能请讲话人审阅的,应注明"根据记录整理,未经讲话人审阅"字样。

(二)会议记录的原则要求

做好会议记录,应牢记以下三个原则要求:

1. 真实准确

纪实性是会议记录的重要特征,确保真实准确是对会议记录的首要要求。真实的具体要求是不添加、不遗漏、依实而记。准确的具体要求是和本来的内容一致,不增减、不曲解、不转移原义。

为了确保真实准确,宜使用录音、录像同步记录,以便需要时进行核对。

2. 快速清晰

快速就是要求跟上会议议程转换和会议发言的速度,保持记录内容的完整性。为此,记录人员首先听力要好,其次注意力要能够长时间保持集中,而且对交叉发言、观点交锋和自由讨论的内容要善于抓住要点、综合概括。记录人员应能够借助技术手段,譬如借助速记技术实现快速记录。有条件的还可以采用语音同步转换文字技术,确保无遗漏记录。

既要求快速，又要求确保记录的内容清晰。为此，会议结束后需要及时对记录内容进行整理，把记录码、提示符及时转换成规范的文字，同时把省略的词组、句子补充完整。

3. 重点突出

会议记录不得遗漏、掩藏重点。重点通常包括会议中心议题以及围绕中心议题展开的活动、会议讨论中出现争论内容以及争论各方的见解、权威人士在会议中的言论、会议开始时的定调性言论和结束前的总结性言论、会议议定的和议而未决的事项以及对会议产生较大影响的其他言论或活动。正规的会议有会议记录流程，主持人会专门询问成员对会议记录有无异议，有没有重点被遗漏，要不要作任何添加与修改。如果有人提出修改、添加要求，则要经过表决，待异议排除，记录稿才正式获得通过。

（三）会议记录的整理方式

会议记录稿上通常会有记录人临时使用的记录符号、省略代码以及随手记下的问题、疑问、提示等，在会议结束后需要对记录稿进行整理，整理的方式如下：

1. 换

换即将记录码转换成对应的文字，把简称与省略还原为完整的表达，将临时赋义换成正式的意义。此外，所记录的多数人不太熟悉并可能会引起误解的方言、口语、不雅的俗语，需要加以解释或在特定的交谈环境下听众才能听懂的言语，均可以考虑转换为普通话书面语，但是不得改变原意，必要时应当增加注解。

2. 删

删即凡表达思想、观点、意见、措施以及数字、时间、单位的语词，一定不能删除。要删除的是以下内容：

（1）口头禅或一些无实际意义的语气词；

（2）无意义的重复句与重复性的短语；

（3）纯粹的方言、土语以及即兴而出的摹声词；

（4）不宜以文件形式对外公布的内容。

3. 补

补即需要补充的以下内容：

（1）补标点。要在准确理解和把握发言内容的基础上认真琢磨每个标点。既要保证补上每一个标点，又要保证补上标点后不曲解原意。

（2）补句子成分。口语中有大量的省略现象，面对面的发言本身又是一个特殊的语境。如果不补充必要的成分，在脱离了原来的语境成为书面语言后，有些意思就会令人费解，或者容易产生歧义。尤其要注意对主语和谓语的补充。

（3）补标题。会议发言、讲话经常以“我说两句”开头，但记录成书面文字后就得有一个标题，至少需要加上个《×××在××会议上的讲话》，最好是根据记录内容补上一个得体的标题。

4. 分

分即划分层次段落。遇有讲话中出现倒置、重复、补叙、插叙等成分时，划分层次段落就显得特别重要。划分层次段落时需要注意以下事项：

（1）尽力寻找记录稿中起承转合的痕迹，辨别过渡段、过渡句与过渡词。

（2）注意寻找“下面我讲三个问题”之类的提示语，这是重要的层次划分线索。

（3）调整部分颠倒的段落，把补叙段提到前面来，使层次与段落的划分更合理。

二、会议简报

简报，就是情况的简明报道。它是党政机关、企事业单位、社会团体为及时反映情况、汇报工作、交流经验、揭示问题而编发的一种内部文件。会议简报是简报的一种，是会议期间为反映会议进展情况、会议发言中的意见和建议、会议议决事项等内容而编写的会议情况简明报道。会议简报一般由会议秘书机构编写。

（一）会议简报的写作格式

会议简报的写作格式与简报相同，通常由报头、报核、报尾三部分构成：

1. 报头

由简报名称、期数、编发机关、日期、保密提示等项目组成。

2. 报核

报头以下、报尾以上的部分都是报核。报核部分包括编者按和正文两项内容。

（1）编者按。必要时可加编者按，主要内容是工作任务来源、本期重点稿件的意义和价值、征稿通知、征求意见等。

（2）正文。会议简报正文的编写手法，大体有综述、重点报道和摘要报道三种。

综述由编者对采集到的各方面的言论、意见加以分析、综合之后编辑而成，内容比较全面，一般包括会议的进程、出席情况、会议的发言内容，容量和综合消息类似。

重点报道不对会议情况进行全面反映，仅突出会议中的某个片段，例如突出某个重点报告的内容和所引起的反响，突出会议讨论中争论的焦点，或突出部分人的发言。

摘要报道比较注意从面上反映会议的概要情况，力求对会议的各个方面、尤其对参加会议的各类人员的发言进行全面覆盖，但都点到即止，不对某个点进行过多的深入报道。

3. 报尾

报尾在简报最后一页的下端，通常是用一条横线与报核隔开，横线下左边写明发送范围，在平行的右侧写明印刷份数。

（二）会议简报的写作要求

1. 简报要快

会议简报具有新闻稿的特点，和动态新闻消息对时效性的要求相似。许多简报不仅是“新近发生的事实的报道”，还是刚刚发生、正在发生的会议动态的报道。一些会议上午的讨论刚结束不久，反映讨论内容的简报中午就发到了与会者的手上。从发展趋势看，当天见报已经是对简报编写的基本要求。因此，编写简报必须要有“立等可取”的反应速度。

2. 简报要简

会议简报姓“简”。简，既是对简报篇幅的要求，又是对简报内容的要求。有些会议一天滚动编发两三期简报，每期仅 1～2 页，或仅刊登 1～2 篇文章，或仅摘编几段简讯，但由于编发及时，往往在会议进程中，尤其在会议进程的转段过程中发挥着突出的引导、服务作用。

3. 简报要有分寸

在时效特征、内容单一要求等方面，简报像极了消息，但是和报纸消息比，两者的区别还是非常明显的。报纸消息是新闻，简报则是信息；报纸消息是公开报道，而简报信息只能在会议上传播，仅限于内部交流。而且简报信息上的一些内容还具有很强的专业性，不适合通过大众媒体传播。更重要的是，有些会议简报涉及机密，要在封面上标注“内部资料，不得外传”字样，提醒与会人员注意保密，有的会议明确规定简报阅后收回。还有些会议简报，仅向上级机关报送，仅提供给某一级别的领导参阅。上述特征要求编写简报时一定要特别注意选材的分寸，哪些内容适合上简报，哪些内容不适合上简报，一定要严格把关。

【例文评析】

发展论坛会议简报

第4期

××××××旅游发展研究中心　　　　××××年××月××日

间隔横线以上的称为报头，包括四部分：名称（简报名称一般要套红印刷）、期数、编发单位、编发日期。

××××年度××省旅游科学发展论坛顺利结束

××××年度××省教育厅人文社会科学（旅游科学）课题立项评审会暨“嘉陵江干流开发与环境保护暨旅游业发展论坛”于××××年×月×日在××师范大学召开。

本次会议主管单位为四川省教育厅科技处，由××省教育厅人文社会科学重点研究基地——××××学院旅游发展研究中心主办，××××大学承办，并得到了××××的资助，以及××××友协、××××外事台侨旅游局、××××环保局和×××旅游局等单位的大力支持。

标题下面是导语，简要介绍了会议的主题、时间、地点、主办方、与会代表等基本内容。主体部分概括了会议的两大主题：一是关于×××干流开发与环境保护暨旅游业发展的学术交流，二是交代了关于××××年度××省教育厅人文社会科学课题立项评审的相关情况。最后一段是结语，指出本次会议取得了圆满成功，并定下了××××年度会议的时间、地点和承办单位。

来自省内外30余所高校和相关部门的参会代表共70余人参加了会议。乐山师范学院参会代表约20人，由院长×××教授率队参会。大会共收到参会论文40余篇，20余位代表就相关学术问题进行了大会发言和学术交流。会议期间大会组委会安排参会代表对××市区、嘉陵江干流与××市进行了实地参观考察。

在××××年度四川省教育厅人文社会科学（旅游科学）课题立项评审会上，四川省教育厅科技处领导和旅游发展研究中心学术委员会成员就本年度申报课题（本年度共有20所高校申报“中心”课题81项，经资格审查后受理76项）进行了严格认真的审查。评审办法为：学术委员会无记名投票表决，校外学术委员监票并当场宣布票数，报四川省教育厅科技处批复后公布。

参会代表一致认为此次会议取得圆满成功。经初步商定，××××年度旅游发展研究中心类似的会议定于××××年5月在阿坝州举行，由西南民族大学承办。

报：四川省教育厅
送：与会各高校及四川省对外友协、南充市外事台侨旅游局、南充市环保局和阆中市旅游局
发：(略)　　　　　　　　　　　　　　　　共印40份

报尾部分要注明简报的分发单位："报"是上报上级单位，"送"是指平级单位，"发"是下发下级单位。印发份数也可不写。

【简评】简报当然要"简"。本发展论坛会议简报不足600字，比较清楚地表达了在何时、何地、开了什么会议，会议谁主办、谁承办、谁给予了支持，哪些人参加了会议，会议解决了什么问题，有什么收获等等。可见，简报之"简"实为要言不烦。

【知识拓展】

会议记录与会议备忘录

会议记录与会议备忘录都是记载会议情况的文字材料。两者的不同点在于：会议记录一般要求对会议发言有闻必录，而会议备忘录仅要求侧重记录与会者提出的全部项目(但不必包括讨论的细节)以及作出的全部决定、达成的全部协议、意向，强调要将会议上确定的事项或布置的任务要记清楚，还要求即使会上没有确定，但是会后又确定了的事项也要记下来。会议记录仅作为内部资料保存，一般不公开，无须传达或传阅；而备忘录则一般都需要分发到相关人员手中，即使缺席了会议也能即刻了解会议内容。

会议纪要与会议记录

会议纪要与会议记录都是在会议进程中形成、会后整理的记录会议内容的文书，两者的主要区别如下：

一是性质不同。会议纪要可以是普通会务文书，也有可能转化为法定公文内容，而会议记录只是记录会议内容的事务性文书，不具有法定公文的属性。

二是内容不同。会议纪要仅择"要"而记，记载的是经过会议讨论达成共识的会议内容要点，一般是经过整理加工最终形成的会务文书；会议记录则是会议实况和会议发言的原始记录，要求如实记录，不做加工。

三是形式有别。作为公文印发的会议纪要按照公文的规范格式行文，作为普通会议文书的会议纪要也可以参照规范的公文格式，而会议记录没有统一的格式规定，一般多在专用的记录簿或记录纸上逐条记录。

四是功能不同。会议记录一般不公开，也无须传达或传阅，只作资料存档；会议纪要通常要在一定范围内传达或传阅，要求贯彻执行。

【写作练习】

1. 阅读分析

政协××市六届×次会议

简 报

（第24期）

大会秘书处 ××××年××月××日

政协××代表审议、讨论《政府工作报告》

××月××日下午，××代表团代表以饱满的精神、高度负责的态度，认真履行职责，审查、讨论《政府工作报告》。代表们充分肯定了市政府工作取得的成绩，一致认为，报告实事求是地总结了××××年工作，客观分析了存在的问题和不足；对××××年工作的安排部署思路明确、清晰、精细，符合龙岗发展实际，有较强的指导性和可操作性。代表们踊跃发言，为加快现代新龙岗建设提出了意见和建议。

×××代表说，城乡收入差距明显，地区发展不平衡，是当前我市经济社会发展中的一个突出问题。要通过深入贯彻党的十九大精神和习近平新时代社会主义思想，坚持以城带乡、以乡促城，优势互补的方针，努力形成城乡经济社会发展一体化新格局。

×××代表说，开放式的经济需要开放式的投资，政府财力有限，不可能拿更多的钱搞建设，要依托市场，注重投资方式的多样性和灵活性，变社会为投资的主体。只要能引进外面的资金到龙岗或区县内，都是好事情。要重视环境问题，改革开放、经济发展，需要一个好的环境。环境好，项目入驻得就快；环境不好，项目就会消失。东川既要解决硬环境问题，又要解决软环境问题。解决软环境问题不是哪一个部门的问题，而是共性问题。不解决好执行力不强、办事效率不高、推诿扯皮的问题，就谈不上追赶式、跨越式发展。

×××代表说，对现代新龙岗建设要思考怎样才能建成最适宜人居住的城市，体现人与人、人与国家、人与自然三者和谐相容。文化龙岗要体现和发挥龙岗文化在历史长河中的地位和作用；要研究整个板块的衔接，促进以资源型为主的东川、寻甸、禄劝扩大招商引资，壮大产业支撑，推进提速发展；要着眼改善软环境和硬环境，提升旅游品位，吸引更多的旅游者和更多的人到龙岗居住。建议做好滇池治理和金沙江水源（取水）的前期准备工作；现代新龙岗建设需要大量的资源，要重视资源的合理开发。

×××代表建议，政府在把重点工作放在主城区建设的前提下，对县区特别是对东川，在扶贫攻坚、项目安排、资金投入上要加大力度。要充分发挥东川自身优势，大力发展县域经济。一是如何整合矿产资源，把矿产资源做大做强；二是希望市政府统筹考虑，建设火车北站，促进东川河沙资源开发利用；三是要加大人才引进力度，改变公务员队伍结构不合理的问题；四是加大招商引资力度，充分利用东川再就业特区优惠政策，带动全市招商引资工作。

×××代表建议，加大对县区龙头非公企业节能减排资金的投入，给予大力扶持。

××代表建议，一是在交通方面，实行60岁以上老年人享受免费乘坐公交车这一政策仅是四城区，希望扩大范围，让全市十四个县(市)区的60岁以上老年人和高龄老年人都能享受这一政策。二是整合全市优质医务资源，建议主治医生到偏远地区巡诊；结合社区医院、村卫生室建设和医疗体制改革及制度建设，建立社区医院和乡村卫生院首诊建议转诊制度，使医疗资源科学合理配置。三是随着户籍制度改革的深入，在推进城乡一体化建设、实行一元化户籍制度管理改革的同时，及时制定配套政策措施，特别是加大对社会保障体系，如养老、医保、最低生活保障等方面的投入，对贫困县区给予更多倾斜。四是在大力投入主城区建设的同时，加大对县区的投入力度。

×××代表说，政府要用诚信招商；要鼓励和支持有能力的中小企业上市；大力发展云南花卉、蔬菜产业。

列席人员×××建议：一是要做好园区规划和一个实实在在的土地利用规划，把园区基础设施建设投入纳入土地成本价格，在土地招拍转让后，回收基础设施建设投资；二是要研究如何利用好30%的扶持发展资金，把30%扶持发展资金作为一个基点，撬动和吸引资金投入；三是要做好土地储备，用土地储备收益来偿还贷款。

列席人员××汇报了当前招商引资工作，表示在任务重、压力大的同时，各项工作正在紧锣密鼓地推进，保证一定要按时完成今年招商引资工作任务。

报：××省政协

送：××各地市政协

发：××市各区、县政协　　　　共印30份

问题

（1）请分析这份简报的报头、报核和报尾都有哪些内容。

（2）会议记录和会议简报也有一些内在的关系，说说这份简报的内容对你认识会议记录和会议简报的联系有哪些启示。

2. 病文诊断

病文诊断一

爱心纳雍理事会××××年××月会议记录

一、时间：××××年××月××日 20:30-23:30

二、会议方式：YY网络语音平台

三、出席与列席会议人员：凯珑莜瑶、大哥华、老兵、木头、听雨、石匠、知无邪、木乃伊、叶无道、撒旦

四、会议主持人：木头

五、记录人：木乃伊

六、主要议题：

1. 爱心午餐停餐的情况沟通和寻找解决方案。

2. 当前爱心纳雍的一些其他事宜。

七、会议要点总结：

1. 说明了当前午餐项目停餐的情况，并提出了一些解决方案。由凯珑莜瑶准备相关的情况资料，向县领导反映实际情况，争取政府领导的重视，尽快解决问题。

2. 爱心纳雍对外的宣传稿子，发出前需要由老兵和木头审阅。

3. 凯珑莜瑶负责爱心纳雍的财务制度的起草（可借鉴其他公益网站）。

4. 由老兵、凯珑莜瑶尽快安排报销爱心纳雍所欠梦里飞雪和撒旦的费用。

5. 通报近期开展的一些爱心活动，包括乐治镇蚕箐小学爱心图书室和球场建设，广外外校资助的两所图书室，华为集团资助的 10 所图书室（除指定之外，其他的从待建图书室清单里选择），心平基金会资助的两所图书室等。

6. 商量开展爱心纳雍小学生作文大赛的可行性。（摘自：爱心纳雍网）

问题

（1）简要分析这篇会议记录的特点。

（2）说说这篇会议记录还存在哪些问题？

病文诊断二

广安职业技术学院学生会简报

××××年第××期

广安职业技术学院学生会　　　　××××年××月××日

舞动青春　歌唱祖国

金秋十月，我院在 9 月 28 日下午，以“爱祖国　构和谐　创文明　展风采”为主题，展开了“迎新生、庆国庆”活动。同学们以饱满的热情，参加了此次文艺演出。在这里我们一起掀开青春华丽的篇章，一起谱写人生璀璨绚丽的岁月。

一段优美的舞姿拉开了迎新的序幕，恰似百花中的精灵，跳跃着青春的旋律，欢庆着的是青藏高原上流动的雪水，是喜马拉雅山上盛开的雪莲，伴随着华夏儿女欢快的步伐，让团结的音符回荡在广职院这片大地。一首“吉祥”藏歌传递着美好的祝福；一段激昂的“舞林至尊”飘洒着自信的风采；一场书画的竞技，传承着中华民族的文化历程。

这是广职院新生踏上新一层阶梯的洗礼，也是见证祖国悠久的岁月。在这片欢声笑语中送上我们心中洁白神圣的哈达。把尊重、团结、祝福送给我们可爱的同学们，回报给祖国母亲温暖的三春晖。

问题

这份会议简报在格式和内容方面都有哪些问题？

第三节　会后会务文书

当主持人宣布会议结束时，会务工作随即进入收尾阶段，此阶段形成的会后会务文书主要包括会议总结、会议综述、会议宣传材料等。

【范文举例】

当好参谋助手　提高服务质量
——全国地方政协秘书长工作会议综述

5月8日至9日，全国地方政协秘书长工作会议在内蒙古自治区呼和浩特市召开，参会的有很多新任的地方政协秘书长和机关负责同志，一天半的会议安排得紧凑而高效，这些政协"新兵"在学习交流中增强了荣誉感和责任感，从发言中，能感受到他们蓬勃的工作热情和当好一流参谋、做好一流"中枢"的强烈决心。

绷紧"讲政治"这根弦

"人之忠也，犹鱼之有渊"。政协机关首先是政治机关，要旗帜鲜明讲政治，就要真正使习近平新时代中国特色社会主义思想落实到政协机关的各项工作、各个环节，成为指导和做好政协机关工作的统揽之"纲"。

讲政治不能空喊口号，而是要有具体的内容。会上，全国政协常务副秘书长、机关党组副书记潘立刚说，去年，全国政协机关切实落实中央巡视整改任务，推进"两学一做"学习教育常态化制度化、开展庸懒散松转型集中整治行动，让机关干部绷紧讲政治这根弦，机关政治面貌得到很大改善。

政治过硬，这是各级政协机关开展工作的"硬杠杠"。

河北省政协机关中，中共党员占90%左右，省政协秘书长陈书增说："我们坚持理论培训与实践双管齐下，全力提升机关党员干部工作本领和工作能力。"陈书增在发言中介绍说，今年河北省政协机关修订完善了一系列工作制度，组织党员干部参加党员学习活动日、政协大讲堂、河北干部网络学院平台课程教育等学习活动，还深入开展"一问责八清理"专项活动，为履职提供坚强政治保障和组织保证。

安徽省政协秘书长车敦安在发言时说，他们牢固树立坚持党的领导的意识，坚持年度协商计划、工作要点等向省委请示汇报，由省委研究审定后实施；政协重大活动、政协主席重要讲话等主动报省委书记审定。今年，安徽省政协还报请省委书记统一开展书记领办督办重点提案工作，组织开展"四级委员在行动"专项民主监督。

"为了加强党组织建设，辽宁省政协近年制定了《省政协党组工作规则》等一系列制度性文件。"辽宁省政协秘书长李树民说，政协机关党组每季度听取各处室工作汇报，健全完善基层党支部设置，坚持党建工作出现问题绩效考核时一票否决，机关整体精神面貌稳步提升。

"身为兵位，胸为帅谋"

围绕中心、服务大局是人民政协履职的重要原则，也是做好政协机关工作的关键所在，机关的服务工作常常很具体很琐碎，但它需要时刻具备全局观念和战略思维，着力于推动重大决策部署和政协党组工作安排落实到位。当前，中国特色社会主义进入新时代，牢记服务大局，找准自身定位，使各项工作和服务紧贴政协履职的需要，是政协机关工作应有之义。

会上，全国政协办公厅研究室副主任李曰军在发言中说，研究室队伍要“胸怀全局，身在兵位，胸为帅谋”，其实，这也是政协机关干部的职责要求。

“党政工作推进到哪里、政协履职跟进到哪里，我们的工作重心就追随到哪里。”浙江省政协副秘书长帅燮琅在发言中说，省政协机关力求在党政所需、群众所盼、政协所能的有机统一中，找准政协应该做、可以做，而且能够做好的履职结合点和工作切入点。

服务发展大局，这也是天津市政协强化服务意识的重心所在。天津市政协秘书长高学忠说，近年来，天津市政协聚焦推动京津冀协同发展等事关全市改革发展的重大问题和市区棚户区改造“三年清零”行动计划等涉及群众切身利益的实际问题，组织开展履职活动，做到市委有号召、政协有行动，市委有部署、政协有落实。

质量是服务的生命

政协机关工作千头万绪，归根究底是搞好服务。服务既有参谋辅政的政务性服务，又有繁杂琐碎的事务性服务。质量是服务的生命，如果耐不住性子、静不下心来，就容易出纰漏和偏差。如果不主动思考、积极谋划，就容易陷入忙忙碌碌、劳而无功的事务主义。此次会议上，如何提高机关服务质量，是大家交流较多的话题。

在政协机关，研究室主要承担起草重要文稿、开展理论研究、组织课题调研等工作职责，尤其需要工匠精神。帅燮琅说，“说得再好，谋得再多，最终要落实到‘白纸黑字’上。我们研究室每年起草领导讲话、调研报告、新稿件、署名文章等各类文稿在200篇以上，文字量在100万字以上。”

政协机关是政协委员的“联络员”“服务员”，理应成为温馨的“委员之家”。近年来，上海市政协推动委员联系服务工作提质增效，“细水长流，久久为功”，取得了显著成效。上海市政协秘书长贝晓曦介绍说，上海市政协先后制订修订了《委员履职工作规则（试行）》《进一步加强政协会议组织水平和加强委员履职管理的措施》等等，为委员联系服务工作提供了遵循和保障。

服务委员履职是一门学问，需要不断学习，更需要在实践中学。长春市政协秘书长蔡延斌在发言中介绍说，市政协机关干部与委员一同深入社区、企业、科研院校，亲身体验委员建言献策风采，找准、查实并不断弥补自身工作与服务对象需求存在的差距，去年一年就有78人次182趟次完成体验任务。政协机关还将优秀年轻干部向专委会倾斜，充实专委会力量，提升对委员的服务保障效果。

说认识谈体会，有思考有对策，这次内容丰富的会议让大家感觉收获满满，大家从会上汲取的“养分”，最终将转化为提升政协机关工作质量的动力。

（原载2018年05月10日人民政协网，作者：谢靓，有删改）

【写作知识】

一、会议总结

会议总结是通过对会议过程中各个环节、各个方面的回顾，并参考通过各个渠道汇集的会议反馈信息，对会议效果做出的全面、客观的评价。通过这样的评价，能够从中积累更加丰富的经验。另外，会议总结还具有会务总结的性质。

（一）会议总结的意义

1. 为会议定性

在会议基本议程全部完成之后，会议主持人有必要对会议是否完成了全部议程，是否实现了预期目标，本次会议是否成功，会务工作大家是否满意等，做出简单的定性评价，并在宣布会议结束前向全体参会人员报告。上述评价也是宣布可以散会的前提条件。事实上许多会议都有这样的流程，主持人都需要做出相应的评价，然后才可以宣布散会。

那么，会议主持人根据什么在会议的最后阶段公开宣布对会议的定性评价呢？只有根据会议总结。由此可见，写会议总结是一个动态的过程，也应该是和会议同步进行的一项会务工作。

2. 会议宣传的依据

在会议结束之后，会议精神需要通报，会议决定需要贯彻，会议部署的事项需要完成。对一些业务部门而言，会议结束后，相关工作才开始启动。完成会议部署的任务一般都需要先从舆论发动入手。而会议精神传达、会议情况汇报、向新闻媒体发送新闻通稿，都要用到会议总结材料。有时候会议总结材料可能是用来进行会议精神宣传的最权威的材料。

3. 会议卷宗的重要材料

有些重要的会议必须形成卷宗，作为机关工作、公司管理的重要记录资料存入档案。因此，会议总结是形成完整的会议卷宗的重要材料。如果只有会议通知而无关于会议的总结、评价材料，那么这份会议卷宗是不完善的。

4. 积累会务经验

每次会议之后，包括每个议程完成后，及时进行总结，对丰富会务工作经验，查找会务工作存在的问题并及时加以改进，是尤为重要的。会议总结也是对责任部门和会务人员进行奖惩的依据之一。

（二）会议总结的内容

会议总结宜通过会议的形式进行，会后形成书面总结材料。会议总结的内容是通过总结形成的关于会议成效的具体评价意见，主要包括：

1. 会议的时宜性

会议总结首先要回答所召开的这次会议，是开对了还是开错了，在这个时候开是开得及时还是开早了、开迟了，即召集或举办此次会议的时宜性究竟如何。无论获得怎样的答案，都要给出根据。

2. 会议计划、议程的完成情况

会议手册中所列的以及会议开始时宣布的会议内容、会议议程，是否全部完成，完成的质量如何，是圆满、顺利完成，还是初步完成、基本完成。要实事求是，准确评价。

3. 会议意图的实现程度

会议的各项目标是全都实现了，还是部分实现了。评价要重事实，要会用数据说话。譬如，通过开一次会议，意图就实现了，问题就解决了，真这么神奇吗？要能拿出令人信服的证据。

4. 会风和会务工作情况

在会议总结中,会风和会务工作情况不应作为重点,但是却不能不提。会议是否高效,会议纪律有没有得到严格执行,有没有发生违纪事件,需要有所交代。

最后,如果发现了突出的人和事,或者需要表彰或批评的现象,都可以在会议总结中列出。

(三)会议总结的写作要求

会议总结的写作,还要注意以下三项要求:

1. 听取意见

会议总结不能一个人说了算,要收集多方面的意见,听取不同的声音,最好经历小型的专门会议或专门的集思广益环节,再形成判断。

2. 经领导审阅

形成初步的总结框架后,应当及时向会议主持人报告,经会议主席(主持人)或有关领导审核后再动笔。实际上会议总结的框架多是会议主持人先考虑的,或主持人和会务人员协同努力,抢在会议结束之前先形成初稿,先满足在会议结束前向大会报告的需要,会后再继续完成会议总结的定稿。

3. 坚持动态成稿

会议总结的写作过程,是伴随会议全过程的会议文书成稿过程。在会议报到、开始阶段,会务秘书人员就需要观察现场、发现问题、抓取素材。在会议进行中,需要深入到大会和分组讨论的现场,感受气氛,了解动态,并善于在正式和非正式场合设置议程,引导与会人员交流对会议的看法、意见。有了这些准备,才有可能在会议主要议程全部完成时,同步拿出总结初稿来。

二、会议综述

(一)会议综述的意义

会议综述和会议总结有许多共性,如都可以进入会议卷宗,转化为工作档案;都可以用来作为汇报材料;也都可以转化为新闻稿。但是两者的不同也还是很明显的。

1. 作者要求不同

会议综述可以由会议承办者负责写,也可以不由会议承办者负责写而请第三方的媒体记者来写。会议总结的要求则不一样,会议总结是会务工作的一项内容,是会议主办者要完成的内部事务。当机关、单位需要用到会议综述的时候,会议承办部门可以拿出会议总结代替,但是在需要用到会议总结的时候,却不能拿会议综述来替代。因为总结必须是自己写的,不能用别人写的东西代替。

2. 读者对象不同

会议综述是希望写给外人看的,尤其是希望给社会同行看的,而会议总结是为自己写的,或是当作汇报材料给领导看的,有些会议总结还可以直接当宣传材料刊登在自己单位的媒体上。会议综述则带有明显的对外宣传的意图,而会议总结带有自我总结、自我完善的色彩。

3. 文体特征不同

会议综述甚至不需要经过修改就可以直接拿出来在媒体上发表,因为许多会议综述本身就是新闻通讯作品。还有一些学术性会议的综述则可以作为论文在期刊上公开发表。而会议总结虽然可以提供给新闻媒体并被转化为新闻稿用于会议的公开报道，但是总结毕竟还是总结，属于机关日常应用文，本身并不是新闻作品。

4. 突出的重点不同

会议综述的精髓是会议言论，尤其是言论中的新动态、新思想、新观点、新措施，而会议总结是围绕着会议日程、目标、任务所做的全面的回顾和提炼。

（二）会议综述的原则

1. 以分析为基础

综合，是要按照事物的种类、性质，把相同的部分合成在一起，会议综述就是要把会议上的各路信息，尤其是讨论发言中的零零散散的信息，按照其本身所具有的属性组合成若干个类别，以便能够更好地认识这些信息。因此，综合必须以分析为基础，在分析的基础上进行，不经过分析，就难以发现本质，而找不到各类事物的本质，就难以把它们的共性整合在一起。

2. 统揽全局

综合，是针对所有事物共性进行的组合，而不是组合部分属性。例如在经济工作会议上，分组讨论时有人谈到了东部地区经济发展如何增加新动能，有人谈到了西部经济发展如何建立新模式，会议综述时就不应该只注意了关于东部地区经济发展增加新动能的意见，而丢掉了西部经济发展如何建立新模式的意见。《当好参谋助手　提高服务质量——全国地方政协秘书长工作会议综述》突出的特点之一就是具有整体意识，关注和关照了四面八方，能够在统揽全局基础上把会议讨论的内容组成了几个大板块进行“综述”。

3. 要有学术视角

会议综述的用途、意义，决定了其关注的视角不是会议上谁发言了，而是更关注会议的内容，关注发言者都说了什么，关注会议有哪些新的见解、新的信息、新的倡议、集中反映了什么新主题。因此，做会议综述还需要有敏锐的学术意识。对所综述领域的整体情况、发展趋势、存在的问题有了深刻的了解，才能把更有价值的内容组合起来集中加以反映。

（三）会议综述的写作要求

1. 用好文献资料

写会议综述首先要用好文献资料，从文献资料中获得关于会议主题的系统知识。例如写《当好参谋助手　提高服务质量——全国地方政协秘书长工作会议综述》，作者首先必须要经历一个通过文献资料学习政协建设理论、了解政协事业发展历史和现状的过程。其次是要充分利用会议的书面材料，包括会议学习材料和向大会提交的交流发言材料。这些文献资料和会议书面材料对会议综述主题的把握、格局的设计，都具有重要意义。

2. 准确摘录发言信息

文献资料是基础性材料，对撰写会议综述具有引领方向的作用，而会议综述的具体内容，主要还得靠鲜活的现场发言内容来支撑。执笔者需要深入会场，尤其是要深入讨论发言的现场，听取会议交流讨论的内容，感受即兴发言的气氛，在发言者的思想碰撞、观点交锋中梳理思路。对于初步收入写作框架的现场发言，要通过询问、交流反复核实当时的发言场景，务求准确理解、使用其发言内容。

3. 控制好篇幅

会议综述适宜采用以话题为单元的横向结构，话题单元以 3~5 个为宜。会议综述的篇幅不可太短，少于千字综合起来就有困难，但是文章篇幅也不宜过长，超过 3 000 字就可能影响阅读体验。

【例文评析】

市人大常委会召开市十五届人大二次会议工作总结会

1 月 11 日，市人大常委会召开市十五届人大二次会议工作总结会。市人大常委会主任×××主持会议，副主任×××、×××、×××，代表资格审查委员会主任委员×××，秘书长×××出席会议。市人大及其常委会各部门负责人，人代会各工作组组长、副组长，以及机关全体干部参加会议。

会上，×××副主任从大会服务保障工作情况和存在的不足两个方面，总结了会前会中秘书会务、新闻宣传、计划预算审查、组织议案、信访警卫、简报信息、后勤保障、会风会纪 8 个工作组工作开展情况、创新做法、取得的成绩和不足。×××副主任说，在市委、大会筹备领导小组和大会主席团的领导下，大会秘书处及各工作组本着“大会隆重热烈，小会勤俭节约，程序严谨细致，服务热情周到”的原则，精心筹划、严谨运行，求真务实地开展大会各项工作。大会秘书处所设 8 个工作组及全体人员团结协作、尽职工作，圆满完成各项任务。

×××主任在总结讲话中指出，市十五届人大二次会议在市委的高度重视和支持下，在大会临时党委和大会主席团的领导下，在大会全体工作人员的共同努力下，开得成功圆满，是一次团结鼓劲、开拓创新、求实奋进的大会。在新情况、新要求下，大会各工作组充分发挥各自职能，围绕确保大会圆满成功的总目标，坚持分工不分家、齐心协力、攻坚克难，共同推动大会各项服务保障工作落实。秘书会务精益求精、常委会工作报告广受好评、新闻宣传亮点纷呈、议案建议言之有物、简报信息优质高效、计划预算审查一丝不苟、后勤保障周到细致、会风会纪严肃端正、信访警卫安全有力，充分彰显了各工作组扎实的工作作风和良好的精神风貌。各组既各司其职、各尽其责，又统一步调、协调配合，为大会顺利进行打下了坚实的基础，作出了积极的贡献，体现出了人大办会的高质量、高水平。

×××主任强调，在总结成功经验的同时，要清醒地认识到一些问题和不足，要以工作总结会为新起点，以更加昂扬的斗志，更加扎实的工作，更加务实的作风，在推进首府建设进程中贡献人大力量。一要带头学习好、宣传好、贯彻好大会精神。要坚持围绕大局履职尽责，坚定不移贯彻落实中央和自治区党委、市委各项决策部署，牢牢把握高质量发展这个根本要求和鲜明导向，精心谋划并组织实施好立法、监督、决定、任免、代表等各项工作，使人大制度优势转化为推动工作的职能优势。二要深入总结好、固化好、创新好实践成果。进一步总结经验、分析问题、拓展思路，将这次人代会形成的好经验、好做法固化下来，形成科学高效的制度机制，不断提高人代会服务保障工作水平。三要继续保持好、树立好、发扬好优良作风。把人代会组织、筹备和服务中好的精神风貌和工作作风带到今后的工作中去，切实加强人大机关建设，为常委会履职提供优质高效的服务保障。

【简评】 这篇文章虽然还不是完整的会议总结，但不仅通过“×××主任在总结讲话中指出”

“×××主任强调”直接报道了该主任手中的会议总结的内容，而且也进一步验证了本章所强调的会议总结的重要性、会议总结是要求和会议同步进行的一项会务工作的思想。

【知识拓展】

会议开得成功与否，会务工作做得好不好，还应该听听与会者怎么说。在会议闭幕时，顺便发个提示，附上一份简单的满意度调查问卷，是一个不错的选择。等问卷数据出来后，再用这些数据去支撑会务总结，会务总结就可能更加丰满了。下面是某汽车服务年会会务组利用微信服务号发出的会议满意度调查提示和调查问卷，有一定的参考价值。

关于开展会议满意度调查的温馨提示

各位经销商伙伴：

“缘聚·同行·一家亲”——××乘用车营销公司年度服务工作会议已圆满落下帷幕，为了进一步提升会议效能，请您进入“××汽车会务管理”微信服务号，点击屏幕左下方的“会务专区”菜单，进入“满意度调查”对本次服务年会进行评价，无论是鼓励还是督促，我们都期待来自您最真实的声音。

再次感谢您会议期间的支持与配合，让我们共同度过了愉快的时光，祝您返程一路顺风！

××汽车服务年会会务组

会议满意度调查

经过两天高效、愉快的运营交流，我们的会议也迎来了结束的一天，不少机构同事应该已经踏上返程的路了，希望大家在闲暇之余，根据自身切实感受，反馈一下对于本次会议的感受（请在手机微信登录投票）。

1. 本次会议综合感受（单选）

□ 特别棒

□ 挺好的

□ 还行吧

□ 很糟糕

2. 最受益的议题（尽量不超过3个）（多选）

□ “分享”

□ 网点产能提升规划

□ 协作机制

□ 端到端成本分析

□ 深圳机构分享

□ 山东机构分享

□ 自助问题件治理

3. 最满意的环节（多选）

□ 酒店、行程安排

□ 饮食安排

□ 会务服务、通知

□ 议题议程安排

问卷中的问题设置和选项设置都特别重要,不恰当的问题和选项可能会带来意想不到的麻烦。一份问卷中的问题控制在5个左右比较合适,一般最多不超过8个。各问题给出的选项一般应不超过4个。

【写作练习】

1. 阅读分析

阅读"范文举例"中的《当好参谋助手 提高服务质量——全国地方政协秘书长工作会议综述》,仔细体会文中的全视角、主题意识、平衡手法以及概括艺术。

2. 病文诊断

院学生会召开"双会"会务工作总结会

××科技大学××学院

2018-11-06

11月5日晚,院学生会在专家公寓3楼召开新生运动会和迎新晚会会务工作总结会,院学生会副部长级以上干部、各学生分会主席团参加总结会。会议由院团委副书记×××老师主持。

会议伊始,院学生会主席团及各部部长依次就新生运动会和迎新晚会会务工作任务简报、存在问题及整改方向等方面进行发言。接着,各学生分会主席团从"双会"的主席台搭建,进、退场学生观众组织,观众席秩序维护、舞台两侧工作协调等方面提出意见和建议。

随后,院学生会主席×××对院学生会、各二级学院学生分会下一阶段工作进行安排,就学生会三级体系建设、学生活动和讲座等问题进行讨论和研判,规划各二级学院学生分会未来活动中不设置"优秀组织奖"。

最后,×××老师在主持讲话中说:今晚的"双会"会务工作总结会,是对2019年学院田径运动会和文艺晚会会务工作的提前安排和部署,各级学生会干部要牢记工作中存在的问题和整改方向,将2019年的"双会"会务工作做到最好。按照省高教工委的督导调研工作意见,学生会组织需要在班委换届、组织提升、思想引领、成长服务等四个方面进一步加强三级体系建设,并对体系建设明确了具体实施意见。同时×××老师强调:2019年是学院建院15周年,各级学生会组织要不忘初心,安心本职,恪尽职守,始终以饱满的工作热情、昂扬的精神状态和优异的工作成绩向学院周年献礼。

会议形成会议纪要,印发全体学生会干部。

问题

(1) 请确认这篇稿件究竟属于什么文体?是新闻、会议总结、还是其他?请陈述你的理由。

(2) 这篇稿件还存在哪些问题,请一一指出。

(3) 现在需要写一篇《院学生会关于"双会"会务工作的总结》,你打算如何写?请你根据稿件中提供的信息,列出总结的提纲来。

3. 情境写作

最近一周,或最近一个月,你总参加过会议吧?如果真的没有,那么未来一周或未来一个月,你可能会有机会参加校内的或校外的某个会议。请你认真参与这次会议的全部过程,等会议结束后立即着手写出一份会议综述来。

第四节 会议讲话稿

【范文举例】

在八部军事题材纪录片观摩会上的发言

×××

2018 年 7 月 29 日上午

各位将军、首长、朋友们,大家好!

刚刚和大家一起看了《哈军工》等八部军事题材纪录片的剪辑片段,又一次被震撼了。其中一些片子、片段,文献价值很大,八部纪录片的制作播出,也因此有了抢救文献的意义。制作《哈军工》等军事题材的系列纪录片究竟需要怎样的特殊条件?我想来梳理一下,希望我的梳理对丰富纪录片的创作理论,对当下电视事业发展,都能有积极的意义。

我初步梳理出这样几个条件:

第一是情怀。什么是情怀呢?情怀就好比是我们人生的动力系统,好比是一台发动机,为我们干成一件事情提供动力。有的人多一事不如少一事,不在其位就不谋其事了,转业了就不再想部队的事。但是,情怀很深的人却不一样。在《哈军工》项目启动的时候,策划人和两位将军一起出镜模拟用导弹击落侵入我国的高空侦察机的场景。快退休的人,图利没有,要名无用,但却不能免责,必须承担可能具有的风险,涉军涉密的政治风险。那为什么还要执着地去做呢?因为有情怀。这个情怀就是强军报国,就是要通过记录一段历史,报效深爱着的祖国,服务了几十年的军队。我在花絮文章中读到了制作过程中出现的重重困难,要八方拜访,四处求人,想方设法把事情一步步向前艰难地推进。这其中的动力,我只能用情怀来解释,别的会是什么呢?

第二是阅历。人的阅历相当于电脑硬盘。阅历深、硬盘容量大,存储的东西就多。存储的东西足够多了,就有了干大事的资本。策划者早年以优异的成绩考入了哈军工,成为这个学校导弹专业的一名学生,毕业就来到了一线部队,从基层指挥员、营长到师旅长,到高炮学院院长,转业后来到传媒业的领导岗位,其间还担任了广东省电视艺术家协会主席、省政协文史委员会主任。这样的阅历就是他能够装得下八部片子素材的硬盘,是敢于策划《哈军工》的资本,是能够准确理解、把握《中国防空军》《英雄导弹营》这样一些重大军事题材的本钱,也是在纪录片拍摄过程中能够成功协调各个方面,各项资源的本钱。

第三是洞察。所谓洞察就相当于互联网世界的信息捕捉器。我刚刚换了一部华为 p20 手机,它有三个摄像头,前置摄像头是 2 400 万像素,拍摄效果特别好,因为有强大的图像捕捉能力。洞察力制约我们的决策力，决定着我们判断的准确性和捕捉、抓住时机的能力。许多事情能不能做，适宜什么时候去做，通过怎样的渠道、路径、方法才能做成，都要靠洞察力。反映哈尔滨军事工程学院的、纪录中国人民志愿军总部的、纪录击落高空侦察机的历史事实，为什么以往没有人把它做成纪录片？因为时机不成熟，安全不允许、条件不具备。现在策划人审时度势，顺势而为，抓住了机遇。不仅抓住了题材历史的机遇，也在短短的时间窗口期，抓住了驾驭题材和拍摄影片的机遇。

第四就是连接。连接就是构网，是把各个结点连接起来构筑一张网络，让系统能够生成和运营。互联网的本质就是连接。今天我们的传统媒体碰到的最大困局，也是连接问题，譬如和传统的市场连接得不紧密了，和一些传统的受众资源、广告资源连接不上了。所以，当代是连接定成败，看高下。能够把人、财、物、技术、装备和政策连接起来，把抗美援朝的场景、场景中的当事人找到，把《哈军工》《英雄导弹营》中的当事人、事件的亲历者找到，采访到，拍下来，是片子制作必须具备的条件。试想如果联系不上陈辉亭将军，《英雄导弹营》还怎么拍呀？我从读过的拍摄花絮中读到，有许多的连接过程都经历了期待—无奈—惊喜—失望—再努力的艰难的连接过程，最后终于成功了。是强大的连接能力使《哈军工》等八部片子的制作过程沐浴东风。

——以上我试图解释八部军事纪录片之所以能够在广东电视台问世的原因。在解释的过程中我做了抽象，生成了“情怀”“阅历”“洞察”“连接”几个概念，希望能够借此找出点带有共性的内容。这样，就不仅仅是在解释、评价一部片子、不是在评价一个人，而是从《哈军工》等片子的制作过程中发现了一个带有规律性的东西——做大事要靠“情怀”，得有“阅历”，要能够“洞察”，要善于“连接”。这样的分析对不对呢？欢迎大家评论、指导。

谢谢大家！

（注：这是笔者 2018 年 7 月 29 日上午在广州人民北路 686 号广东广播电视台后楼一楼大会议室举办的《军事纪录片创作纪实》新书发布会上的即席发言，笔者当时一边看片子一边思考，同时在纸上记录着要点。观片结束后，有两位同志在前面发言，笔者因此就获得了约 40 分钟的宝贵时间整理思路，接着做了上述发言。会后，根据发言录音整理出这份稿件。笔者的体会是，任何会议上的讲话、发言，都应该有话则长，无话则短。无话找话，难免尴尬。）

【写作知识】

一、会议讲话稿的文体特点

讲话稿是讲话人为出席会议、典礼等活动而准备的发言材料。“讲话”和“发言”本也是同义词，但使用上有不同的习惯。例如，组织系统内的工作会议，行政色彩比较浓，在这样的会议上如果安排组织机构的领导发言，尤其是安排领导人在会上就某一方面的问题做主题发言，通常就不称作发言，而是称“讲话”。而跨系统的会议，如研讨、论坛之类的会议，行政色彩没有那么强，则普遍使用“发言”一词。即使是有名望的、行政级别较高的与会者的发言，也多称“发言”而不称“讲话”。有时候会议主持人处于礼貌介绍说，下面请某某领导讲话，结果该领导往往还是开口就声明：“我先做个发言，抛砖引玉。”至于其他与会人员的大会发言和分组讨论时的发言则就统称为“发言”。

从写作的角度看,讲话稿和发言稿写作要求是一致的,区别往往在于讲话稿内容更权威、风格更严肃、篇幅也相对要长一些,而发言稿则内容灵活、风格多样、篇幅也相对要短一些。

讲话稿的文体特点可以归纳如下:

(一)思想性

会场是一个公共空间。即使是机构内部的工作会议,也依然是本机构的公共空间。在会议上讲话是在一个正规的组织空间、工作空间讲话,讲话的内容有可能很快就转化成了会议文件,成为具有一定效力并可能会产生一定影响的管理信息。因此,在会议上的讲话,内容必须要有思想性。体现思想性的方式,一是讲话的内容符合相关政策、方针的一贯要求,和时代进步潮流相一致,不能出现背离,也不允许出现导致背离的理解。二是讲话中涉及的事实、事项,要具有思想性,起码要维护组织的形象和声誉。三是讲话的态度、行为、举止要有思想性,要体现出领导者应有的素养。

(二)稳妥性

会场既然被定义为公共空间,那么在会议上的讲话就会产生公共空间的传播效应。所以,领导人在大会上的讲话应该谨言慎行,需要事先写好稿子,发言信息不得超越政策边界,承诺不得超出权力范围。仅适合在内部会议上通报的信息,不能拿到公开的会议上交流;仅适合小组交流的内容,不能在大会上介绍,这就是一些领导人在大会上的发言往往要"照本宣科"的合理性。

既要稳妥,又要积极;既要得体,又要有信息、有亮点。唯其如此,才更能证明讲话稿的写作需要懂管理艺术,还要有领导才能。

(三)易受性

易受性主要是对讲话稿的技术要求,具体要求是:

1. 清晰

讲话稿本身是书面文章,但其传播方式却又不是目睹,而是耳听。因此,讲话稿一定要考虑口语表达的习惯。譬如,句子不宜写长,最好使用简洁的短句。遣词造句务求通俗易懂,不能使用生涩的文言,不易写不常见的生僻字,还要注意主动避开那些在听觉上有可能产生歧义的多义词。

2. 有热情

凡会议发言讲话,都应热情饱满。不同内容、不同会议时段的讲话,又都有其不同的风格要求。例如大会开幕式上的讲话稿,应该热情洋溢,以引导与会人员打醒精神,投入到各项会议议程中去。闭会时的讲话要有点喜庆祝颂的色彩,以彰显会议的成功,表达对与会人员的祝福。

会议发言、讲话的热情,虽然主要取决于发言人的精神状态和个性特征,却也和讲话稿的修辞运用有一定的关联。例如,使用简短有力的排比句,对增强讲话的鼓动性一般都是有效的。"万里晴空,彩旗飘扬"和"巷子里正下着小雨",音韵、音调不同,读出来之后所引导的情绪也不尽相同。可见,写好一篇讲话稿,语言逻辑和修辞风格都需要考虑。

3. 不能太长

讲话稿的篇幅长度应当根据内容的需要而定,总的要求是意尽言止,当短则短。向大会做工作报告之类的讲话,内容重要、篇幅较长、用时较多,宜将讲话内容印发给与会人员,边听边看。开幕式、闭幕式的致辞,宜尽量简短。至于会议期间的发言,应遵循不同会议的时间要求,不宜超时。

二、会议讲话稿的基本格式

讲话稿一般由标题、签署、称呼、正文等部分组成。

(一)标题

讲话稿的标题有多种写法:可以是由讲话人、事由、文种组成,可以是由事由加文种组成,还可以使用提示讲话内容的文章式标题。

(二)签署

在标题下方注明讲话人的姓名及日期,也可将日期写在文末。签署时要不要写明职务呢?这要看是以什么名义发言的。代表组织机构向大会做报告,是在履行职务职责,当然要署具体职务,如果纯粹是个人发言,签署时就不必写明职务。

(三)称呼

要注意泛指性、次第性等。泛指性是指称呼要有包容性,将与会人员全部包容进去。次第性是称呼要按主次排列。

(四)正文

一般由开头、主体、结尾组成。开头或阐明讲话主题,或交代讲话背景,或提出问题、引起注意。主体部分或分析问题、解决问题,或总结经验教训、安排新的工作项目。这部分要围绕一个主题逐层展开,要做到言之有物,言之有序。结尾部分一般是对全文的总结概括,同时提出要求、希望等。有些公文可以省去结尾,但讲话稿却不能不写结尾。

三、会议讲话稿的写作要求

会议讲话稿的写作还应尽可能满足以下要求:

(一)站在听众的角度构思

即发言人一定要了解听众希望听些什么,不希望听些什么,在可能的情况下,应尽量满足听众的要求。如果所要讲的恰恰是听众不感兴趣、不希望听的内容,但是按照相关要求又必须得讲,怎么办呢?那就应诚实地面对听众,了解他们为什么不爱听,然后和他们一起寻求解决问题的途径。

站在听众的角度构思,需要处理好严肃性和平易性的关系。领导人在大会上讲话、发言,自然需要严肃、庄重。但是,如果整个讲话过程自始至终都处于非常严肃的氛围中,会让听众感到压抑,进而产生厌烦情绪,讲话的效果也大打折扣。讲话稿如果写得幽默一点,发言人适时地活跃一下现场气氛,不但能够调动听众的情绪,而且会使讲话的效果达到更好。

（二）站在讲话人的角度润色

会议讲话稿有时候是领导人自己准备，但所有的讲话稿都让单位领导自己准备，显然是不现实的，相当一部分讲话稿，还得由秘书人员来完成。为领导人准备讲话稿，就要站在领导的角度去构思、把关、润色。达致这样的境界，需要具备以下条件：

1. 熟悉业务

站在领导的角度去构思讲话稿，前提是要熟悉本单位、本部门的基本情况，熟悉领导人所分管的相关部门的职能，熟悉领导人的日常业务工作的内容。只有在以上“三个熟悉”的基础上，才有可能和领导形成默契，也才有可能随时拿得出领导所想要的讲话内容。

2. 熟悉领导

每位领导都有自己的个性、风格，有些领导性格开朗、幽默，不喜欢干巴巴的讲话稿。有的领导作风严谨、细腻，不允许讲话稿中有一点“出格”的言辞。有些领导不愿受原稿的“束缚”，更不喜欢照稿宣读，只要求秘书人员为讲话提供素材，尤其是有关数字。也有些领导愿意一字不改地照着稿子从头读到尾。摸准领导者的“脾气”，在为领导人准备讲话稿时才有可能“投其所好”，拿出与其特征相适应的稿子来。有些领导在讲话时读错了字，引发了舆论的吐槽，往往就和秘书对领导不够熟悉、彼此缺乏沟通有关。

3. 熟悉政策

在为领导准备讲话稿的时候，秘书人员应该比领导更熟悉政策要求，更清楚有关规章的边界和底线，更了解热点内容该如何表达、不该如何表达，为领导把政策关，这也是对秘书人员提出的服务领导、当好助手的具体要求。

（三）用听众熟悉的话语写作

心中装有听众就要善于用听者的语言说话。听众不喜欢听长篇大论，讲话稿就应该尽量短一点；听众厌恶官腔官调，讲话稿就应该尽量口语化。听者是普通工人，就不宜满篇雅儒之气；听者是老人，讲稿就不宜过于海派；听者是大学生，讲话就应充满激情、朝气。用听者的语言写，才能深入浅出，达到吸引听众的目的。

【例文评析】

每一个相遇，都是生命中的赐予

×××

（2018 年 11 月 4 日上午在《视界人生》发布会上的发言）

> 标题比较文艺，和会议的主题比较和谐。

《视界人生》正式出版了。这本书有什么价值，为什么现在出版，我的认识还真的不够清晰，拟或现在还不是回答的时候。但我知道，中华民族的自信在于她悠久的历史，在于一代

> 用聊天的方式开头，并自问自答，有吸引与会人员的考虑。

又一代生生不息的传承。罗马不是一天建成的，广东的电视业也不是一步跨越到当下的。选择一个介质，给自己一个交代，给历史一片记录，给后人一点线索，这是我能看得见的价值。还有更深刻更丰富的价值吗？应该有！得去问时间老人。至于策划者个人，辛苦的付出能换来什么？我想当事人本来就没有希冀什么，但是能记住别人好的人，别人也会记住他。历史的记录者，往往容易被历史所记录。

会间休息时，不少与会者都在谈论并表示非常认同“能记住别人好的人，别人也会记住他。历史的记录者，往往容易被历史所记录。”

本书收录的人物，是在一个历史时段中的广东电视人的杰出代表，其中的绝大多数是我的良师益友，现在有幸和诸位在书中重聚。我深感自己无比富足。

会长多次问我：你是什么家？你担任过省电视艺术家协会副主席，而且是来自系统外唯一一名副主席，还不是电视艺术家吗？你从事教育教学四十年，成果丰硕，还不是电视教育家吗？我说不是，真都不敢说是。我是深感人生苦短的旅行者，而但凡苦短人生者，阅历中往往总会藏着一点值得说道的内容，至于这些内容能否支撑起“家”的荣誉，其实已经无关紧要，有点痕迹能够被记录下来，于我本人已经是一种满足。

用会长的提问引出一段回顾，回答了自己为什么会被《视界人生》所收录。

作为一名旅者，我社会人生的旅程中留下的最为清晰的足迹总是和广东电视密切联系在一起的。在进行打通新闻教育学界、新闻业界和新闻宣传政界路径的探索中，本书收录的多位领军人、艺术家、主持人都给了我无比珍贵的支持和鼓励。容我回顾以下几个事实：

1. 本书记录的歌谣，是我最早遇见的广东电视的伙伴。感谢她邀我参与并曾作为嘉宾出镜主持广东台的社教栏目《青春热浪》，感谢她在传唱至今依然深受儿童喜爱的《让梦飞起来》中邀我作词。本书记录的谭导也是我的资深朋友，早在上个世纪我就在他执导的大型综艺晚会节目中兼职过撰稿。岁月已久，上个世纪的事了，但是记忆犹新。

回顾往事，情真意切。

2. 广东南方广播影视传媒集团能够选择广州大学作为战略合作伙伴，联合组建南方广播影视传媒学院，时任南方广播影视传媒集团总裁的王克曼同志同意出任名誉院长，这既是对新闻教育的支持，更是对时任广州大学新闻与传播学院院长的我无比的信赖。15 年过去了，我对广东电视台和王总裁感恩依旧。

3. 和时任广东电视台台长张惠建等同志反复筹划，促成了广州大学新闻与传播学院和广东电视台体育频道联合开办了“体育新闻”班，直接服务了广州亚运会，取得了预期的成功。其意义无论是广州大学还是广东电视台，都值得载入史册。其后，我们又开办了创新实验班，开始了与台湾等地的境外机构合作办学的实验，同样取得了圆满的成功。

4. 借助南方广播影视传媒集团的战略支持，由我主持的广州大学新闻人才培养模式国家级创新实验区于2009年顺利立项。这样的国家级新闻人才培养模式创新实验区全国仅两个，一个在中国传媒大学，一个就是我们。

5. 其间，我本人也收获颇丰。例如受到国家新闻出版总署的公开表彰，出版了《电视新闻传播》《电视风格》《广东新闻媒体评介》等6部专著，发表了30余篇电视研究论文——这些是我宝贵的学术资本。

简单的回顾之后，谈谈我的体会吧。

最后通过对杰出的电视人成长规律的概括，进一步提升呼应会议主题，提升发言的价值。

1. 成就人生，必先自强。喝酒要有酒量，打牌得有牌技。有成就的人生，都有入门的条件，一是年龄、身体、精力、资质、学历等硬件；二是能吃苦、能吃亏、能忍辱、能包容等软件。那些入门条件，全靠自己努力，自身不修炼，上帝也帮不上忙。我人生的第一个阶段已经谢幕了，但还没有走下舞台，本学期还在给本科生讲授电视新闻学课程，还在做着科研课题，还没有、也不会放弃学习。

2. 顺势而为，才能书写历史。一个人的成就往往是时代书写的。顺势顺时而为，历史才会书写你，才会让你去书写。南方集团的成就，我本人的成绩，都要感谢改革开放的时代，得益于传媒业的集团化潮流，得益于广州大学处在上行的轨道上，得益于和新媒体打了一个时间差。我们的聪明主要在于顺应了所处的时代。

3. 没有知遇，徒有理想。取得的成就真的全靠自己的努力吗？不是的。修身强体、顺势而为，是成就人生的必要条件，不是充分条件。若生命里的贵人没有降临，你只有期待，甚至期待到退休。感谢克曼、惠建、念中诸位。你们的知遇，改变了我的阅历。感谢照波、慰汕，有当年的知遇，才有我今天加入了照波台长的团队，拉开了人生下半场的大幕。

再郑重地重复一下我的感悟吧：每一个相遇，都是生命中的赐予。贵人何时显贵？你不要去想，更不能着急。

【简评】《视界人生》讲述了广东电视人群体的人生故事，记录了南国电视界的历史变迁。发言者事先受邀写了发言稿，并按要求在《视界人生》付印前交给了会议筹备人员，当《视界人生》正式出版时，这篇发言稿被用作了该书的引言。应该说，这也是对发言中诚恳的态度、真挚的情感和真实的人生体验的认可。

【知识拓展】

会议主持稿

代表大会、选举大会等比较严肃的会议，主持人讲话稿要求事先拟定，并报有关主管部门审核，在主持会议时要求照本宣科，文字不可添加。此类讲话稿格式比较简单，要求层次必须十分清晰、语言更要准确、简洁、庄重。下面是某大学学院一级的党员大会主持人主持稿。

××大学××学院党员大会主持稿

各位党员：

××大学××学院党员大会今天召开。

下面请工作人员清点到会有选举权的党员人数。（清点完毕）

出席今天大会应到有选举权的党员××人，因事、因病请假××人，实到××人，超过应到会有选举权的党员的五分之四，符合规定人数，可以开会。

我院的预备党员共××人也列席今天的大会。

下面，向各位党员介绍参加今天大会的领导和来宾，他们是：××××××。

让我们以热烈的掌声，对他们的光临表示热烈欢迎！

下面，请×××同志宣读校党委批复文件。（宣读毕）

下面，我宣布：××大学××学院党员大会现在开始。

请全体起立，奏（唱）国歌。（奏毕）

请坐下。

这次党员大会的主要议程是：

1. 听取和审查××大学××学院党委（党总支）工作报告；
2. 选举××大学××学院新一届党委会（党总支委员会）；
3. 选举出席××大学第二次党代会代表。

现在进行第一项议程，请×××同志代表××学院党委（党总支）做工作报告，请各位党员审议。

现在进行第二项议程，请×××同志做党费收缴、使用和管理情况的报告（可不做报告，以书面形式提交大会审议；或在党委、党总支报告中体现即可）。

现在进行第三项议程，选举××大学××学院新一届党委会（党总支委员会）和出席××大学第二次党代会代表。

请工作人员再次清点到会有选举权的党员人数。（清点完毕）

今天应到会有选举权的党员××人，实到会××人，超过应到会有选举权的党员的五分之四，符合规定人数，可以进行选举。

现在通过《××大学××学院党员大会选举办法》。

请×××同志宣读选举办法（草案）。（宣读毕）

请各位正式党员对选举办法进行审议，有什么意见请发表。（稍等候）

如果没有意见（或意见发表后），现在进行表决：

同意这个《选举办法》的，请举手。（稍等候）

请放下。

不同意的请举手。（稍等候）

没有。（或请放下）

弃权的请举手。（稍等候）

没有（或请放下），全体通过（或多数通过）。（鼓掌）

现在通过监票人、总监票人名单，宣布计票人名单。

请×××同志宣读监票人、总监票人建议名单。（宣读毕）

请各位有选举权的党员对总监票人和监票人建议名单进行审议，有什么意见请发表。（稍等候）

如果没有意见（或意见发表后），现在进行表决：

同意这个名单的请举手。（稍等候）

请放下。

不同意的请举手。（稍等候）

没有。（或请放下）

弃权的请举手。（稍等候）

没有（或请放下），全体通过（或多数通过）。（鼓掌）

请×××同志宣读计票人名单。（宣读毕）

请×××同志宣读新一届党委（党总支）委员名额和候选人名单，并简要介绍委员候选人的情况。（介绍毕）

请×××同志宣读出席××大学第二次党代会代表名额和候选人名单，简要介绍代表候选人的情况。（介绍毕）

请监票人当众检查票箱。（稍停）检查完毕，请加封加锁。

请计票人领取并向有选举权的党员分发选票。（稍停）各位党员请注意，每位党员手上拿到的是两张不同颜色的选票，其中×色的是选举新一届党委（党总支）委员的选票，×色的是选举出席××大学第二次党代会代表的选票，各位党员拿到选票后，先不要填写，关于填写选票的方法，我还要做一些说明。

（等待发放选票）

（选票已发完）

各位有选举权的党员都领到选票没有？有没有还没领到选票或多领选票的？如有，请举手。

（如果没有）没有。

（总监票人×××同志向主持人报告发出选票情况后）

各位党员，大会共发出两种选票各××张，与实到会有选举权的党员人数相符。

现由我宣读填写选票注意事项：

首先宣读填写新一届党委（党总支）委员选票注意事项：

1. ××大学××学院新一届党委（党总支）委员名额为××名，候选人××名，差额×名。候选人按姓氏笔画为序排列。

2. 对所列候选人，同意的请在其姓名上方的空格内划“○”，不同意的划“×”，弃权的不划任何符号。如另选他人，请在另选人姓名栏空格内写上自己所要选的人的姓名，并在其姓名上方的空格内划“○”,不划“○”的不计得票。

3. 每张选票所选人数,等于或少于××名的有效,多于××名的无效。

接着宣读填写出席××大学第二次党代会代表选票注意事项:

1. ××大学××学院出席××大学第二次党代会代表名额为××名,候选人××名,差额×名。候选人按姓氏笔画为序排列。

2. 对所列候选人,同意的请在其姓名上方的空格内划“○”,不同意的划“×”,弃权的不划任何符号。如另选他人,请在另选人姓名栏空格内写上自己所要选的人的姓名,并在其姓名上方的空格内划“○”,不划“○”的不计得票。

3. 每张选票所选人数,等于或少于××名的有效,多于××名的无效。

各位党员听清楚了没有?如有不清楚的,请举手。

(如果没有)没有。

请各位党员填写选票。

(稍候,待写票完毕)

各位党员都填写好选票没有?没有填写好的请举手。

(如果没有)没有。

(宣布投票的方法、顺序)

下面开始按次序进行投票。(会场播放音乐)

请总监票人、监票人投票。

请工作人员引导党员投票。

(投票完毕)

各位党员都投票没有?没有投票的请举手。

(如果没有)没有。

请监票人和计票人开箱清点选票。

(清点选票完毕,总监票人×××同志向主持人报告清点选票情况后)

各位党员,今天大会实到会有选举权的党员××人,发出两种选票各××张,收回两种选票各××张。两者一致(或少于投票人数),根据大会选举办法规定,本次选举有效。

现在请监票人和计票人到计票室计票。

(可安排邀请上级党组织与会领导讲话)

(大会暂时休会,请大家不要离开现场)(计票完毕)

现在继续举行××大学××学院党员大会。

请总监票人×××同志报告选举结果。(报告完毕)

现在宣布当选人名单:(略)

根据大会选举办法和选举结果,

下列××名同志得赞成票超过实到会有选举权人数的半数,当选为××大学××学院新一届党委(党总支)委员(按姓氏笔画为序排列):

下列××名同志得赞成票超过实到会有选举权人数的半数,当选为××大学××学院出席××大学第二次党代会代表(按姓氏笔画为序排列):

(宣读完毕,鼓掌)

现在进行第四项议程，通过《××大学××学院党委（党总支）工作报告的决议》。（略）

现在进行第五项议程，通过《××大学××学院党委（党总支）关于党费收缴、使用和管理情况的报告》。（略）

××大学××学院党员大会的各项议程进行完毕。

请全体起立，奏国际歌。（奏毕）

大会到此结束。散会。

【写作练习】

1. 阅读分析

在哈佛毕业典礼上的演讲

比尔·盖茨

布克校长，前任校长路登斯特尼，未来的校长法斯特，哈佛集团成员们，督导团成员们，全体教员，家长们，特别是所有毕业生们：

过去的30年里，我一直在等待着说这样一句话，“父亲，我一直对您说我将拿到自己的学位”。

我要感谢哈佛及时地授予我学位。我明年要换工作（注：指全力投入比尔及梅琳达·盖茨基金会的慈善工作），有了学位我的简历看起来会更好一些。

祝贺哈佛的毕业生们都直接获得了学位。哈佛校报称我为“哈佛历史上最成功的辍学生”，这让我感到非常高兴。当我面对同一届毕业生时，我可以对他们说，“我是失败者中最为成功的。”

众所周知，当初史蒂夫·鲍尔默（steve ballmer）从哈佛商学院退学，我是始作俑者。我并不是一个好榜样，这也是我受邀在你们的毕业典礼上发表演讲的原因。如果你们都像我一样辍学，那今天就没有人会坐在这里。

拉德克里夫是一个适合生活的地方。那时候这里有很多女孩子，而且大多数男生都属于较死板的类型，因此我的机会很多，你们都知道我的意思。不过，正是在这里，我明白了拥有机会并不一定能获得成功的道理（笑）。

在哈佛的日子里，最令我难忘的一天是在1975年1月。当时我给阿尔布开克的一家公司打了电话，这家公司开始生产全世界首批个人计算机，我希望向他们销售软件。

最开始我忐忑不安，因为担心这家公司会因为我是学生而挂断电话。但幸运的是，他们没有这样做，而是对我说：“我们还没准备好，一个月内来我们公司看看吧。”这对我来说是一个好消息，因为我们当时还没有完成软件开发。从那一刻起，我夜以继日地工作。这一项目虽然价值不大，但它标志着我大学生活的结束，以及微软的起步。

哈佛给我留下印象最深的是所有人都活力十足，而且非常聪明。在哈佛的日子有快乐，也有失落，但总是充满挑战。尽管我很早离开了哈佛，但那几年已经足以改变我。在这里，我结识了很多朋友，并想出了很多创意。

认真回顾过去，我确实有着一大遗憾。

当我离开哈佛时，我并没意识到这个世界存在着可怕的不平等现象。人们享受的医疗、保健和机会严重不均，很多人生活在绝望的边缘。

……

在讨论这一问题的过程中，梅琳达和我看到一篇关于疾病每年在发展中国家杀死数百万儿童的新闻。这些疾病包括麻疹、疟疾、肺炎、B型肺炎和黄热病，它们在美国已经受到严密的控制。此外，一种我们从未听说的疾病——轮状病毒每年要杀死50万儿童，但其中没有一名美国儿童。

……

更严重的问题并不是飞机失事，而是全球数以万计的可避免死亡。

看到问题只是第一步，我们要做的下一步是降低问题的复杂度，并找到解决方案。

那么，我们又应该如何降低复杂度，找到解决方案呢？我以为可以分为四个阶段：确定一个目标、发现最有效的方式、为这种方式找到理想的技术，以及最优秀的应用，例如用于治病的药品。

我们要做的最后一步就是衡量工作的成果，并与他人共享我们的成功与失败。

（选自《现代青年·细节版》2007年第8期，有改动）

请认真阅读比尔·盖茨这篇演讲稿，分析这篇稿件都有哪些特点，而后将你分析的特点一一归纳出来。

2. 情境写作

假定你是大学应届毕业生，1个月前去了××公司担任总经理秘书。现在，公司下周要召开关于中层领导竞争上岗的动员大会，总经理要在会上讲话，要求你帮他拟一篇长度为5分钟的讲话稿。请你先列出写作流程，完成写作流程设计的相关准备环节后，即刻动手来完成总经理交付的任务。

第六章
新闻宣传稿

6 家媒体发布虚假失实报道被查处

新华社北京 11 月 10 日电 自 2014 年中宣部、国家新闻出版广电总局等九部门联合印发《关于深入开展打击新闻敲诈和假新闻专项行动的通知》，部署开展打击新闻敲诈和假新闻专项行动以来，各地各部门协调配合，严肃查处了多起严重违法违规案件，有效规范了新闻采编秩序。11 月 10 日，国家新闻出版广电总局公开通报《新安晚报》等 6 家媒体发布虚假失实报道的查办情况。其中，《新安晚报》及其微博发布虚假失实报道的查处情况如下：

2015 年 7 月 11 日，安徽《新安晚报》新浪微博发布虚假报道《安徽小伙车祸后倒地无人理打 120 自救》。报道称，一名青年驾驶摩托车与一辆轿车碰撞后摔在路上，几十名路人围观却无人拨打 120，青年拨打 120 自救。经查，该报道与事实严重不符，事发现场有他人打电话报警并帮助受伤青年。《新安晚报》新浪微博未经核实转发网络信息，致使虚假新闻进一步传播，造成不良社会影响。

2016 年 5 月 5 日，《新安晚报》刊发失实报道《我的右肾去哪儿了》。报道称，一男子在某地做胸腔手术，出院第二天发现右肾“失踪”，涉事医院和当地卫生部门迟迟未有调查结果。经查，该报道表述不准确，解释医学术语“右肾缺如”为右肾“失踪”，对“右肾缺如”原因追究不彻底，展现医患关系各方观点不对等，引发社会误读为“切肾”“盗肾”，造成严重的负面影响。

扫一扫

阅读全文

2016 年 7 月，新安晚报社分别对涉及上述两起报道的当事编辑、记者及相关责任人作出调离原岗位、停职、罚款、诫勉谈话等处理。安徽省新闻出版广电局对新安晚报社作出通报批评并处以警告、罚款 1 万元的行政处罚，对《安徽小伙车祸后倒地无人理？打 120 自救》的当事编辑进行了警告的行政处罚。

（摘引自新华社 2016 年 11 月 10 日电，扫二维码查看正文）

【案例启示】

新闻就是“新近发生的事实的报道”（陆定一《我们对于新闻学的基本观点》）。我们平时所说的“新闻”有广狭两个概念：广义的新闻包括消息、通讯、深度报道以及新闻评论等；狭义的新闻特指消息。新闻最基本的原则要求就是一定要真实。弄虚作假，发布不真实、不可靠的消息，理应受到处罚。

新闻媒体每天要刊登大量的新闻稿，政府机关、企事业单位内部的刊物、报型出版物、网站等资讯平台也提供新闻性资讯。内部资讯平台上还大量提供介绍性的、说明性的资讯文章，这些资讯文章一般都既有新闻性，又有明确的宣传意图，一般称为宣传材料。本章集中讨论消息稿、通讯稿和部分宣传材料的写作。

第一节 消 息 稿

【范文举例】

中国人鼓起勇气迎接“经济奇迹”的裂缝

“经济危机到来了，你准备好了吗？”一名中国人最近在其博客中问道。很多迹象显示金融动荡开始触及中国一度繁荣发展的经济，这只是其中的一个迹象。

当北京最近推出大规模经济刺激计划以阻止潜在危机时，互联网上则异常热闹。普通中国老百姓在网上热烈讨论、交换应对面前挑战的各种具有创造性的窍门。

“只喝白开水，不要喝瓶装水；避免招待客人。”一名中国人在其博客中一共提了23条建议。还有人呼吁中国年轻人“不要为钱包变空或失业而担心”“我们还年轻，可以从头再来”。而且还对如何度过经济低迷时期提出建议，“不要向老板提出加薪要求，解雇通常是从那些拿着高薪的人开始。”

经济低迷看起来已影响到中国的每一个人：从社会底层的拾荒者一直到最富裕的社会精英。拾荒者为工业需求减缓导致废品价格下降而叹息，富人则看到他们的财富有一半消失。据《福布斯》杂志统计，现在中国的亿万富翁人数已从66人锐减到24人。

不过，中国制订了经济刺激计划，而且这一计划看起来令世界印象深刻。中国释放出的信息是：慈善从自家（国内）开始，而且中国也有充分的理由这么做。

（摘自2008年11月14日《环球时报》，美国全国广播公司2008年11月12日播出）

上述消息正文共450字，向读者呈现了丰富的信息：

事实：热烈讨论、交换应对经济危机的各种具有创造性的窍门。

时间：最近、北京推出大规模经济刺激计划后

地点：互联网上

人物：普通中国老百姓

为什么：经济低迷影响到中国的每一个人。《福布斯》杂志统计，现在中国的亿万富翁人数已从66人锐减到24人。

结果：中国制订了令世界印象深刻的经济刺激计划，百姓积极应对面临的挑战。

【写作知识】

一、消息稿的特点

我们平时接触到的消息主要有两类：一类是反映最新情况的动态消息，另一类是反映全面情况的综合消息。动态消息报道的是新近发生的、正在发生着的事实，时效性最强，最容易吸引读者。

综合消息则相对全面地概括和反映某个时期以来某一方面的情况、动向、成就，或者是及时报道近期某个方面、某个事项的全面情况，因其涉及面广，声势也相对较大，能给人一个比较完整的印象。

消息最显著的特点是：

（一）简洁明快

消息简要、迅速地报道事实，能够让读者、观众在最短的时间内了解到新近发生的有关事情的动态。

（二）新闻性强

消息的核心是事实，而且是新近发生或正在发生、发现的事实，新闻性极强。消息以最快的速度把在什么地方发生了什么事情告诉社会公众，能最先让读者的欲知心理得到满足。

（三）形式独特

消息在形式上有消息头，有完整、醒目的标题和独立的导语。消息的这些形式特征不仅使其易于辨认，也有助于吸引读者。

二、消息稿的结构

消息稿的结构就是消息稿件题材之间的构造与组合方式。其组合元素由标题、导语、主体、背景、结尾几部分组成。

（一）标题

标题的作用在于提示消息的内容，评价新闻事实，组织新闻的材料，美化报道的版面。从形式上看，消息标题的显著特征有三个：一是字大，最易为读者所注意；二是位置在前，最先进入读者的阅读视野；三是式样丰富，吸引读者眼球。

消息的标题有单行题、双行题、多行题等三种形态，被分为引题、正题、副题等几种标题功能。具体如下：

1. 正题

正题也叫主题，在形式上是字体最大的标题，职能是负责标明新闻的内容和精华，概括最主要的事实与思想。

正题一般为单行题，也有少数正题是双行题。凡采用单行标题的，必须将这个单行题做成实题，采用多行标题时，在已经有了实题的前提下，正题也可以是虚题。以下标题均为正题：

广东光谷欲与硅谷试比高

暨南大学有名新生59岁

2. 引题

引题又被称作“肩题”“眉题”，位置是在正题之前。引题具有交代背景、烘托气氛、揭示意义、提出问题、强化并引出正题等作用。例如：

引题：历时七天　协商讨论　坦陈直言　共献良策

正题：市政协八届三次会议胜利闭幕

3. 副题

副题又称“子题”“辅题”,位置在正题之后,主要起补充正题的作用。副题既可以补正题事实的不足,又可以用来补正题信息量少的不足。例如:

正题:事事惊动市委书记怎么得了

副题:太原一座楼建成多年不通水电,有关部门推的推,拖的拖,市委书记一过问,六天解决

新闻标题要求具体,要能够让读者一看标题就能感知新闻事实的大致情况。标题的表达要简洁生动,以吸引读者的注意。

(二)导语

导语是用最简洁的文字概括出新闻中最重要、最新鲜、最精彩、最有趣的事实。从形式上看,导语一般都是位于消息稿开头的第一段,有的就是开头的第一句话。导语主要有以下几种类型:

1. 叙述型导语

叙述型导语包括直叙式、概括式和对比式三种。直叙式导语开门见山叙述最有价值的事实,能容纳比较多的信息量,但也最容易导致平淡。概括式导语将全篇新闻的精华内容浓缩在开头集中叙述,适用于内容相对复杂的消息。对比式导语通常是以历史衬托现实,以彼事衬托此事。

2. 描写型导语

描写型导语有见闻式与特写式两种。见闻式导语多用于描绘较大的场面,追求以简洁传神的笔法让读者获得身临其境的感觉。特写式导语往往抓住一点精华事实精雕细琢,希望获得先声夺人的效果。

3. 议论型导语

议论型导语有引语式、设问式和评论式三种。引语式导语要求紧扣主题,引取精彩生动的言论,为接下来的议论做好铺垫。设问式导语的突出特征是发问突然,话题尖锐,容易引起读者的关注。评论式导语则在叙述事实的基础上,画龙点睛,开导、启发读者。

还有一些导语并不属于以上某一种类型,而是同时兼具多种类型特征,于是有人主张就把导语分为直接导语和间接导语两类,认为这样更简单、更实用。其中直接导语即直接在导语中陈述发生了什么事,事情是谁说的、谁做的。而间接导语是先在新闻的开头设置一种现场,营造某种气氛,以激发读者浓厚的兴趣和高度的注意,而不是首先交代新闻的要素。间接导语容易讲故事,有助于写出人情味,越来越受到媒体的欢迎。

(三)正文

正文是新闻的躯干,也是新闻导语的进一步充实与展开。正文的基本功能是解释和深化导语,补充导语中未予交代的其他新闻要素,补充新的、更有趣的细节和背景。

(四)结尾

并不是说新闻可以没有结尾,而是可以在不同的地方结尾。新闻最常用的结尾方式有:

1. 自然结尾

即事尽言止。只负责报道事实,不对事实加以评论,事实叙述完毕,文章自然结束。

2. 拾遗补阙

即在本该报道的事件即将叙述完毕的时候，突然补上一笔。通常是补充尚未交代的某一个新闻要素，或释去读者的一个疑惑，或送给读者一抹余香。

3. 卒章显志

这类结尾多用于篇幅较长的稿件，包括解释性新闻。

（五）背景

与新闻人物和事件发生、发展过程直接相关的因素都可以看作是新闻背景。

读者要求新闻作品不仅要客观、准确地报道新近发生的事实，而且还要能介绍事实的来龙去脉。例如，读者不仅想知道哪里发生了经济犯罪，而且还希望了解经济犯罪为什么会发生；不仅关心金融危机的程度，更关心这场危机是怎么形成的。为了满足读者要求，就必须在新闻稿中介绍新闻背景。有了明确的新闻背景，新闻报道的视野才更为宏大。充分占有背景材料几乎成了新闻在竞争中取胜的一个法宝。

常用的新闻背景材料有衬托对比性材料、注释说明性材料和分析解释性材料三种。

三、消息稿的写作要求

消息稿的写作要求坚持真实性、思想性、时效性，并要求善于用事实说话。

（一）坚持真实性

坚持真实性是中外新闻界共同倡导的职业准则。反映事实是新闻的本质要求，在大众媒体上说真话是维护文明社会求真、求实的心理需求和社会权益的必然选择。

坚持真实性的具体要求有以下几个方面：

1. 消息的五个“W”要真实、准确

19 世纪 80 年代，美联社首次提出新闻要有五个要素，即 when（时间）、where（地点）、who（谁）、what（事情）、why（为什么）。这些要素是构成新闻的基准因素，抓住这些因素或其中的某些因素，才有可能采写出一条好新闻。不过需要强调的是，报道中涉及的上述因素都应该是确实存在的，而不应是可能存在的，更不应是随意编造的。对各个要素的表述也务求准确，而不得任意夸大或者缩小，这是新闻报道坚持真实性的原则要求。

在新闻中一般首先要把新闻的主体告诉受众。新闻的主体可以是人也可以是物，不论是人或物（who 或 what），他（它）们大都以集合的方式交织在一定的环境里。其中，新闻事实有硬事实和软事实之分，对“软事实”的陈述更要注意防止失真。

2. 环境条件真实

即新闻事实发生、发展、变化的条件必须是确实具备的，而不应是估计、推测出来的。例如感情的变化、觉悟的提高，不能想当然地判断为只要通过学习这些就自然提高了。

3. 引用的资料准确

报道中引用的资料、数据要认真核实，防止疏漏差错。凡完整引用、原话引用，都必须要加上引号，引用原意的，也要加以说明。而且，引用别人的话语、文字，不能曲解原义，更不能断章取义。

4. 人的认识和心理活动把握准确

写报道对象的心理活动，前提是必须要采写报道对象，听他怎么介绍，再报道他介绍的心理活动。没有采访他，怎么会知道他是怎么想的，怎么能报道出他的心理活动呢？在报道突发事件时，也要特别注意防止以自己的猜想代替客观事实和对方的内心活动的倾向。

5. 把握分寸

消息稿中要谨慎地使用副词和形容词，力戒说空话、说大话、说过头话。

坚持真实性，还要注意不能把生活事实当作新闻事实，新闻事实不仅是记者通过专业的手段、可靠的途径收集到的相关内容，而且是被记者选定的、对受众带有知悉意义的事实。

（二）坚持思想性

新闻的思想性是选择新闻事实的尺度，对报道的内容和方式起支配作用。坚持新闻思想性的具体要求是：

1. 坚持报道事实

新闻要坚持报道新近发生的或正在发生的对受众有意义的事实。

2. 坚持报道重要的事实

新闻尤其是要坚持报道一定时期的中心工作和热点话题。

3. 坚持报道受众普遍关心的事实

新闻不是要报道一厢情愿的事实，而是要报道受众也关心、也需要的事实。新闻始终想着受众的利益和受众的需要，才是有思想性的表现。

4. 坚持报道健康有益的事实

有思想性的新闻必然坚持传播科学知识，宣传科学真理，为社会提供健康有益的内容。

（三）坚持时效性

1. 时效性是新闻价值的重要标准

“新”是新闻的生命。只有最新的事实、最新的动态，才能引起读者、观众的注意，只有引起受众的注意、让受众知悉的要求得到满足之后，新闻的价值才能得到实现。

2. 时效是满足受众好奇心理的客观要求

好奇是人的心理本能。令人感到好奇的内容，一般是对受众来讲新异的内容。满足受众求新、求异的“欲知”愿望，就需要抢占第一时间。能最先满足受众的欲知心理，是获得受众青睐的前提。

3. 时效是新闻竞争的热点

新闻竞争突出表现为新闻时效的竞争。互联网传播突出的优势之一就是时效性强。在信息密度越来越大，新闻作品越来越多，受众审视新闻的眼光越来越挑剔的今天，只有时效性强的作品才会有存活的空间。

（四）坚持用事实说话

新闻的本源是事实，有没有事实，是不是用事实说话，是评价新闻优劣公认的重要标准。进入网络时代之后，受众越来越不喜欢被动地接受媒体推出的生硬的说教，对信息的选择也变得更加挑剔。只有用事实说话，让事实站出来说话，才有可能赢得受众。

1. 保证消息源可靠

许多人都知道应该用事实说话，但是由于缺乏第一手材料，有时候容易闭门造车，直到发现由于消息源失实导致了新闻的虚假，才后悔不已。避免此类失误的最好方法是亲自去观察事实、采访知情者，在观察中仔细辨别“事实”是不是经过精心设计的，消息源是否被操纵了。此外，还要特别注意有关事实的名称、时间和相关的数字是否准确、准确的程度如何。

2. 善于交代新闻来源

交代来源既是对提供假新闻以及操纵新闻源的有关人员的威慑，也是撰稿者保护自己的一种手段。所谓善于交代新闻来源，具体要求是在不违背新闻道德、有效保护消息源免受伤害的前提下，将有关事实是谁说的、具体是说谁的、当时的背景如何，一一交代清楚。

当然，有时候可以公开消息源的姓名、职务，有时候只能间接引用消息源的话，而不得公布其姓名；还有些时候甚至连原话也不得公开。

3. 多让别人说话

多让别人说话，即尽量多在新闻中引述知情人的话语，多报道旁观者的见闻，而不只是自己在说。即使由于采访不到位，迫于无奈，自己在说，也一定要坚持把客观事实和自己的观点分开来说，避免用自己的观点代替事实。

4. 善于平衡

平衡是道德信条，也是写作的技巧。避免失衡的方法是努力让当事人都有说话的机会，特别是要让在稿件中受到“指控”的人有说话的机会。还要注意使用形容词一定要慎重，特别要避免在报道冲突双方时，提到其中一方就频繁使用形容词，而提到另一方时则一个形容词也不用。

【例文评析】

广东执行更严锅炉排放标准

4 月 1 日起开始分步实施

正题揭示主题

副题补充说明正题

广州日报讯（全媒体记者杜娟 通讯员粤环宣） 从今年 4 月 1 日起，全省将开始分步实施新的锅炉大气污染物排放标准。相比原标准，包括颗粒物、二氧化硫、氮氧化物等污染物排放限值收严，有利于进一步削减大气污染物排放总量。

消息头是“广州日报讯”，括号里交代是通讯员和记者合写的消息。采用叙述式导语，把最重要的新闻事实最先报道出来。

省生态环境厅相关处室负责人透露，新的《锅炉大气污染物排放标准》（DB 44/765-2019）主要有六大方面的调整。一是明确了燃生物质成型燃料锅炉的大气污染物排放限值；二是收严了锅炉大气污染物排放限值，增加了燃煤锅炉汞及其化合物的排放限值；三是取消了按功能区和锅炉容量执行不同排放限值的规定；四是增加了大气污染物特别排放限值要求；五是增加了无组织排放控制要求；六是将烟气污染物的过量空气系

正文，交代了新闻来源：省生态环境厅相关处室负责人透露。

数折算改为大气污染物基准氧含量排放浓度折算，明确了燃生物质成型燃料锅炉的大气污染物基准氧含量。

新标准在全省域范围执行，具体执行时间将分步进行：新建锅炉自今年4月1日起执行；在用锅炉给予一定的改造时间，根据所处区域的不同，自2019年7月1日或2020年7月1日起执行新标准。

（原载2019年3月20日《广州日报》9版）

正文中用了背景材料，属于注释说明性材料。

结尾突然补上一笔，回答了读者关切的时间和政策问题。

【知识拓展】

消息稿的结构原则

结构是为新闻内容服务的。安排消息稿结构时需要遵循的原则是：

一、突出新闻价值

新闻价值是新闻事实本身包含的满足受众需求的属性，包括新闻事实的真实性、时新性、重要性、显著性、接近性、趣味性等。对新闻稿而言，所谓重要的内容，就是新闻价值大的内容。所以，要突出新闻价值，就要按照由重要到次要的次序来安排新闻的题材。

以下均属结构安排不当的例子：

①今年经济复苏——再就业工程收到实效——高校应届毕业生就业竞争有所缓和——这是某计委主任在今年大学毕业生就业工作会议上说的。

②市委书记某某今天陪同某某副总理视察了广州地铁工程花地湾站。

例①最重要的内容未能得到突出，反而被放在了后面；例②中的人物由职位低的到职位高的依次出现，也背离了一般情况下应按照职位由高到低依次引出人物的结构原则。

二、突出新闻时效

要突出时效，在有关时间的表述上就需要按照由近及远的原则依次进行。这与撰写家信、日记时的时间表述方式刚好相反。

下面的例子也是不恰当的结构安排：

近10年来，广州市民的居住条件不断改善，截至去年年底，人均居住面积已达9.7平方米。这是昨天公布的统计数字。

以上在时间上不是按照由近到远的原则依次表述，相反却是由远向近叙述，时间上给人以陈旧的感觉。

三、便于编辑删改

即安排结构时要考虑方便编辑整块地删截稿件，以适应版面的需要。为此，“倒金字塔”结构成了首选的结构形式。

【写作练习】

1. 阅读分析

CBS 开除 4 名资深新闻人

本报综合报道 美国媒体哥伦比亚广播公司(CBS)旗下电视栏目《60 分钟(周三版)》去年 9 月错误报道了布什服役记录,10 日 CBS 公布了对此事的调查报告。在检讨不实报道的同时,CBS 宣布解雇《60 分钟(周三版)》栏目的 4 名主要责任人。

“盲目热情”导致错误

调查报告指出,出于盲目的新闻热情,《60 分钟(周三版)》栏目记者与制片人采用未经核实的文件,在大选期间对布什服役记录进行了不实报道。而且,在报道遭到质疑后,《60 分钟(周三版)》栏目主要负责人在没有进行深入调查的情况下,坚持报道真实性,直到两个星期后才承认失实。

资深主管幸免

CBS10 日宣布了对 4 名主要责任人的解雇决定。被解雇的 4 名员工包括:布什事件报道的制片人玛丽·梅普斯、《60 分钟(周三版)》执行制片人乔希·霍华德、霍华德的高级助手玛丽·默菲和 CBS 高级副主席贝西·韦斯特。

其中,报道制片人梅普斯在 2004 年初首次曝光阿布格莱布监狱美军虐囚照片,被认为是一名具有相当高职业水准的记者。不过在关于布什服役的报道中,梅普斯声称自己的报道经过核实,可事实上她仅请了一位专家辨认一份文件的一个签名。

但对 CBS 和《60 分钟》的两名元老:CBS 新闻主管安德鲁·海沃德与新闻主管兼《晚间新闻》首席主播人丹·拉瑟,CBS 却网开一面,没有作出强烈批评和处罚。调查报告指出,丹·拉瑟没有履行监督新闻真实性的责任,甚至在播出前没有审查过片子。

(原载 2005 年 01 月 12 日《广州日报》A10 版)

问题

读后请议一议,然后就如何避免新闻的失实谈谈你的认识。

2. 病文诊断

新闻稿写作中要特别注意标题、导语、正文之间的配合。如果标题里说的是东,正文中看到的却是西或者是南,新闻的形象、媒体的公信力都会受到极大的伤害。例如有这样一条新闻:

正题:河南 3 名中学生 被骗佛山当小姐

副题:其中 2 名女生母亲千里赶来佛山寻女,当街拦截警察巡逻车大哭求救

读了标题觉得事态严重。接着读导语,又觉得不是那么回事了。导语全文如下:

前天晚上,佛山巡警正在路面巡逻,忽然一名中年女子冲出来截停警车“拦路告状”。原来 3 名河南籍初中女生,被人以高薪为由诱骗到佛山打工,最后被禁锢。该女子是其中一名女生的母亲,刚从河南赶来寻女,在走投无路之下只好拦警车求助。

正题中的“当小姐”在导语中变成了“打工”,舒缓了读者压抑的心理。直到读完正文,才明

白原来3个女孩的同学林某先前已经来到了佛山，在一家“沐足”部做沐足工，现又介绍老家的同学也来做沐足工赚钱，3个女孩来到以后发现是要她们做沐足工作，都拒绝上班，就被经理锁在了宿舍。

问题

现在，请你来为这条新闻重新拟一条双行标题。

3. 情境写作

导语一般要求应表达出一篇报道的目的或事件的结论。它要宣示要点轮廓，为全篇定调，统率着新闻主体逐次展开。正文的写作要善于围绕一个主题，即围绕导语中的主题取材来写。正文中的叙事应力求具体、充实、生动，并富于波澜。新闻的结尾要扣紧主题、深化主题。偏离主题，是新闻结尾的大忌。使用背景材料主要是为了突出主题、补充新闻事实、烘托气氛、增加情趣。一篇报道中穿插了背景，可读性往往会大为增强。

请按照以上对导语、正文、结尾和背景写作的要求，从您身边新近发生的事件中选取一个新闻素材，写一篇消息稿。

第二节 通 讯 稿

【范文举例】

致敬！伶仃洋上的“父子兵”

40岁出头的何汉杰是港珠澳大桥岛隧项目工地上的一名沉管舾装工，“在港珠澳大桥的建设工地上，我深深感觉做一个农民工也很自豪”，正因为有这份自豪感，他在这个工地上干了一年后，从河南老家把自己的叔叔和儿子都带来了。

俗话说，“打虎亲兄弟，上阵父子兵”，在港珠澳大桥建设工地上“父子兵”“兄弟连”“夫妻档”常常被身边的人津津乐道，更有像何汉杰这样一家三代人同上阵，爷孙三人同一班组，齐心协力共建这一超级工程。为了一家人的幸福生活，他们用自己辛勤的双手，在平凡的岗位上兢兢业业，一米一米筑出这座世纪大桥；一节一节让沉管隧道在伶仃洋海底延伸……

伶仃洋上的“爷孙仨”

何汉杰是港珠澳大桥一名沉管舾装工，为人沉稳，技术娴熟。他2013年年初来到珠海牛头岛，在港珠澳大桥岛隧项目工地上干了一年。2014年春节，他回了趟河南老家陪家人过节，从老家带来了两个徒弟：一个是他的亲叔叔何志军，当年48岁，也是一名常年辗转在各个建筑工地上的老建筑工；另一个是他的儿子何飞翔，那时才满18岁，刚刚从汽车修理转行来做建筑工人。到工地后，“爷孙仨”就一个班组，一师带两徒，成为沉管浮运安装的黄金搭档。

一节重约8万吨，相当于一艘中型航母重量的标准沉管，在10艘大马力拖轮的牵引及数十条警戒船护卫下，浩浩荡荡驶往沉管安装现场。和煦的春风拂过，温暖的阳光洒落在施工船面上忙碌的工人身上。在沉管浮运途中，何志军“爷孙仨”带着工具走到“津安3”安装船的甲板上，打量着沉管顶板上的缆桩。“我们的工作是一条龙，管节浮动前进行二次舾装，不仅要把沉管顶上的那些东西装好，还要把管节里面的那些观测设备、照明线路装好，这些工作不能有半点马虎；沉管浮运到位后又要抓紧把管顶上该拆除的物件迅速拆除，以最短的时间完成沉放准备；沉管安装到位后，我们又把里面的那些管线、设备拆除……”虽然到项目工地上不久，何志军介绍起工作来头头是道。

何志军此前一直在开封、郑州等地打工，修房修路。因为家里还有几亩地，为了方便农忙时也可以回家兼顾农活，所以他一直不想离开河南。2014年春节，侄子何汉杰从港珠澳大桥的施工现场回老家过节。告诉他港珠澳大桥建设工地从不拖欠工资，住空调房，领导经常上岛来慰问。这让何志军动了心，便跟着侄子何汉杰跑到珠海来了，一同来的还有他的侄孙子何飞翔。

何飞翔说，此前他先后在郑州、西安等地闯荡过，当过销售员、汽车修理工，挣了点钱，也吃了不少苦。父亲何汉杰在港珠澳大桥工地上干了一年，回家过年时说，感觉做个农民工也很自豪，“看父亲那神情，感觉修港珠澳大桥很牛”，何飞翔说，“这不，过年后我就跟着老爸来了”。

“拍张好看的照片给妹妹”

来珠海后，父亲手把手地教，何飞翔才发觉其实跟着父亲干也挺好。由于以前学过汽车修理，电路图一看就懂，何飞翔上手很快。

岛隧项目部总经办的宣传干部李正林向广州日报全媒体记者回忆说，那次正碰到一家电视台随船采访的记者来拍摄外景。何飞翔一直盯着记者看，突然问李正林：“叔叔，他们是中央电视台的吗？这里的施工现场我老家的人能看到吗？我妹妹可想看看我们啦，电视里能看到我们吗？”

“那样想妹妹，来，我给你拍一张照片，寄给你妹妹，怎么样？”李正林准备拍下这一家人忙碌的身影时，小伙子害羞地飞快躲开了。“今天穿得这么脏，不好看，下次穿漂亮点，你再帮我照张好看的寄给妹妹。”

像何飞翔一样，不少大桥建设者一到工地上，经常一两年回不了家，家人一旦从电视上看到报道港珠澳大桥施工的场景，总要打个电话来问候一声，给他们鼓鼓劲。

一次，妹妹给何飞翔电话，说她从电视里看到了港珠澳大桥沉管海上浮运现场的报道，就好想看到哥哥和父亲的身影，“那一会儿，就想着给妹妹拍个视频，虽然干活有点累，但想想自己参与了这么牛的工程，就感觉有些幸福。”何飞翔说，他觉得跟着老爸一起是来对了。

坚守荒岛的“父子兵”

港珠澳大桥工期紧、质量要求高，无论是一线工程师，还是工地上的普通工人，面临的压力都数倍于普通工程，加上长期外海孤岛作业，工人换了一批又一批。但也有工人执着地坚守到最后，一待就是几年。皮天祥就是这样的一位，跟他一起留下来的还有他的儿子皮辉。

扫一扫

阅读全文

（摘录前半部分。全文约3 200字，扫描下面的二维码，或直接通过网上搜索，可以获得全文）

【写作知识】

通讯是以叙述、描写、议论等多种手法，对有新闻价值的人物、事件、场景进行较为详尽报道的一种新闻报道体裁。

一、通讯的特点

通讯的特点可以简单归纳如下：

（一）内容真实

有些通讯看上去像是散文，但其实和散文是不同的两个门类。

通讯是新闻报道的一种式样、一种体裁，具有新闻作品的基本特征，是对真实的人物、真实的事物、真实的场景客观的反映，只不过反映的手法往往借助文学的手法而已。报道内容的真实性是通讯鲜明的特点之一，也是通讯作品与文学作品的重要区别。

（二）结构自由

消息稿有特定的结构要求，例如必须有消息头，必须有消息题，否则就不算是消息，至少不算是规范的消息稿。和消息稿相比，通讯稿在形式上就自由得多。例如通讯不仅不需要有“通讯头”的限制，而且标题怎么拟，导语怎么写，是否一定要有“五个 W”，都没有具体的规定。许多通讯作品的结构式样更像是普通文章，甚至像文学作品。

（三）故事性强

通讯中经常会采用描写的手法，对报道内容进行详细的描述，作品的故事性比消息要强，作品中的人物也要比消息中的人物更清晰、形象更丰满。

通讯中报道的故事不是编出来的，而是客观存在着的事实。但是通讯中报道的事实并不像消息那样直接给出最重要的结果，而是要具体报道事实的重要情节、精彩片段，必要时还要精心描绘相关情节和片段。这不仅使得通讯和消息有了区别，也使通讯和调查报告有了明显的不同。

二、通讯的类别

通讯本由“通信”演变而来。从主要的写作手法来看，常见的通讯作品有纪实性手法、故事性手法、散文手法，还有比较典型的访问记录手法。有学者着眼于写作手法来给通讯分类，这样分类碰上的困难是一部通讯作品中往往会采用多种手法，例如写一个人，往往上述几种手法全用上了，分出来的结果就不够清晰。现在学界和业界多着眼于通讯内容所报道的重点，将其分为人物通讯、事件通讯、工作通讯和风貌通讯四类。

（一）人物通讯

人物通讯是以人物为中心，通过对个体或群体人物的行为、经历、事迹的描述性报道，具体形象地反映人物的精神面貌、展示其特定形象的通讯作品式样。人物通讯以表现人物为中心，从不同角度反映人物的事迹和思想，有的写一个人一生的成长过程，为人物全面立传；有的写一个人的一个或几个侧面，集中反映人物某一方面的事迹、品质。

（二）事件通讯

事件通讯通常是以现实生活中具有典型意义的新闻事件为主要报道对象，详尽、具体而形象地描述新闻事件的发生、发展和结果,并对其影响和意义进行揭示。事件通讯一般是集中报道一个中心事件,其他人物或事件都围绕这一中心事件展开。事件通讯中并不排斥写人,不过写人不是目的,写事才是最终目的。

(三)工作通讯

工作通讯反映实际工作中取得的成绩、经验和存在的问题,又称"经验通讯"。工作通讯通常以某一地区或某一单位的实际工作为主要报道对象,对其先进的,具有推广价值的工作经验、工作成就进行细致的梳理。工作通讯也报道实际工作中存在的问题和新出现的课题,具有较强的针对性、政策性和指导性。在写作上,工作通讯以新闻事实为依据,依托事实来叙述,在事实叙述的基础上进行评议,进而揭示新闻事实与报道主题的联系。

(四)风貌通讯

风貌通讯是以介绍某一地域、某一行业、某一单位的基本面貌、风土人情、自然风光、现实生活为主要内容的通讯式样,形成的作品往往以侧记、特写、访问记、巡礼等名称对外发表。在具体写法上,风貌通讯经常采用点面结合、纵横对比的手法,通过反映一个地区、一条战线、一个单位、一个方面的风貌变化,来揭示社会风貌和人们精神风貌的变化。

三、通讯的写作要求

写好一篇通讯,有三个方面的要求需要把握:

(一)要选好选题

从眼前的某个人物身上发现他的可亲、可敬之处,然后用通讯的形式把他写出来;从某单位日常的工作中发现了经验或发现了新出现的问题,然后用通讯的形式记录下来;从我们生活的社区、路过的乡村发现了美,然后用通讯的形式报道给社会——其实都是很难的。在实际写作中,通讯的选题往往都来自宣传部门,或来自有关领导交来的任务。但是宣传部门下达的选题或有关领导交代的任务仅仅是一个指向或意向,具体选题的落实,尤其是具体素材的落实,还有赖于作者深入到人物、事件、工作以及风貌具体存在的社会空间去,通过认真的观察、体验、采访,才能够完成。至于我们自己能不能发现非常好的通讯作品的选题,这主要取决于我们每天生活的平台有多大、视野有多宽广。

(二)要有情感

通讯作品必须要具有鲜明的主题,而无论是主题的确立还是主题的表达都离不开鲜明的情感。以主题表达为例,表达鲜明主题的手段主要靠议论。这与写消息不同,写消息稿要求用事实说话,除述评性消息外一般不允许直接在消息中发表评论。通讯则不仅可以在报道人物或事件时用夹叙夹议的方法表露作者的感情倾向,而且还可以直接对人或事进行评论。在通讯中发表评论的目的往往是为了升华报道主题。显然,作者先要有新的思想、先进的思想,才有资格发表评论。而任何新的思想、先进的思想又无不来源于作者的价值观,来源于作者对时代、事业、生活的情感。

通讯的语言要求生动、形象、富有感染力，而生动、形象的语言离不开细致的描写，描写则需要有情感的投入，至于语言文字超强的感染力，则有赖于超强的情感投入。

因此，培育、调动、激励自己的情感，是投入通讯写作的前提。

（三）要“讲故事”

通讯可以像文学而不能像总结，通讯也可以像调查报告但不能像报告。通讯中要有故事，不仅人物通讯中要有故事，工作通讯、事件通讯、风貌通讯中也要有故事。有故事、会讲故事、讲好故事，是优秀通讯作品的共同特征。用讲故事的方式介绍人物、描绘事件、展开工作、解说概念也是优秀的通讯能够给读者美好的阅读体验的秘诀。

【例文评析】

“引进”大学生 乡村活起来

——增城区以农村人居环境整治为重要突破口 统筹加快推进农业农村现代化

双行标题，正题揭示报道主题，副题增加了新闻要素，补充了具体信息。

乡村振兴广州在行动

人勤春早。春分时节，广州的乡村大地上早已忙碌起来了，有的忙着精研栽培方法种出更好的农作物，有的忙着规划乡村休闲旅游景点好吸引更多游人，有的忙着引进更多产业带动村民致富……记者昨天跟随市委乡村振兴办来到增城区，该区以农村人居环境整治为重要突破口，积极探索乡村振兴新路径，统筹加快推进农业农村现代化，各项工作布局全面展开，取得了良好开端。

以抒情的笔法开头。

以农村人居环境整治为突破口，推进各项工作。

“与其宅在宿舍，不如来我们这走走”

因篇幅稍长，分成几个方面，列小标题依次展开。

增城区增江街大埔围村位于该区东部，过去是增城区的软弱涣散村、角落村，为把经济搞上去，大埔围村把握“大学生”这个关键词。截至目前，大埔围村已有包括华南农业大学、广州大学、广东工业大学华立学院、广州松田职业学院和广东省环保技工学校等 8 所高校在内的大学生创业团队进驻，在村中通过租用旧民居改造成创意工作室进行创新创业。同时，大埔围村和广州属地各大高校紧密合作，共计与 10 所高校签订了战略合作框架协议，通过打造青年大学生创新创业产业园，引入高校青年人积极投身到乡村振兴发展中。

新闻事实：大学生创业团队进驻。

“我们非常欢迎大学生到村里来。大学生们有周末等闲暇时间，与其宅在宿舍里打游戏，不如到广阔天地来走走。”大埔围村党支部第一书记张帆告诉记者：“我们村有个公众号，上面可以申请预约，到这里的大学生实践基地来，我们提供住宿，他们只需要把自己的一技之长带给这里的小朋友就可以了，没有特长的辅导作业都行！”

详细写新闻事实。

正是因为这里大学生活动氛围浓郁，不少学校在此设立实践基地。记者看到，大埔围村里有陶艺坊，也有衍纸工作室，里面出售的纪念品，受到不少游客喜爱。不仅如此，大学毕业生也选择来这里创业，一个墙面彩绘团队，创业之初本想在城区闯荡，结果因为成本太高转为落户大埔围村。在这条村庄，他们通过旧房改造顺利扎下了根。在他们的小黑板上，满满地记录着最近承接的项目，团队成员周思桐对记者说，大伙都在外面忙碌，去年营业收入达到将近百万元。如今，这个团队的成员个个都买了车，他们也给村子带来了美丽的彩绘，让村庄变得漂亮。

概括写新闻事实。

近年来大埔围村抓住各种机遇，为村集体经济的发展带来了巨大的活力，从 2013 年到 2017 年的短短几年时间里，村集体和村民年收入实现了大幅度增长，年人均纯收入从 2013 年的 9 000 元增长到 2017 年的 18 000 元，村社集体收入从 2013 年的约 50 万元增长到 2017 年的超 180 万元，村民生活水平显著提高，村容村貌也发生了翻天覆地的变化。

通过叙述，适时评论。

高科技农业带动乡村发展

话题转向高科技农业。

小桥流水、绿意盎然，这是新塘镇瓜岭村给人的第一印象。瓜岭村有 500 多年的历史，是广州唯一的水上清代建筑民居群，特别是呈倒锥形的碉楼宁远楼造型独特，文化底蕴浓厚。

过去，瓜岭村集体经济发展较为滞后，主要经济来源为土地和鱼塘租金收入。村民收入主要经济来源则为出外务工，人均年收入 9 378 元。为改善落后状况，瓜岭村大力发展乡村旅游产业。依托瓜岭自身独特的区位和景观资源条件，规划实施吾乡岭南精品名村系列，以乡村休闲度假为主题，打造具有岭南浓郁原乡特质和乡村文化休闲旅游产业特色的岭南精品名村，建设内容具体包括 12 个实施项目，累计投资金额约 3.26 亿元。

新闻事实：打造具有岭南浓郁原乡特质和乡村文化休闲旅游产业特色的岭南精品名村。

当地又以现代农业为支撑，引进了以先进农业技术为核心，以休闲旅游为依托，集休闲观光、文化体验、科普教育、特色美食及亲子娱乐功能于一体的“亲自然乐园”田园综合体项目。在无土栽培的蔬菜大棚里，番茄、黄瓜、生菜等农作物长势良好，漫步其中，看不到一片烂叶子，也没怎么看到害虫，现摘的黄瓜没打过农药，不用洗就可以直接食用。

近年来，瓜岭村通过引进和发展高质量项目，带动产业整体发展和村民增收致富。同时，通过土地流转，地租将由1 100元/亩提高到 1 500 元/亩，瓜岭村年集体经济收入在短期内可提高十多万元。

话题转向资金投入。

新增10亿元乡村振兴资金

记者了解到，在2018年“三农”财政预算资金安排不变的基础上，增城区财政新增10亿元乡村振兴资金，其中，5亿元用于土地流转整合保障产业项目发展用地，3亿元用于人居环境整治全域提升村容村貌，2亿元用于设立乡村振兴发展基金引导支持企业做强做大，发挥财政资金“四两拨千斤”的作用，激活发展动力，撬动资本、技术、人才等要素向乡村集聚，为乡村全面振兴持续注入新动能。

在环境整治方面，增城区加强全域督导，强力推进人居环境整治工作落实。引入第三方检查考评服务机构，并通过第三方选拔聘任70多名学生为“人居调查员”，持续全方位开展检查考评。截至目前，284条村庄已基本完成“三清理三拆除三整治”，完成率为100%；198条村庄达到省定干净整洁村标准；120条村庄达到省定美丽宜居村标准，按质按量完成2018年年度任务。

结尾，补充环境整治信息，呼应主题。

（原载2019年3月21日广州日报7版，有改动）

【知识拓展】

通讯与通信

通讯和通信是当前使用频率较高且较容易混用的两个词。从单字来看，“通”代表传达，“讯”和“信”都有信息、消息的意思。这么看来，似乎这两个词是一样的，其实不然。在《现代汉语词典》（第4版）中，“通讯”有两种定义，一是指利用电讯设备传送消息或音讯；二是指一种新闻体裁，是翔实而生动地报道客观事物或典型人物的文章。

从“通讯”的第一种定义来看，传统意义上的“通讯”主要指电话、电报、电传。“讯”代表消息，消息通过通信网络从一端传递到另外一端。从第二种定义来看，“通讯”单纯的代表一类文体，比简单的消息更为详细、生动，是具体形象地报道有新闻意义的人物、事件和情况的文体，是报纸、广播电台、通讯社常用的文体。通讯类文章以叙述与描写为主，报道现实生活中有影响的人物、事件、工作经验和地方风貌，反映新闻事件或典型人物，它包括人物通讯和事件通讯两类。

“通讯”一般是用于具有广泛传播目的的消息，例如“新华社”是“新华通讯社”的简称，而不能叫作“新华通信社”。

（选自：中国科技论文在线，有改动）

【写作练习】

1. 阅读分析

骆日华代表的“随手拍”

走进位于深圳市福田区中心的香蜜湖公园，树木葱郁，荔枝、龙眼唾手可摘，两个“亲水”湖泊与瑰丽景色相映成趣。可在一年前，这样怡然自得的环境，却出现过不和谐的音符。

“前来游玩的家长领着小孩捕捞湖中的小鱼，并放在水桶中。这些鱼苗肯定会死掉，公园管理部门应该管一管。”在福田区第七届人大代表履职交流微信群中，骆日华代表用手机拍摄并上传这些照片，还贴出“抱拳”表情，希望这种行为能及时得到制止。紧接着，他再次发出一张“功夫了得”图片——一位锻炼身体的老人将腿压在公园雕塑上，作拉伸状，较不雅观。

这些问题在公园管理部门的协助下得以妥善处理。

为响应深圳市委市政府推行的文明城市创建活动，福田区人大常委会于去年7月组织市、区人大代表开展“行走 福田·随手拍”活动，以代表联组微信群为平台，安排街道人大秘书专门负责处理代表上传的信息，记录在案并及时转交相关部门处理。在上传了“小孩捞鱼”和“功夫了得”问题得到快速解决后，骆日华代表很快就喜欢上了这项活动而“不能自拔”。作为深圳市一家建设监理公司的董事，他将“随手拍”的目标集中对准他所熟悉的市政建设领域。

今年6月8日，一段“地下管网冒水 将井盖拱撬起来”的6秒钟视频被骆日华上传到微信群。他在开车途中随手拍下的这段视频，用意在于让有关部门思考：这究竟是地下管网本身的问题，还是环卫工人清扫沙土造成堵塞，抑或是商户偷排垃圾并倾倒至地下水管。他希望有人处理。

骆日华说，“代表通过随手拍把实情反馈至微信群，群里的人大工作人员会将问题反馈至有关职能部门，并直接跟踪处理”。福田区第七届人大代表履职交流群”这个有200多人参加的队伍就是代表“随手拍”的坚强后盾。

曾经，福田区福民路与石厦北一街交界处正在改造的人行道工程，“盲人通道”做得不够规范，被骆日华看到后，他在微信群呼吁“有关部门赶紧协调一下，趁工程现在还可以修改，让盲人朋友走起路来更容易一些”。句末，又贴出三个“双手合十”表情，焦急心情一览无余，祈祷工程能尽快完善施工。

一段时间后，骆日华再次回访，并将障碍物清除、已改造好的路口照片发送至微信群，立此存照，监督有关单位继续保证工程质量。

另一处“盲人通道”再次引起骆日华的关注。原来，通信部门改造网线，其电箱建设挤用盲人通道空间，造成盲道转弯不利行走，而且电箱露出人行横道地面，存在安全隐患。经微信群工作人员与道路所在地街道办联系，这个电箱被成功移走，真正还路于民。

让骆日华欣慰的是，通过“随手拍”反映的问题都得到了很好的解决。“曾经有人跟我说，你拍得好。但是我要说，不是我拍得好，而是要有人做才行。人大代表要和政府形成互动，毕竟接触基层百姓的代表不反映，政府职能部门就不知道问题所在。”他说，人大代表

"随手拍"起到了政府与群众交流的桥梁作用,代表就更应该把基层百姓的心声和意愿传递给政府。

(原载《人民之声》杂志 2018 年第 10 期,作者姚群,有改动)

问题

说一说这篇题为《骆日华代表的"随手拍"》的作品为什么是通讯而不是消息?

2. 情境写作

请认真研究通讯稿和消息稿各自的文体特点和写作要求,然后把《骆日华代表的"随手拍"》改写成一条消息稿。

第三节 宣传材料

【范文举例】

公司简介

华为是全球领先的 ICT(信息与通信)基础设施和智能终端提供商,致力于把数字世界带入每个人、每个家庭、每个组织,构建万物互联的智能世界。我们在通信网络、IT、智能终端和云服务等领域为客户提供有竞争力、安全可信赖的产品、解决方案与服务,与生态伙伴开放合作,持续为客户创造价值,释放个人潜能,丰富家庭生活,激发组织创新。华为坚持围绕客户需求持续创新,加大基础研究投入,厚积薄发,推动世界进步。华为成立于 1987 年,是一家由员工持有全部股份的民营企业,目前有 18 万员工,业务遍及 170 多个国家和地区。

我们为世界带来了什么?

为客户创造价值。华为和运营商一起,在全球建设了 1 500 多张网络,帮助世界超过三分之一的人口实现连接。华为携手合作伙伴,为政府及公共事业机构,金融、能源、交通、制造等企业客户,提供开放、灵活、安全的端管云协同 ICT 基础设施平台,推动行业数字化转型;为云服务客户提供稳定可靠、安全可信和可持续演进的云服务。华为智能终端和智能手机,正在帮助人们享受高品质的数字工作、生活和娱乐体验。

推动产业良性发展。华为主张开放、合作、共赢,与客户合作伙伴及友商合作创新、扩大产业价值,形成健康良性的产业生态系统。华为加入 360 多个标准组织、产业联盟和开源社区,积极参与和支持主流标准的制定、构建共赢的生态圈。我们面向云计算、NFV/SDN、5G 等新兴热点领域,与产业伙伴分工协作,推动产业持续良性发展。

促进经济增长。华为不仅为所在国家带来直接的税收贡献,促进当地就业,形成产业链带动效应,更重要的是通过创新的 ICT 解决方案打造数字化引擎,推动各行各业数字化转型,促进经济增长,提升人们的生活质量与福祉。

推动社会可持续发展。作为负责任的企业公民,华为致力于消除全球数字鸿沟,在珠峰南坡和北极圈内,在西非埃博拉疫区、日本海啸核泄漏、中国汶川大地震等重大灾难现场,都有华为人的身影;推进绿色、低碳的环保理念,从产品规划、设计、研发、制造、交付以及运维,华为向客户提供领先的节能环保产品和解决方案；华为“未来种子”项目已经覆盖108个国家和地区，帮助培养本地ICT人才，推动知识迁移，提升人们对于ICT行业的了解和兴趣，并鼓励各国家及地区参与到建设数字化社区的工作中。

为奋斗者提供舞台。华为坚持“以奋斗者为本”，以责任贡献来评价员工和选拔干部，为员工提供了全球化发展平台、与世界对话的机会，使大量年轻人有机会担当重任，快速成长，也使得十几万员工通过个人的努力，收获了合理的回报与值得回味的人生经历。

我们坚持什么？

华为30年坚持聚焦在主航道，抵制一切诱惑；坚持不走捷径，拒绝机会主义，踏踏实实，长期投入，厚积薄发；坚持以客户为中心，以奋斗者为本，长期艰苦奋斗，坚持自我批判。

我们不会辜负时代慷慨赋予我们的历史性机遇，为构建万物互联的智能世界，一往无前。

（摘自华为公司官网，2019-03-28）

【写作知识】

如今打开任一家政府机构、企事业单位的网站，几乎都能读到一段自我展示的文字材料，用来回答我是谁、有什么职能、提供什么服务、有哪些服务承诺等。在高考招生咨询现场，各高校纷纷摆摊设点，提供自己学校特色、专业优势的材料，吸引学生报考。而在发布会、展销会、说明会上，更容易见到相关企业提供的公司介绍材料、产品优势材料、使用说明材料。以上材料，往往隐含着一定的宣传意图，本质上也都属于宣传材料。

一、宣传材料的特点

宣传材料是为了服务特定议题而组织的讯息材料。其特点如下：

1. 隐蔽性

在一份具体的宣传材料中，材料所服务的特定议题通常是隐蔽的，或者是隐隐约约的。政府机关、事业单位的宣传材料，往往含有塑造自身形象、期待社会公众予以好评的议题；公司企业的宣传材料，往往隐蔽着公关项目议题；产品说明宣传材料，往往隐蔽着广告营销议题。例如华为公司的介绍材料，所呈现的是一份企业简介，却隐蔽了“与全球最优秀的华为公司合作是最正确的选择”的议题。如果对所服务的议题毫无隐蔽，宣传材料就可能会变成赤裸裸的口号，并因此失去可读性。

2. 依附性

“宣传材料”是集合概念，通常是依附于具体的介绍材料或说明材料之上，并以简介、说明等介绍材料或说明材料的名称出现，为特定的议题服务。例如，依附于公司介绍材料，为获取社会更广泛的认可和信任服务；依附于产品特点、优势材料，为吸引更多的客户购买服务；依附于产品使用说明材料，为通过方便用户进而赢得更多的用户服务。

3. 灵活性

宣传材料具备文字、图片、视频等多种媒体元素，组合手法灵活，表现形式多样，用途十分广泛。

二、宣传材料的类别

宣传材料可以大体分为介绍材料、说明材料两大类。

（一）介绍材料

介绍材料主要有机构介绍、产品介绍、人物介绍三种。

1. 机构介绍

机构介绍材料一般分对外介绍材料和对内介绍材料两类。对外介绍材料是机关团体、企事业单位用以向社会公开自己的职能、介绍自己的特点、展示自身的形象，以期获得更广泛的认知、认可的讯息材料。对内介绍材料的主要内容通常是内设机构的职能和办事程序、联系方法，一般是发布在机构内部的办公网站上。

2. 产品介绍

企业开发了新的产品、公司组织了新的货源、学校增加了新的招生专业、金融机构推出了新的理财品种等，都需要及时将产品介绍给社会，目的是通过宣传介绍，让社会公众了解相关产品，以期把新的产品和需要相关产品的用户连接起来。

3. 人物介绍

机构领导新旧更替，需要有新任领导人履历介绍；单位年终评出了先进人物，需要有人物事迹介绍；医院推出了专家门诊制度，需要有各科名医专家介绍；大学的本科专业和研究生专业，都需要有学科带头人以及主要师资的具体介绍。即便是一家培训机构，其推广材料中也一定要有讲师资历、业绩介绍，否则就不利于机构的推广。

（二）说明材料

说明材料主要包括服务说明、产品购买说明、产品使用说明三种。

1. 服务说明

服务说明重点说明服务范围、服务流程。例如政府市场监管部门推出的假冒伪劣商品投诉服务、电子商务网站提供的不当销售投诉服务，都需要对投诉范围、投诉事项处理流程做出详细的说明。

2. 产品购买说明

产品购买说明重点说明购买方法、购买注意事项以及购买责任。例如金融机构对理财产品做了介绍之后，接着要对购买该产品的流程，尤其是购买风险、违约责任、纠纷处理办法等作出详细说明，并要求购买者承诺对说明事项均已清楚，购买流程才能继续进行。

3. 产品使用说明

产品使用说明即习惯上所说的产品说明书。生产企业在将产品推向市场的同时，一般都需要为自己的产品配置一份详细的产品使用说明材料，有的称“注意事项”，有的称“使用说明”，有的称“说明书”。

三、机构介绍材料

机构介绍材料是机关团体、企事业单位用来向社会公开自己的职能、介绍自己的特点、展示自身的形象，以期获得更广泛的认知、认可的讯息材料。

(一)机构介绍材料的文体特点

1. 说明性

机构介绍材料是向外界介绍机构的属性、特征的文字材料,目的是希望外界认识、了解机构的理念、特点、功能、作用以及在同类机构中所处的地位,对社会发展所具有的影响力。可见机构介绍材料的意图是希望通过自我介绍,能够让外界认识自己、了解自己。一说外界就能明白,是对机构介绍材料写作的基本要求,也是机构介绍材料应有的文体特征。

2. 选择性

机构介绍材料是经过精心选择的、专门服务于特定议题的讯息材料,本质上属于宣传品。机构介绍材料是当事机构话语的自我表达,其真实性、可靠性无须经过第三方的确认,这使得所有的机构介绍材料都带有了广告文案的色彩。虽然绝大多数机构介绍材料的真实性毋庸置疑,但这只是一个方面,另一个方面,机构介绍材料所使用的全部材料又都经过了严格的筛选,仅凭这些材料还难以实现对机构全面的、本质的认识。

3. 动态性

机构介绍材料的动态性是由两方面的因素决定的:一是机构本身是动态的,反映机构的材料也难以静止下来;二是一家机构的介绍材料不应只有一个综合文本,而应该针对不同的需求形成多个重点各不相同的文本片段。例如一所大学用于招生的介绍材料,重点介绍学校的历史成就、介绍学校培养的卓越人才数量,其中最优秀的代表有哪些,介绍专业集群优势以及学校能够为学生提供的具体服务就可以了,而不必介绍学校如何努力改善教师的待遇。改善教学科研环境、提高教师待遇以及为青年教师提供成长空间等,可以作为重点内容写入用于人才引进的介绍材料中去。机构介绍材料的动态性提醒我们,一家机构不能只准备一份,而应当有一组介绍材料。同理,全面认识一家机构就不能只看该机构的一份介绍材料,而是要看一组介绍材料。

(二)机构介绍材料的基本格式

机构介绍材料的基本格式如下:

1. 标题

机构介绍材料的标题通常由机构名称、文种构成。在特定语境中,例如在机构介绍的框架下,省略“简介”也是可以的。但如果不具备特定框架,还是要加上“简介”,并把“简介”当作一个文种看待。

2. 首部

机构介绍材料的首部包含以下内容:

(1)机构名称。机构名称要用全称,如果是开放性的、有国际合作业务的机构,还应当在中文名称之后标注机构英文名称。

(2)机构办公地址。要依次写明机构所在的省、市、区、路和门牌号及其所在办公楼宇的名称。

(3)机构类别。如果是政府部门、事业单位,要写明具有哪些职能,承担怎样的社会责任。如果是公司企业,则要介绍自己生产、经营的具体产品,开展业务的范围以及提供服务的内容。

3. 正文

机构介绍材料的正文有三项重要内容：

（1）机构概况。应当依次介绍机构的性质、合法来源、主要职能和目前的发展地位。例如“华为技术有限公司是一家生产销售通信设备的民营通信科技公司”，表明公司的性质是民营；“于1987年正式注册成立，总部位于中国广东省深圳市龙岗区坂田华为基地”，交代了公司的合法来源；“华为是全球领先的信息与通信技术（ICT）解决方案供应商……”表达了公司的职能和技术实力。

（2）机构特质。服务宗旨、经营理念，已经取得的突出业绩和所获得的社会评价，都是机构特质的重要内容。例如企业曾被授予“守信用企业”“消费者信得过单位”“质量万里行质量信誉之星”“维护消费者合法权益标兵”等荣誉称号，应当在这一部分交代。

（3）重大事件。机构在发展过程中发生的重大标志性事件，在正文中通常均占有一定的篇幅。

4. 结尾

结尾一般安排展望机构美好未来的内容，以之期望社会对机构的发展保持信心。如果有创新的打算、重要的发展目标和重大承诺，都可以在结尾补充说明。

（三）机构介绍材料的写作要求

撰写机构介绍材料要特别注意以下要求：

1. 用事实说话

用事实说话的具体含义，一是说实在的话，杜绝抽象的自夸、廉价的溢美，慎用形容词和副词。二是多介绍已经能够证实的事实，少说可能存在但目前还无法证实的事实。三是尽量采用得到权威认可的事实，譬如组织评价就比社会评价更加权威。四是善于使用发展中的事实，引导读者产生更多的期待。

2. 突出重点

记住，机构介绍材料是宣传材料。机构的特定议题是什么，现阶段希望通过宣传达到什么目标，这些议题和目标是如何确定的，当这一系列问题都清楚之后，再紧扣相关议题和目标来组织材料，才有可能让机构介绍材料主题鲜明、重点突出。

3. 控制篇幅

别以为读者有足够的耐心阅读你的机构介绍，而实际上读者往往只愿意拿出3分钟的时间来阅读你的简介。因此，简介要简，最好只有500字，最长不要超过1 000字。

四、商品说明材料

（一）商品说明材料的文体特点

商品说明材料习惯称作商品说明书，是以说明为主要表达方式，介绍商品成分、规格、用途、用法或性能、构造、功能、保养维修及故障排除等相关内容的材料，目的是帮助用户认识商品，安全、正确地使用商品。同时，商品说明材料也是特定商品的宣传材料。

商品说明材料一般具有以下特点：

1. 实用性

商品说明材料的意图非常明确，就是要满足用户的使用需求，告诉用户如何科学地去使用所介绍的商品，包括如何确保使用的安全，如何在使用中充分发挥相关商品的全部功能，如何延长相关商品的使用寿命以及如何获得更好的使用体验。能够满足用户安全使用、正确使用、充分使用、快乐使用需求的，就是具有实用性的商品说明材料，不能全部满足用户上述使用需求的，就是实用性不足的商品说明材料。

2. 说明性

商品说明材料是用户科学地使用相关商品的指南针。它介绍商品的性能、作用、使用方法、操作步骤、注意事项等内容，用户根据介绍就能够明白自己应该怎样做，不应该怎样做。因此，商品说明材料具有说明性，是典型的说明性文体。

3. 指导性

商品说明材料通过介绍相关产品的性能、特点、功用、使用方法、注意事项、维护保养等知识，指导用户获得驾驭相关产品的知识和能力。从这个意义上看，商品说明材料也是科普文章，是传播科学知识的载体。

（二）商品说明的基本格式

1. 商品说明的标题

一般由商标、商品名称、文种组成。如《富士数码相机说明书》。有些可以省略商标，仅保留商品名称和文种。如《维生素 E 胶囊说明书》。

至于有些商品说明书标题仅直接表明“说明书”一项内容，是不够规范的。

2. 商品说明的正文

正文要求针对产品的不同性质、不同用途，选择最恰当的角度，突出最重要的方面，详细地介绍与商品有关的知识。介绍的手法，有的宜侧重说明用法，有的宜侧重说明功能，有的宜侧重解释构造原理，有的宜侧重说明成分。可以采用单一的文字叙述，也可以分条列项，以期层次更加分明，条理更加清楚。还可以采用图文综合式的文面表达形式，以给用户更直观、更形象的说明。

3. 商品说明的落款

商品说明材料的落款必须写明商品生产厂家的名称、地址、邮编、电子信箱、联系电话以及商品批号、生产日期，定点经销单位及售后服务单位的名称、联系方式等，应根据不同的商品说明，增减落款项目内容。

一些需要向消费者全面详细介绍商品内容的说明材料，由于事项比较多、内容比较复杂，可以将其制作成包括封面、标题、概述、目录、正文、封底俱全的小册子，让其成为一本名副其实的说明书。

（三）商品说明材料的写作要求

1. 定位要准确

即要根据商品说明材料的文体特点，坚持实用性、说明性定位，以能不能为用户科学使用商品提供切实有效的指导，作为评价商品说明材料价值的主要标准。例如，用户对家用电器的安全使用关切度普遍较高，家用电器的使用说明书中能够详细回应用户的关切，让用户看了说明书能够掌握安全使用的要领，最终解除安全顾虑，这样的说明材料对用户才有切实的指导意义。某豆浆机使用说明书专门列出8条“安全使用注意事项”，并且将其作为第一章的内容，放在说明书的最前面，内容包括机头上的插座不能进水，“如果进水了，必须擦干后才能使用”“杯体、防溢电极和温度传感器请及时清洗干净”等，指导性极强。也有一些商品说明材料，仅提供销售部门的联系办法却不提供售后服务部门的联系办法，或直接强调“请大家放心使用”，用广告劝说代替贴心的服务，用宣传腔调代替耐心的解释，这些商品说明材料的问题都出在定位失准上。

2. 特征要鲜明

即一定要抓住商品的主要特征来构思、组织。商品种类繁多，功用不同，对使用的要求也不一样。在作说明时，就是要抓住其主要特征，把商品的个性说清楚。例如，是名特新产品，就要写出它的“名”在哪里，“特”在哪里，“新”在何处。对使用正确要求较高的商品，要把使用步骤一一交代清楚，用文字不容易说清楚的就应考虑采用示意图来表达。商品对使用环境要求高的，就要把在哪些环境下使用需要注意哪些问题具体列出来。

3. 顺序要合理

商品说明材料的结构宜在充分考虑产品特性的基础上，本着和一般用户的认识习惯相一致的原则进行安排，以方便用户阅读和理解。例如，宜采用由上而下、由整体到局部、由外形到功能的顺序或其他单一顺序，来安排结构、组织材料、展开说明和解释，如无特殊理由，一般不交叉采用多种顺序。且层次不宜过多，逻辑关系也应尽量单一。

【例文评析】

例文	评析
复方氨酚烷胺胶囊说明书	
请仔细阅读说明书并按说明使用或在药师指导下购买和使用	标题由商品名称+文种构成。
[药品名称]	重要提示。
通用名称：复方氨酚烷胺胶囊	
商品名称：仁和可立克	
[成分]本品为复方制剂，每粒含对乙酰氨基酚250克，盐酸金刚烷胺100毫克、马来酸氯苯那敏2毫克、人工牛黄10毫克、咖啡因15毫克。辅料为：淀粉、聚维酮K-30。	对药品的成分、适应证、用法用量、不良反应等事项都做了比较全面地说明。
[性状]本品为胶囊剂，内容物为淡黄色的小丸。	
[作用类别]本品为感冒用药类非处方药药品。	
[适应证]适用于缓解普通感冒及流行性感冒引起的发热、头痛、四肢酸痛、打喷嚏。流鼻涕、鼻塞、咽痛等症状，也可用于流行性感冒的预防和治疗。	
[规格]复方	
[用法用量]口服。成人，一次1粒，一日2次。	

［不良反应］有时有轻度头晕，乏力、恶心、上腹不适、口干、食欲缺乏和皮疹等，可自行恢复。

［禁忌］严重肝功能不全者禁用。

［注意事项］

1. 用药3~7天，症状未缓解，请咨询医师或药师。

2. 服用本品期间不得饮酒或含有酒精的饮料。

3. 不能同时服用与本品成分相似的其他抗感冒药。

4. 前列腺肥大、青光眼等患者以及老年人应在医师指导下使用。

5. 肝功能不全、肾功能不全、脑血管病史、精神病史或癫痫病史患者慎用。

6. 孕妇及哺乳期妇女慎用。

7. 服药期间不得驾驶机、车、船、从事高空作业、机械作业及操作精密仪器。

8. 如服用过量或出现严重不良反应，应立即就医。

9. 对本品过敏者禁用，过敏体质者慎用。

10. 本品性状发生改变时禁止使用。

11. 请将本品放在儿童不能接触到的地方。

12. 如正在使用其他药品，使用本品前请咨询医师或药师。

［药物相互作用］

1. 与其他解热镇痛药同用，可增加肾毒性的危险。

2. 本品不宜与氯霉素、巴比妥类（如苯巴比妥）等并用。

3. 如与其他药物同时使用可能会发生药物相互作用，详情请咨询医师或药师。

［药理作用］对乙酰氨基酚能抑制前列腺素合成，有解热镇痛的作用；金刚烷胺可抗“亚—甲型”流感病毒，抑制病毒繁殖；咖啡因为中枢兴奋药，能增加对乙酰氨基酚的解热镇痛效果，并能减轻其他药物所致的嗜睡、头晕等中枢抑制作用；马来酸氯苯那敏为抗过敏药，能减轻流涕、鼻塞、打喷嚏等症状；人工牛黄具有解热、镇惊作用。上述诸药配伍制成复方，可增强解热、镇痛效果、解除或改善感冒所引起的各种症状。

［贮藏］密封，置阴凉（不超过20度）干燥处。

［包装］铝塑。每板10粒，每盒2板。

［有效期］24个月。

［执行标准］部颁标准二部第五册

［批准文号］国药准字H×××××××

详细介绍注意事项及药理作用，目的是为了更安全、更有效地用药。

[说明书修订日期]××××年××月××日
[生产企业]
[企业名称]××省××县制药有限公司
生产地址:××省××县城城南路××号
邮政编码:××××××
电话号码:××××-×××××××
传真号码:××××-×××××××
网址:www.renhegroup.cn
如有问题可与生产企业联系

提供联系方式,便于需要时及时联系厂家。

[简评] 这是一份药品使用说明。其最突出的优点,是从消费者的使用需要和利益出发,对药品的名称、特征、药理作用、服用禁忌、注意事项以及生产厂家的相关资料,都一一做了全面、细致、周到的介绍。

本文语言简洁、准确,体现了产品说明书的说明性、实用性和指导性。

【知识拓展】

商品说明书与商业广告的异同

商品说明书和商业广告都向消费者宣传商品性能、功能、构造、使用等,促使消费者自由选择该商品,起到促进商品销售的作用。但两者也存在着差异。

1. 目的不同

商品说明书的目的是介绍产品知识,帮助消费者正确认识和使用产品,以期取得最佳使用效果;商业广告则主要是宣传产品,最大限度引起消费者的注意和兴趣,激发起消费者的购买欲望,以达到促进商品销售的目的。

2. 内容不同

商品说明书只限于介绍商品本身的相关知识,不涉及销售过程、手段等,内容比较单一;而商业广告除宣传商品本身外,还可以介绍工厂设备、技术条件、质量声誉、售后服务等,内容比较广泛。

3. 表达方式不同

商品说明书以说明为主要表达方式;而商业广告往往采用叙述、议论、描写、抒情等多种表达方式相结合。

4. 宣传途径不同

商品说明书一般直接印制在商品包装物上或随商品一起放在包装物内;而商业广告则通过电视、广播等媒体播出,或通过报刊、路牌等登载,或张贴在最引人注目的地方,以便让更多人知道。

【写作练习】

1. 阅读分析

广州白云电器设备股份有限公司

广州白云电器设备股份有限公司成立于1989年，注册资本44 274万元，所属行业为输配电及控制设备制造，已在上海证券交易所主板上市（股票代码603861）。

公司是一家集高低压成套开关设备研发、制造、销售及服务为一体的高新技术企业，主营产品包括高压成套开关设备、低压成套开关设备、气体绝缘金属封闭开关设备（GIS）以及电力电子产品等，并先后与日本东芝合资成立了广州东芝白云电器设备有限公司、广州东芝白云自动化系统有限公司、广州东芝白云菱机电力电子有限公司、东芝白云真空开关管（锦州）有限公司4家合资企业。

二十多年来，公司始终专心专注于配电设备研发、制造领域，是国家863计划CIMS应用示范企业、国家火炬计划重点高新技术企业、中国电气产品制造十大领军企业、全国重合同守信用企业、全国质量示范企业、广东省装备制造业50强骨干企业、广东省创新型试点企业。公司始终以创新为企业发展的DNA，科研实力雄厚，拥有广东省认定企业技术中心、广东省认定工程中心、广东省电气节能技术研究开发院、轨道交通自动化研发中心、广州市配电技术工程中心等多个科研机构，获得测量管理体系一级认证，并与广东工业大学、天津大学、湖南大学等多所高等院校开展长期的产学研合作，目前拥有国家授权专利94项，主持、参与制定行业标准33项；近三年先后承担十余项国家、省、市级重大科技项目；17个系列新产品被国家、省市认定为重点新产品、高新技术产品、自主创新产品等；2项产品荣获广东省机械工程学会科学技术奖励；尤其在节能环保领域，“大型企业综合电气节能关键技术及应用”荣获国家科学技术进步二等奖。

公司在华南地区开关电器行业中综合实力名列前茅，产品已被列入国家电网和南方电网的城网和农网改造推荐使用目录，同时是五大发电集团、中石油、中石化、北京地铁、广州地铁、北京奥运工程、广州亚运工程、深圳大运会工程等重大项目优质供应商，也是我国少数进入核电领域的配电设备制造商之一，特别是在城市轨道交通配电控制领域，公司拥有18年的城市地铁配电设备供应及运营、维护经验，产品已广泛应用于北京、广州、东莞、昆明、南宁、长沙等24座城市的地铁中，先后被评为是“2008年奥运期间北京地铁技术支持突出贡献单位”“2010年亚残运会广州地铁外联保障模范单位”“广州地铁‘双创’工作特别贡献单位”。

公司始终将一如既往地坚持“创造优良，服务社会”的企业宗旨，致力于成为世界领先的电力能源综合解决方案服务商！

（摘自该公司官网，2019年3月28日，有改动）

问题

（1）说说读了这份简介材料，这家公司给你留下了怎样的印象？

（2）这份简介是否长了一点？如果要求删除200字，你分析一下应该如何删。

2. 病文诊断

操作指示便览

吹风机使用上之注意事项：请依下列之指示使用之。

1. 电之能源供给必须由适当之电线插座供给。如果同样的插座于同样的时候也被其他的电气元件所占用时，务必注意插座之容量必须适合于这些元件之占用量。

2. 使用时不得盖住风之出口及入口。否则将导致燃烧或机械之损害。

3. 使用时如果吸风口被塞住的话，将吹风机的开关转到“OFF”的地方，并等上二三分钟方可继续使用。

4. 切勿于编织物、纸或其他易燃物之物品近旁使用吹风机，否则将易导致火灾。

5. 切勿于气体或其他高度可燃之物品近旁使用吹风机。

6. 切勿将压发针或其他不适合之物品插入吹风机之出、入口，否则将导致振动及损害。

7. 避免元件承受过度的震动。

8. 切勿于婴儿身上使用吹风机。此外于吹干头发及做头发样式之外，切勿使用吹风机。

9. 使用后，须将吹风机之开关转至“OFF”之后从插座拔下插头。

10. 以柔软且经中性清洁剂润过的布料，清洁吹风机之架构部位。切勿使用轻油或石油精之类的物品。

11. 切勿将吹风机存放于如浴室洗澡间等有湿气的地方。

问题

这份《操作指示便览》带给你的阅读体验好吗？说说它有哪些不足，并着手修改这份说明材料。

3. 情境写作

假定你所在学校的招生就业处要求你们系写一份你现在所读专业的专业介绍，并准备将其刊登在学校正在编印的招生简章上，目的是希望能够吸引更多的考生填报这个专业。

现在，系里的老师把写专业介绍的任务交给你了。你可以独自完成，也可以邀请几名同学组成一个小组来完成这个任务。

特别提示：要写你们学校的、你现在读的这个专业的介绍，要符合你们学校该专业建设水平的实际，而不是要从学科分类的角度泛泛介绍你所读的专业。

第七章 网文

凤凰网整改公告

2018 年 09 月 26 日　16:45:11

来源:凤凰网综合

凤凰网依据有关部门约谈要求,针对部分频道、"凤凰新闻"客户端及 WAP 网站传播违法不良信息、歪曲篡改新闻标题原意、违规转载新闻信息等问题,进行深刻检讨和反思,认真落实各项管理要求,深入自查自纠,全面加强网站业务和人员管理,将严格按照整改通知,立即深入进行整改,整改期间停止更新凤凰新闻客户端 App、手机凤凰网及相关频道,同时,一如既往地欢迎用户及社会各界对凤凰网进行监督和帮助,我们将以维护网络信息传播秩序为己任,积极营造健康的网络空间。

凤凰网资讯频道、财经频道自 9 月 26 日 15 时至 10 月 10 日 15 时停止更新,科技频道自 9 月 26 日 15 时至 10 月 26 日 15 时停止更新;"凤凰新闻"客户端自 9 月 26 日 15 时至 10 月 10 日 15 时停止更新;凤凰 WAP 网自 9 月 26 日 15 时至 10 月 10 日 15 时停止更新。

(节选自凤凰网,有改动)

【案例启示】

计算机网络平台集大众传播、组织传播、个人传播等于一体,具有开放性、交互性、即时性的特点,为信息传播和舆论动员带来了极大的便利。但是,网络用户素质、层次不一,认知能力有别,加上有时候运营者履行主体责任不到位,导致低俗、虚假、暴力等信息在网络上有了藏身之地。清理这些藏身之地,需要管理者、运营者和用户三方共同努力。

第一节 网 帖

【范文举例】

寻找电信业猪一样的队友

狗血新闻4G牌照未来,中移动员工宇宇发出忽悠论:TD-LTE租赁的三大合理性,向电信联通高层隔空“喊话”。垃圾新闻实名制,今天强行推行。恐吓令一出,吓得三大电信运营商如同怪兽叫。微博刷了一下,突然出来一条令小伙伴们震惊的新闻:广东电信率先支持当月剩余流量存进下月,还可以送给朋友。

这个话题已被炒得高潮迭起,京广线律师们奋笔疾书,将轮流性与消费者发生关系的中国三家运营商告上法庭。通信业包括项立刚老师在内的专家们不干了,纷纷投入微博战斗,甚至有人骂中移动“猪一样的队友”为何迟迟不出团参与网民肉搏。

新闻发生了180度大转弯,专家和盟友将矛头指向了潜藏内部的“叛徒”:一个非常大器的罪名——自毁长城。从美国宇航员拍到中国的唯一照片就是长城,我骄傲!

狗屎新闻说完了,这里谈谈恶贯满盈的观点:1. 流量。2. 长城。

2012年是整个通信业的分水岭,以前是语音通话占主体,以后就是流量经营为主体了。目前,三大电信运营商均把流量转型作为生命线。

根据财报,今年上半年,中移动数据业务收入达到954亿元,相较于去年同期的760亿元,猛增25.5%,在整个通信服务收入中占比也上升到33.5%。中移动无线上网业务流量同比增长129.0%,成为收入增长的主要驱动力。

用陈志刚的微博说,中国联通从了腾讯,电信成了网易的干爹,誓言把移动互联网看作最重要战略领域的中国移动何去何从?近日在面临微信沃卡心理冲击最严重的广东,传出即将从校园迎新开始反击,用非定向流量包反击前者的定向流量包。

说得文雅点,三大电信运营商转型移动互联网,粗俗点是三个高富帅被逼街头摆摊卖流量。因此,回头看,浙江联通总经理于英涛推出的“随意打”,针对语音业务,赚取用户,发展3G流量是多么高明的一击。但是,在当时却有人认为其糟践国家粮食,自毁长城。

这个“长城”是电信运营商垄断上百年的基业,被浙江联通给贱卖了,此事惊动了工信部。据传工信部亲自赴浙调查,当地管局下发了叫停令,此事算是告一个段落。

今天,广东电信将月流量剩余没有清零,这和当初浙江联通“随意打”一样,不过,今天毁掉的长城可能是慕田峪长城,而于英涛毁掉的是嘉峪关长城。

无论是毁掉哪一段长城,在今天看来,与国家安全几乎没有任何关系。因为,在军事已经现代化的今天,依赖长城抵御外敌,无疑是自欺欺人。再回到今天的三大电信运营商,要想抵御来自腾讯、阿里巴巴、百度等移动互联网企业的侵袭,想用“语音和流量”这个所谓的长城来守住防线,真是蚂蚁撼大树,可笑不自量。

那么,如何抵御腾讯等OTT的冲击呢?如何才能保卫通信业的长城呢?

其一，得民心者得天下。

其二，适应互联网者生存，故步自封者出局。

其三，单一垄断时代过去了。

取消流量清零出炉背景是：京广线律师呼吁流量不清零，这是代表了老百姓的心声。如果从静止的、电信人的立场看，这损失将是难以挽回的。从眼前利益看，在金钱和脸面的问题上，广东电信选择了要脸不要钱。从未来市场形势分析，让用户放开消费，习惯性消费才是主流。如果用户觉得流量可以，就不至于到月底几天疯了下载，不能让运营商占了便宜。这不是正常的消费者心理，只能导致运营商与用户的对立情绪。

说到此，你也没有看出来究竟谁才是“电信业猪一样的队友”，主要还是看你读我文章时，是站在猪圈里，还是站在慕田峪长城上。如果是站在猪圈里，看我也像猪一样的队友。

（毛启盈文，节选自毛启盈的搜狐博客，有改动）

【写作知识】

一、网帖的特点

网帖，即网络帖子，是基于网络社交平台发表的文章或意见。

网帖的作者以个体网络用户为主。网络社交平台是网帖的载体，主要是以贴吧、论坛、公告板命名的计算机信息传输、接收、共享虚拟平台，如天涯论坛、强国论坛、北大未名电子公告板等。网帖上的信息有的是叙事，有的是评论，有的是单一的文字文本，有的是多媒体文本。有些网帖表达了相对完整的意思，我们称之为文章，而有些网帖过于简单，表达的意思比较模糊，同时也不具备文章的形态，我们将其称作意见。

从写作的角度看，网帖具有以下几个特点：

1. 叙事主体泛化

传统的叙事文本一般都有明确的叙事主体，尤其是媒体叙事，主体更是明确、清晰。网络环境赋予了普通网民平等的话语权，吸引广大用户积极通过发帖等途径参与信息的生产活动。信息传播者与信息接收者的界限由此变得模糊起来。同一个事件由不同的人站在不同的角度来解读，很容易衍生出不同的意义，从而导致原先文本的作者对自己本来的叙述形式和叙述意义失去控制。结果就出现了时下常见的一种现象——一个叙事，等被我们接收到的时候，早已面目全非，它的作者是谁，最初是什么样子，也都变得模糊起来。

2. 叙事形式多样

传统媒体主要凭借单一的媒体形式进行叙事，而我们见到的网帖往往是集文字、符号、图片、音频、视频于一体的多媒体文本，并且增添了跟帖，使文本获得了互动性。网帖后面的跟帖，有时候是一个符号、一个表情，表达的思想有时候清晰，有时候又很朦胧，和主帖一起构成了一个式样丰富的叙事文本。你读它，会获得新的阅读体验，你不喜欢，则可以完全忽视不读，只专心去理解主帖的内容便好。

3. 语言交互性强

网帖叙事和传统媒体叙事在语言层面的最大差别就是语言的社交性不同。电视采用端庄、严肃的语言播报,报纸选择具体、准确的语言叙事。大众媒体使用大众普遍熟悉的语言传送信息,不允许在语言的选择上刻意迎合某一类群体的偏好。而网帖叙事则不同,网帖受到了两大因素的影响,形成了和大众媒体不同的叙事话语体系:一个是主体原因,例如天涯论坛上的楼主心情好的时候一层楼有几千字;某一天心情不好,当天的楼可能只有两个字:“无聊”,客气点的有五个字:“宝宝不开心”,而无论是“无聊”还是“宝宝不开心”,都属于语言碎片。另一个是技术原因。网帖文本必须要考虑方便用户在移动终端的小屏幕阅读习惯。因此,小篇幅、短句子、口语化就成了网帖的必然选择,也成了所有热帖共同的语言特征,就好像是面对面在和朋友说话。而且为了让朋友多一点听你唠叨的耐心,还必须说得简洁生动、幽默可亲。

二、网帖的类型

分类的意图不同,分出的网帖类别也不一样。网站把帖子分为科技、体育、娱乐、军事等类,然后再进行二级、三级划分,首先考虑的是方便计算机识别,因为网站要根据计算机的识别结果,决定是否推送以及如何推送这条帖子。其次网站要考虑阅读时方便查找帖文。而商家的分类思想就比较多地考虑如何有利于吸引客户投放,倾向根据客户现实的和潜在的需求划分网帖的类别。

写作类教科书的分类当然是要考虑如何有利于培养写作能力。本教材正是从培养写作能力的角度,来考虑网帖如何分类,以便为建立网帖内容分析方式和掌握网帖的写作要求提供认知基础。从这个角度来说,网帖分为以下几种类型:

(一)叙事帖

叙事帖是网帖中的主打产品。以天涯社区网站为例,该网站上的“天涯网事”“天涯别院”“职业交流”“大学校园”等栏目里许多阅读量巨大的热门网帖都是叙事帖。

优秀的叙事帖一般都具有以下几个特征:

1. 有故事

无论故事的情节是否比小说精彩,由于有真实性的心理预知,叙事帖中的故事在网民的心目中都要比小说更有诱惑力。叙事帖的叙事主体依然有匿名的优势,这为网民打开平日锁闭的心灵闸门,把压抑的、隐藏的情感释放出来提供了安全的心理保障。这就是那些关于大学男女生宿舍中的故事、年轻男女间的暧昧情事、情侣之间的分分合合之类的帖子能够吸引数万人追看的原因。

2. 连续叙事

连续叙事即所谓的“盖高楼”,一般是在每天固定时段进行,因此形成了栏目效应,培养了一批忠实的粉丝读者群每天定时追看。这很容易使人想到电视媒体的品牌栏目吸引收视的奥秘。电视的高收视率往往是电视剧创造的,但不是靠单集电视剧,而是靠电视剧中的连续剧。叙事帖中的“高楼”就相当于电视剧栏目播出的连续剧,为网站聚集人气的正是这样的定时叙事帖。

3. 游戏语言

受人追捧的叙事帖一般都在叙事语言上表现出鲜明的时代性和游戏性。其叙事策略,也往往体现出后现代风格,不断地对传统进行着解构和建构,从而对追捧者形成心理撞击。

（二）说理帖

说理帖主要集中在主流媒体和商业网站开设的论坛里，如人民网的“强国论坛”“深入讨论”，天涯论坛里的“经济论坛”“旅游论坛”“校园论坛”等。天涯社区还开设有“区域论坛”频道，此外也为许多省市开设了论坛空间，供用户选择进入。杂谈也是论坛的场所，某网站在杂谈下面又分出了“亚洲论坛”“心灵热线”“未知学院”“百姓声音”等，吸引不同需求的网民参与。

说理帖的特点主要有：

1. 新闻性强

说理帖通常聚焦最新发生的社会热点内容。发言人进入相关的论坛主题房间发表意见，参与讨论，涉及的话题针对性极强。媒体网站论坛也经常直接推出消息、评论等新闻作品，进一步强化了说理帖的新闻性和时政性。

2. 舆论相关度高

由于是围绕社会热点发表言论，说理帖的内容和社会舆论的相关度就非常高。有些说理帖肩负着引导舆论的使命，有些说理帖就是为了吸引舆论的关注，更多的说理帖是在舆论场上的游荡者。主流媒体网站的论坛引导舆论的意图非常明确。采用的方法一是设置话题，引导言论的关注方向；二是设置若干条置顶评论，引导评论重点；三是直接贴入媒体的评论，营造先声夺人的效果。

（三）抒情帖

有些网站会开设一些诸如“闲闲书话”“诗词比兴”“纵情山水”“放浪田园”“心灵热线”之类的帖吧，满足一部分网民抒发情感的需要，也聚集了一批抒情帖。但是抒情帖并不全都在专门的抒情类帖吧里，严格说，纯粹的抒情帖或纯粹的抒情聊天是很难吸引多少网民关注的。在讲故事、说道理的基础上抒发感情，感情才显得更真实，也更能吸引网民。

从写作的角度看，把网络分为主帖与跟帖、原创帖与复制帖、提问帖和答问帖等，也是有意义的。

三、网帖的写作要求

使用网络是公民的权利。无论是出于参与社会公共事务讨论的需要而发帖，还是出于分享成就与满足的需要而发帖，上网发帖的行为本身都是应该得到认同或赞赏的。即使我们所发的帖子并没有获得预期的点赞，即使还因为发帖被他人误解甚至遭受了攻击，网上发帖的经历对于我们认识社会、学习与社会对话、与别人交往，都是有益的。发帖的挫败经历更是自己情商养成的宝贵营养。但是，网帖的写作中也有些问题需要注意。

（一）定位

在网上发帖子的意图是什么呢？

是参与一个公共议题的讨论吗？那不完备也没有关系，参与公共议题讨论会是一个非常好的学习机会。如果还是在校的学生，那就更好了，参与公共议题的网络交流对于培养青年人的社会责任心，对完善公民人格，都有积极的意义。

是因为需要倾诉，并且也没有其他更好的途径用于倾诉，才想到要发个帖子吗？这应该是可以的，那就发吧。需要提醒的是你是否确认自己很熟悉网络社区？是否知道网上欢跳的字符后面有时也会暗流涌动？是否知道有时候说者无心听者却有意？想一想有哪些话最好还是别说，保护好自己才最重要。

是有种情绪需要宣泄，特别想要宣泄？如果是，那么你确信有人愿意听你的宣泄？有谁很在意你的宣泄？分享不是分债，不是要靠发泄你的负面情绪去干扰他人平静的生活。如果你控制不住还是要写，那就写吧，最好一气呵成，但是写完之后建议还是先放一放，别忙发，放一段时间再拿出来读读，也许会为当初的冲动感到不好意思，或会为帖子毕竟没有发出而感到庆幸。

如果是什么意图都没有，只是纯粹想发个帖子，那最好就暂时别发，等有了清晰的意图再发。

（二）尊重

尊重是一种教养。

如今的网络信息平台、搜索引擎、浏览器、社交软件等，几乎全都采用算法分发信息，算法推荐系统综合具体的信息内容、用户特征、环境特征三个变量，然后判断用户对某内容是否需要、满意度有多大，进而决定是否把该信息推荐给某用户。这种算法推荐的优点是尊重用户——尊重用户的需求，只把用户需要的内容推荐给用户。如果把按照用户需求推荐阅读内容的原则看作新媒体精神，那么首先，来网上发帖子就应该学习新媒体精神——在网上找对平台，找准房间，只把帖子发给那些愿意看帖的人，而不是随意乱发。

其次，对那些愿意看帖的人，更应该给予尊重，让人家获得好的读帖体验。以下行为都有不尊重的嫌疑：

（1）帖子并无吸引人的故事，还写得太长；

（2）帖子像是在传统的考试卷上答论述题，从头到尾写得密密麻麻，不仅文字间没有穿插图片，段落之间连空行也没有，读起来特别费眼。

（3）看了一会儿明白了——原来是水帖，没有实际内容，纯粹是为了“勾引”别人给个回复，或者是为了凑个字数增加“经验值”。

（4）不属于水帖，但是那语言不“萌萌哒”（网络词汇，有“太可爱了”的含义）也就算了，让人读起来像读文件。

尊重还包括对跟帖尽可能地给予回应。

（三）规范

写网络帖文时应该遵守网站的管理规则，网上写帖、发帖的规范更多的是自我倡导和自我约束。网上没有编辑，无法进行审核，你写了错字、说了脏话、用了不规范的词，没有人事先为你把关，也没有谁事后追究你的责任。但是，一个受过高等教育的人无论在网下还是网上都应该规范地使用自己的语言。例如，新华社明确规定了在新闻信息报道中的禁用词和慎用词，尽管新华社的规定对我们网上写帖没有直接的约束力，却仍然有参考价值。对于网语，也应该区别对待，许多鲜活的网语不仅可以在网上使用，而且也已经被传统主流媒体所接受。至于那些蛮横、粗鲁的，有伤风雅、缺乏教养、不懂得尊重的所谓网语，本就不应该出现在一个受过高等教育的作者的帖文中。

【例文评析】

国庆淋雨看升旗我在场
垃圾并非随意丢

横行霸道××××(2013-10-02 15:20:00 点击:114527 回复:2492)

本人有幸看了升旗,说说当天的情景,本人早5点左右去的广场,没排到前面,原因很简单,算去晚了,由于开始并未下雨,所以有很多早去的人都把纸或塑料袋垫着坐,这个可以理解吧!

后来雨大了,请问纸如何处理,是留在地上,还是把湿纸放在兜里?还是放在塑料袋里?其实当时有很多的人包括我都是把垃圾放在塑料袋里的,可是问题来了。

1. 垃圾处理设备明显不够用:广场上开始时是有零星的垃圾处理设备,比如环卫垃圾推车,可是被人们挪开了,原因是占地方。请不要怪国家,他们已经做得够好了,基本5步一个垃圾车,10步一处理,可是当时人确实太多了,开始所有人都把垃圾丢在处理器内,可是不够用。

2. 垃圾太多,其实有很多人自觉地将垃圾丢进处理设备,可是大家想象一个垃圾设备能装多少?于是装满后垃圾设备的旁边也出现了垃圾。

3. 不方便:当时的景象十分壮观,买过火车票的朋友应该能理解,人挤人,你想丢垃圾都不可能,根本走不动。

4. 有些人可能会说把垃圾装好带走,呵呵,几个人可能可以做到,十几个也行,成百上千也可,但当时的场面……不过也有带走的,比如我旁边的,可是等你走了几条街,发现任何一个处理设备都是满的,你会怎么做?是带着挤公车?还是带回家?还是丢在地上,自己考虑吧。别怪环卫部门没有处理,而是时时刻刻在处理。

5. 环卫工说明,可以丢在地上,但请不要扩散。当时有环卫工就是这样提醒的,这个不难理解吧?如果在广场上就算产生10吨的垃圾通过系统的收集比如车辆,相信一上午能轻松干完,但如果垃圾被人为带走,东一点,西一点扩散到整个城区,想象环卫的压力将更大,集中处理难道不比扩大处理容易?

有人总拿一些鸡毛蒜皮的事来说,我觉得不可理喻。

请问,你在现场吗?你知道当时的情形吗?10多万的人,密密麻麻的,哪个国家敢说能做到现场干干净净的?

而我们的素质已经很高了,有人自觉装自己的垃圾,也有人想丢到垃圾箱,还有人也想带走,可是你觉得容易吗?带着垃圾你挤得上公车吗?你能找到一个可以尽快让你把垃圾处理的地方吗?我告诉你,所有的垃圾箱都是满的,这难道不能说明什么吗?

还有些人说不要带垃圾去就行了,你说得简单,我5点多到的,还只能站中间的位置,几个小时不吃不喝?还是不坐不躺的?近乎半个小时的狂热,你能说不需要补充吗?

其实我敢说如果不下雨,地上肯定没这么多纸,湿的确实不好保留。

最后那些只关注负面的朋友,请你们相信,你们无法打败现在的国家,告诉你,现场的气氛不是你能想象的,我们有大好男儿,各个热血沸腾,我们有GJ的尊严,当五星红旗飘扬的时候,风雨算什么？就是下刀子，那天也一样会浩歌万里。

各位 JY 我真心的提示，当你丧尽良心，出卖自己的时候去看看升旗吧，她是你心灵的归宿，她能让你沸腾，更能让你意志坚定。

（2013 年 10 月 5 日 11:38 时摘自天涯论坛，有改动）

［简评］这篇发在天涯论坛上的帖文发出不到 3 天就积累了 114 527 个点击和 2 492 个回复，产生了比较大的影响力。该文标题就涉及了中央电视台刚报道过的具有很高知晓度的新闻事件，这很容易吸引读者的注意。文章从标题到正文都流露着与众不同的认识和评价。文章语言轻松活泼富有喜感，交流感很强。

【知识拓展】

网上发帖要慎重

2019 年 4 月 2 日，央行官方微博转发中国金融新闻网一篇名为《成方街时评：给金融市场上的造谣者提个醒》的评论文章。对于央行“4 月 1 日起降准”的谣言，文章表示央行已正式致函公安机关，请就依法进行查处。

文章介绍，3 月 29 日傍晚，一则假冒新华社记者发布的“4 月 1 日起降准”的谣言在微信群流传开来。稍后，人民银行办公厅迅即出面澄清，指出该消息不实，及时戳穿谣言，阻止了谣言继续大范围扩散。央行也已就此事正式致函公安机关，请就此次编造发布虚假信息的行为依法进行查处。

“自媒体有追求热度和流量的偏好，也常常带有自娱自乐的善意。无论出于何种动机，其后果不可小觑。”文章指出，类似的传言可能会导致金融市场的异常波动，甚至会严重干扰金融市场秩序。

文章称，近年来，金融市场上出现的虚假信息编造传播事件并不在少数。2013 年 6 月“钱荒”、2015 年“股灾”期间，越是市场大幅波动的时候，越能看到各种谣言“推波助澜”，加剧市场恐慌。即使一些“传言”最终被证明是谣言，但已给金融市场造成严重影响。

对于金融市场上信息的重要性，文章强调，信息是金融市场交易的神经，市场各方基于信息进行定价和交易。信息真实、准确、完整，传播及时、公平、有序是市场公正、公平运行的基石。基于违法违规形成的信息失真、内部信息等，都是导致金融犯罪、腐败寻租等损害市场公平、公正的根源。

文章还介绍，编造传播虚假金融信息，是被中国法律法规严格禁止的行为。更进一步，假使此类行为造成严重后果，便构成犯罪，将被依法追究刑事责任。

近年来，中国金融监管部门加大了对编造传播金融虚假信息行为的打击力度。文章举例，根据证监会通报的情况，2016 年以来证监会共办理相关案件 17 起，依法做出行政处罚 13 起，对“同花顺”网络及曾改雄、曹磊等人制造传播虚假信息的行为进行了严肃查处，其中 2 起案件移送公安机关查处。

该文章最后提醒，金融市场上的参与者或围观者，都有可能也是信息生产者和传播者，都应遵纪守法，不造谣，也不传谣。货币政策调整，绝非小事，岂可儿戏？有些玩笑开不得，一不留神，就可能摊上大事；把水搅浑、趁机渔利的念头更不可有。

（摘自《人民日报》官方微信，有改动）

【写作练习】

1. 阅读分析

大学毕业，你还有勇气考研吗

楼主：××××　时间：2018-10-07 20:02:28　点击：5935　回复：160

不知道为神马（网络用语，“什么”的谐音——编者注），毕业快三个月的我，很怀念在大学中的生活。面对这熟悉而又陌生的城市，有一种不舒服的感觉，总觉得没有参加过考研的生活是不完美的。

曾几何时，当有人劝你去考研吧，当年的我还信誓旦旦的觉得我想早点出来工作，所谓的工作，自己连一点目标都没有。难道只是朝九晚五的上班，不为自己有一丝丝的遗憾吗？

真的不明白，生活的意义是神马。考研，是为了让自己过更好的生活不是吗？那有想过三年的是时光，你需要做的是勤勤恳恳的工作，还是愿意花费三年的时间再给自己镀一层金。

选择考研，你是否能坚持下来，你不知道你到底想要的是神马，你也不知道你想做的是神马。不过你如果觉得不想放弃你大学的努力，觉得当你看到程序员、代码这一系列的名词你不会感觉到伤心的时候，那么，你可以放下了。我不想别的，只是觉得现在的我不想为了生活而机械化的上班，我不想放弃我的专业，然而我也不知道能否再回到那个地方。现在，对于我来说还不晚吧。如果，真的，在十年之后，我会不会埋怨现在的自己没有选择为目标努力过一次。

现在的我，还能选择，然而等到了 30 岁，那我就真的心有余而力不足了。

（选自天涯论坛，有改动）

问题

你喜欢这样的题材、这样的写法吗？说说这个帖子需要从哪些方面改进一下，才能够更受欢迎？

2. 病文诊断

2019 年 4 月 10 日，在某论坛上看到一条题为《这极品的拜金女，我算是服了！》的帖子，发现点击为 283 785 个，回复有 2 360 个。帖子开头就说“昨天和认识不到三个月的妹纸分手了，因为实在是没钱再坚持下去了……”楼主和帖子里的女生是在大学城里的糖水铺认识的，楼主介绍说：“认识她时，我大三，她大二”……然后帖子就细数了俩人从相识到相爱再到分手期间发生的点点滴滴。

问题

你赞成该楼主发这样的帖子吗？说说你赞成或不赞成的理由。

3. 情境写作

楼主××××2014 年 1 月 24 日开始发布题为《大学四年、四人寝室、四种模样》的帖子，发出不久点击量就过了万。

现在，如果让你也来发个帖子，说说你们寝室的室友，你打算怎么写呢？如果你愿意写，就先写出 300 字试试？

第二节 网络头条

【范文举例】

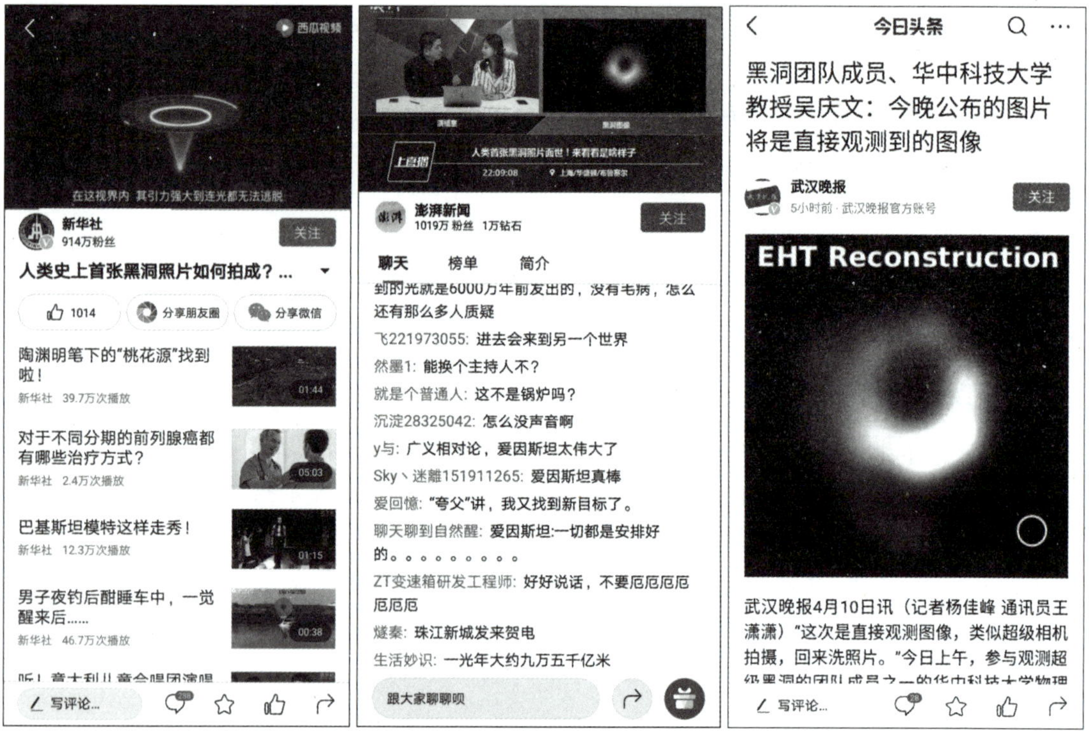

(a)　　(b)　　(c)

图 7-1　关于"人类历史首张黑洞媒体报道"的手机截屏

网络头条就是网页上最吸引人的"爆款"(卖的很多，人气很高的商品)文章。

头条，本指报纸一个版面上最重要的文章，通常被排在版面最突出的位置，并运用各种编排手段加以突出，让其处于版面的视觉中心。头版头条则是在报纸头版的头条文章，是整份报纸中最重要的内容。传统媒体的头条，是内容生产者、传播者推荐给社会大众阅读、收听、收看的内容，而网络头条，尤其是移动互联网的头条，不仅向所有用户推荐，还通过算法语言，向有需要的个人用户推荐，具有更好的传播效果。

2019 年 4 月 10 日，人类历史上首张黑洞照片惊艳亮相的消息，成为当天各大网站版面最醒目的头条。图 7-1 的截图记录了新华社的报道、澎湃新闻的直播和地方报媒头条账号发布的剪影。

一、网络头条的特点

"网络头条"是基于数据收集、分析和挖掘的推荐引擎产品。从写作的角度看，网络头条具有以下特征：

1. 网络头条是网上的“爆文”

截至2018年6月30日,我国网民规模已达8.02亿,其中,用手机上网的网民规模达7.88亿,网民通过手机接入互联网的比例高达98.3%。网民们借助移动互联网的连接聚集在一起,构成新的社群组织。为网民提供在手机屏幕上阅读、收听、收看的信息产品,既是商机,也是新闻传播机构的社会责任。

什么样的资讯信息产品才能让手机网民最乐意接受呢?网站的回答是:必须是爆款的,要能够吸引网络用户阅读的产品。一般理解,阅读量至少要大于万次,最好是大于10万次的文章才能进入“爆款文章”的行列。“头条”就是基于大数据分析和智能算法推荐技术而在移动互联网上获得更多曝光和关注的互联网信息产品。从写作教学的角度看,“头条”就是一个新的多媒体文种。

2. 网络头条是人性可视化写作

在“头条”的写作中,作者、内容、读者之间的主从秩序往往是颠倒的。作者主要不是任凭自己的兴趣、判断和创作冲动进行写作,而是基于受众选择和阅读心理,在深入研究人性的基础上,配合计算机语言,将“人性”可视化,并用迎合“人性”的策略,努力引爆文章。例如:

(1)人是需要获得满足的。读者喜欢读什么,头条就为他们写什么、推荐什么。读者害怕失败,就告诉他一定会成功;读者觉得老天对自己不公平,就告诉他/她反正你自己没有错。一些爆款写手总结出的头条写作秘诀,就是不能说教,只能哄人开心。

(2)人是懒得行动的。头条文章是方便读者躺在沙发上、坐在马桶上轻松阅读的文章,并往往为此从文章篇幅、版式到图片、声像都做了精心的设计。有经验的作者不会让读者自己去查字典或问百度,他的文章里不会出现需要查阅的生僻字,并已除掉了可能存在的所有阅读障碍。

(3)人是没有耐心的。头条文章一般都开门见山,那些需要用8秒钟以上才进入正题的文章、1分钟还没有爆点的文章,往往都难逃被弃读的厄运。

(4)人是喜欢跟风的。所以头条平台上小编的设问、标签的包装往往都是出于引导读者跟风以进一步扩大影响的考虑。

(5)人是好奇的。头条文章特别要求在题材和文章标题上做足文章,目的是从满足人的好奇心入手吸引用户阅读。

3. 网络头条是人机合作产品

写“头条”文章不仅要迎合人性,还要致力于“打动”机器,这才是头条写作的不易所在。“头条”并不完全扼杀个性,但是要求作者的个性要和机器的算法达成默契,配合机器的要求呈现作者和文章的特征,供机器对文章进行分类、摘要、主题分析和质量识别,进而根据用户特征、环境特征、文章特征完成匹配,把文章推荐给有需要的读者。如果任性而写,不和机器合作呢?那么机器就不会推送你的文章,没有阅读量,你的头条写作就归于失败。如果和机器不完全合作呢?那么机器可能会把你的文章推送给了其实并不需要的人,你的头条写作也将部分归于失败。同时,机器也为移动端口的小屏幕设计了适合文字、图片和图像信息编排的格式,只有和机器合作,才会给手机端的阅读带来更好的体验。

4. 网络头条是商业写作

作者为什么会自觉地视读者为上帝呢?这就和写作目的有关。头条设计的出发点之一就是致力于内容变现,能否实现内容变现,也是用来判断文章价值的标准之一。如果需要倾诉,可以去帖吧;需要发表意见,可以去论坛。而为头条写作,重要的目的是可以通过写出受众热捧的文章，吸引用户注意力，获得用户打赏和广告分成。写作的动力支持系统不同，对作品的质量要求和所形成的产品形态当然就不一样。

二、智能推荐算法

“头条”写作方式是人机合作，所以学习头条写作就需要了解计算机的推荐算法，以便和机器建立更好的合作关系。

1. 用户系统

机器系统可以获取用户登录账号时填写的个人信息，也能够获取用户实名手机记录的信息，还能够整合用户在其他第三方平台留下的痕迹，尽可能多地收集用户的信息，然后根据用户此前的网络浏览习惯，如打开过什么平台、浏览过什么信息，以及在浏览后是否评价过、转发过，来综合判断用户的属性特征。不仅是阅读行为，用户在手机的其他应用里有哪些社交行为，譬如何时何地登录过微信、使用过电子钱包等，也都会被机器系统记录在案。系统还可以根据这些蛛丝马迹，对用户的职业、年龄等特征进行分析，进而挖掘出用户的网络偏好。而且计算机系统建立的用户模型是动态的。假设用户来到了一个新的地方，系统会在几秒钟内迅速更新用户位置，为用户建立新的模型，然后决定向该用户推荐哪些内容。可见机器向用户推荐产品时，既根据算法，也考虑了用户的社交习惯和风格，而且还考虑了用户的一些变动因素。

2. 文章系统

机器系统一般会对每条文章提取几十个到几百个信息点，进行相似计算、聚类计算，然后对文章进行分类、摘要抽取、主题分析、质量识别等处理。

3. 三者匹配

在完成了上述两个环节的计算之后，系统会根据用户的特征、环境特征、文章特征进行三者匹配，匹配程度达到一定的系数，就进行相关推荐。不过所谓文章特征并不是说系统只看文章，平台还会根据账号的权重来综合判断是否推荐以及如何推荐。当前的推荐算法或基于聚合浏览量的时间演进过程，会优先推荐热门文章，或通过预测内容特征的受欢迎程度，来推断文章整体可能的热度。但是时间热度模型对很多外部因素带来的意外增长无能为力，内容特征也不会随着时间的变化而主动变化，导致在特定时间内价值不大的内容也能获得超额曝光的机会。鉴于聪明的智能系统自身具有强大的学习能力，相信所有不理想的状态都会不断获得改进。

三、头条的写作要求

1. 精于专业

真正的头条媒体无不致力于品牌传播。各平台一般都会投入资金，吸引“爆款”和专家级作者的作品以及优秀的网络原创内容，打造内容生产品牌。作为参与内容品牌生产的头条作者，需要集中一个专业方向，努力在该专业领域，或内容细分的某一个方面，争取“数一数二”。譬如，你在某头条号上发出的关于广州城市建设方面的文章数量比重最高，系统将认为你的账号是属于广州的、属于城市建设方面的，就会把你的文章投放在广州区域，投放在城市建设群体里，让你在这些群体中和其他作者去竞争排名。而如果作者涉猎领域较多，什么文章都写，精力就分散了，排名的集中度也会分散，可能会被系统将其账号投入到综合领域，而在综合领域和网红们竞争，一般都“凶多吉少”。因此，写头条应尽量确定一个主题方向，密切关注某一个专业方面的理论、事态，集中发言、积极发言、不断发现问题、不断提出新的见解，才有可能渐渐形成品牌效应。

2. 坚持有我

入驻头条，写头条网文，需要和机器合作，也需要和读者进行合作。例如，以下几个方面的合作都是有益的：

（1）专注于自己的领域，做专业的内容，做精品内容，体现为满足读者的需要而写作的诚意。

（2）做好标题，提高标签和读者的相关度与覆盖面。用交流语气提出一个问题是经常被采用的开头方式，也是比较受欢迎的头条笔法，这不能算是“标题党”。

（3）自我介绍一下，让读者认识你，但你的名字一定要好记，最好还比较好听。

在头条写作中和机器、和读者进行合作，一定要有诚意，不要惧怕新的事物，敢于拥抱新的技术，并应相信聪明的智能机器会不断调整自己，发扬特长，修正偏差，为人类提供更好的服务。同时，无论是和机器合作还是和读者合作，都应该坚持自我，而不是毫无原则、毫无自我地去迎合机器和读者。

3. 持续创新

在自媒体平台谋求发展，靠搬运、复制、抄袭只能成就于一时，终究不会长久。在这个领域脱颖而出、长期立足，必须紧紧跟上科技发展和时代进步的潮流，始终保持创新的姿态，始终坚持把自己的内容做到最好。

【例文评析】

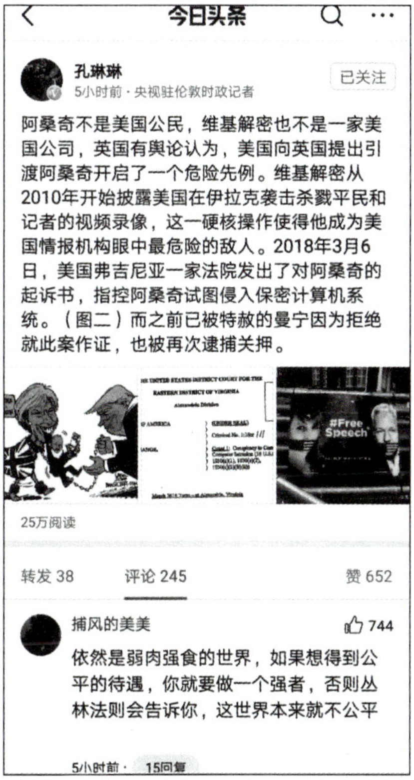

（a）

图 7-2（a）显示，文章发出仅 5 个小时，阅读量就已经突破了 25 万。图 7-2（b）显示，本文显示的标题是：阿桑奇不是美国公民，维基解密也不是一家美国公司，英国有舆论认为，美国向英国提出引渡阿桑奇开启了一个危险先例。

（b）

图 7-2　阿桑奇事件新闻截图

［简评］ 一条不足200字的消息，且并不是首发，却在5个小时内获得25万的阅读量，而且随着时间的推移，阅读量还在继续攀升。这是为什么呢？可能的原因是，首先，短文的标题提出的疑问比较吸引人。是啊，既不是美国公民，又不是美国公司，美国为什么要提出引渡呢？不少读者可能就是为了解开迷惑，才打开了文章。其次，事件本身的关注度依然很高，读者还希望获得更多的信息，文章恰好在这个时候提供了新的分析视角，因而受到了读者的追捧。再次，文章短小，读起来比较轻松。

【知识拓展】

发头条的策略

1. 选择发帖时间

头条号的盈利模式主要是广告和代运营变现，此外还有商品号和引流等。但是你不能急于求成，要善于静“养”粉丝。试一试每天几点钟发文阅读量最高，如果你生活在华南地区，是不是晚上11点到凌晨1点左右发文阅读量最高？如果你生活在东北地区，是不是晚上7点到上午9点发文的阅读量最高？如果不是，那应该是哪个时段？也可以多观察别人的爆文，看看他们都是哪个时段发的。

2. 把握发帖频率

每天发布一篇原创视频或文章，7天左右肯定能够通过新手期，同时能够开通原创功能，这个时候就开始赚钱了。

3. 篇幅要控制适当

如果发链接，一定要发短链接。太长的链接影响美观，让人没有点击的欲望。在某微博网站上面去发布一下，复制就行。

4. 掌握重要的技巧

互动式的文案，好多评论和点赞只有互粉过的才能看到，没有互粉的就一个也看不到。因此，在回复某个人的评论时，不要@他，而是直接点帖子下的评论去回复，这样其他人就能看到了。还有，在标题上加个“【】”之类的符号，会让重点更加突出。

新闻莫被算法“绑架”

是被算法、流量和点击量绑架，只展示读者想看的那部分世界，还是坚持真实、全面、客观、独立，用优质的内容塑造风格？这才是媒体人应该深入思考的问题。

最近一段时间，一些痴迷于技术和算法的新闻客户端越来越“简单粗暴”了。点开一篇文章，它会迅速用大量相似的内容刷屏，用户连拒绝的权利都没有。有些人则将这些新闻分发的算法上升到人工智能的高度上，认为这是发展的大势，代表了文字的未来，代表了内容的未来，甚至代表了媒体的未来。

人工智能是什么？人工智能是对人类思维的信息过程的模拟。这种基于社交和点击量的算法技术，充其量只算得上机器筛选的雕虫小技，生拉硬扯的内容推荐让人烦不胜烦。

算法对新闻生产的确产生过积极的影响。一方面，它让内容生产者更加关注受众感兴趣的内容，更从读者角度思考内容创作，不再是自说自话、闭门造车；另一方面，它节省了消费者的时间成本,提高了阅读效率,有利于获得更丰富的资讯和知识。

当一些热衷于搬运新闻、沉溺于算法的客户端在商业上取得成功之后,却给新闻的未来带来了很大的负面影响。搭上所谓算法的“便车”,一些原本信息量丰富的新闻客户端推荐的内容越来越单一,一些原本客观公正的内容生产者变得越来越偏激,一些新闻媒体原本宏大的格局变得越来越偏狭。

近年来,人工智能在各个领域都取得了很大的进展,但似乎始终与普通人隔着一层纱。为什么呢?因为人工智能至今还无法突破非线性思维这个人类所独有的模式。我们点击一条惊悚的社会新闻,大多出于人类好奇的本能,但本能不是智能。不同的观点交锋甚至对峙之后,或许更能获取思想和知识。对本能的自省和超越,是人性的一种进步。一些新闻客户端仅靠揣摩用户的点击量,反复推荐低质量内容,只能让人生厌。

今天,致力于做人工智能的公司很多,热衷于各种算法的新闻客户端更是不少。技术本质上都是单纯的,高下立现的是操作者的理念、情怀和洞察力,媒体也是一样。是被算法、流量和点击量绑架,只说受众想听的话,只写平台可能会推送的话题,只展示读者想看的那部分世界,还是坚持真实、全面、客观、独立,用态度和价值赢得尊重,用优质的内容塑造风格?这才是媒体人应该深入思考的问题。

传统媒体不能做堂·吉诃德,对算法和技术视而不见,拒绝时代进步的大潮;也不能一味依赖,反而成为算法和技术的奴隶。传统媒体要主动谋划、积极参与,加快转型、深度融合,在媒体融合的进程中,保持自己的风格和标准,守住自己的价值取向和独立精神,将传统媒体的灵魂注入网络空间,让算法和技术为真正有价值的新闻服务。

(原载 2017 年 7 月 6 日《人民日报》,有改动)

【写作练习】

1. 例文阅读

(a) (b)

图 7-3 两则头条新闻的比较

问题

图 7-3 所列两条新闻轻易就上了头条，并获得了比较大的阅读量。这个现象能够给你带来哪些启示？

2. 病文诊断

说说下面几条标题分别属于什么类型，有什么特点，同时还存在哪些问题。

《漂亮姑娘怎么样才能找到高富帅?》

《为什么他 10 天不吃饭还没有死?》

《女生单独乘电梯千万注意，监控拍下这一幕让人后怕……》

《夜晚单独走夜路时千万不要往后看，看了会发生让你意想不到的事情》

《马上转到你朋友圈里，大家都会感激你的!》

《1 天跑步 5 公里，1 个月你就会减肥 10 公斤以上》

《他追过 25 个女生，都被无情的拒绝，后来这些女生肠子都悔青了》

《这个女人太无耻，是人的都来看看!》

《几亿人都不知道的秘密，赶紧转发!》

3. 情境写作

从你自身的学习生活中取材，按照头条的要求写一篇 300 字的“爆文”，想想你打算如何写？请尝试写出来。

第三节 网络评论

【范文举例】

新华网评：厨不“明”灶不“亮” 消费者咋信赖？

图 7-4 形同虚设

近年来，越来越多的餐厅积极打造明厨亮灶，还出现了视频厨房、网络厨房等新形式。但有一些餐厅仅仅把明厨亮灶作为吸引顾客的商业噱头，就餐高峰期有的摄像头竟对着墙壁、走廊，有的在线监控实时视频时间滞后，甚至无法播放。

食品安全备受消费者关注，餐馆后厨是否干净卫生也成为餐饮企业竞争力的核心要素之一，这个道理餐饮企业应该懂。为了长远发展，奉劝那些“抖机灵”的餐饮企业趁早主动敞开后厨，接受有关部门及广大消费者监督，别因自欺欺人失去消费者的信赖，最终被市场淘汰。

延伸阅读：

《有的摄像头对着墙壁，有的监控视频无法播放……一些餐厅令人担忧的明厨亮灶》

（选自新华网，2019-4-9，有改动，图 7-4 来自新华社，王威作）

【写作知识】

一、网络评论的特点

1. 网络评论是基于网络环境的言论

网络评论是在网络媒体上生成或传播的言论。有些网络评论在线写作，直接在网络上生成，也有些网络评论先在网下完成，然后上网传播。

网络评论是在网络环境下问世的，并顺应着网络环境的变化而发展，迄今已经经历了三个发展阶段。第一个阶段是 20 世纪末到 21 世纪初，传统媒体开始触网上线，理论文章、新闻评论也随之出现在网上。2006 年 6 月 26 日，人民论坛网正式创办，2013 年获得新闻首发刊载权，标志着网络评论进入第二个发展阶段。其间各类新闻网站和门户网站设立的评论栏目、评论频道日益增多。第三个发展阶段大约在 2011 年以后，随着微博、微信的普及，网络评论开始进入了移动端，随后一批移动新闻客户端崛起，将网络评论推向快速发展阶段。当前，微信、微博、新闻客户端已经是最重要的网络评论接触渠道。有数据显示，2018 年使用手机接触网络评论的用户比例已经达到 93. 1%。

2. 网络评论是意见性信息

网络评论是基于网络生成或传播的意见性信息。判断一篇网络文章是不是网络评论，关键是看文章是否表达了作者对所讨论的宏大的政治、经济、文化命题，或所议论的某种社会现象、某个具体问题，或针对的某篇文章、某个人的观点进行的评说，是否形成了清晰的意见，以及是否有明确的观点。

如果意见很短，就是一条网络跟帖，只有一句话，这是不是网络评论呢？按照传统的认识，可能就会出现不同意见。但是，网络评论既然是互联网带给我们的新的文体，对它的认识和理解就应该有新思维，就应该把具体的跟帖、具体的一句话置于网络语境下去认识和评价。如果它有明确的意见，即便是信息碎片，也应该承认其应有的价值，而不要套用传统媒体的评价标准。

3. 网络评论是多媒体文本信息

网络评论是在网络上生成或传播的包括文字评论、漫画评论、图片评论、视频评论、音频评论、动画评论和符号评论。尽管文字依然是网络评论文本的主体符号，但却不是唯一符号。网络评论在形式上应该是多媒体文本，而不是传统的单一文字文本。

当下的网络评论中使用了表情包的评论已经极为常见,而在传统的评论文章中从未见过表情包之类的符号。在多数情况下,表情包是夹在文字中使用,辅助文字增强对某些内容思想的表达。表情包有些时候也单独使用,虽然并不能清晰表达完整的思想和意见,但是通过表情包自身被赋予的含义,也还是能够让读者感受到评论者的倾向或情绪。漫画也在网络语境下获得了新的生长空间,成为网络评论中具有点睛效果的符号。网络评论中的漫画需要使用专业的软件对图片进行加工,再配上文字说明,用以独立表达或辅助表达评论者的观点。一般在揶揄、讽刺、批评中使用较多。由于可以匿名发表,讽刺、批评的力度往往较传统评论要大。

视频评论、音频评论和传统的电视评论有许多相同之处。不同在于,视频评论是基于网络的评论,而不一定就是媒体评论,也不一定是新闻评论,更不一定是在演播厅内拍摄的评论。视频评论和音频评论中有一些是电视媒体、广播媒体的专业制作,也有可能是电视、广播评论的上网传播,所代表的是媒体立场,但是上网版本必须作压缩处理。

动画也是网络时代带给网络评论的新元素。由一幅幅矢量图构成的动画可以从头到尾系统地表达一个相对完整的观点,把评论引入到了一个新的意境。

二、网络评论的类型

为网络评论分类,其实是很难的,主要难在网络媒体本身是融媒体,不宜用以往的方法进行解构。本教材之所以坚持为网络评论分类,主要意图是想把网络评论拆开给同学们看看,这对学习网络评论写作会有帮助。

(一)依作品来源分类

按作品来源,可以把网络评论分为上网评论、网上评论和网友评论三类。

1. 上网评论

上网评论的生产基地一般都在传统媒体,尤其是党报。有的是党报通过多平台分发直接把评论推到了网上,有的是经网站对党报评论略做加工,通常是调整一下标题后推送上网。例如人民网·强国论坛 2019 年 4 月 9 日上午的头条评论《"四季常绿、季季有花"! 习近平:推动国土绿化不断取得实实在在的成效》,该评论原载当天的《人民日报》01 版,是该报"今日谈"栏目评论文章,原标题是《四季常绿、季季有花》。

人民网·强国论坛的上网评论来源比较广泛,例如,2019 年 4 月 9 日上午的第二条评论"必须严肃问责! 为骗扶贫补贴,这样的'假把式'竟然通过了验收"来自《中国纪检监察报》,第五条"你怎么看? 媒体:该不该用征信约束频繁跳槽"则来自《经济日报》。上网评论是各大新闻网站重点传播的评论内容。

2. 网上评论

网上评论的生产基地一般是在新闻网站,其评论员队伍或由网站记者担任,或由网站在一定范围内组织站外人员兼任。其生产方式主要有两种,一种是网下写作,然后贴上网页。另一种是在线写作,经相应的把关流程后直接上网。如人民网·强国论坛 2019 年 4 月 9 日上午的第五条评论"高校反腐力度加大,10 天内三所高校领导接连落马!"写的是,4 月 8 日上午,中央纪委国家监委网站发布消息:湖北理工学院一名副院长涉嫌严重违纪和职务违法,经湖北省纪委监委指定管辖,目前正接受黄石市纪委监委纪律审查和监察调查。评论指出这是 10 天内第三位落马被查的高校领导。此前，赤峰学院一名纪委书记、忻州职业技术学院一名党委书记也被宣布接受纪律审查和监察调查。该评论的作者是“我自是年少”，文章来自大白新闻网。

网上评论和上网评论的题材重合度很高，总体来看，上网评论更权威，涉及的题材也更重大。从趋势看，上网评论有逐渐向网上评论分流、过渡的迹象。

3. 网友评论

网友评论既非来自党报媒体，也非来自新闻网站，而是主要来自普通的网络用户，网友评论的承载平台有各大网站，但更多的还是依托微信、微博和移动客户端，在社交中生长，在社交中传播。网友评论未必遵守新闻评论的规则，所以不容易进入新闻评论的行列，也很难触摸到重大题材，成为上网评论的概率也较低。网友评论就是网友的评论，也是网络评论中最活跃的一种类型。

（二）依题材分类

依题材的不同，可以把网络评论分为网络新闻评论、网络时政评论和网络言论三种。

1. 网络新闻评论

网络新闻评论是围绕着刚刚发生的重大新闻事件、重要新闻人物的活动、广泛关注的热点话题推送的网络评论。网络新闻评论的突出特点是属于新闻作品，一般出自新闻媒体或记者之手，时效性很强。人民网·强国论坛上的评论多属于网络新闻评论。以人民网·强国论坛为例，2019年4月9日，前6条评论中，有四条都应该归属于网络新闻评论。网络新闻评论中多数是上网评论。例如人民网·强国论坛2019年4月9日第三条评论“特大城市要大幅增加落户规模：北上广深有多大变化？”文章来自《新京报》，原标题是《超大特大城市要大幅增加落户规模》。

2. 网络时政评论

网络时政评论主要是指围绕着政治、经济、文化等方面的宏大主题进行评说的政论文。这类新闻往往担负着指明方向、引导舆论的特殊使命。和网络新闻评论相比，网络时政评论的新闻性、时效性的要求不那么强，也不一定要围绕某个新闻事件展开评论，而且作者可以是新闻记者，也可以不是新闻记者。人民网·强国论坛2019年4月9日推出放在第四条的评论是“中国消费者助推多少国家经济？我驻智利大使：智利90%以上车厘子销中国”，事件性并不很强，但是主题比较重大。该评论的作者徐步是中国驻智利大使。

3. 网络言论

网络新闻评论、网络时政评论之外的网络评论，就统称为网络言论。网络言论数量巨大，形式多样，语言鲜活，多媒体特征突出，可读性、可视性很强的作品比较多，是网络评论中最活跃、最富有生命力的品种。但是网络言论的题材庞杂，作品质量良莠不齐，其中还掺杂一些非真实、非理性、甚至带有恶意的内容。因此，对网络言论既要包容，又要斗争。

网络新闻评论、网络时政评论、网络言论构成了网络评论完整的生态圈。没有网络时政评论，网络评论容易失去方向。没有网络新闻评论，在热点事件、突发事件到来的时候，恐慌指数就有可能上升，谣言也可能会乘虚而入。而如果没有了网络言论，网络评论的繁荣局面更是无从谈起。

（三）依媒介元素分类

和前两个分类角度相比，依媒介元素分主要是从技术的层面强化一个认识网络评论的分析视角,借以提示在媒体融合的语境下,应更多地关注网络评论的多元素表达。

把传统的单一文字评论直接搬到网上很容易,而希望这些上网评论具有理想的传播力却很难。一篇优秀的微信作品,阅读量轻松就过了10万,而在一些新闻网站上,阅读量能够过万就常常令人喜出望外了。《网络评论蓝皮书:中国网络评论发展报告(2018)》显示,使用手机接触网络评论的用户比例达到93.1%,只用手机接触网络评论的比例为62.6%,只用台式电脑/笔记本电脑接触网络评论的比例仅有6.9%。可见,如果不能占领移动端,以网络新闻评论、网络时政评论为主体的主流网络评论就难以发挥预期的传播力。而要进入移动端,就必须改造传统的评论思维,努力掌握符号、漫画、图片、音视频、动画等符号元素的传播特性,让网络评论成为真正的网络产品,特别是要成为真正的移动网络产品。

三、网络评论写作要求

(一)选好题材

对在校学生来说,宏大主题驾驭起来难度过大,又缺少深入新闻事件现场调查采访的机会,因此,选择在论坛、博客、微博、微信、头条、抖音等自媒体上进行网络评论练笔,是最可行的办法。那么,究竟写什么、选什么题材呢?

以下题材和选材的思路有参考价值:

(1)从网络热点事件中寻找选题。网络热点事件中往往蕴藏着最丰富、最有针对性的题材。

(2)从身边的吐槽声中挖掘题材。吐槽声中很可能有需要讨论的内容,需要澄清的事实和需要疏导的舆论。这类题材接近性强,也是“爆文”题材的藏身之地。

(3)从自身的关注、感受、质疑中确定题材。有关注、有感受、有质疑,你就可能已经具备了参与相应话题讨论的资格,更有可能从中梳理出真知灼见。

(4)浏览新闻网站,尤其是从移动端浏览新闻网站,看看置顶的文章都是哪些内容。从微博热点、头条热点中往往都能得到启发。

(5)向你的专业课老师请教,问问他们在相应的专业领域有哪些可以选作网络评论的题材。

(6)翻阅微信公众号的热文,统计一下那些阅读量10万+的文章都讲了些什么,并琢磨一下那些文章是如何表达观点的。

(7)不妨经常在群圈媒体中公开征求朋友们的意见,问问他们近期哪些题材最热门。

(8)用逆向思维,在有人提醒你不能做,做不了,不要做的领域、区间、方面,仔细筛选,发现题材。

(9)积极参加诸如暑期大学生社会调查之类的实践活动,很可能会收获令你眼前一亮的题材。

(二)培养风格

在互联网的海洋里,没有风格就没有机会。风格靠养,以下培养风格的路径可以作为参考:

1. 在“专”上培养风格

专,就是专业、专门、专攻。讨论问题,就是知识与知识的对话。所谓强势话语,就是知识权威在说话。看下面一条评论:

@新浪评论:【中青报:低稿费给中国带来了什么】像美国《纽约时报》这样级别的报纸,相当于中国的《北京日报》或《新民晚报》,一篇千字文章的稿费是2 000多美元。折合成人民币,每千字的稿费为4 800元到12 800元。而中国国家级报刊的稿费为每千字100元人民币左右。真是不比不知道,一比吓一跳。

(选自:新浪网,2011-09-20,有改动)

该评论观点鲜明,文风强硬,底气从哪里来的?从知识中来。作者熟悉《纽约时报》,才敢于拿它和《北京日报》或《新民晚报》相比,具体掌握了中国的稿费制度,也掌握了美国的稿费标准,所以敢将两者放在一起比较。强硬的文风源于具体的数字知识。是数字强硬,而不是口气强硬。

知识是无边无际的海,而人生又很短暂。成功者的经验是,从无知开始,广泛地汲取各类知识,然后逐渐收缩,及时转向一个人生阶段只做一件专门的事情。而为了把要做的事情做好,就要心无旁骛,集中精力把这件事情的来龙去脉研究清楚,获得发言、评价的资本。基于同样的道理,在网络评论领域,也不宜四面出击,而应集中关注一两个话题,持续跟进,深入研究,不断扩大发言权。

2. 在“网”上培养风格

在校学生学习网络评论写作,优势是不需要先进行由传统评论到网络评论的思路转换,可以直接从互联网起步,立足于网络平台,培养自己的网络评论风格。包括直接用微语言写作,直接用多媒体符号表达,用互动交流取代以往的单向传播,直接把互联网的包容性移植到网上的对话中去。

3. 在“短”上培养风格

“短”,首先是为了适应智能手机端的阅读需求——从读者的阅读体验出发,本身就是互联网素养。由于使用手机接触网络评论的用户比例高达93.1%,可见谁占领了移动端,谁就在奔向未来的道路上先赢了第一程。而说短句子,写短文章,从300~500字练起,能让人2~3分钟读完,才能适应移动端的需求。

短,也是网络评论思维训练的项目。要像单篇微博那样,用单一视觉、单一结构、只谈论一个事件,只设定一个情境,只表达一个观点。例如:

@张泉灵【新闻发言人】新闻发言人就像一件超薄紧身衣,身材不好想靠它混过去是门儿都没有的。出了事儿的时候,只靠新闻发言人来撑着,更像超薄紧身衣湿了水,连烂疮都隐约可见。这时候赶来揭烂疮看到你还拿件破衣服遮遮掩掩,自然怒不可遏。如今,骂声不绝,换件衣服,身材不好还是不好,烂疮还是烂疮。原文转发(4636)评论(1825)2011-8-17 08:16

——像这样的短评,叙事轻轻拈起,评论狠狠放下,让人读后印象深刻。此类短文写好了,连缀起来就是长篇巨论。

(三)完善表达

1. 倒金字塔

从表达结构上看,倒金字塔还应该是首选。倒金字塔结构的突出特征是,把最精彩的内容放在文章的最前面,以便更有效地引起阅读者的注意。也许有人会提出疑问:像@张泉灵的微博,也没有采用倒金字塔,为什么会有那么多人追看?这是因为阅读者一般会有两种不同的倾向:一是选择作者,另一种是选择信息。如果是名人、是崇拜的对象,他们发的作品,粉丝们看到了就会阅读。至于文章是什么结构,已经不重要了,读者首选的是人。互联网时代就是少数人被关注,多数人做粉丝的时代。一些名人的作品,阅读量轻易就上了 10 万,因为他们有上千万的关注者。如果不是名人,那就要靠文章的颜值去争取读者的阅读。为此,写好标题、写好开头的内容,才更有利于争取到被读的机会。

2. 图说

图说,即用图片、图像来表达思想、观点。为什么强调图说,这又要回到《网络评论蓝皮书:中国网络评论发展报告(2018)》之类权威调查所公布的数据上来,网络评论蓝皮书调查数据显示:在包括文字长评、文字短评、图片、音频、视频、直播、动画、弹幕等网络评论表达手段中,43.9%的用户非常感兴趣的网络评论是图片评论,其次是文字短评和音视频评论。

3. 幽默

幽默是一种智慧,也是一种素养。在网络评论中,幽默是尖锐表达的润滑剂。许多教科书强调,评论要客观,不要主观,观点不要偏激,不能断章取义。但是教科书没有告诉我们,客观评论和主观评论之间的界线在哪里;教科书也没有告诉我们,鲜明的观点和偏激的表达究竟有哪些本质的差别;更没有告诉我们一条 140 个字的微博评论凭借冷静、客观的表达如何能带来阅读量?实际上能够吸引读者的网络评论观点都是鲜明的,甚至是尖锐的,所不同的是优秀的网络评论常常都有幽默的表达——用冷静表达尖锐的观点、用微笑回敬恶意的挑衅、用误会转移紧张的对立、在脑筋急转弯中完成辛辣的讽刺……在幽默中,我们自己和我们的网络评论都将变得强大。

【例文评析】

逐梦新时代呼唤更多履职"她力量"

据报道,今年的全国人代会上,女性人大代表比例明显上升。据统计,2 980 名代表中妇女代表 742 名,占总数的 24.9%,继上届实现历史性突破后,再创新高。由此观之,新时代妇女"半边天"的作用愈发凸显,"她力量""她精彩"标注履职新高度、引领新时代。

习近平总书记强调:"妇女是物质文明和精神文明的创造者,是推动社会发展和进步的重要力量。没有妇女,就没有人类,就没有社会。"今年的"三八"国际妇女节正逢全国人代会,女性代表履职在大会上成为一道亮丽的风景线。与此同时,活跃在各行各业的女性代表,她们在经济金融、教科文卫、工程技术、生态农业等领域做出了卓越贡献,展示出蓬勃向上的精神风貌和自强不息的优秀品质,树立了巾帼不让须眉的良好形象,充分诠释了新时代中国女性力量的提升。

12 年前,看着眼前一座缺水少路、荒芜一片、无人问津的荒山,一位"女汉子"夸下海口。12 年后的今天,曾经的荒山已经变成了交通便利、花果飘香、游人如织的"金山"。这位"改天换地"的女性,就是全国人大代表、江苏省首批乡土人才"三带"名人、江苏省盱眙石马山生态农业开发有限公司总经理李叶红。这位女代表奋斗 10 年,把荒山变成"金山",在奋斗中展现了巾帼风采。

在今年人代会上,全国人大代表、北京市劳动模范尹立云吸引着媒体注意,29 岁的她被媒体封为"励志女孩"。这是因为 2008 年只有中专学历的她只身来到北京打工,做安保工作,正因为她的兢兢业业、默默奉献,最终成为公司的总经理,北京市的劳动模范……在我们的周围,还有着许许多多在不同岗位上奋斗着的女性,坚持把对美好生活的向往作为奋斗目标,积蓄起强大的

“她力量”,绘就的一幅幅美丽画卷正在变成现实。

幸福都是奋斗出来的。新时代是奋斗者的时代,是不可辜负的时代、大有作为的时代,奋斗的女性是幸福的。创新创业进入“她时代”,社会治理有“她身影”,履职离不开“她作为”,女性之于经济社会发展起着至关重要的作用。在逐梦新时代的伟大实践中,“自尊、自信、自立、自强”的新时代女性,成就了一个又一个好妻子、好母亲、好儿媳、女标兵、女能手。诚如一位女性代表所言:“不管什么时代,‘奋斗’二字永不褪色,而我,还需要再奋斗很多年。”

历史车轮滚滚向前,时代潮流浩浩荡荡。随着“她力量”的崛起,她们用女性特有的生活态度、思考方式和创业激情,在各自的创业领域默默付出、无私奉献,展现着绚丽多姿的“她魅力”,闯出了一片天地。在波澜壮阔的时代画卷中,“奋斗本身就是一种幸福,只有奋斗的人生才称得上幸福的人生”。履职新时代,呼唤更多“她力量”参与;逐梦新时代,需要更多“她力量”加入!

（作者:武海林　黄春景　刘建维,原载 2018-03-13 南方新闻网 http://opinion. southcn. com/o/2018-03/13/content_181108853. htm）

［简评］2018 年“三八”妇女节期间,在全国人代会会场,许多女性人大代表体现了“她力量”的责任担当。由此,南方网评收集关注各个女性人大代表的精彩履职故事,撰写了该篇评论文章,引来了众多读者围观,也获得了许多重点新闻网站和部分政府官网的关注。其中包括《中国纪检监察报》、光明网、中国文明网、大河网等;该篇评论文章也成为 2018 年“三八”妇女节期间首篇关注女性全国人大代表的评论文章。

作品角度独特,立意新颖。文章将关注点从整个全国人大代表的队伍细化到女性人大代表,在“三八”妇女节的大背景下,别出心裁地聚焦到女性人大代表履职情况。其次,文中将女性人大代表称为“她力量”,并一连串用了“她时代”“她身影”“她作为”,语言别具一格。

【知识拓展】

现在,微信朋友圈也可以实现图片评论和语音评论了,请在你的微信中搜索以下几条作品,认真研究如何在微信朋友圈中进行图片评论和语音评论。

（1）晓技巧原创:如何在微信朋友圈实现图片评论?

（2）千里犹面:如何在朋友圈发“图片评论”?

（3）哎咆科技原创:朋友圈可以语音评论了,真香!

（4）玩机博士原创:微信朋友圈,能用图片和语音评论了!安卓苹果都可以。

【写作练习】

1. 阅读分析

新华网评:调整的是顺序　提高的是质量

田平顺

近日,中共中央印发了修订后的《党政领导干部选拔任用工作条例》。新修订的干部任用条例对民主推荐工作进行了大刀阔斧的调整优化,使得这项工作更合理,操作上也更加灵活方便。

特别是在总结实践经验的基础上，把“个别谈话推荐”改为“谈话调研推荐”，并且对先后顺序进行了调整，由过去的先会议推荐后个别谈话推荐，调整为现在的先谈话调研推荐后会议推荐，大大提高了民主推荐质量。

治国之要，首在用人。党的十八大以来，党中央鲜明提出新时期好干部标准，进一步强化党组织领导和把关作用，完善选人用人制度机制，严把选人用人政治关、品行关、能力关、作风关、廉洁关，坚决匡正选人用人风气，推动选人用人工作取得显著成效、发生重大变化。

在上一次省市县乡领导班子换届和“两委”人选考察工作中，组织部门对民主推荐方式进行了探索改进。明确了先开展谈话调研、听取推荐意见，拿出参考人选名单再进行会议推荐的做法。谈话调研扩大了谈话范围，保证了谈话时间，提高了谈话深度，反映出的意见更全面、更真实、更准确，这样的方式不仅有利于防止简单以票取人，而且民主的含金量更高，推荐的效果也更好，广大干部群众反映都很好。

古人常说：用一贤人，则群贤毕至；用一小人，则小人齐趋。民主推荐如同一把“双刃剑”，使用得当能吸引人才、留住人才，使用不当则会造成人才流失。要发挥好这把“剑”的威力，就必须经常对其进行打磨。这次新修订的干部任用条例，充分借鉴和吸收近年来领导班子换届和“两委”人选考察的经验做法，把谈话调研推荐调整到会议推荐之前，绝不仅仅是简单的顺序调整，更是在民主推荐工作中加强了党组织的领导把关作用，必将有助于选人质量的进一步提升。

问题

说说这篇网评有哪些特点？

2. 情境写作

请您模仿《调整的是顺序 提高的是质量》的写法，就本校团委、学生会换届工作中的具体做法，写一篇 600 字的网评。

第八章
微　博

致命推文

北京时间2018年9月30日凌晨，美国证券交易委员会(SEC)宣布与埃隆·马斯克达成协议，马斯克同意辞去特斯拉董事长一职。这一消息公布在SEC官方网站。

特斯拉和马斯克同意在“不承认也不否认的情况下”解决SEC对其的指控，这份协议主要内容包括：

马斯克将辞去特斯拉董事长，且三年内没有资格再次当选，这一职务由独立董事取代；

特斯拉将任命两名新独立董事加入董事会；

特斯拉将成立一个新的独立董事委员会，并实施额外的控制和程序来监督马斯克的对外沟通；

马斯克和特斯拉将分别支付2 000万美元的罚款；

根据法院批准的程序，将向受伤害的投资者分发4 000万美元的罚款。

SEC执法部门联合主任Stephanie Avakian说：“今天宣布的一揽子补救措施旨在通过加强特斯拉的公司治理和监督，以解决相关的不当行为，保护投资者。”

“和解是为了防止进一步扰乱市场以及损害特斯拉股东的利益。”SEC执法部门联合主管Steven Peikin说。

这份协议仍然需要得到法院的批准。

2018年8月马斯克在接受《纽约时报》采访时说道：“过去的一年，是我职业生涯中最困难和痛苦的一年。”他表示自己为了能在休息时好好睡上一觉，有时候要靠安眠药入睡。

在过去一年里，特斯拉股票价格从389美元跌至9月28日的265美元，跌幅近30%。美国花旗银行将特斯拉股票评级下调至“卖出”，目标价下调至225美元，另有多名分析师下调了特斯拉的股票评级。

从2017年7月开始进行Model 3的量产后，特斯拉就陷入质疑之中。尽管从2018年6月底随着产能上升，特斯拉已经脱离了“量产地狱”，但这场私有化风波表明，特斯拉和马斯克的“地狱”还远未离去。

SEC对特斯拉和马斯克的指控源于8月7日马斯克的一篇推文[即在美国最大的微博客社交网站推特(Twitter)上发了一条微博]，当天马斯克宣布将对特斯拉进行私有化。“我正在考虑以420美元的价格将特斯拉私有化。资金已经到位。”马斯克在推特上写道。

这一价格比当时的特斯拉股票价格溢价 20%，以此价格计算特斯拉的市值将达到 700 亿美元，将成为有史以来规模最大的私有化交易。当天，特斯拉股价上涨 11%。

但就在三周后，马斯克又对外声称放弃私有化，“我知道私有化的过程很有挑战性，但因此消耗的时间和分散的精力显然超出最初的预期”。马斯克在 8 月 24 日的公开信中写道：“综合考虑这些因素之后，我昨天会见了特斯拉董事会，告知他们我认为保持上市公司的身份对特斯拉是更好的选择。董事会也同意这种看法。”

特斯拉股票随即大跌。此后不久就传出 SEC 准备起诉特斯拉和马斯克的消息。9 月 27 日，SEC 正式就私有化一事提起诉讼，指控其涉嫌证券欺诈和误导投资者。

（摘引自央视财经，有改动）

【案例启示】

马斯克发了一条微博，付出 4 000 万美元的代价，看来微博虽好，却也会闯祸。在美国发微博不慎会闯祸，在中国发微博不慎也会闯祸。在进入社交媒体时代之后，熟悉微博、会用微博，已经是要求公民必须具备的素养。本章仅讨论微博的写作。

第一节 微博的文本特点

【范文举例】

@袁小芜：“D301 在温州出事了，突然紧急停车了，有很强烈的撞击。还撞了两次！全部停电了！！！我在最后一节车厢。保佑没事！！现在太恐怖了！！”

微博截图如下：

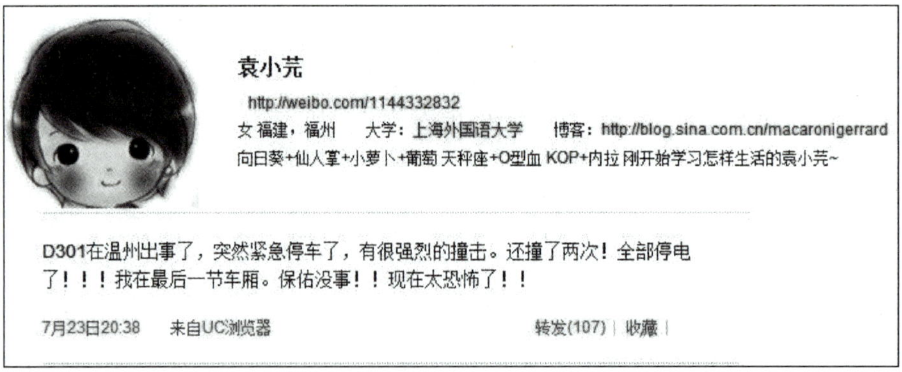

图 8-1 新浪微博截图（一）

图 8-1 是上海外国语大学学生袁小芫 2011 年 7 月 23 日 20 时 38 分发出的一条微博，也正是这条微博首报了北京南至福州的 D301 次列车与杭州至福州南的 D3115 次列车在离温州南站 2 公里处发生追尾事故的消息。后来证实该事故导致 40 名乘客死亡，191 人受伤。

@平安温州铁路：刚让温州南火车站派出所的民警把存放在仓库里的旅客的行李拍了两张照片，发现温州南的兄弟已经把旅客的行李都仔细清点了，并编上了号，方便旅客去认领的时候查找！同时也陆续通知旅客前去认领。那些所谓的旅客行李被埋的谣言不攻自破！需要认领的旅客请到温州南火车站，联系电话：0577-56657882。

转发(13393) | 评论(3656) 2011-7-25 19:42 来自 新浪微博

——这一条是杭州铁路公安处温州车站公安派出所发布的微博，其内容传递了重要的服务信息，也澄清了事实真相。

【写作知识】

微博是微型博客(MicroBlog)的简称，是通过关注机制分享简短实时信息的社交网络平台，也指该平台上发布、传播的相关信息。2007 年年初，美国的 Twitter(推特)问世，当年就成为美国最热门的社交工具。2009 年 8 月，我国新浪微博开始内测，随后网易、腾讯、搜狐等微博平台依次进入社会大众的视野。微博是超级短文，一条微博仅有 140 个字。尽管 2016 年 2 月 28 日开始放宽了要求，但是页面仍然只能显示 140 个字。微博发布的内容可以是信息，又不仅限于信息，有些微博发布的是观点，表达的是感情；有些微博发布的仅仅是一幅图片，一个表情包。无论发布的是什么，微博一旦发布，粉丝们就有可能同步收到所发的内容。

从写作的角度看，微博具有以下文本特征：

一、短文本

文本短小是微博最突出的形式特征。

一篇微博的篇幅被限制在 140 个字之内，超出 140 个字的微博，先是在用户端无法发布，后来有了“长微博生成器”等软件，用户有比较长的内容需要在微博空间里表达的，可以用图片格式将其作为微博附件发出，再后来允许发布超过 140 个字的微博了，但是在页面上仍然只能显示 140 个字。从发展趋势看，微博 140 个字的标记很难突破。

微博篇幅短小，撰写简单，转发、评论方便，从而使微博获得了快速反应、即时通信的功能。

看下面一条微博：

@政务微博观察：【身边的官员微博故事】2011 年年底，@新疆赵德忠 曾在与本观察评论员交流时欣慰地说：“现在我通过微博可以及时了解新疆全区教育系统管理的真实现状和存在的不足，我经常一个电话直接下去过问时，基层教育行政部门很惊讶，说：‘赵书记，这事我们还不知道，你是怎么知道的？’我告诉他们，因为我有微博！”

在微博普及之前，网络媒体的传播活动由门户网站主导，社会热点事件的发生与传播之间会有一个时间差，网站工作人员需要利用这个时间差来对将要传播的内容进行筛查，以确保传播内容符合有关规定并符合媒体自身的定位。微博传播却没有类似的“时间差”，同时也不受时间、空间的限制，可随时随地发布，信息传播的“首发率”因此很高。这在突发信息的传递中体现得尤为明显。例如,2011 年 3 月 11 日 13 时 46 分,日本本州岛附近海域发生 9 级地震,微博网友在第一时间传出了这一消息(见图 8-2):

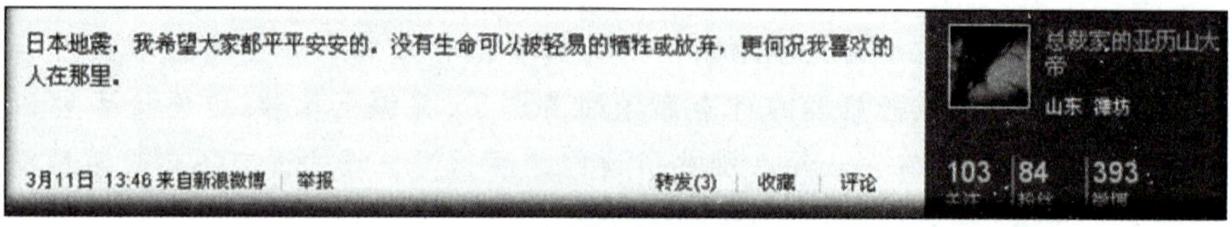

图 8-2 新浪微博截图(二)

1 分钟后,来自日本的网友@都市的乌鸦我爱宫城发布消息(见图 8-3):

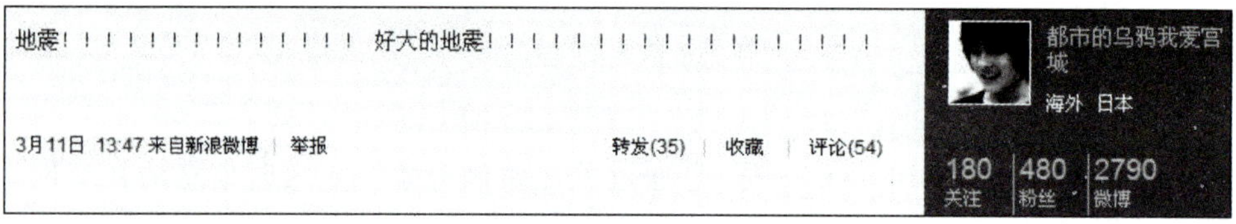

图 8-3 新浪微博截图(三)

随后不久,大量身处日本的网友开始发布震区图片和消息。13 时 50 分,在日本的留学生@瓷器口小妞发出一条微博,称自己被地震吓哭了。5 分钟后,新华社驻东京记者刘华在微博上发出了发生 7.9 级地震的信息,称"有强烈震感,室内物品纷纷坠地"。而在这之后,广播、电视、报纸等传统媒体才开始陆续对此次地震进行报道。

可见微博的速度之快,得益于微博的文本短小。

二、互动文本

互动文本是由互动性带来的文本形态。和传统媒体相比,微博的互动性更好。微博作为社交网络的入口,具有社交、娱乐、即时通信等多重属性,但本质属性还是互动。任何一个微博用户都可以自由发布信息,都有机会与微博平台上的其他用户对话,更重要的是,整个对话过程都可以处在持续的互动之中。

大众传媒时代,媒体主要采用报道或不报道、报道数量的多少、报道顺序的先后三种模式来设置议程,而在微博空间,普通用户也可以设置交流议程,与其他用户自由地进行互动。明星等公众人物使用微博与公众互动,往往更能收到极佳的效果。例如,2010 年 11 月 5 日,歌手王菲在北京五棵松体育馆举行演唱会,中途用手机发微博向歌迷问候:"空中的盆友,你們好不?"(见图 8-4)这条只有 11 个字的微博,引发了强烈关注,当晚转发达 5 000 多条,评论达 7 000 多条。第二天有 100 多家媒体对王菲演唱会途中微博问候歌迷进行了追踪报道。

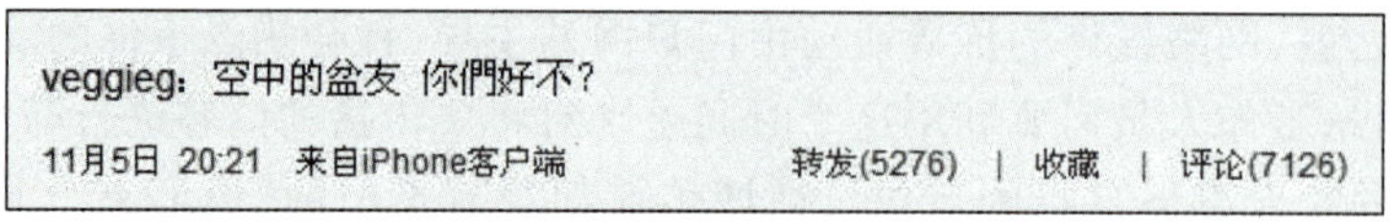

图 8-4 新浪微博截图(四)

2011年3月，南京因修地铁而“砍梧桐”一事在微博上引起轩然大波。3月9日，“砍头树”照片被上传到微博。“老南京”黄健翔首先在微博上呼吁拯救梧桐树，并专门组建了一个名为“南京的梧桐树”的微博群，关注人数迅速超过万人。名人孟非、陆川等也转发了微博，不少市民还上街为遭遇砍伐的梧桐树系上绿丝带。“草根”和“精英”的协力批评引发了海峡对岸高层人士的关注。国民党“立委”邱毅表示：“梧桐树不但是南京的标志，代表了南京人的情感，更见证了国共合作的特殊历史意义，希望海峡两方尽快协力解决此事。”随后，南京市政府迅速作出回应，表示认同邱毅提出的“不砍树、少移植、移植保证成活率”的原则，并承诺召开市民听证会，广泛听取市民意见。

——可见如此大规模、远距离、跨层次的立体交叉互动，不借助微博这样的社交网络平台，是很难实现的。

三、多媒体文本

微博虽然只有140个字的篇幅，却有丰富的文本元素和生动的文本式样。微博的文本元素包括文字、图片、视频、表情符号，这些元素按照一定的逻辑组合起来，就生成了一个个不同的微博文本，使网络阅读常常能收获别样的感觉。

从形式上看，微博的文本式样有图文混合式、文字表情融合式、文字表情符号合一式等几种式样。例如：

@花骨朵寶貝：严重声明：我的微博中毒了……关注的好友全不见了谁救救我……我给官方私信了也没人理我！

短短一条微博，使用了文字、表情符号、小图片及其图片组接等多种文本元素。如果想用更复杂的形象图片，就得使用附件形式发布了。

除了文字，音乐、视频等也可通过链接地址快速上传到微博。此外，多数网站支持一键转发，用户可将音乐、视频等内容分享到微博上。

四、微语文本

随着用户的增多和微博发布量的增长，微博的流行热词迅速形成。例如2011年使用频率极高的微博热词就有：亲、好滴、肿么、木有、童鞋、神马、浮云、菜鸟、大虾、拍砖、沙发、汗、抓狂、稀饭、人参公鸡、吼吼、hold、BT、BS、GG、呵呵、high……在上述热词中，“好滴”（的）、“肿”（怎）么、“木”（没）有、“童鞋”（同学）、“神马”（什么）、“大虾”（侠）、“稀饭”（喜欢）、“人参公鸡”（人身攻击）等词属于同音借词，而“浮云”（空虚）、“菜鸟”（差的）、“拍砖”（评论）、“沙发”（头一个）、“汗”（惭愧）、“抓狂”（烦躁）等，是借词的本意来传达它义。“亲”（亲爱的）、“BT”（变态）、“BS”（鄙视）、“GG”（哥哥）等，或用缩减字数，或用字符简称，词义没有变化，却表达了更丰富的内涵。“high”（高兴）、“hold”（坚持）属于在中文中镶嵌外文的现象。“呵呵”（表友好）、“吼吼”（表兴奋）等拟声词的使用也极为普遍。

大量的流行热词，构成了微博特有的文本现象，我们称之为“微语文本”。“微语文本”扩大了微博的语义张力，让微博的内容更加风趣，情感色彩也更加鲜明。比如“好滴”一词，它的意思就是“好的”，但是与“好的”相比，更显得亲切、娇媚，容易拉近人际距离。再比如“童鞋”一词，它的意思就是“同学”，是一种泛称，而各个年龄层的人都在使用这个词。该词不仅表示一种称谓，还反映了年轻、积极、幽默的心态，在潜移默化之间渗透和培育着平等交流的意识。

“微语文本”还强化了微博活泼风趣、快速传播的风格特征，更有助于快速抓住网友的眼球，吸引网民的关注。特别是某些政务微博，经常使用相对活泼、风趣的网络热词，有效改变了政府机关以往传统、呆板的形象，有利于拉近与网友的距离。

【例文评析】

图 8-5 “最暖心车祸”微博截图

［简评］图 8-5 所示的微博包括标点在内共 80 余字，是典型的短文本。该微博不仅有 170 万次观看，还有转发、评论和点赞，因此具有良好的互动性。微博内容说的是外卖小哥遭遇了车祸的事，语言把握得体，没有过多使用萌言微语，但是“最暖心的车祸”等语词也有微语的特点。该微博的配图、博主的卡通形象表明，这是一个多媒体文本。

【知识拓展】

新媒体是由用户志愿参与内容生产的媒体

新媒体“新”在何处，它和传统媒体究竟有什么不同，人们的认识经历了几个阶段。

报纸是供用户摊开在桌面上翻阅的媒体，电视是供用户坐在客厅里收视的媒体，新媒体则是以电脑或移动客户端的形式供用户使用的媒体——这是人们最早发现的新媒体其“新”之所在。

随后，人们发现新媒体时效性很强——没有报纸出版周期的限制，也没有广播电视节目固定时间播出的制约，能够在瞬间满足使用者获取信息的需求。这时的新媒体是人们心目中“想要就要”“来得最快”的媒体。

接着，人们发现新媒体由于采用了数字压缩技术，能够容纳海量信息。这是传统的报纸版面、广播和电视的容量望尘莫及的。此时，人们心目中的新媒体是包罗万象且广阔无边的“巨无霸”媒体。

后来，人们发现了新媒体所特有的交互性。无论是报纸、广播、还是电视，“受众”都只能是“受众”，都只能阅读报纸上所刊登的内容，只能听广播里播报的内容，只能看电视传送的画面，而很难对它们说点什么、做点什么。新媒体则不一样，当计算机通信技术发展到 Web2.0 的时候，新媒体“受众”则变成了“用户”，可以对它说话，可以和使用它的其他用户交流，并在交流中获得了尊重，增加了自信。此时，人们所认识的新媒体是愿意为你提供倾诉的机会，并能够用来与他人互动的媒体。

从传播内容差异的角度对新媒体与传统媒体加以观察的方法，开辟了人们认识新媒体的新视界，进而引导人们有了新的发现，即新媒体与传统媒体分别使用两种不同的话语体系。这种差异缘何而来？这是因为新媒体是以“众包”的方式，即是由用户志愿承担内容生产职能的媒体，而传统媒体则是由专业的、专职的媒体人员承担内容生产的媒体。生产者不同，使用的话语体系就不一样。也正是由于生产者不同，新媒体内容的生产者队伍无比巨大，才形成了新媒体信息容量的海量特征、交互特征。

因此，内容生产的组织和内容生产方式的差异，是新媒体与传统媒体之间的本质差异。

【写作练习】

1. 阅读分析

媒体微博的传播特征

一是时效更快。报刊媒体借助官方微博可以随时发布图文并茂的新闻，可以第一时间转发其他媒体的重要信息，有效突破了自身出版周期的限制；广播电视媒体的微博也突破了栏目播出时间的限制，传播时效均有改观。

二是传播效率高。媒体微博传播对象精准，信息到达率高。2010 年 11 月 6 日晚，广州电视台、电台先后发出报道：从 11 月 8 日起，广州全市将取消免费乘坐地铁、公交和过江轮渡的优惠措施，改为发放现金作为交通补贴。但电视台、电台播出的消息本身“易碎”，当时还不能回放，很多人没有收到播出的信息，又恰逢周六，新闻的到达率更低，因此消息播出后并没有引起太大的关注。当天 19:43 时，“中国新闻周刊”发微博称：“据广州电视新闻消息，广州下周起或取消公交地铁免费，今晚九点半公交地铁代表发言人将开新闻发布会解释详情。”到当天 23 时 30 分，该微博的转发量就达 4 409 条，评论 1 004 条。

三是影响力大。微博是高效率的信息聚集平台，荟萃着公众意见和建议；微博赢得了青年受众和社会精英阶层，其中的一些名人和意见领袖用户更是习惯在第一时间发布信息或观点，并有效地带动粉丝跟进，进而形成舆论。媒体官方微博刊发舆论监督的内容隐蔽性强，常常是突然出击，监督的力度尤其之大。2011 年 12 月 17 日，广东电视台《630 新闻》微博以“您赞成广州海心沙公园收费吗？”为题发起投票，12 月 28 日，广州电视台《新闻日日睇》栏目微博转发《新快报》关于海心沙票价的报道，这些微博发出的当天，海心沙收费的合理性就被推向了舆论的中心。

问题

请观察《人民日报》《新京报》官方微博，浏览两报最近 3 天发布的微博，分别统计一下两报每天各发多少条微博，什么时间发，内容大约有哪几类。

2. 病文诊断

国内知名时政杂志新周刊 2010 年 12 月 2 日发了一条微博，内容如下（见图 8-6）：

糟糕的广州公共自行车——1. 自行车要么只能挤上人行道，要么只能推行；2. 公共自行车计划启动至今已半年，借还车仍采用古老的手工登记方式，费时费事，要是遇上唯一的保管员外出吃饭拉尿，则需等到花儿都谢了；3. 一排排新车一心用于亚运撑门面，却不舍租借；4：自行车经常铃铛不响，刹车不灵。

图 8-6 存在争议的微博截图

微博发出不久就有网友点赞，也有网友指出该微博描述的内容与事实严重不符，批评新周刊官方微博发布的内容欠客观。如果让你按照百分制给该条微博评个分，你打算评多少分？说说你的给分理由。

3. 情境写作

请你观察自己所在城市的共享自行车的使用情况，然后也写一条微博（是否发布自行决定）。

第二节　微博的写作要求

【范文举例】

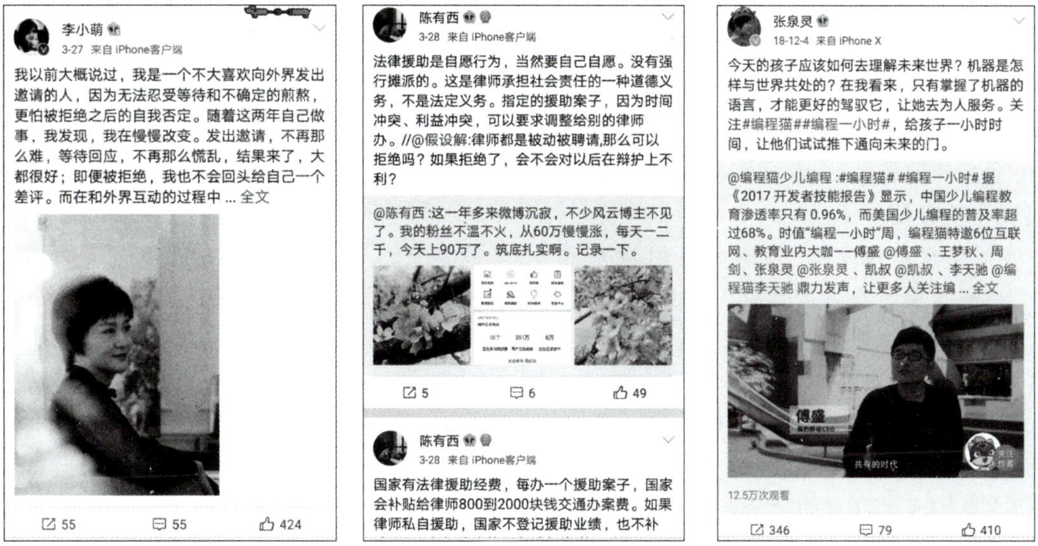

(a)　　(b)　　(c)

图 8-7　大 V 微博写作举例

【写作知识】

写微博需要遵守以下原则和要求：

一、设置议程

和其他传播途径不同，微博让用户有了设置议程的机会，想说什么，希望吸引哪些人关注，都可以自行设置。

微博发出了，首先是希望有人围观，有了围观才有可能产生影响（图 8-7 是微博大 V 用户微博举例）。否则，为什么要发布微博呢？有研究者总结了让微博获得更多点击率的方法：

@北大新媒体:【如何提升微博的吸引力】(1) 微博内容维持在 120~130 字；(2) 将链接放在离微博开头 1/4 的位置；(3) 降低发链接的频度；(4) 多用"通过""@""转发""请"等字眼；(4) 用更多副词和动词，更少形容词和名词；(5) 周末写微博；(6) 晚点发微博。大家有同感吗？

上述方法都可以用来帮助微博发布者设置议程。精心设置议程，制造围观，不仅是微博写作应有的能力，也应是微博写作需要遵循的原则。

二、选好信息

微博发布首先是要保证发布信息。有人发布微博说：

一个人家里失火，打 119 后，出现了以下对话：“失火了！失火了！”“在哪里？”“在我家啊！”“我是问你哪里失火了？”“我家厨房啦！”“不错，但我们要怎么到你家呢？”“奇怪啦！你们不是有消防车吗？！”在信息化的市场竞争中，必须具备很高的信息素质，以便提高信息传递效率。

——@每天学点经济学

当代社会已经出现了信息过剩，微博发布者应该从大量的信息中剔除那些庞杂的、冗余的信息，需要对什么内容适宜发布、什么内容不适宜发布、什么内容可以重点发布、什么内容只能一般发布做出准确的判断和选择，力求所发出的每一条微博对粉丝们都能有益，至少不要有害。为此，公众人物发布微博、普通用户发布微博，都应该增强“选择”意识。像下面微博中的信息对粉丝们就比较有益。

@凤凰视频：#凤凰和您聊健康#【顺口溜】生梨润肺化痰好，苹果止泻营养高。黄瓜减肥有成效，抑制癌症猕猴桃。番茄补血助容颜，莲藕除烦解酒妙。橘子理气好化痰，韭菜补肾暖膝腰。萝卜消食除胀气，芹菜能治血压高。白菜利尿排毒素，菜花常吃癌症少。冬瓜消肿又利尿，绿豆解毒疗效高。木耳抗癌散血淤，山药益肾浮肿消。

政务微博的内容选择同样很重要。党政机关和党政领导干部、特别是与民生密切相关的部门和公职人员，通过微博问政于民、问需于民、问计于民，妥善回应网上热点，努力引导好社会舆论，切实维护人民群众的合法权益，本来是非常好的一项设计。但是，其中也有许多微博或没有信息，或信息量不足，或信息价值不大，因而受到舆论的批评。至于普通个人用户，也都有责任成为有益信息的生产和供应者，而不应该成为微博信息垃圾的制造者。

三、写好评论

微博影响力可以通过观察微博粉丝数、关注数、转发数、评论数、评论内容、发布量以及粉丝活跃度、粉丝质量、微博活跃度来评价。微博信息数是每日发布的微博数量；平均转发数是每条信息的转发数之和/信息总数量，一般计算日平均转发数或月平均转发数。平均转发数（评论数）与粉丝总数和微博内容质量相关，粉丝总数越大，微博内容越符合用户需求，评论内容越呈多角度，转发数和评论数就会越高。

微博评论既鼓励原发评论，也鼓励转发评论。原创或能显示权威和智慧，然而离开了转发就无法收获理想的传播，原创也就因此而变成了“信息孤岛”。转发中的评论犹如画龙点睛，往往比原创更富有价值。

1. 评论要睿智

评论与互动是传统媒体的短板，却是微博的长项。评论条数只是衡量微博发布者影响力的一项指标，评论内容才更能反映评论的质量、深度，更能够产生影响力。微博评论需要有睿智。有人发布微博说：“微博助长了学习和交流中的快餐倾向。读了几段 140，再无看书的耐性，以为无所不知，指手画脚，大言不惭起来。另一问题是遇有不合意者，尚未了解对方所言何物，便张口骂去。只看观点而不问逻辑，咒骂泄愤而无思辨与批判，如此，微博还是少读为妙。”（@许小年：【少读微博】）

为增强人们对微博的信心，微博评论要努力少一些谩骂，多一些睿智；少一些愤怒，多一些幽默。例如：

【优秀 BOSS 的 8 个条件！】1. 具有敏锐的观察力、洞察力、把握力和执行力；2. 制定政策，用好人；3. 成为有凝聚力与辐射力的磁场；4. 屁股坐在市场上；5. 多听不同意见，勇于否定自己；6. 不在冲动与激情时做重大决策；7. 把员工利益放在重要位置考虑；8. 办公室不要太奢华，否则就会让满足感充斥内心。

——这样的微博评论就充满了智慧和人生经验，对粉丝们非常有益。

2. 评论要理性

微博评论的即时性以及微博的字数限制往往导致发言者因思考时间不足而缺失评论的理性，而理性评论应该是每个微博用户应尽的社会责任。理性评论也有利于避免大篇幅的“骂战”充斥在微博页面上，占用、浪费公共资源。

一些名人在微博上的每次“嘴仗”，都伴随大量网友的非理性声音甚至谩骂攻击，常常是一言不合，网友们立刻群起而攻之。而且多是情绪性的表达，纯粹就是抒发不满或者表达不爽，不会深究这个内容到底有什么毛病，为数不多的理性声音被湮没在脏话、口水中。名人在微博上的出位言论，借由传统媒体的介入放大，往往会由“事情”上升为“事件”。这些“事件”引起关注后，学者、专家、媒体评论员会出来告诫名人要慎用话语权。

但现实情形是，一轮论战刚停，新一轮论战又起，名人们没有噤声的时候，微博世界的情绪化表达也难以完全消失。微博在成为网民争夺话语权的领地时，也成了抱怨的滋养地，有些人把抱怨当成了自由和释放。有些草根明星是为了吸引眼球来与网友互骂，这无形中就将微博这个平台当成了泄愤的工具。持续不停的“骂战”迫使另一些用户逃离微博。

不过我们确信，微博平台会有规范交流的那一天，微博评论的理性时代也一定会到来。为了那一天的到来，今天每一位发表评论的用户在微博评论中都应该坚守基本的理性。

3. 评论要摆事实、讲道理

微博评论一定要摆事实、讲道理。然而，一些微博中的观点却是基于长期记忆而非具体事实形成的。例如，2011 年 10 月 1 日 18 时 12 分，有人在新浪网发出一条微博“今晚新闻联播内容猜测”立即引来网民围观。从 18 时 12 分到 19 时新闻联播开播，短短 48 分钟，已有 1 568 条评论，其中对预测内容积极支持附和的有 922 条，约占此间评论总数的 67%。微博发出的第一分钟就有人断言“被你猜对了”“准了”，显然，这些支持、肯定性评价并没有具体事实的支撑，而是建立在以过去的经验为基础的情绪记忆之上的。

在新闻联播已经结束，当事实已经证明预测的内容和实际播出的内容相去甚远时，当初持求证态度的绝大多数网民和部分持中立态度的网民纷纷转向了“反对”，对预测的真实性表示反对的微博评论，其比重也由此前的 13 条（约占 1%）增加到 327 条（约占 32%），表明相当多的网民还是理性、客观、尊重事实的。但是支持预测的比重依然没有明显下降，依然不愿意正视具体的事实而坚持认为预测“全中”，依然极力为预测的准确性进行辩解。事态不明朗时表示支持，事态已经很明朗、事实已经表明“预测”与实际情形相差较大时依然表示支持……这表明部分网民判断对否的标准已经脱离了具体的事实基础，进入了情绪化表达的情境，至少表明此时的情绪表达远大于理性、客观性的认知与表达。这样的情境在微博评论中是应当尽量避免的。

4. 评论要俗中求雅

微博评论一定要通俗。微博评论的读者是社会大众,且多半又是利用闲暇时间轻松愉悦地登录微博的,过于高深玄奥的内容容易遭到排斥。因此,微博评论不妨多些娱乐色彩,表达的语气不妨带上一点调侃和率性。即便是强烈批评一些社会现象或某些公众人物,打个比方,说句大话,夹杂个俚语土话,隐含一些弦外之音,更容易被读者接受、转评。但也要注意不要流于粗俗。例如:

@bellini 激光原子侠:本本,你发完这条博,我对你的爱慕之心就又多了一分~(10月1日18:31)

@王小彤:一会儿检查作业,看看对了几条哈,错一项加班一天,错七项整个假期报废(10月1日 18:20)

以上评论在风趣、幽默、调侃的基础上,带给人一些深入的思考。

微博评论力求通俗,目的还是为了实现有效传播,让更多的人能够参与互动。倘能俗中有雅,则能进一步提高传播效果。像下面一条微博,由于叙述的事例读者普遍熟悉,又写得幽默风趣,因此很受网民的追捧:

历史考试选择题:黄花岗起义第一枪谁开的? A 宋教仁 B 孙中山 C 黄兴 D 徐锡麟,考生选C。又看第二题:黄花岗起义第二枪谁开的? 考生傻了,就选了个B。接着看第三题,黄花岗起义中,第三枪谁开的? 考生疯了,胡乱选了A。考试出来就去找出卷老师。老师拿出课本说:黄兴连开三枪,揭开了黄花岗起义的序幕。

由于受字数的限制,微博内容也容易说不清楚,甚至引起歧义,或被人断章取义。所以,不超过140个字的长度设计所带来的并非仅仅是篇幅的压缩,要在140个字之内即时发布一条要素齐全,甚至依然要有“5个W”的信息,表达一个相对完整的思想,对逻辑认知能力、凝练语言的能力乃至写作速度,都是一个考验。

四、守住底线

微博的兴起不是一个孤立的事件。微博2007年进入中国,2009年8月新浪微博进入公测。据中国互联网络信息中心(CNNIC)发布的相关数据显示,到2011年12月底,中国微博用户数就达到了2.5亿户,48.7%的网民使用微博,全国每天都在“生产”着上亿条之多的微博。2018年2月,新浪微博发布的2017年财报显示,2017年年底,新浪微博月活跃用户数达到了3.92亿。微博早已不是哪一些组织、哪一个阶层、哪一类人群专属的宣传或传播工具,而是任凭社会公众自由进入的公共社交平台。生产和传播主体的广泛性决定了微博内容的丰富性与庞杂性,也要求写微博和发微博必须要守住底线。

首先,微博写作要遵纪守法。言论自由是公民享有的宪法权利,但是在行使言论表达权、参政议政权的时候,必须遵守国家的法律法规。微博中不得传播违反法纪、损害国家形象和利益的内容,不得泄露国家、企业的秘密,不得含有侵犯公民隐私的内容。

其次,微博内容要真实,撰写和发布微博一定要增强法制观念,不造谣,不传谣。微博上的虚假信息一度呈泛滥态势。如2012年1月31日下午,有人发布微博称:“今天在三亚一条鱼卖6 000的海鲜饭店,江西魏某被狂殴致死,其丈夫陈某左眼打成重伤住院。”并附了一张伤者照片。

经调查,该照片实际是 2010 年 10 月的网络照片。微博上还有一些虚假的“寻亲”“求助”消息。有评论说微博开始成为“不实信息发布和流窜的第一阵地”。2011 年 9 月 20 日,在纳斯达克上市的新浪股票开盘不到一个半小时后就突然出现股价大幅跳水,收盘时下跌 15.17%,市值一夜之间就蒸发了 10.25 亿美元。就在很多投资者还没摸清状况时,关于新浪微博未获得牌照的消息便已经出现在微博上。新浪官方微博随即辟谣称新浪未获得牌照纯属谣言。在微博上发布和传播谣言,必须要承担相应的法律责任。

【例文评析】

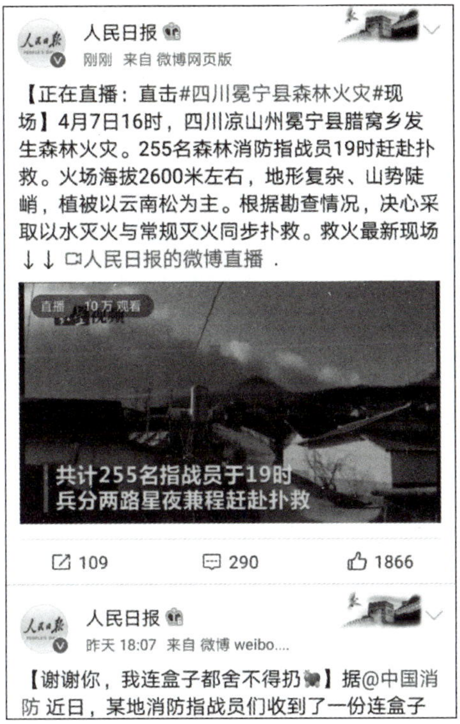

图 8-8　火灾事故微博截图

[简评] 图 8-8 截于 2019 年 4 月 8 日上午 10 点。画面显示,有 10 万人同步在线观看这条微博。该微博有文字、直播视频、滚动报道字幕,还有转发、评论实时统计数据,微博强大的传播功能可见一斑。

《人民日报》官方微博不避讳敏感话题,在日常新闻信息传播中有鲜明的抢占信息第一落点的意识,经常能够在第一时间表明对社会热点的立场,及时将与公众利益相关的话题提升到公共层面,引导公民积极参与交流讨论。

【知识拓展】

微博的传播机制

2009 年 8 月新浪微博进入公测，2010 年 10 月用户即达 12 521.7 万人，活跃账户 6 500 万人。新闻媒体用户普及到 5 000 万人，电视用了 13 年，互联网用了 4 年，微博只用了 14 个月。微博能够快速普及，显然和其传播机制有直接关系。

（1）发布。

微博发布的信息限于 140 个字。微博一经发布，关注该博主的人即可同步收到信息。例如：

@财新周刊［专访新西兰总理阿德恩：我们没有失去安全、包容和多元］一场枪击恐怖震撼世界，而且在新西兰历史上前所未有，却使这位年纪不大、在位不久的领导人，在超乎寻常的应变压力和社会创痛下，尽显其沉稳坚忍、凝聚人心的素质。2019-4-8 8:22

——这是@财新周刊发布的新浪微博。关注了@财新周刊的粉丝们即刻就在微博上看到了该周刊刚刚说了什么。

（2）关注。

微博内容传播基于“关注”和“被关注”的方式进行。“关注”意味着你想看谁的 140 个字，而“被关注”则意味着是谁想看你的 140 个字。有人做了一个这样的比喻，你的微博有 100 个粉丝，就是一张时尚小报。1 000 个粉丝，就是街头海报。10 000 个，就是一家地方报纸。

（3）转发。

用户可以一键转发别人的微博，分享给自己的粉丝，实现裂变式传播。例如：北京时间 2011 年 4 月 7 日 22 时 32 分，日本再次发生 7.4 级地震，新浪头条新闻发布了该情况，短时间内该消息被转发 2 万多次，众多网友从不同转发渠道获知了此信息。

（4）评论。

用户可以在自己能够看见的每一条微博下面发表自己的评论，实现互动。而其他用户对该用户的评论还可以接着再评论。

（5）多平台发布。

用户的微博可以使用桌面客户端、手机客户端更新，也可以通过短信、彩信更新，还可以通过 MSN、UC 浏览器等聊天工具更新，使用多个不同的平台操作自己的微博。

（6）视频分享与播放。

新浪微博设有一键分享视频到微博的功能，微博支持直接观看视频。

（7）实时搜索。

可以通过搜索找到微博用户即时发出的消息，此功能使用户能够随时了解正在发生的事件以及大家关心的话题，比传统搜索更快，能搜到的内容更鲜活。

如何写好 140 个字

一般来说，微博内容可以分为开头、中间、结尾三部分。开头要一下子吸引人的眼球，中间要清晰、有条理，结尾要突出重点，可以在结尾提出互动性问题或诱导转发评论。

(1) 微博的开头第一句话非常重要，要足够吸引人，在需要的场合，甚至可以有点儿劲爆、有点儿煽情。

(2) 微博的最后一句话也很重要，可以用一些醒目的字眼再次点题，也可以写一句互动性的话，抛出问题让大家思考，或者诱导大家转发、评论。这符合写作和传播的理论：第一句就像标题，吸引读者注意；最后一句就像结论，引发读者思考。

(3) 微博的 140 个字，不但可以有纯粹的文字内容，在需要时，也可以加上网址链接，链接到其他网站、微博等外部资源。

(4) 在 140 个字的中文微博里，使用标点符号时一定要注意，千万不要使用英文半角的标点符号。

(5) 如果要表达的内容较多，且有条理，请用 1、2、3 这样的编号将主要观点标记、划分清楚。当然，这一方法只适合理性分析的微博，不适用于感性表述型的微博。

(6) 语言要简短，言简意赅，清晰准确。不要每次都强求把 140 个汉字用完。最好是一条微博表达一个完整的信息，或一条微博讲一个故事。不要把无关的内容都塞进来。

(7) 发出微博前，一定要把这不到 140 个字的内容再检查一遍，谨防有错别字、表达不清或疏漏的地方。

(8) 如果内容是那种需要大家帮助的，比如慈善类的，那最好缀上“请帮忙转发”，或者“请帮忙”等字样提醒大家注意。

玩微博，懂截图才是王道

玩微博不及时截图，那你就奥特曼（outman 的谐音，网络用语，意为落伍之人）了。韩寒回归，方寒大战暂时熄火了。但他和方舟子这几天的遭遇，向围观的网民们诠释了截图党的强大，而“四姑娘”郭敬明跟一汽奔腾，却是一个春风得意、一个“内牛满面”。

自从韩寒笑着回答“如果地球毁灭，在方舟子和四姑娘之间，你会选择谁来一起生活？”并说“我肯定选择郭敬明，他本质上还是很善良的”后，网友就开始 yy（意淫，网络用语）他们之间的感情了。愚人节那天起，韩寒回归新浪微博，只两条微博，就迎来 50 多万的转发量。在强势回归的光环下，一个静悄悄的暧昧回复被截图曝光，更让网友替韩寒向四姑娘求关注、求接受。

而韩寒回归的蝴蝶效应也波及“对头”方舟子身上——4 月 5 日，当他评论韩寒复出时，一汽奔腾官方微博突然来了一句“方舟子，你怎么不去死？你活在世界上，纯粹是浪费粮食”，彻底火了。方斗士更放了狠话，请网友爆料，要打一汽奔腾的假。

但由于没截图证据，再加上方舟子转发评论后显示的不是正常转发的半角冒号，有网友认为方舟子有伪造微博之嫌。于是，各种求证、质疑、对骂、调侃漫天飞舞，不少好事者深夜火速围观。6 日凌晨，一汽奔腾官方微博发了条澄清声明，更是让人云里雾里，不知道在说什么。一直吵到 4 月 6 日中午，网友@德艺双馨老艺术家终于放出了当时的截图，虽然还有人质疑，但一汽奔腾已经开始杯具（悲剧，网络用语）了……

不管是不是网友所说的炒作，同样被截图，韩寒、郭敬明只是被搞笑了，但一汽奔腾却惹了方舟子。最后忠告微博管理员们，评论时切记换账号，还要养成截图好习惯！

（原载于 2012 年 04 月 08 日《信息时报》，有改动）

【写作练习】

1. 阅读分析

中国工程师手机短信发微博，直播智利救援

三一重工工程师郝恒在现场用微博直播救援全过程。由于智利当地政府的报道管制，郝恒的微博直播成了救援核心区域的唯一一个消息来源。他发自现场的 49 条微博，第二天成为中国 100 多家报刊争相报道的对象（见图 8-9）。

图 8-9 @三一郝恒微博截图

2010 年 2 月 24 日 22 时 07 分，四川博友“小酒窝 999”发微博求助：成都有位 93 岁的婆婆急需罕见的 RH 阴性 AB 型血，血库没有血源。在短短几个小时内该微博被转发 3 000 次。第二天，三位符合血型的网友被找到。第三天，昆明的“白 nana”、德阳的“晶晶马”、双流的“小丸子 729”分别赶到医院准备为老奶奶献血。最后，老人成功手术（见图 8-10）。

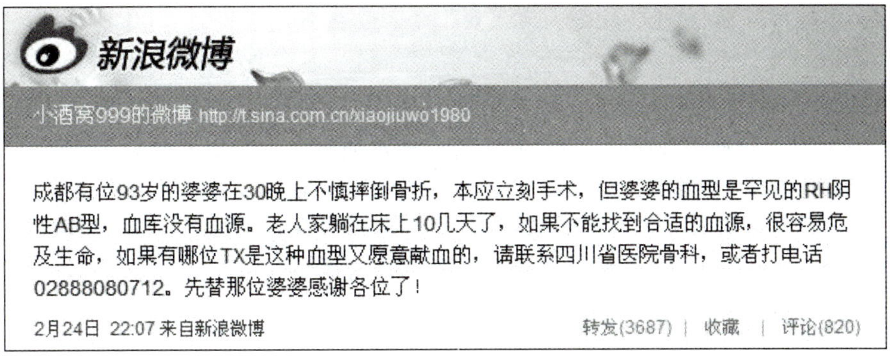
新浪微博
小酒窝999的微博 http://t.sina.com.cn/xiaojiuwo1980

成都有位93岁的婆婆在30晚上不慎摔倒骨折，本应立刻手术，但婆婆的血型是罕见的RH阴性AB型，血库没有血源。老人家躺在床上10几天了，如果不能找到合适的血源，很容易危及生命，如果有哪位TX是这种血型又愿意献血的，请联系四川省医院骨科，或者打电话02888080712。先替那位婆婆感谢各位了！

2月24日 22:07 来自新浪微博 转发(3687) | 收藏 | 评论(820)

图 8-10 @小酒窝 999 微博截图

问题

（1）分别搜索若干条含有寻人、搜救、求助信息的微博，扩大阅读范围。

（2）归纳“小酒窝 999”这条微博的写作特点。

2. 病文诊断

#广州早晨#【冬日阳光稍稍现 白天云朵紧紧随】寒风得意地吹了几天后，终于有小憩的模样。但冬日阳光才稍露，云朵就日夜驻守，广州今天多云，气温介于 10~20 度，较昨天暖一点。早晚温差大，还请街坊注意保暖，备一件外套，早出晚归无有怕！（气象数据来自@广州天气）

@每日上海：不评价，只说事实：上海市平均海拔 2 米，德国人设计的地铁一号线，至今未发生因渗水而停运；天津市平均海拔 3 米，意大利人设计的邮政局，下多大雨台阶上从不存水；1998 年洪水，哈尔滨俄国人 1903 年修的大桥纹丝不动，吉林市伪满时期日本人的水电站照常运转，中国人 90 年代修的大堤垮了……

《冬日阳光稍稍现 白天云朵紧紧随》的语言追求活泼一点、跳跃一点、调皮一点，的确能够增强文章的可读性，但是这条微博是否因辞害意了呢？@每日上海发布的微博看似很有说服力，其实经不起推敲。原因是这条微博说理的方法完全依赖例证法——找一个例子来证明一个观点。这样说理会有什么风险呢？

3. 情境写作

情境写作题一

@IT 新视界：微博控的烦恼!：1. 每天在微博上接受最新信息，同时也被信息密集性轰炸。2. 长期微博控，导致阅读习惯变成浏览习惯，不能进行深度研究和学习。3. 必须保持足够高的警惕性去判断微博信息的真伪好坏，以便造成不良传递。4. 微博上的信息总是看起来很美好，做起来无头脑，知易行难。是不是这样呢？

是不是这样呢？果真是这样吗？现在请你也写一条微博发表自己的看法。

情境写作题二

继政务微博“淘宝体”“凡客体”后，湖北省公安厅交通管理局官方微博@湖北交警 2012 年 12 月 22 日 10 点 25 分模仿阅兵仪式的方阵介绍词，发布一条欢迎“湖北民生微博服务厅”上线的微博：现在走来的是湖北民生微博服务厅方阵，他们迈着矫健的步伐，左手牵着法制湖北，右手拖着宜居湖北，头上顶着青春湖北，背上背着文教湖北，怀里揣着灵秀湖北，肩上扛着媒体湖北，他们精神抖擞，打着“微民生大温暖”的标语满怀热情而过，300多个政务微博迎面而来！……”

该微博的语气、调式模拟大阅兵分列式直播解说词，排比短句干练工整，尽显交警飒爽英姿、如虹气势。有网友盛赞此语体亲民，但也有人对此表示质疑。你怎么看这样的“阅兵体”？请就这条“阅兵体”微博写一条微博评论。

第三节 政务微博

【范文举例】

(a)

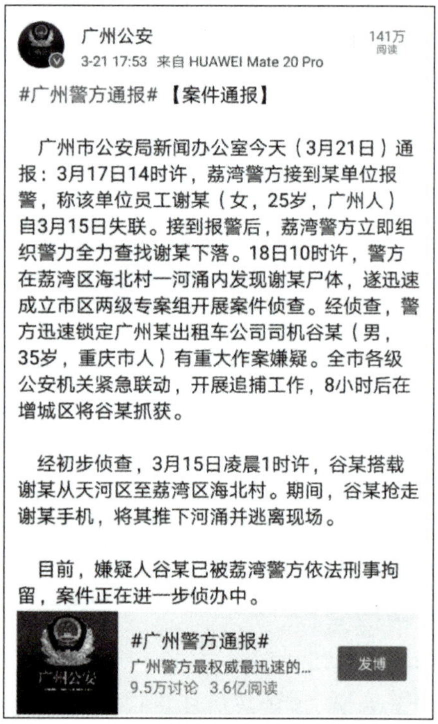

(b)

图8-11 政务微博写作举例

2009年下半年，新浪微博政务微博账号问世。当年，“微博云南”“平安肇庆”“平安北京”以及各级党政机关和部分公务人员的微博相继开通。2011年全年，政务微博开通数量激增。2011年也因此有“中国政务微博元年”之称。据《人民日报》、新浪微博、新浪网联合发布的《2017政务指数·微博影响力报告》，截至2017年年底，经过微博平台认证的政务微博达到173 569个，其中政务机构官方微博134 827个，公务人员微博38 742个，政务微博的规模继续稳定增长，并朝矩阵化、专业化、垂直化的方向发展，政务微博举例见图8-11。

【写作知识】

一、政务微博的传播特性

政务微博是政府机构或政府官员,为交流公共事务而开设的具有发布政令信息、回应社会诉求、承载民意、澄清舆情事实、助力网络问政等功能的微博账户。众多政务微博已经成为政府日常工作的助手,也是互联网上的重要力量。

(一)公共议事空间

政务微博是各级政府及政府部门在微博平台上搭建的公共议事空间。在这个议事空间里,可以谈论国家大事,可以议论民生小事,可以交流奇闻逸事,也可以围绕社会公共议题谈个人的心事。

各级政府及政府部门、有关公务人员通过来到微博空间参与议事,有机会充分解释政府考虑问题的立场、角度,并能够同时听取关心相关议题的网民有什么想法。通过与网民的反复互动交流,不仅能够了解民情,体察民意,提升政府部门管理服务的民主化、科学化水平,也有助于影响公民对政府的态度,增强民众对政府的信心,树立政府的良好形象。

广大博主通过参与政务微博的议事活动,能够感受信息的充分交汇,对相关公共议题的背景、政府的想法、下一步的部署有更深入的了解,有机会借助政务微博议事平台为政府的服务和决策提供建议,由此大大提高参政、议政、问政的意识和能力,有助于推动社会治理新走向共建、共享、共治模式。

政务微博搭建的公共议事空间是一个动态的空间,其规模在不断扩大,产品日益丰富,功能也日趋完善。如基于新浪、腾讯、搜狐等几大微博的"微访谈"产品,就受到了网友的一致好评。新浪微博"微访谈"号称"无微不至,有问必达",其所有问题都来自普通网友,而且对问题不加任何修饰。现场"围观"嘉宾选取感兴趣或有价值的问题,在数万名网友的围观下,和网友进行零距离的互动交流。访谈过程公开、透明,使得访谈嘉宾、参与网友、围观人群都有强烈的现场感。随着经验的积累,"微访谈"之类的产品功能将更加完善。随着政务微博的产品开发、资源支持、团队建设等项目投入的不断加大,相信将有更多产品、服务和运营创新,为政务微博的发展持续注入动力。

(二)舆论宣传阵地

政务微博主要有两大功能:一是媒体功能,二是服务功能。

微博问世不久,就展示了强大的舆情发酵功能。2010 年之后,国内发生的重大舆情事件,源于微博话题的,就超过了半数以上,这意味着仅仅用了一年的时间,微博就已经由舆情发酵地演变为舆情发源地。正是在这样的背景下,政务微博迅速进入微博大家庭,并在 2011 年迎来高速发展阶段。

发布信息、引导舆论、传播形象集中体现了政务微博的媒体功能,并通过媒体功能的实现,展示了政务微博的宣传价值。

1. 发布信息

政务微博的基本职能是发布信息。政务公开、管理透明、推进电子政务服务，都需要以信息发布为基础。如果基础薄弱，用“心灵鸡汤”淹没了政务信息的发布量，所谓政务微博“聚集人民群众的意见和建议，以便更好地改进工作、服务大众”等设计意图就很难真正实现。

2013 年 11 月，北京市政府出台 7 条关于改善政务微博工作的具体措施。针对有些政务微博整天忙于熬煮“心灵鸡汤”，而在信息发布上不作为，要么摘编文件，要么转载工作汇报，让人看了索然无味等现象，北京市政府要求今后政务微博要以政务信息为主要发布内容，每日发布量不少于当日发布总量的 60%。这透露出政府希望政务微博能真正成为一个及时发布信息、引导社会舆论、开展有序互动，主动回应关切的优质媒体的愿望。2018 年 4 月，国务院办公厅印发的《2018 年政务公开工作要点》中明确要求，“充分发挥政务微博、微信、移动客户端灵活便捷的优势，做好信息发布、政策解读和办事服务工作，进一步增强公开实效，提升服务水平”。可见北京市是把信息发布认定为政务微博的首要功能。

处理好信息与宣传之间的关系，增加宣传工作中的新闻信息含量，应当是政府机关政务微博运营追求的目标。政务微博政务信息的发布量达到较高的水平之后，尤其是在重大活动中能够及时提供事态进程，在敏感事件中能够及时提供政策解读信息，在突发事件中能够保障信息的新鲜度，宣传活动就有了政务信息的支撑，宣传意图也就比较容易实现，政务微博也才有可能成为有价值的宣传阵地。

2. 引导舆论

政府机关发布信息的渠道很多，为什么强调采用政务微博做好信息发布呢？因为政务微博有灵活便捷、反应迅速的特点，在舆论引导中有可能发挥出突出的作用。

政务微博引导舆论的功能一般通过以下途径来实现：

(1) 抢占第一落点。政务微博可以利用灵活便捷、反应迅速的特点，在敏感事件、突发事件的酝酿阶段通过提供权威信息，占领制高点，掌握话语权，从源头上阻断错误信息滋事的机会。

(2) 回应舆论关切。政务微博凭借政府公信力的强大支撑，在敏感事件和网民关注的重大事件中，通过及时、积极回应网民的关切，能够发挥扭转错误舆论走向、引领舆论发展方向的作用。

(3) 制止谣言传播。政务微博通过技术监管手段，大大增强了谣言识别、查证的能力，并通过开展网络媒介素质教育，提高网友的防护意识水平。在此基础上，建立辟谣信息发布机制，为社会免受谣言的危害提供保证。

3. 传播形象

形象传播是政务微博体现宣传价值的直观途径。最近几年许多政务微博都已经在利用微博强大的信息搭载功能，通过信息发布、视频点播、网民互动，对外传播城市形象、推广城市品牌、维护国家利益，对内架设连接官民的桥梁。政务微博在新媒体时代中国国家形象的传播上，还有很大的成长空间。

（三）办事服务平台

服务功能是政务微博另一个基本功能。政务微博的发展历程本质上也是政务新媒体由发布到服务的过程。当下，政务新媒体的建设及应用，已被提升到治国理政、定国安邦的高度。

国务院办公厅 2018 年 4 月印发的《2018 年政务公开工作要点》要求做好政务微博办事服务

工作，进一步增强公开实效，提升服务水平。2018 年 6 月，国务院办公厅印发《进一步深化“互联网+政务服务”推进政务服务“一网、一门、一次”改革实施方案》。该方案要求“推动政务服务向‘两微一端’等延伸拓展，为群众提供多样性、多渠道、便利化服务”。这两份文件强调，政务新媒体不仅仅是媒体，还是服务平台。

政务微博的服务主要有三个层面：

1. 信息服务

传播信息是新媒体的基本职能，也是政务新媒体的主要服务内容。如果只发布而没有服务跟进，民众的满意度就不会很高，而如果把发布和服务对立起来，只强调服务而忽视了信息发布，政务微博功能就会弱化为简单的办公软件。政务微博在民生领域能够提供大量的信息服务，政府及应急管理部门提供的关于台风、地震、防疫、防火等方面的信息，往往成了当事群众的行动指南。公安、交通、旅游、气象、食品卫生类政务微博提供的关于安全出行、防偷、防盗、防诈骗、安全用网、防拥堵、防雾霾等信息，都显示出了强大的信息服务能力，受到了人民群众的广泛好评。在政务公开信息、政策解读信息方面，政务微博还有较大的潜力可挖。

2. 接访服务

互动才是微博的本质属性。所谓接访服务就是在政务微博平台与网民交流互动，及时回应网民所反映的问题和舆论关切的内容。

接访服务的方式一般有两种：一种方式是在日常运营中把网友在政务微博平台上反映的问题及时反馈给相关部门，并在制度设计层面督促相关部门及时回应网友的问题。另一种方式是通过微访谈等形式与网友直接沟通。此外，还可通过政务微博公开征询办案线索，警民互助，共同应对各种恶性事件，或及时发布相关信息，满足网友寻人、寻物、寻求救助的需要。

3. 在线办事

利用政务微博平台开展为群众办事服务，目的是要打通便民服务的“最后一公里”，满足社会公众对政务服务的切身需求，加快法治政府、服务型政府建设，推动政务公开更加透明，政务服务更加高效。其基本思路是实现让信息多跑路，百姓少跑腿。目前，如何具体利用政务微博为群众办事，还处在探索阶段，在具体操作中，困难会一个接着一个出现，但问题也会一个接着一个被解决。例如，成都市已经有越来越多的部门把服务放到移动互联网上来，但是老百姓不一定能记住他要办的业务具体应该跑哪一个部门，@成都服务就建立了一套矩阵，市民只要记住@成都服务，把问题给@成都服务，@成都服务就开始为网友跑腿，然后及时把情况反馈给网友。

二、政务微博的文本结构

政务微博的内容一般可分为四类：一是发布机构的动态。即所属的机构所发布的机构新闻，包括政务机构动态，在职人员动态，机构宣传推广等；二是社会热点新闻。即转发社会热点议题以及转发或者评论热点微博；三是发布公共服务信息。即发布公众在生活中经常需要的信息，如天气情况、路况、办理事务的流程；四是生活休闲信息。

政务微博的文本结构如下：

（一）标题

政务微博可以写标题，也可以不写标题。强调可以不写标题的原因主要和政务微博的“微文本”特征有关。具体分析发现有两种情况：一种情况是微博内容很短，一条微博用不完140个字，博主的意图可能是为了发图片，或者就是想表达一个意思，回应一个事态。严格说博主发的还不是正规的文章，所以就无所谓标题。另一种情况是，由于一条微博的长度包括标题在内，被严格限制在了140个字之内，这使得一些用户不舍得在标题上花费版面资源而直接从正文开始了。

那些带有标题的微博，标题的突出特征就是简短。难点是既简短，又要力求抓人眼球，让读者通过对标题关注而对全文产生兴趣。因此，微博的拟题和微信的拟题相比，难度似乎更大一些。

（二）正文要素

微博内容的新闻性一般都很强，政务微博的新闻性更强一些，对正文内容要素的要求也与微信不同。

尽管可以没有标题，可以不写导语，甚至也可以不必刻意加个结尾，但政务微博正文和一般微博一样，要求新闻要素完整。除非仅仅发表一个意见，一般叙事性微博，事情发生的时间、地点、人物、经过、原因等，都需要有所交代。

（三）正文语言

微博正文的语言有两大特征：一是多媒体语言，二是微语言。

1. 多媒体语言

绝大多数微博会采用图文并茂的文本。少数仍然采用单纯的文字文本的，或因其发表的内容思想深刻、见解独到，也能够获得理想的互动因子，否则会降低传播效果。从2019年上半年的微博文本看，叙事文字中使用表情包的依然常见，但趋势是在减少。超过9成的微博会配发图片或视频，其中动图使用有增多的趋势。图片有实证价值，对文字叙事具有证明、补充作用。即便有些图片和文字没有直接关系，也还是要发出来，此时的图片虽然失去了实证意义，其价值转移到了占位上，即在文本上占据一个位置，用来吸引读者的注意力。如果图片自身富有一定的吸引力，也能够收到不错的效果。有些政务微博还配发了视频，进行立体传播。随着5G时代的到来，微博中视频占据的比重预计会进一步加大。

2. 微语言

把“大虾”（侠）、“稀饭”（喜欢）、“浮云”（空虚）、“菜鸟”（差的）、“拍砖”（评论）、“盆友们”（朋友们）、“东东”（东西）以及女警察表演的“Nobody”舞蹈，消防员应景的“航母Style”等简单理解为炒作、搏眼球，是对微博语言的误解。“微语言”是在140个字的框架重压下进行的文字语言的自我膨化，目的是希望获得以一当十、夺人耳目的表达效果，弥补自身篇幅短小的不足，其存在有自身的逻辑，发展到今天，“微语言”也已经有了自己特定的组合方式，在内容上已经形成足够传神的表达，在形式上也已经有了定型的可以被普及的符号。其意义值得语言学和传播学研究者认真加以研究。更重要的是，“微语言”进入政务微博后，改变了政府机关以往与民间交往的姿态，让网友感觉到是在和自己人交流，让人民群众觉得受到了尊重。

（四）正文的扩展

这里说的“正文的扩展”是指政务微博正文的附加文本和由正文连带产生的副文本，主要是在阅读文本上留下的转发数、评论数、点赞数等互动情况，以及微博链接的内容。研究结果表明，转发数、评论数、点赞数留言等互动因子比没有互动因子的微博传播性能要好。而基于微博的特性可以在微博中添加一条或多条链接，链接的类型，包括文章、图片、视频、话题等。但是，有研究结果证明，微博的原文链接数量多对微博主文来说未必就有更好的传播效果。

附加文本和副文本的存在，不仅影响着读者，尤其是后来的读者对微博正文的互动表达，而且也会对博主下一次的文本构思和表达产生影响——可能是正面的影响，也可能是负面的影响。

三、政务微博的写作要求

写作政务微博，要遵守以下要求：

（一）反应要快

并非每一条政务微博都有紧迫的时效要求，但是那些抢占舆论第一落点、回应网友急迫关切、公布事实真相以及提供重要的服务信息的微博，写作和发布都需要争分夺秒。制约快速反应的因素，往往不是由于运营人员反应迟钝，也不是由于事态复杂不知道行文如何下手，而是职责不清，担心把握不准而导致不良后果，怕担不起责任。解除此类顾虑需要从政务微博的内容生产机制入手，通过明确行文主体和责任主体，建立一个在当代社交网络环境下快速反应的微博运营团队，打造一个亲民、可靠、有一定公信力的政务微博叙述主体。

（二）定位要准

1. 关系定位

首先要建立与公众之间长期互利的关系，这是政府公共关系的核心功能。而关系的形成和维护需要有准确的关系定位。政务微博不应该把公众定位为客体而形成“我—他关系”，而应当建立平等的“我—你关系”，使人与世界、与他人之间构成平等的交流。从位置来看，“我—你关系”的面对面的关系，也就是交流的状态，有利于形成相互适应的和能够持续的回应过程。而“我—他关系”是背靠背的关系，是排斥或不相关状态，无法展开互动。所有政务微博的写作都应该是面对面的写作。

2. 互动定位

互动往来是微博传播的本质特征，也是政务微博最核心的支撑理论。只有基于互动的前提，政务微博才会走出单向传播、自说自话的困境。但是，互动是不同意见和观点的交换，是一个开放协商的沟通过程，而不是一方批评、压制、并试图说服另一方的过程。良性互动是不同意见和观点的坦诚、轻松地交换，并通过交换形成不同声音的交织。在互动传播中，并不存在主体与客体，且参与的双方不一定要达成一致意见，不一定要说服对方，有时候了解了情况就有了互动成果。如果把互动定位为“说服”，一开始就排斥不同声音的存在，互动就不会真正开始。

“2017 年十大政务机构微博”中排名第一的“公安部打四黑除四害”微博账号，平均每天发布 35.5 条微博，每条微博均有公众参与其中，或转发或评论或点赞，平均每条被转发被评论或点赞的有 661.85 次，说明其有着较好的传播效果。然而同期的超过半数的其他政务微博普遍缺乏互动因子，依然重复着单向的信息发布。直到 2019 年，我国政务微博的互动性仍处在缓慢成长的过程中，多数政务微博的互动因子依然不足，这很可能和互动定位失准有关。

3. 风格定位

一方面，政务微博的写作不能移植机关文件写作的经验，尤其是行文风格不能照搬机关文件，文件风格必须让位于社交风格。在微博运营的话语体系中，政务微博发布的是商品，微博平台是一个大型商店，摆在商店的东西要有人买才是硬道理。因此，政务微博生产目的要转向为网友而生产，生产工艺要转向好看，即用图片、视频、内容来赢得网友的青睐。刻板的、程式化的语言也必须同时让位给“微语言”，才能消除网友的戒备，吸引他们走进商店。

另一方面，社交风格有大声喧哗也有娓娓而谈。政务微博可以选择理性地娓娓而谈，但必须同时提供网友所需要的足够的信息；政务微博也可以选择感性的萌言微语，但同时应不失定力，可爱可亲。

（三）处置要对

政务微博写作是代政府机关发声，必须把一些细节处理好。例如以下细节：

(1) 涉及敏感话题可以先不直接评论、回复，即使回复也仅表示“关注”即可，用 140 个字在线评论一个敏感而又复杂的话题风险是很大的。但先不回复却不是不回复、不应对。每个政务微博团队都应该有应对敏感话题的方案。

(2) 对争议事项不要在线轻易表态，除非既得到了授权，又符合运营预案，否则先发一条无意义的图标表示关注即可，许多具体问题需要回到后台来处理。

(3) 多评论少转发。如果决定转发应当交代转发的意图。

(4) 宁可不说话，在任何情况下都不能说假话、粗话、脏话、气话。一句话、一个词引起轩然大波的事例不少，教训很深。如果有情绪，最好的办法是先让自己暂停下来，宁可失去时效也不能自毁形象。

(5) 尽量回复粉丝的评论，哪怕回复其中的一部分也好。政务微博有条件从多个方面为扭转社交媒体重传播轻参与、重张贴轻讨论的局面做一点努力。例如，可以通过@某用户等形式和关注者进行互动。如果转发了粉丝的评论，他们会很高兴。

（四）语言要有温度

零度语言一般是用来比喻寡淡、平静、偏冷的语言。一条微博只有 140 个字，如果采用零度语言，很难逃脱瞬间即被淹没在信息海洋中的命运。有温度的语言可以是爆款的重口味语言，也可以是玫瑰色的萌言微语。“外交小灵通”是外交部公共外交办公室运营的微博平台，自 2011 年 4 月 13 日开博发声起，就凭借有温度的语言，仅半年时间就赢得 201 561 264 名粉丝。“亲，你大学本科毕业不？办公软件使用熟练不？英语交流顺溜不？驾照有木有？……”2011 年 8 月初“外交小灵通”发布的这条轻松幽默的“淘宝体”招聘信息亲切、人性化，短短三小时，就被转发了 4 800 余次。

幽默，也是有温度的语言。“外交小灵通”微博不乏幽默的语句，例如在介绍毛里求斯时引用了马克·吐温的名句：“上帝先创造了毛里求斯，后创造了天堂。”“外交小灵通”利用新媒体与外交的捆绑，使外交与公众不再遥远和生疏。有网友评论说道，“小灵通挺有意思的，‘伤不起’这样的网络流行语都写进去了，觉得挺逗的，感觉像是交往了一个生活中的朋友，听他跟你说点新鲜事儿，比单纯的新闻更有吸引力吧。”中国新闻网则有报道称，“外交小灵通”把公共外交做到了指尖。

有温度，才有持续的社交。

【例文评析】

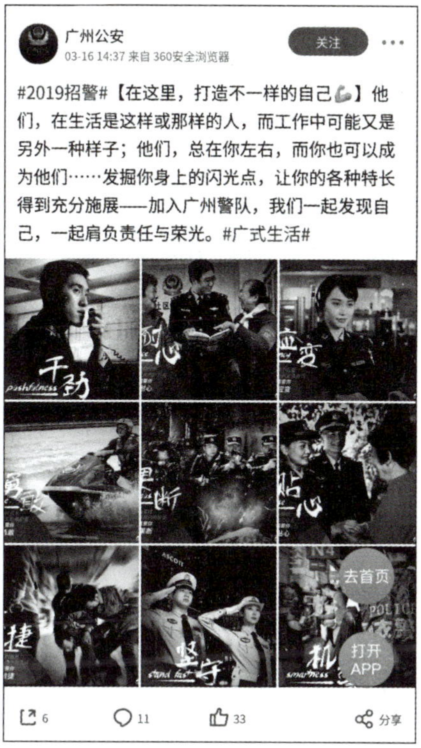

(a)

(b)

图 8-12 优秀政务微博作品欣赏

［简评］@广州公安、@广东共青团 都是比较优秀的政务微博(见图 8-12)。在@广州公安的笔下,一条普通的招警信息,读后也让人感觉增添了能量。微博配发的图片进一步激发了年轻人对警察职业的向往。@广东共青团 关于"哪些新专业比较热门"的话题,以及"你学的专业还好吗?"的询问,上来就抓住了有相关需求的读者。这些政务微博,确有值得赞赏之处。

【知识拓展】

构建政务微博内容生产新机制

1. 变发布为交流

要实现通过微博"问政于民、问需于民、问计于民"的目的,政务微博就不能仅仅是信息发布平台,还必须是政务公开、意见交流的平台。当前,把政务微博仅仅当作"信息发布的工具、平台、窗口"的现象还十分普遍。政务微博运营中的突出问题,例如用词不当、"关注不当"、回复"雷人"、更新迟滞、"说官话、打官腔"、功能简单、漠视民意等,均与政务微博是"信息发布工具"的简单定位有关。有研究者认为:"发布"是 web2.0 信息交互时代向传统 web1.0 的逆行和倒退;“发布”强调“自我中心”,而微博更强调 web2.0 平等话语权之下“政—官—民”平等交流的“三位一体”社会化联动;实现“微博服务社会”的效能,须从根本上由“单向发布”向“联动服务”转型。当前,政务微博需要适时更新、强化互动,尽快放下架子,淡化“官方”色彩,少说“官话”“套话”,学习倾听并积极回应网友的呼声,进一步提高服务性能。而这一切都有赖于政务微博功能定位的转换。

2. 变控制为鼓励

鉴于微博使用中违法有害信息频现的实际,加强信息发布管理,维护互联网传播秩序和健康文明网络环境,是微博网站不容忽视的职责。与此同时,“众包”的运营观又要求政务微博尽快完成由“控制了什么”向“鼓励公众表达了什么”的转变。政务微博作为党政部门的代表,应该有宽广的包容之心,倾听网民声音,学会对过激言论保持适时、适度沉默,努力做信息增量。如果没有网民的热情参与,政务微博功能、目的的所有期待都将归于失败。而吸引社会公众积极参与的最佳途径就是满足公众被尊重和自我实现的需求,就是对“每个人都拥有对别人有价值的知识或才华、每个‘我’都站在众包的中心”的价值认同。

3. 变引导为汲取

汲取民智是政务微博的价值所在。今天,大众创意的产品已经超越世界顶尖公司创造出的最好产品。不仅如此,“众包”还提供了一种假设:人人都是艺术家、科学家、建筑师、设计师……这样的假设强烈地提醒我们反思与完善以往的舆论引导观,学习如何在尊重公众的基础上与其坦诚交流,进而通过政务微博获得无比丰富的民智。

(节选自《警惕政务微博“痴呆症”》,《人民论坛》2012 年 4 期,有改动)

互动评价规则

政务微博内容如何才能更多地吸引公众的参与呢? 和转发的微博相比,原创微博能够获得更高的公众参与度吗? 有互动因子的微博是否就一定比没有互动因子的微博具有更高的公众参与度呢? 还有,链接以及链接的数量和微博的公众参与度有没有关系? 这些都可以展开研究。

研究的路径是,先要进行抽样,随后对抽样作品进行编码。可以采用多种方法,例如直接在微博账号中发出提问帖,直接回复公众的评论以及@某一个用户,则变量互动因子数量加一。微博中有几个链接则链接的数量的值就是几。

可以通过微博的转发数、评论数和点赞数量之和来观察微博的公众参与度。微博的更新频率是平均每天该微博账号发表的微博条数。然后可以采用 spss19.0 软件进行分析。主要采用频数分析、独立样本 t 检验。

阅读数:是记录微博的阅读总次数,通过 PC 端、无线端、微博 wap 端、第三方客户端获取微博内容进行阅读消费而产生。

昨日阅读数:是博主最近 30 天发布的微博在昨天零到 24 点的阅读增量。数据每天凌晨两点更新。

阅读人数:是博主最近 30 天发布微博的阅读消费人数,每个用户每天对博主的每条微博阅读记一个人数。

昨日阅读人数:是博主最近 30 天发布的微博在昨日零点到 24 点的阅读人数增量,如果没有发布阅读人数计为零。

互动数：是博主近30天发布的内容（包括微博、评论、故事）产生的互动行为（包括转发评论，微博点赞、回复、评论）的数据统计指标。博主发布的内容有互动行为产生时，可获得新的互动数得分，每个用户对博主发布的每一条内容的重复互动，只记一次。粉丝产生的互动数，双倍积分。

昨日互动数：是博主发布的内容在昨天0点到24点的互动数。

【写作练习】

1. 例文阅读

读下面一条微博：

2012年1月15日11时05分，@冯时时在新浪网发布微博寻失主：

春运中车票难求，今天有观众捡到一张从广州南到长沙南的火车票，失主一定很着急。大家转发一下，希望联系到失主，能让她及时回家跟家人团聚。

当天14时37分，@中国广州发布跟帖转评：

请失主尽快拨打电话：020-61292580认领回车票，它正在等着您呢。新年回趟家不容易，街坊们一起转起来，小小帮助送上大大温暖。[心]

这样的微博信息有益，内容也容易引起互动。

政务微博及时跟进，并具体补充了上一条微博的信息，营销了政府的亲民、务实形象。

[简评] 政务微博的突出问题是说官话、爱打官腔、关注不当、更新迟滞、功能简单。当前，政务微博需要适时更新、强化互动，尽快放下架子，淡化“官方”色彩，少说官话、套话，学习倾听并积极回应网友的呼声，进一步提高服务性能。@中国广州发布能够及时跟帖寻找车票失主，并最终找到了失主，博得了舆论的赞扬。

你是否也赞赏@中国广州发布的上述跟帖呢？说说你的理由。

2. 病文诊断

下面是三亚市政府新闻办于2012年1月29日发布的微博：

感谢游客、网民和媒体对三亚的关注、关心和热爱。今年春节黄金周在食品卫生、诚信经营等方面三亚没有接到一个投诉、举报电话，说明整个旅游市场秩序稳定、良好。三亚总人口仅60多万人，30多万游客集中在三亚旅游度假，给旅游、交通、城市管理极大压力。三亚会把这些压力变成建好、管好城市的工作动力。转发(20111)｜收藏｜评论(14252)1月29日14:56来自新浪微博

微博发出后，激起舆论的强烈质疑，三亚市政府新闻办又在1月30日17:09时发布微博称“上一条微博表述有误，是我们工作的失误，敬请广大网友见谅。”想一想，该微博为什么会激起强烈质疑？

3. 情境写作

2011年11月20日的《南方日报》刊登记者评论。批评某官方微博骂记者“乱吠”。评论说，尽管该条微博很快被删，但微博被截图，留下“证据”，迎来网友汹涌的批评。网友表示，官方微

博失范实际体现当下微博生态不文明："警方微博现官骂其实是当下万能的微博走向不文明，走向另一个极端的具体体现，也是当时微博骂战频频的缩影。警方微博官骂很严重，但其背后的真问题更严重，更加迫切需要得到改变。"对于政务微博失范的现象，有微博观察者认为，这显示了政务微博岗位能力存在短板。

现在，请你浏览 10 家县以下政府机关的政务微博，查看有无语言失范现象，然后以"政务微博有话好说"为中心，写一条微博。

第九章 微信

一场突如其来的暴风雨，一个叫默然的姑娘

近日，黑龙江省依兰县人民法院一位叫“默然”的姑娘，却因为一场突如其来的暴风雨变得默然。

事情要从一个多月前说起。

默然坚守：连续加班28天的女超人

卞默然，依兰县法院执行局指挥办主任，被刚入职不久的年轻同事们亲切地称为“默然姐姐”。

今年8月，决胜“基本解决执行难”进入攻坚阶段，默然和她的同事一道，每天都工作到深夜十一二点钟，领导担心她工作太累，就临时抽调了政工科的张宇奇同志协助她工作。

不去不知道，去了之后却让张宇奇大吃了一惊。

20平方米大小的执行指挥中心，3个摄像头全方位无死角拍摄，整整28天，卞默然几乎每天都工作到第二天凌晨一两点钟，然后就在办公室的沙发上睡上四五个小时。起来后简单梳洗继续工作。

张宇奇在惊讶的同时也被默然几乎达到忘我境界的工作状态深深感动着，于是写下了一段“默然姐姐/28天连续加班/没脱过衣服……有人说她是“工作狂”/有人说她是“女汉子”/但是在执行局干警的心中——她就是女神、女超人”的感叹，并发在了该院微信公众号“感动你我的他们”的系列报道中。

未曾想，短短的一段话却在网上引起了轩然大波。

“28天不脱衣服，睡觉也不脱吗？”“工作再忙、加班再多，总不至于不睡觉不洗漱，怎么可能连续28天不脱（换）衣服？”“向28天连续加班的默然姐姐致敬，但法院宣传一定夸大其词了！”网友们对这篇报道的质疑接踵而来。

面对网友们质疑的声音和各种不甚友好的评论，原本开朗的默然沉默了。默然的同事们则十分不解，“这样宣传卞默然大家都服气！每年评先选优时最没有杂音的就是她……现在像这样的孩子实在是太少了。”依兰县法院的一位副院长说。

（节选自中国法院网，2018-11-04，有删改）

【案例启示】

每天，我们几乎都会打开微信——或聊天交友、或工作学习、或理财购物、或发个朋友圈把此刻的心情分享给朋友们……总之，想怎么用就怎么用，想何时发就何时发。微信已经深深地嵌入了我们的日常生活，给用户带来了太多的便利。但是，上述案例也提醒我们，使用微信也有规则、有技巧，尊重了规则，掌握了技巧，微信就有可能给我们带来更多的便利和快乐，否则，微信也会带给我们许多烦恼。

第一节 微信的文本特点

【范文举例】

(a) (b) (c)

图 9-1 清明节微信截图

图 9-1 是 2019 年 4 月 6 日的三篇微信作品首幅页面截图，每个页面都有丰富的元素，尤其是醒目的图片，还有特色鲜明的标题。

【写作知识】

微信具有鲜明的文本特征——由群圈式交流形成的群圈文本,由多媒体、多结构形成的混合文本,为适应在手机屏上阅读而形成的小屏文本。

一、群圈文本

(一)群圈文本类型

微信的群圈文本主要有三种类型:

1. 聊天文本

聊天文本有一对一私聊文本和在微信群里群聊文本两种式样。一对一私聊属于个人社交,私密性最高,安全性最好。一对一私聊形成的文本形态是典型的对话文本。微信群里的群聊有一对多、多对多两种形式,此时的群内交流依然具有私密性,但是和一对一的私密有了很大的不同。按照英国牛津大学罗宾·邓巴教授在"150 定律"中提出的观点,朋友的上限是 150 人,而只有 5 人左右的圈子是亲密接触圈,人数多了,圈子的属性就会发生变化。不过就文本式样而言,微信群里群聊所形成的文本依然属于典型的对话文本。

2. 朋友圈文本

朋友圈文本是用户发朋友圈进行一对多交流时形成的微信文本,包括原创和转发两种类型。朋友圈原创文本可采用图文结合、视频与文字结合以及单独文字三种样式发布。超过 80% 的朋友圈文本是图文混合型文本,通常是 1~9 张图片在一段文字内容的下方,其文本形态已经和对话文本有了很大的不同。朋友圈文本属于发布型文本,其中的图文拍摄、图片选择、文字内容、图文搭配等在内的发布内容全部完成后才能发出。朋友圈文本鼓励原创,图 9-2 展示的都是原创文字和图片。

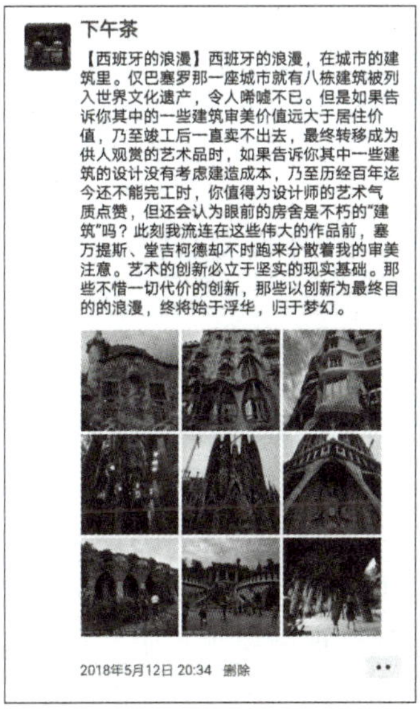

(a)

(b)

图 9-2 原创微信截图

3. 公众号文本

公众号文本是通过微信公众号发送的长文本。一对一是私密的圈子,朋友圈是小圈子,公众号不仅分享给关注者看,同时可通过关注者及作者转发,供更多的人观看,是微信里相对开放的大圈子。公众号文本是一种典型的社交文本。

典型的公众号文本是图文混合文本,和朋友圈文本上文下图的编辑格式不同,公众号文本一般图文交替出现。随着5G时代的到来,朋友圈文本中的视频比例会逐渐增大。

（二）区分群圈文本的意义

从写作的角度看,指出微信文本的群圈性特征,主要有两个意义:

1. 认识群圈

物以类聚,人以群分。群圈往往是由具有某些共性的人自愿群居的虚拟网络社区,群圈聚集的或为同乡、同学、同事,或同处于一个社会阶层,或具有相同的兴趣爱好、相同的利益诉求,或有相同的文化背景、相近的思想观念、对某些问题的看法具有共鸣,等等。圈中的人基于共性在群圈里进行交流,时间久了往往容易产生错觉,以为群圈里的世界就是全部或大部分的世界,群圈里的声音就是主流的或社会的声音。而实际上群圈是相对封闭的系统,群圈里的世界是相对封闭的世界。群圈里还有许多值得研究的现象,譬如"回音壁"效应、"沉默的螺旋"现象以及由强势话语营造的群体极化等。只有认识群圈的特性,并采取积极的应对措施,才能在充分享受微信带给我们的美好社交的同时,既有效地保护自己,又不给社会和他人带来伤害。

2. 因景而作

因景而作就是在微信写作中要根据不同的场景,采取不同的写作策略,处理好不同的关系,满足不同的文本要求。在私密的圈子中,信息交流的原则是双方自愿接受。当对方表示不希望再接收某些信息的时候,另一方就应该随即停止发送相关信息。再以发朋友圈为例,无论是出于"冒个泡"的需要,还是出于表达某种心情、见解的需要,总之朋友圈发出了,总希望能够得到回应,如果没有人回应、没有人点赞,微信写作活动也就归于失败了。因此,微信朋友圈写作需要根据作者朋友圈的具体场景决定写作策略。至于公众号文章,如果不基于群圈场景写作,就很难写出爆款文章。

二、混合文本

微信的混合文本有两种情形:

（一）媒介混合

微信是一个平台性媒介,每个主体都可以在微信这个大平台上使用视频、语音、文字、图片等多种传播符号不断地构建自己的小平台,并以自己的平台为基础进行内容的生产传播。虽然没有统一的产品标准,但是在传播实践中用户还是发现了一些规律,例如,单一的文字文本受欢迎的程度偏低,所以除了私聊形成的对话文本外,单一的文字文本已经很难见到了,而有图的文本传播效果就好于单纯的文字文本。这就可以解释为什么文字和图片混合的文本目前出现频次最多。语音、图像文本一般也都需要有文字的标签。将文字、图片、音频、视频集于一条微信作品的现象也时有所见。另外,微信还有小程序应用。小程序可以理解为微量级的App,不用下载,只要在微信小程序里搜索相关的小程序名字就可以直接使用。而在小程序里,媒介混合现象就更为常见了。

（二）结构混合

结构混合是指在微信朋友圈、公众号文本中，除了主文本外，还有由主文本形成的副文本。例如，图 9-3(a)“西湖看人”和图 9-3(b)“鼓浪屿”的主文本都是一段文字与 9 幅图片，而在主文本发出后又陆续形成了最终长度比主文本还要长的点赞和评论文本。显然，点赞、评论文本和主文本之间具有有机性，我们称之为副文本。

认识微信文本的媒介混合、结构混合现象，对微信写作具有重要的提示和指导意义。

(a)　　　　　　　　(b)

图 9-3　结构混合的微信截图

三、小屏文本

微信文本是在智能手机屏幕中展示的小屏文本。小屏文本具有明显区别于大屏幕文本的文本特点，见图 9-4。

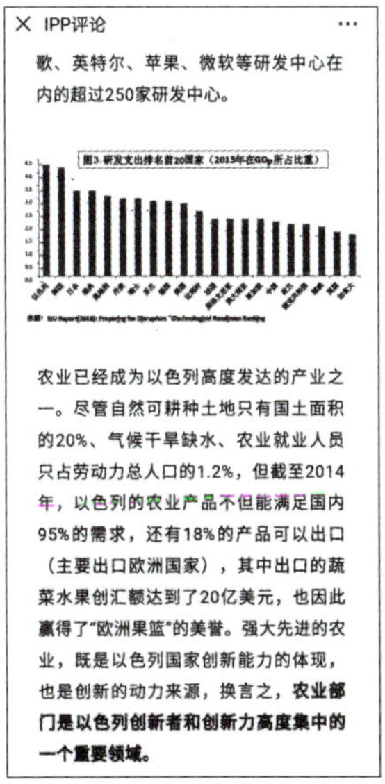

图 9-4　小屏文本微信截图

小屏文本的特点归纳如下：

1. 段首不用再空两格

其实在个人电脑上阅读时，我们已经感觉到段首空两格的不适了——页面变得犬牙交错，尤其是那些段落比较多的文本，不仅文面整体不美观，还直接影响阅读。何况现在回到了更小的手机屏幕，段首空两格带来的残缺感更加严重。因此，微信文字的段首不用再空两格。基于同样的理由，微信的文字文本也尽量不要再用手动回车。

2. 段与段之间留空行

既然选择了段首不空格，那么选择段与段之间留空行，就是必需的了，否则如何区分段落呢？当然，段与段之间留空行还有一个好处，就是能够让向下扫视的目光出现瞬间的减速，有研究表明，这种目光停留对保护眼球有益。其实，要求公众号文本中的图片和文字尽可能交替出现，除了基于文面匀称的考虑之外，也有让眼球得到片刻休息、使手机屏的阅读更加轻松的考虑。

3. 控制体积

微信公众号支持图文混编文本，但是图片体积过大，占用空间就多，打开速度就慢，有可能导致阅读体验下降。因此，应该按照微信的要求，对图片体进行控制，并应将图片储存为 JPG/JPEG 文件格式，然后文本作者再进一步对图片进行压缩，以降低每一幅图片的体积。有经验显示图片的体积低于 60 K 最好。

4. 取消原始格式

如果直接从 Word 文档里拷贝图文粘贴至微信，原来的格式就同时带入了微信，微信发出之后很可能会发现文面很不整齐。原因是原来的格式不适合手机。因此，Word 文档需要先拷贝进记事本，将原始的格式消除后拷贝到微信，再由微信的网页编辑器重新指定适合微信阅读的格式。

5. 对文字作加重、加色处理

微信公众号作品不仅多选用彩色版本，而且对文字进行加重、加色处理也已经成为文本设计的标配。常见的用法是将文内的小标题字迹加重，把文内的小标题或文内重要的句子标成彩色。无论是字迹加重还是把小标题或文内重要的句子标成彩色，其实都是为了让相关内容更加突出，希望其更能引起读者的注意。

【例文评析】

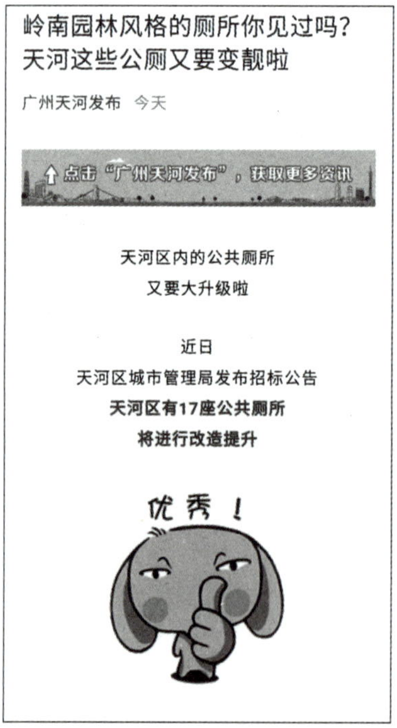

图 9-5 小屏文本的文本格式

［简评］微信的小屏文本并非只有一种模式，指出段首无须再空两格、段与段间应当留有空行，也是在一般情况下处理文本的建议方案。遇特殊情况，完全无须死守陈规，完全可以酌情处理。

像图 9-5 所示的这条微信，如果按照传统的文本格式编排，文面怎么也好看不起来，按照段首无须再空两格、段与段间应当留有空行的小屏文本格式排，文面同样不会好看，而现在这样居中排，视觉效果相对要好一些。

想起一句老话：无法而法，乃为至法。

【知识拓展】

微信为什么还不能完全代替手机短信？

有了微信，手机短信就发得少了。但是微信还是不能完全代替手机短信。手机短信的传播特性概括如下：

一、短小

受技术水平和手机屏幕的限制，单条手机短信的长度起初规定连标点符号在内不得超过 70 个汉字，或不得超过 140 个字母。如果篇幅超出了规定的长度，一条短信就要被分成几条短信发送，这样多少会影响短信传递收看快捷方便的优势。现在技术上可以满足一次发送长信息的需求了，但是“短信”的内容一旦长了，不仅需要增加费用，“短信”的功能和魅力也就随之减弱了。

篇幅短小，迫使作者必须凝练语言。在有限的篇幅里，要尽可能表达完整丰富的意思，正确的对策就是理清思路，凝练语言，而不是想着“反正可以分为两条、三条发送”。短小，是手机短信的特征，也是手机短信的生命。

二、快捷

手机短信即发即收，点对点或点对面发送，时效性很强。例如下面一条短信：

信用卡消费通知：您尾号 6547 的信用卡 6 日 21:29 POS 支出（消费）453 元，余额 3 982 元。【工商银行】

譬如你刚刚在商场、酒店、民航售票处用信用卡支付了一笔费用，几秒钟后，信用卡还没来得及收起，手机短信就来了，清楚地显示出你的哪一张信用卡在什么时间消费了多少额度，还剩下多少余额。这样的短信，让消费者获得了一些心理上的满足，也在客观上维护了消费者的知情权与消费安全。收到的短信如同理财顾问一样提示我们应合理安排资金使用计划。

上述信用卡消费通知不是可以打电话吗？去车站接人，去酒店赴约，都可以打电话，那不是更方便吗？其实不然。打电话和发短信各有各的功用，彼此是不能随时替代的。仍以上面的信用卡消费通知为例，碰到以下几种情形，语音电话通知就会产生一些麻烦：

（1）当事人可能正在开会、听报道、看电影，或是正在与人交流，总之他现在不方便接听电话，此时你的电话就会对他造成干扰。如果选择发送一条短信，情形就不一样了。哪怕当事人正在参加会议，他也有可能及时读到并回复你的短信，不仅实现了信息的及时交流传递，也避免了过于打扰对方；

(2) 消费者可能在嘈杂处，听不清电话里的声音；

(3) 电话里的声音没听明白，老是要“喂”“喂”地要求对方重复；

(4) 当事人来自方言区，听不懂电话里的语音；

(5) 更糟糕的是，当事人把“余额还有三万八”听成了“余额还有三块八”。

还有，约会亲友时，电话里说的什么路，哪家酒店，时常会产生歧义，或者听了之后过一会就忘了，结果导致你会延误。但是用短信联系就不会有这类困扰。

另外，有人迄今依然不用微信，还有人虽然有微信但是很少互加微信，许多服务机构能够拿到用户的手机号码，却不一定能拿到用户的微信，在这些情况下如果需要联系、沟通，手机短信的渠道价值就显得突出了。

三、指向性

无论是单发还是群发，手机短信的指向性都是很强的。所谓指向性强是说手机短信总是向特定的个体或群体发送的。面向个体发送的短信，私密性很强；面向群体发送的短信，也只是在一定的“圈子”内传播。这个“圈子”，往往由一个系统、组织内部的人员构成。指向性带来私密性，进而增加了用户的安全感，这是手机短信的生命力得以延续的重要原因之一。譬如，你正准备在手机银行上进行转账操作，刚动手指，验证用户身份的短信来了，让人感到贴心、安全、靠谱。

四、备胎

让手机短信当个备胎也不错。从总体上看，手机的信号覆盖要更好一点，当网络信号不好的时候，手机又能大显身手了。还有，关键时刻万一没有流量了呢？那就用手机发短信吧，还真能救急。

【写作练习】

1. 阅读分析

破三种障碍

微博、微信和短视频（抖音、快手）的传播本质，是破三重障碍。微博是转发障碍、抖音是点赞障碍、微信是圈层障碍。微博，只有转发，才能获得更多的博主跟进，激活分享，必能热爆；抖音快手是粉丝和算法共同发力，谁能在初始流量池获得更多点赞，达到超级点赞状态（超赞态），谁就成了刷爆品。而微信是内容能唤起共情与同理，再进一步是激活异质传播节点的分享，破除圈层效应，才能真正火爆朋友圈。

说说你对上面一段话的理解。你认同作者的观点吗？为什么？

2. 例文诊断

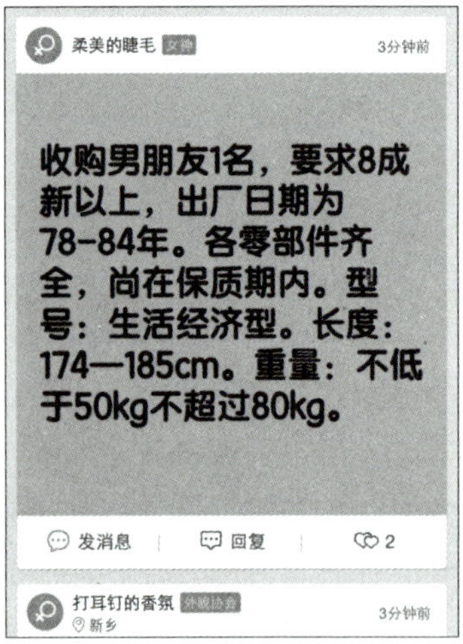

图 9-6 微信例文诊断

图 9-6 所示的这条微信的风格好不好呢？请说说你的

看法。

3. 情境写作

从你自己的手机端阅读 30 条以上的微信，一一记录所读微信的文本特点，然后写出 300 字的分析文章。如果有个人公众号，再截取 8 张所读微信的图片，和所写的分析文章混编成一条微信作品。

第二节　微信的写作要求

【范文举例】

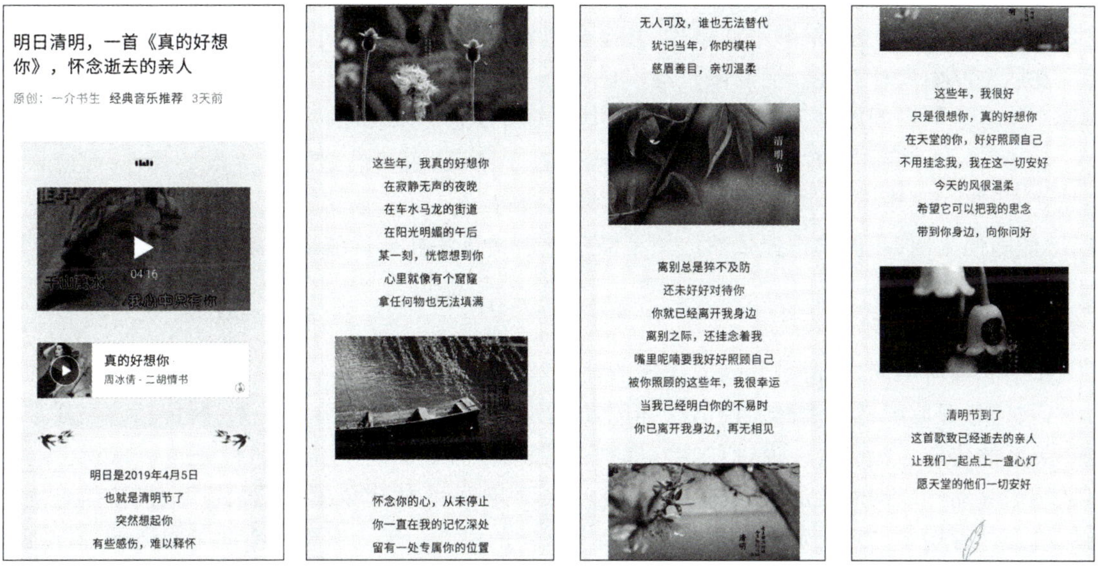

（a）　（b）　（c）　（d）

图 9-7　清明节微信作品截图

《明日清明，一首〈真的好想你〉，怀念逝去的亲人》（见图 9-7）是 2019 年 4 月 4 日上线的一篇微信作品，不到 3 天时间，阅读量已突破 10 万。短短的四屏内容，集文字、视频、音频、图片于一体，在清明节这个特殊时点推送，引起了读者强烈的共鸣。

【写作知识】

一、坚守原则

新媒体写作追求短、平、快，有自己的语境和价值体系。什么是微信好文章？答案很残酷——能用高阅读量带来流量的才是好文章。而一旦进入了“如何才能获取最高流量”的语境，传统的写作规则就被颠覆了。时下社交媒体上的低俗内容屡禁不绝，就和流量语境密切相关。

我们承认，人人都需要娱乐、需要宣泄、需要安慰，但是作为社会人，还是要学会理智行事，对自己的言行负责。因此，微信写作需要制造流量，更要坚守原则，尤其是社会人应遵循的道德伦理。

在微信的三种文本中，一对一的短信交流形成的对话文本与QQ聊天以及手机短信交流形成的文本相似，群聊文本也和QQ群聊没有太大差别，在朋友圈中发送的和朋友们分享的内容一般会篇幅更长，知识性、信息的系统性更强，配置的图片也更加丰富、精美。

一对一或一对多的短信交流应该以对方感受良好、乐意接受为前提，尽量少发垃圾信息，务求做到不发侵扰性信息。所谓垃圾信息就是那些对朋友无害，但是也的确没有多少意义的信息。例如，告诉对方今天喝了一杯可乐感到很饱，昨天新买了一个包包还算好看等等。此类信息偶然发一次对方还可以和你一起“分享”，如果经常发这样的“信息”，对方可能就受不了了。侵扰性信息是那些对方不希望听、不愿意看而你却偏要说，偏要发的内容。侵扰性信息发多了，对方最终忍无可忍，可能就会用沉默来回敬你，甚至会把你拉黑。

在朋友圈中发什么呢？朋友圈已经不像一对一的交流那么私密了，所以在朋友圈中发送的内容应该尽量照顾到圈中人的共性，针对圈中朋友的信息需求和品位、爱好来写作和发送微信。

如果有一天，我们发现一些人在社交平台上过于高调，正确的选择不应该是跟进，而应该是不忘初心，坚守底线。有些人可能因追逐流量而获得了一时的成功，但是成功也许只是昙花一现，不能随便复制，我们的选择依然应该是坚守微信文章的社会价值毫不动摇。

二、谨言节制

微信和微博不同，微博是开放的媒体平台，信息开放度高，而微信更多的是基于一对一的隐私对话，信息开放度低。微博强调信息，但不过分强调关系，微信则强调关系，所传播的一般都是基于关系的信息。曾经有人说过：“在互联网上，没有人知道你是一条狗。”但是这一认识已经不再适用于移动互联网时代的微信。如果说在受众群开放、个体形象模糊的状态下，发布信息的人还有机会进行伪装、表演，那么微信已经封堵了这样的机会。因为微信的空间是封闭的、有限的，是个体形象清晰的空间。在这样的空间发言，发言者发出的每一个字、每一张图都将成为朋友们认识和评价发言者的依据。所以，在微信平台上写作、发言、分享链接，都应该谨言、低调，并应注意节制。发言随心所欲、过于高调，就可能自毁形象，遭到圈内朋友们的屏蔽。

三、体贴包容

微博是发布，微信是对话；微博是七嘴八舌，微信是平静地诉说；微博是信息流，微信是人际圈。微博普通用户之间不需要互加好友，传受关系也并非对等，而微信普通用户之间需要互加好友，彼此间的朋友关系完全以自愿、平等为基础。因此，在微信上发言，就相当于和朋友面对面说话。朋友间面对面的交流不仅需要彼此真实、坦诚，还要特别在意对方的感受——他/她的内心是否情愿听你诉说，此刻是否方便和你交流，你的话会不会无意间刺激了其他朋友……想到了这些并采取了正确的措施，就是对朋友的一种体贴。体贴，是一种素养，一种善良的素养。在体贴他人的同时，对朋友圈里朋友们偶然发出的一些刺耳的声音又能予以包容，就达到了一个新的境界。

【例文评析】

(a) (b)

图 9-8 微信群聊截图

[简评] 交流即尊重，分享即品位。把自己发现的有意义的、有趣味的内容随手分享给好友，既交流了信息、传授了知识，又增进了友情，还丰富了微信传播平台的内容，真是一举多得的好事（微信群聊举例见图 9-8）。但只有分享还是不够的，还需要有交流，分享不能代替直接的交流。微信群里发布越来越多，交流越来越少，传播越来越强势，互动越来越弱化。这不是我们希望看到的现象。

【知识拓展】

微信 5.0

2018 年 12 月 30 日，微信推出了 7.0 版。在用户的记忆中，微信的 5.0 版、具有里程碑的意义，该版本以其强大的功能，形成了用户拓展的一个高峰。许多用户都是追随着 5.0 版来到了微信平台的。

微信在 2011 年 1 月 21 日问世，截至 2013 年 8 月已经经历了 5 个版本。在 1.0 版本时期，微信功能单调，但整个产品的交互更符合移动互联网的用户习惯，而同期的其他产品也没有太多亮点，最后微信依靠 QQ 的支持完成了初期的用户积累；当 2.0 版本中推出“语音对讲”“附近的人”等功能后，微信才算深得民心，在随后的 3.0、4.0、5.0 版本升级中，“摇一摇”“扫一扫”“漂流瓶”“朋友圈”“微信公众平台”“微生活”“微信游戏”“微信支付”等各种功能陆续上线并不断升级完善，微信才成为让人爱不释手的全民应用。

微信 5.0 版于 2013 年 8 月 9 日 16:48 正式发布。该版本整合了腾讯多项产品，成为腾讯移动互联网的总入口。微信 5.0 将此前隐藏在右上角的“扫一扫”功能提到了“朋友们”界面，与摇一摇、朋友圈等功能并列。5.0 版本的微信“扫一扫”除了二维码扫描功能，还有条码、封面、街景、翻译扫描四大项。以扫描条码为例，用户用微信对准商品的条码一扫，就能了解商品的价格、生产地、生产日期等详细信息。封面扫描，只要将扫描框对准书本或者杂志的封面，也能出来产品信息和价格。而翻译扫描，只要用扫描框对准需要翻译的英文单词，马上就有准确的中文翻译，实用方便。这项功能此前出现在腾讯的另一款产品“SOSO 慧眼”中，该软件可以扫描图书/CD 封面、电影海报、二维码、条形码、商标以及人脸等。微信 5.0 对“摇一摇”功能也进行了强化，在微信 4.0 中已经引入了“摇一摇”识别歌曲，识别结果可以分享到微信朋友圈或引导到 QQ 音乐，而微信 5.0 则加入了视频识别功能，可以通过声音辨识电影或电视剧。微信 5.0 还将公众账号分成了订阅账号和企业账号，订阅账号包括自媒体、明星账号、网站和公众机构的官方认证账号等。

【写作练习】

1. 阅读分析

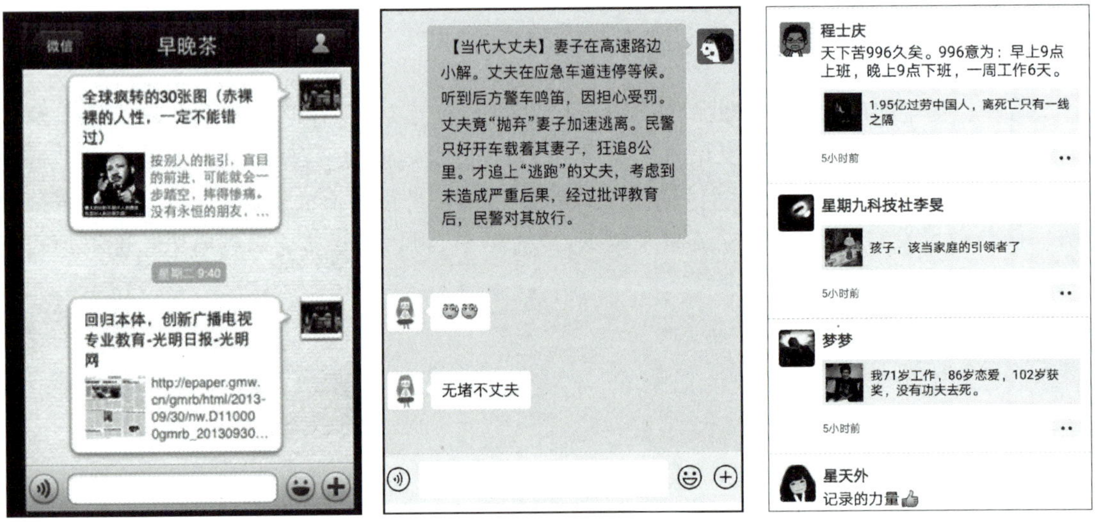

(a)　　　　(b)　　　　(c)

图 9-9　不同风格微信文本

图 9-9 所示的三屏微信内容各有特点，请一一加以归纳。

2. 微信诊断

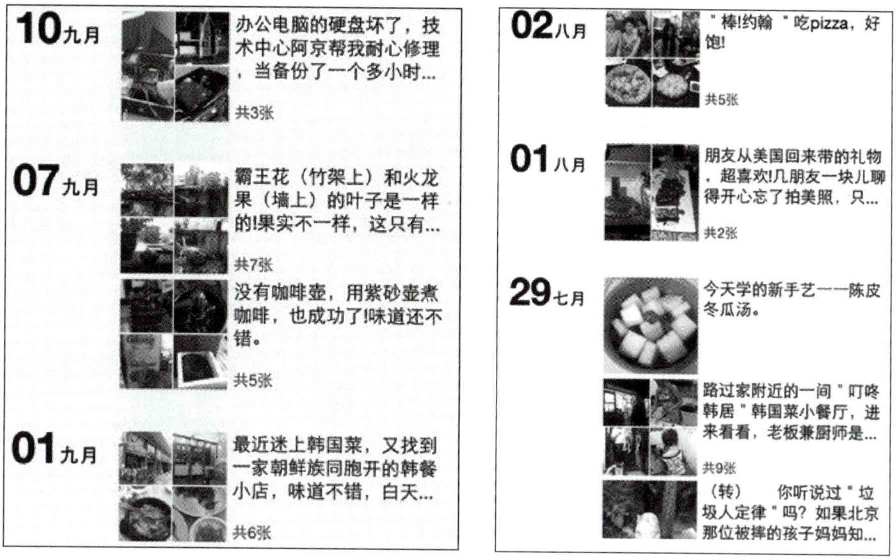

(a) (b)

图 9-10 两种微信朋友圈截图

图 9-10 所示的两屏微信的内容你喜欢吗？说说你评价的依据是什么？

3. 情境写作

根据图 9-11 所示的微信信息，进一步查找关于特殊儿童的信息，然后写一条微信发给你的微信好友。

图 9-11 微信聊天截图

第三节 政务微信

【范文举例】

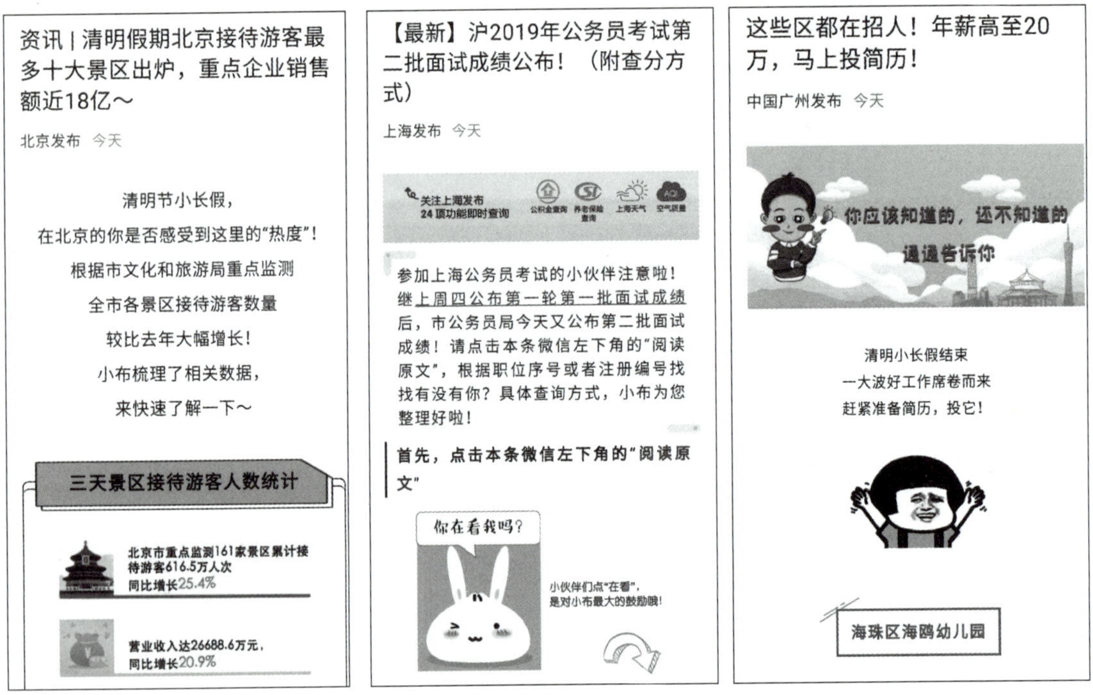

(a) (b) (c)

图 9-12 优秀政务微信截图

2019 年 4 月 8 日，星期一，清明假期过后第一天上班。国内最著名的三家政务微信——北京发布、上海发布、中国广州发布都发布了什么内容呢？请见图 9-12 所示的优秀政务微信截图，自行观察。

【写作知识】

一、政务微信的传播特性

政务微信是各级政府和政府部门在微信平台上开通的微信公众号，也是我国电子政务的 2.0 模式。

2012 年 8 月 30 日，广州市某区的应急管理部门率先开通了政务微信。到 2013 年 10 月 15 日，国务院办公厅发布的《关于进一步加强政府信息公开回应社会关切提升政府公信力的意见》

首次强调了政务微信的重要地位和突出作用。此后，政务微博、政务微信作为与政府发言人制度、政府网站并列的第三种政务公开途径，深度融入了我国当代社会生活。各级政府部门在微信平台上通过连接人民群众，进行精准的信息投放、双向的信息沟通、有效的政务服务，塑造着政府的形象，赢得了人民群众的认可。

政务微信的传播特性如下：

（一）定向连接的纽带

政务微信是政府及政府部门和服务对象进行定向连接的纽带。理论联系实际、密切联系群众，是党和政府历来倡导的管理思维。和群众失去联系或联系得不那么直接、有效，是政府行政管理的最大风险。微信自诞生起，就因为集众多的媒介形式于一体，表达十分生动，而操作又极其简单，使用成本则几乎为零，因而受到了广大用户的追捧。2017 年微信登录人数已达 9.02 亿，2018 年突破了 10 亿。学生青年、个体业主、社区有闲暇的人员、年轻的媒体人，他们像当年追逐网络聊天室、QQ、新浪微博一样聚集在微信前，成为微信最忠实的粉丝用户。在互联网技术发达的今天，传统的连接方式、传播方式逐步被淘汰，政务微信成了凝聚微力量的优质平台。因此可以说，政务微信是在社交媒体时代政府管理找到的一条新的定向连接人民群众的纽带，是政府行政管理的创新。

政务微信向用户传送的是政府的立场，其信息的真实性、可靠性由政府信用作担保，因而容易得到用户的信赖。在面对不确定的公众性话题和事件时，尤其是和自身安全有关的信息在网络上疯传时，人们往往寄望于政务微信平台，希望能获得真相。例如 2018 年 12 月 22 日晚，深圳市宝安区一起虐童事件被曝光，引起当地网友的强烈关注。12 月 23 日，宝安区官方微信公众号“滨海宝安”即发布“关于网传西乡街道一女童被殴打的情况通报”，快速响应舆情。该微信阅读量很快超过 1.9 万，及时转移了舆论焦点，化解了网友的质疑。

（二）精准投放的渠道

政务微信和一般自媒体微信号类似，用户社交范围较为私密，可以实现精准投放。这就有利于政务单位在公开权威信息时确保用户接收到该信息，也便于通过微信公众号后台统计用户的阅读方式，查清用户的阅读途径是从公众号页面打开阅读，还是从朋友圈或者通过微信群分享打开相关内容。这有利于政务单位有针对地选择下一次公开信息的途径，例如，用户若多从朋友圈打开链接，即可在下一次的推送时增加分享送礼等诱导分享手段，以进一步提高阅读量。

（三）政务办事的窗口

政务微信基于文字、图片、视频、音频等介质形成的传播功能十分强大，平台所搭载的功能也十分强大，因而成了政府职能部门服务社会的优质平台。例如，税务机关的政务微信围绕“公开透明、便捷高效、风险可控”的原则向纳税人发布税收业务资讯，提供办税服务。这是网站政务公开、网上办税服务的延伸。再如，广州交警政务微信开设有多个窗口，其中有服务大厅窗口。打开服务大厅窗口，可以发现有机动车 6 年免检服务、补换领行驶证等项目，6 年免检机动车合格标志申领流程共 6 项，依次是完善办理车辆、完善办理人和交强险起止日期信息、上传身份证和行驶证交强险图像、完善收件信息、确认信息并支付、后台审批。大约 10 分钟时间，当事人就可以在微信端口操作完毕,几天后,免检机动车合格标志就可以由邮局投递员送到当事人指定的地方,免去了以往当事人要亲自去交警部门办理的麻烦。整个办理过程是一对一服务,交流和传送资料具有私密性。

政务办事的服务是多方面的,例如在清明节前三天,广州交警政务微信即发布题为《清明出城高峰4日杀到,这些高速公路或实施交通管制,绕行路线请收好!》的微信,详细标注了需要绕行的路线。微信小程序也在政务微信服务中得到了应用。(注:微信小程序于2016年9月21日正式开启内测。在微信生态下,微信小程序触手可及,用完即走。这一多媒体融合技术推动政务微信服务迈向新的台阶,同时也进一步拉近了官民之间的距离。)

二、政务微信的文本结构

微信的基本属性与微博有很大的差别。新浪微博的顶层设计是新闻报料平台、新闻发布平台,鼓励用户“随时随地分享新鲜事儿”,营造的是“人人都是麦克风”的氛围,是希望每一个微博用户都是一名记者、一家媒体、一份报纸、一座电台。显然,微博的基本属性是新闻资讯平台,甚至是舆情发酵平台,所提供的有的是信息产品,有的信息特征却没有那么强。政务微信的文本内容主要包括政务信息、便民服务、生活情感、科技教育四类,其中政务信息内容占据半数以上容量。不仅政务信息属于信息产品,政务微信中的便民服务、生活情感、科技教育中的主体内容也是信息产品。内容决定形式。不同的产品属性,决定了政务微信和政务微博有着不同的产品结构。

(一)标题

政务微信写作,写好标题是关键。

传统文章要求标题尽量简短醒目,一般认为不宜突破18个字的长度,否则可读性将会下降。新闻正题尤其要求有冲击力,并希望能够将字数控制在11个字之内,为使用大字做题创造条件。微博的标题比较多样,由于有140个字的限制,多数微博作品均选择简短有力的标题,有些微博干脆题文合一,文就是题,题就是文,不再另写标题。微博作品中用长标题的也有,但比例不大。

微信就不一样了。微信没有字数限制,很容易写长,而写长了又担心读者没有时间或没有耐心看,于是就在标题上做起了文章。微信做题的基本思路是将精华内容凝练在标题里,并赋予标题三大功能:一是看了标题就能够被吸引住,想停下来看个究竟;二是看了标题就能够大体了解整条微信的内容,即便没有时间再读正文,重要的信息也不会错过。其实这本是新闻导语或导读句的功能,被移植到微信标题的写作要求中来了。显然,实现上述功能,需要有一定的文字量。因此,我们现在读到的政务微信的标题往往是这样的——

① 不看就亏了!广州为老年人免费发体检券!户籍、非户籍都能领。

② 清明出城高峰4日杀到,这些高速公路或实施交通管制,绕行路线请收好!

③ 为什么企业都喜欢来天河投资?这五大理由,看看都觉得心动!

可见,28个字是政务微信标题的常态,许多政务微信作品的标题很轻易就突破了30个字。虽然也有案例显示某些微信使用超短标题也取得了不错的阅读效果,但是使用超短标题和使用超长标题都需要有一定的前提条件,从整体上看,超短标题及超长标题都有比较大的风险。

(二)正文

政务微信的正文是用来叙事的。政务微信和服务对象的连接是否有效,信息投放是否精准,办事服务是否便利,都将在正文的叙事中找到答案。

1. 叙事材料

从内容上看,政务微信的叙事材料中最受欢迎的是那些对用户有用的材料。有用的材料如果同时又很有趣,整个叙事就可能大获成功。有用的材料一般都来自微信所属机构的服务定位。任何偏离了服务定位的话题都有可能导致作品可读性的流失。和服务定位保持良好一致性的材料一般又都会同时具有内容原创、事项具体、对订阅用户有知悉意义等特征。

从形式上看,政务微信的叙事材料中首先是视频材料的整体表现最为优秀,尤其是自拍的、又有服务对象或其他群众参与的视频,往往能成为爆款文案。例如,深圳大鹏新区在一次扫黑除恶政务宣传中就做了一段"沙画"视频,用新颖的方式呈现市民平时较少关注的政务信息,收获了很高的点击率,对发动群众参与扫黑除恶的相关部署,有明显的推动作用。其次是文字材料,包括配发表情包的文字材料。而单一的或过度依赖图片材料的作品获得良好阅读效果的概率往往偏低。

2. 叙事流程

叙事流程即叙事材料使用的顺序,一般需要根据事物内在的逻辑和办事步骤、程序来确定。下面是广州交警政务微信中关于6年免检机动车检验合格标志申领流程的纯文字文本叙述:

6年免检机动车检验合格标志申领流程

1. 完善办理车辆

可办理广东省籍7座以下的小型汽车、小型新能源车六年免检业务。办理前请确保车辆涉及的交通违法、交通事故已处理完毕。

2. 完善办理人、交强险起止日期信息

系统将采集办理人身份证信息及交强险起止日期信息。办理人与车辆所有人可以不是同一人。

3. 上传图像

① 办理人身份证正面、反面以及办理人正面照;

② 办理人不为车辆所有人的情况下,需上传行驶证正本、副本正面;

③ 在保期内的交强险副本;

④ 若交强险不包含车船税代缴情况的,还需上传车船税纳(免)税证明。

⑤ 单位车辆办理时,还需准备授权委托书(盖公章)。【查看样例 | 下载模板,可保存至相册自行打印】

4. 完善收件信息

该业务为单程邮政寄递服务,在业务受理成功后,无须回收行驶证原件。打印检验合格标志后,将由邮政人员按您所填写的收件地址送件上门。支持全省范围内派送。

5. 确认信息并支付

① 请确认业务办理信息。寄递费用一经支付,将不予以退款。(由于本系统原因造成的办

理不成功除外)；

② 收费标准:依据广东省物价局粤价【2009】595号文:邮政速递费:18元。

6. 后台审批

支付成功后,交管工作人员会在2个工作日内审批办理信息,审批结果会实时更新至订单中心及通过微信模板消息告知您。查看业务办理资料。

可见,把程序交代清楚,让用户能够按部就班进行操作,最为重要。

图文混合型的材料,宜交替安排图文。即便是以视频、图片作为主体表达元素的微信作品,在视频或图片的前后也都需要添加适当的文字加以说明。

是否需要配置图片以及配置多少图片,通常需要从三个方面综合考虑:一是图片能否和文字材料形成共振,或者形成互补;二是是否有利于缓解在屏幕上阅读单一的文字符号导致的视觉疲劳,改善阅读体验;三是也要考虑控制图片给用户带来的流量消耗。综合以上因素,一般要求图片大小不超过60 K。如果文章是分单元的,应保持每个单元都有图片。不分单元的一般可考虑1 500字的文字量配发8~10幅图片,大约保持150~200字有一张图片,这样的图片密度带来的视觉感受可能是比较好的。当然还要看文字和图片的质量,文字很精彩,过多的图片反而容易对阅读形成干扰,而如果图片的内涵和画面都很精彩,配置得密集一些也更能带来良好的阅读体验。同理,如果图片既和服务定位关系不大,本身又算不上精彩,那就少配甚至可以不配图片。

3. 叙事长度

一条政务微信的文字量安排多少为宜呢？我们的观察发现,那些点击率比较高的微信中,超过50%的文本字数在500字左右,一般手指在屏幕上滑动3~5次即可读完全文。综合来看,一般情况下可以考虑把一条政务微信的文字量控制在300~1 200字,太少的文字影响作品的深度表达,而深度不够,容易让读者失去阅读兴趣,甚至影响用户心目中的政务单位形象。而文章太长,尤其当超过了1 500字的时候,被弃读的风险就有可能大增。

(三)正文的扩展

正文的扩展是指政务微信的附加部分和正文连带产生的副文本——链接、评论、点赞等内容。微信信息中"阅读原文"可以加超链接,也可以链接以前发送的微信信息,这应该看作是微信文本的有机部分,其地位和公文中的附件类似。"阅读原文"的加入,不仅可以帮助提高网站的流量和客户关注度,也对正文的文本形态产生了直接的影响,譬如,写作时可以把"阅读原文"当作背景材料使用,从而让微信正文的篇幅得到分流,或使整条微信传送的信息更加丰富。

此外,阅读量、点赞量、留言互动情况虽然不直接属于整条微信的一个部分,但阅读量、点赞量、留言互动情况却是整条微信派生的内容,而且在微信的写作阶段,作者就已经对笔下作品的阅读量、点赞量、留言互动情况有所预期,这些派生的信息实际上已经提前对包括文本结构在内的微信的出品、推送产生了一定的影响。

三、政务微信的写作要求

(一)群策群力

政务微信写作需要使用组织的资源,体现组织的意志,在具体的写作过程中还需要集中集体的智慧，经过多个环节的协同努力，才能最终完成一篇文本的写作任务。靠个人单打独斗，苦思冥想，可以创作出个人微信作品，却无法完成政务微信写作。

从写作的角度看，政务微信写作和个人微信号写作的最大区别是作者身份不同。政务微信内容是政务机关形象和意志的表达，个人微信号是个人自由发声的平台。机关内部，一般会按照不同的管理职能划分不同的科室。例如一个城市的税务局，内部仅对外服务的科室就有征管科、税政科、法规科、进出口税收管理科、计划财务管理科、票证中心、信息中心、办税服务厅和各税务分局等部门，且各科室的职能分得很细。而税务局的政务微信平台却只有一个，运营和写作的任务往往就划归了办公室，并具体落实到了某一位秘书人员的肩上。可以想见，税务机关办公室的一名秘书人员，无论写作能力多强，也难以独自担当在微信平台上独自和服务对象对话交流的重任。

运营一个政务微信需要搭建一个坚强有力的团队，团队应由机关的领导人牵头负责。在团队内部，要落实三大职能：

（1）信息采集职能。具体指负责从窗口部门将用户的需求信息、机关需要发布的信息及时汇聚到团队的共享平台上。

（2）内容编辑职能。具体指对获得的需求信息、发布信息展开进一步的采访、调研，并逐步形成微信题材和初始文本，经专门的政策法规审查后，形成文案，并提炼出微信的标题。

（3）文本制作职能。具体指负责为定稿文案配置图片、拍摄视频、进行视觉编辑。内容采集人员在和内容编辑会稿后确定微信端的发布文本，交团队负责人审阅签发后发布。

因此，微信写作必须群策群力，在组织资源的支持和多个环节的密切配合下进行。

（二）坚守原则

1. 守住定位

政务微信发什么不发什么，写什么不写什么，原则要求是要从机关的职能定位出发，坚持做到“该做的就做，不该做的不做”。

作为政府部门定向连接服务对象的纽带、精准投放政务信息的渠道以及为服务对象开设的办事窗口，政务微信的发布内容要坚持和具体的政务机关自身的服务定位保持一致，不逾越，不缺位。从写作的角度看，政务微信应该在政治发展、公共服务以及政府与公众的互动三大方面建立主题框架，不宜随意扩大主题框架。题材和话题设计，也应务求接近服务对象的日常生活。仍以税务机关为例，各级税务机关的政务微信，一般应该围绕以下范围选题：

（1）各级税务机关发布的对广大纳税人有知悉意义的最新政策类信息；

（2）有关办税服务、办税指引、风险防范等方面的服务类信息；

（3）微调查或话题讨论等专题类互动信息；

（4）需第一时间进行回应的应急类信息；

（5）因公共事件可能对纳税人造成影响的信息。

因此，政务微信要从机关的职能定位出发设计话题，确保推送内容的服务性、有用性乃至原创性，保障政务微信的权威与可靠。

2. 维护权威

“维护权威”有两个含义：一是写作政务微信要自觉遵守政务纪律，维护党和政府的权威，不得含有任何与国家法律法规和有关纪律要求相违背的内容。二是政务微信作为联系人民群众的纽带,在履行服务职责、与服务对象沟通交流的过程中,要自觉维护国家政务机关的形象,体现国家政务的严肃性,注意交流语气的亲切,交流内容的精准性和权威性,对机构的形象和声誉负责。

对政务微信运营团队而言,“维护权威”的具体要求,一是关键时刻不能失声,二是日常运营不能失态。关键的时刻,权威的声音哑火了,该回应的却没有反应,也许用户就要取消关注了。至于互动平台始终处于关闭状态,或者群众心急火燎,平台却在推送萌言微语,这就是失态。失态后,被取消关注事小,导致政府形象受损,事情就比较大了。

3. 促进互动

在社交媒体时代,政务微信是一条新的定向连接政府与人民群众的纽带。微信平台具有突出的交互功能,可以用来进行政民互动,可以通过政务微信开展政务社交,以便更及时、充分地了解民意。还可以通过微信平台接受社会评议,以便及时发现问题、改进工作,为人民群众提供更优质的服务,而不是出于增加一个政令发布平台、占领微空间的考虑。

但是在实际运营过程中,曲解政务微信的本义,强化政务微信的发布功能、弱化政务微信的交流互动功能的现象还是时有发生。为此,需要提醒政务微信运营人员,必须坚持利用政务微信增进政民互动沟通的核心价值观,也需要提醒政务微信写作者,必须致力于创造有利于政民沟通的内容话题和文本表达形态。譬如,保持接近性,采用对话体,使用时尚清新的语言,都是致力于加强政民互动的手段。如果发布的内容言不及义,对用户的关切漫不经心,对政策的解释出现偏差,把文件的原文大段直接搬进微信——显然都不是在营造交流气氛,而是又回到了单向传播的老路。

4. 不蹭热度

蹭热度一是指对社会上的热点事件、热门话题其实并无新的见解,只是由于看别人做了某个选题并收到了不错的效果,自己也匆忙要上同类选题的文章,刷个存在感。二是拿那些具有广泛适用性的微信段子,稍加修改就贴在自己的平台上。例如,某地的政务微信推出了一条题为《我叫××(城市名),这是我最新的简历,请多关照!》的城市宣传微信,结果多个城市的政务微信争相模仿——或模仿思路,或直接换上自己城市的名字,改一改相关的数字,就推出了自己的《我叫××(城市名),这是我最新的简历,请多关照!》,这就是蹭热度的一种表现。

不蹭热度就要坚持原创,致力于满足本地的、本系统的、关注对象的实际需要,为他们提供贴身的服务。

(三)做好细节

政务微信中需要认真处理的细节很多,举例如下:

1. 风格定位

政务微信既要保持严肃性,又不能板起面孔说话,怎么把握这样的细节呢?答案是从单篇文章的风格定位入手,而不是从整体平台的风格定位入手,去确定一条文本的风格。对严肃的话题,必须从“讲政治”的高度确定全文的风格,色调该冷就得冷,不容调侃的就得禁止调侃。而对那些民生类的话题,则宜用轻松的版式和语言来表达。

2. 标题

写好政务微信的标题非常重要。前面说过,过长的和过短的标题都有风险。但是我们也有一个发现,偏偏有一些爆文用的就是过长的标题或过短的标题。例如,在意大利奢侈品牌 D&G 被爆出其设计师在社交平台上发布涉嫌辱华言论、引发争议后,D&G 在官方微博发布道歉视频,但因其并未在国外常用社交平台发布,其道歉真诚度再度惹争议,环球时报、微信用一个“哦”字做标题,表达复杂的情绪,引起读者共鸣,单篇阅读量超了 10 万。

在政务微信写作中,写对一条标题不难,而写好一条标题,不仅需要遵守关于标题的规则,还需要有突破标题写作规则的智慧和创意。

3. 表情包和图片

在政务微信的正文中配发表情包是增加文章可读性、拉近政民距离的选项之一。但是在使用表情包时要注意在文末标注来源。至于图片,为图而图是迫不得已的选择。一般情况下,如果图片和文字材料有内在的关系,或者和政务微信的服务定位有内在的联系,可以配发图片,否则宁可不加图片。要注意的是,非自拍的图片就需要注明来源。至于视频形式的材料,通过适度开发 H5(网页技术 HTML5 的简称)、拍摄短视频等方式来增加单篇文章的可读性,是可以即刻见效的。但是如果和服务对象没有关系,即便是很有趣的视频,也还是少发为好。

【例文评析】

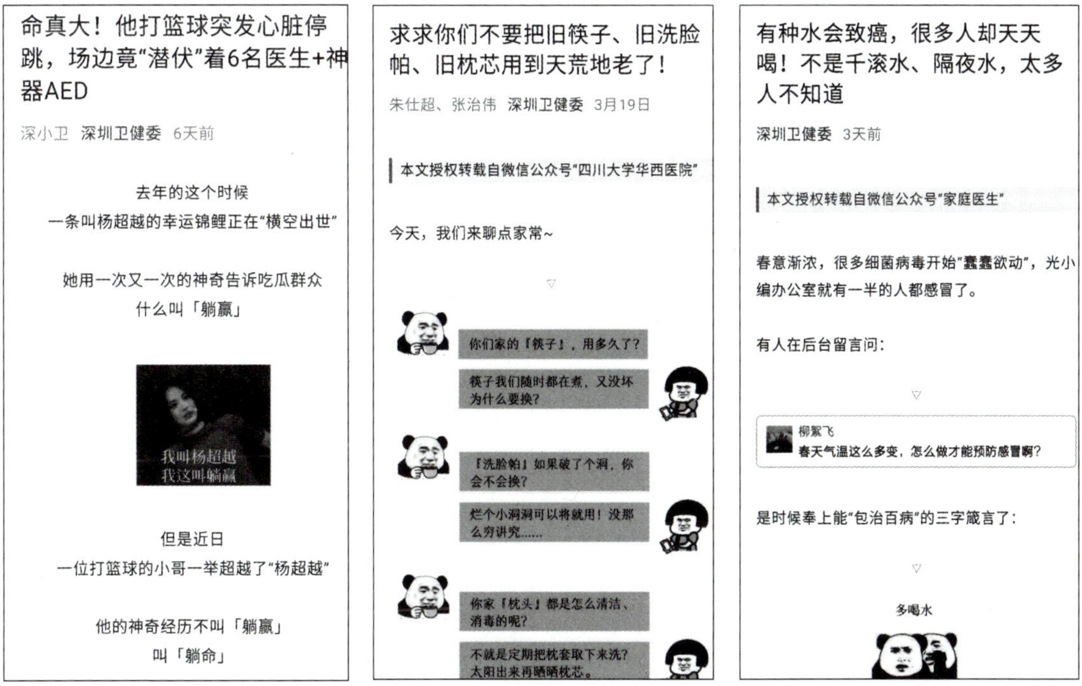

(a) (b) (c)

图 9-13 深圳卫健委微信截图

[简评] 提起政务微信,会不会有人以为就是讲时事政治的微信?北京发布、上海发布、中国广州发布等政务微信分别是中共北京市委市政府、中共上海市委市政府、中共广州市委市政府的信息发布平台,需要有时政性、综合性的特色。而一些政府部门的政务微信,知识性、专业性、服务性乃至趣味性、可读性就要强很多,许多内容推出后阅读量轻易就过了 10 万+。图 9-13 所示的《命真大!他打篮球突发心脏停跳,场边竟"潜伏"着 6 名医生+神器 AED》《求你们不要把旧筷子、旧洗脸帕、旧枕芯用到天荒地老了!》《有种水会致癌,很多人却天天喝!不是千滚水、隔夜水,太多人不知道》均截自深圳卫健委的政务微信。在深圳卫健委的政务微信平台上想找阅读量不过万的文章不是很容易,如《有种水会致癌,很多人却天天喝!不是千滚水、隔夜水,太多人不知道》阅读量都是 10 万+。读这样的作品,对帮助我们全面了解政务微信,尤其是了解政务微信的服务性以及深受用户欢迎的程度,都是有益的。

【知识拓展】

微信公众号成功运营的 8 条法则

随着移动互联网的逐渐深入人心,微信公众号已经成为企业营销和服务的标配,但很多企业仅仅是开通了公众号,却对公众号的运营漫不经心,完全达不到预期目标。

最近微信发布公告再次升级调整了微信公众平台规则,所有服务号的群发次数由原来的每月 1 次改为每月(自然月)4 次。此外,还对已通过微信认证的服务号开放高级群发接口,开发者可以通过高级群发接口设计更灵活的群发策略。这也给了企业公众号更好利用的机会。

我们简单总结一下微信运营的基本法则,可以帮助企业更好地利用好微信这个好工具。

1. 适应客户的不同需求

不同的企业和行业的客户需求存在很大差异,新老客户也对信息获取有不同的渴望。比如,餐饮、快销、数码、酒店、汽车等服务型企业的客户往往更多的关注企业提供的促销信息或优惠活动,这些活动不会天天有新意,服务号一般更合适。媒体、通信、交通等行业提供的信息一般比较丰富,更适合订阅号。

同时,企业微信也应该针对新老客户有信息发送上的区分,初次关注的客户与长期订阅的客户信息有差异,和公司有业务关系的用户与普通关注的社会客户有差异。当然,这些差异化的信息管理往往需要通过像"点点客"这样的第三方平台才能实现。

2. 重视线下的推广

很多企业对发展微信公众号的客户缺少方法,或者只重视线上的广告和推广,但从现实来看,线下的推广必不可少,比如企业门店进行扫描关注送礼活动、户外的广告、客户接触点上的主动推荐等等,其效果往往比线上还更显著。

3. "楼"的高度要适度

如果推送的信息过多,就会缺少重点,但如果信息太少,又很难满足不同客户的需求。如果要告知客户一件重要的事,发一条信息就足够,如果是平常的信息,三条也许是最合适的。信息中图片不能过多,两三张即可,图片大小要控制好,图文信息打开速度会影响用户阅读率。要知道，微信是给手机阅读的，用户要支付流量费。

4. 信息的内容要精致有价值

对于微信公众号发送的内容，要十分注意，避免错别字，注重美观大方，必要时可以针对特定的用户群体进行修饰。内容也要认真推敲，发布有价值的信息，最好是独创和原创，如果有连载会更好。还有，微信的内容应该保持与用户个人或本地区的关联度，让用户感觉身在其中，否则很容易失去兴趣。

5. 互动为王

微信营销的本质是互动，传递价值，维护老客户，影响新客户，对客户发来的信息做到有问必答。一些企业把微信当成宣传工具，每天准时发送广告，缺乏生命力。

如果条件允许，还可以针对互动活跃的用户组织线下的交流，这样可以形成粉丝团队和传播种子，对微信公众号的发展十分有利。

6. 利用好阅读原文

微信的信息中只有“阅读原文”可以加超链接，通过“阅读原文”可以提高企业网站的流量和客户关注度，也可以链接以前发送的微信信息。

7. 做好二次开发

微信公众号自身提供的功能很有限，如果仅仅是简单地使用，就成了没有特色和吸引力的标准化页面。如果想展现自己企业的特色，通过微信给客户提供更多便利功能，就只能通过二次开发来实现。如果你个人不具备开发能力，那就只能借助点点客这样的第三方开发商来实现功能微信功能的扩展。

比如服务号推送消息这项功能，通过点点客的后台可以对全体订阅用户进行分组，并针对每个分组独立群发消息，使不同的群发信息触达不同的用户人群，实现对新老客户推送消息的区分。通过微伙伴这样的后台扩展，还可以使微信服务号不再受每月 4 次的推送限制，可以自由控制发布数量，只需要保证每个分组里的用户单月接收信息条数在 4 次以内即可，相比微信通用的后台，第三方开发可以设置非常灵活的群发策略。

8. 关注数据分析

微信为了提高企业用户的使用效率，提供了基础的数据分析功能，用户可以在后台通过平台研究信息的接受程度、用户发展趋势等等。结合这些数据，企业微信运营人员能够总结经验、吸取教训，更有针对性的改进信息编辑、调整内容方向，提升微信运营的质量。

在实际工作中，和其他所有的工具一样，微信公众号会帮助我们更好地与客户沟通，但也必须掌握必要的运营技巧和服务规则，才能充分发挥其作用，需要真诚面对、用心维护，不能存小术废大道，一时的炒作并不能换来长久的价值。

（摘自 百度百家，作者马继华，有改动）

【写作练习】

1. 例文阅读

（a）　　（b）　　（c）

图 9-14　上海发布于 2019 年 4 月 6 日和 7 日的微信截图

图 9-14 是政务微信上海发布 2019 年 4 月 6 日、7 日发布内容的屏幕封面，请仔细阅读封面各条标题，然后打开自己家乡所在市或省政府新闻办的政务微信平台，翻阅三屏发布内容，并将发布内容和以上发布内容进行对比，看看发布重点有哪些异同。

2. 情境写作

请关注学校所在地的某政务微信平台，阅读该微信平台最近两周发布的内容，然后按照"基本特点—存在的不足—改进建议"的思路，写一篇 500 字左右的分析文章。